石家庄统计年鉴

SHIJIAZHUANG STATISTICAL YEARBOOK

2003

石家庄市统计局　编

中国统计出版社
China Statistics Press

（京）新登字 041 号

图书在版编目(CIP)数据

石家庄统计年鉴.2003/石家庄市统计局编.—北京:中国统计出版社,2003.7

ISBN 7-5037-4192-9

Ⅰ.石… Ⅱ.石… Ⅲ.统计资料-石家庄市-2003-年鉴 Ⅳ.C832.221-54

中国版本图书馆 CIP 数据核字(2003)第 049432 号

石家庄统计年鉴—2003

作　　者/ 石家庄市统计局
责任编辑/ 蔡启新　张富有
E-mail/yearbook@stats.gov.cn
责任校对/ 张富有
封面设计/ 刘德忠
出版发行/ 中国统计出版社
通信地址/ 北京市西城区三里河月坛南街 75 号　中国统计出版社
邮　　编/ 100826
电　　话/ (010)63262295
印　　刷/ 河北省清河县印刷有限公司
经　　销/ 新华书店
开　　本/ 889×1194 毫米 1/16
字　　数/ 90 万字
印　　张/ 28.375 印张
印　　数/ 1—1000
版　　别/ 2003 年 10 月第 1 版
版　　次/ 2003 年 10 月第 1 次印刷
书　　号/ ISBN 7-5037-4192-9/F·1697
定　　价/ 198.00 元

《石家庄统计年鉴——2003》编委会

李明国　石家庄市环境保护局局长
段万荣　石家庄市体育局局长
冯书勤　石家庄市林业局局长
王　宣　石家庄市物价局局长
翟立献　石家庄市粮食局局长
王玉国　石家庄市旅游局局长
郭素芝　石家庄市乡镇企业局局长
杨秋贵　石家庄市外事侨务办公室主任
李云霞　石家庄市开放办公室主任
孙二喜　石家庄市法制办公室主任

《石家庄统计年鉴——2003》编辑部

总　　编：檀振英

副 总 编：郄瑞山　闫焕朝　杨芬朝　戴贻辉

执行总编：刘德忠　张富有

编　　辑：（以姓氏笔划为序）

王维娜　王瑞生　冯铁炮　刘　晋　吴丽娟

张　瑜　杨建波　杨喜梅　郑向军　费文涛

郭社发　梁桂英　隋玉华　魏利兴

编　辑　说　明

一、《石家庄统计年鉴——2003》是一部大型统计信息资料工具书。本书通过大量的统计数据真实记录了2002年石家庄经济、科技、社会发展变化情况。本年鉴随着国家统计方法制度的改革，在指标口径和范围上也做了相应的调整，如工业，现口径为国有及年销售收入500万元以上的非国有企业口径，等等。除此之外，我们尽量在版本内容、指标体系等方面与前几年保持连贯性。

二、本《年鉴》内容包括：综合、从业人员及劳动报酬、固定资产投资及建筑业、能源消费、财政金融和保险、物价、城市居民生活、城市公用设施、农村经济、工业交通、贸易和外经、教育科技文化、体育卫生和民政等13部分内容。

三、由于统计制度的变化，有些部门、专业的统计指标作了较大的调整。如删去了乡镇企业出口情况并且部分指标作了变化，卫生、民政的统计指标作了部分调整。

四、本《年鉴》中使用的度量衡单位均采用国际统一标准计量单位。

五、本《年鉴》中符号使用说明："—"表示这一栏数据客观上不存在，或未列入统计内容或为0，"#"表示其中项。

《石家庄统计年鉴》多年来承蒙社会各界的厚爱，对此我们深表感谢，欢迎广大读者继续使用我们的《年鉴》，同时欢迎对我们《年鉴》的编辑内容及排版提出您宝贵的意见，以利于我们进一步提高《年鉴》的编辑水平，更好地服务于广大读者。

目　　录

四、能源消费

五、财政　金融　保险

六、物　　价

七、城市居民生活

八、城市公用设施

九、农村经济

十、工业　交通

十一、贸易　外经

十二、教育　科技　文化

十三、体育　卫生　民政

石家庄市2002年
国民经济和社会发展统计公报

2003年1月23日

2002年，全市人民在市委、市政府的领导下，以邓小平理论和“三个代表”重要思想为指导，认真贯彻落实党中央、国务院和省委、省政府一系列重大决策部署，围绕经济跨越式发展目标，实施四大主体发展战略，以改革开放和科技创新为动力，积极推进“扩大内需”，调整经济结构，全力谋求发展。全市经济健康发展，增速比上年加快。城乡面貌发生了新的变化，城市环境明显改善，人民生活进一步提高，各项社会事业全面进步。

一、综　　合

全市经济增速比上年加快，促进了综合经济实力的提高。2002年实现国内生产总值1184.04亿元，按可比价格计算，增长9.9%，高于年初确定的8.5%的预期目标，较上年增速高0.8个百分点，分别高于全国、全省增速1.9和0.3个百分点。

第一产业稳定增长，完成增加值156.32亿元，比上年增长4.2%，占国内生产总值的比重为13.2%。第二产业对整体经济增长的贡献尤为明显，完成增加值557.45亿元，增长11.6%，占国内生产总值的比重为47.1%。第三产业的规模不断扩大，在全市经济中的比重逐渐提高，完成增加值470.27亿元，增长9.8%，占国内生产总值的比重为39.7%，比上年提高0.1个百分点。

年末全市常住人口903.99万人，比上年增长0.9%，其中市区204.96万人，增长5.1%；非农业人口266.87万人，增长15.4%，其中市区197.10万人，增长20.8%；人口城镇化率明显加快。人口出生率11.5‰，死亡率5.4‰，自然增长率6.0‰。

年末全市县及县以上单位从业人员89.27万人，从业人员年平均报酬为10827元，增长9.3%。全市在岗职工年平均工资为10899元，增加933元，增长9.4%。

再就业援助行动的开展、再就业服务力度的加大以及社区就业工作的不断深入，使就业渠道进一步拓宽。全年有1.67万下岗职工通过多种渠道实现再就业，再就业率40%。全年通过劳动市场就业10.2万人，城镇登记失业率2.4%。

社会保障工作面进一步扩大，保障工作进一步深入。年末全市共有70.55万在职职工参加养老保险，20.41万离退休人员参加养老保险社会统筹，养老金社会发放率为100%。城镇职工失业保险参保人数达83.74万人，失业保险覆盖率为96.2%。农村社会养老保险参保93.6万人。年末全市共4952个单位，50.35万人参加了医疗保险，医疗保险覆盖率达55.2%。各县市和矿区全部启动实施了医疗保险。全市有8.1万人接受城镇最低保障救助，保障率100%。全市社区服务设施4415个，各种福利院床位6065张。

2002年，按照市委市、市政府的部署，发展个体私营经济摆在了更加突出的位置，通过政策鼓励、环境优化、产业扶持，个体私营经济呈现出快速发展的局面。截止2002年底，全市个体工商户发展到38.4万户，从业人员89.4万人分别增长4%和3%；私营企业发展到1.45万户，从业人员34.7万人，分别增长5%和20%。个体私营经济实现增加值397亿元，比上年增长18.5%，占全市国内生产总值的比重达到33.5%，比上年提高3.1个百分点。个体私营经济已成为支撑我市经济发展的重要力量。

二、农　　业

农业生产全年保持了平稳增长。2002年全市农林牧渔业总产值311.96亿元，比上年增长4.3%，其中农业产值171.83亿元，增长4.5%；畜牧业产值132.38亿元，增长4.6%。粮食生产主要由于播种面积调减及干旱影响，总产量出现下降，全年粮食总产量为456.49万吨，下降3.2%。

农业结构进一步调整。全市粮食面积调减21.77万亩，蔬菜面积增加13.85万亩。生猪、奶牛、肉类和特种养殖快速增长，畜牧业产值占农林牧渔业总产值的比重达42.4%，比上年提高了0.6个百分点。全年造林面积46710公顷，优质果品增加。主要农副产品产量如下：

	单　位	2002年	比上年±%
粮　　食	万吨	456.49	-3.2
油　　料	万吨	26.77	0.1
棉　　花	万吨	1.39	1.6
蔬　　菜	万吨	1099.58	9.1
水　　果	万吨	189.29	16.0
肉类总产量	万吨	93.49	3.8
其中：猪　肉	万吨	56.91	4.1
牛　肉	万吨	17.80	2.5
羊　肉	万吨	2.81	2.1
禽　肉	万吨	13.98	4.4
禽　　蛋	万吨	86.66	5.0
牛　　奶	万吨	39.08	18.0
水　产　品	万吨	2.56	7.8
年末生猪存栏	万头	485.77	2.7
当年出栏肉猪	万头	773.07	4.1

农业机械化、现代化水平不断提高，农业生产条件进一步改善。年末全市农业机械总动力为1729.93万千瓦，比上年增长2.9%。农用运输车38.34万辆，增长8.0%，大中小拖拉机21.27万台，增长1.6%，农用排灌机械49.36万台，增长1.8%，当年机耕面积47.39万公顷，减少2.0%，当年机械收获面积33.78万公顷，增长3.9%。化肥施用量（折纯）49.40万吨，增长2.4%。农药使用量1.27万吨，增长5.5%。

三、工业和建筑业

2002年全市工业以较快的速度增长，且增速比上年有所加快。全市规模以上工业企业完成增加值305.02亿元，比上年增长14.4%。其中国有工业完成增加值72.51亿元，增长15.6%；集体工业完成增加值61.94亿元，增长8.8%；其他经济类型企业完成增加值170.57亿元，增长16.3%。规模以上工业企业主要工业产品产量如下：

产品名称	单　位	2002年	比上年±%
发电量	亿千瓦时	195.42	4.8
原　煤	万吨	124.85	14.1
焦　炭	万吨	199.93	60.7
原油加工量	万吨	243.34	-8.2
煤　气	万立方米	27735.00	-8.2
水　泥	万吨	1331.30	5.45
生　铁	万吨	164.91	22.6
钢	万吨	158.11	18.4
化　肥	万吨	46.38	-5.9
化学原料药	万吨	10.05	11.4
服　装	万件	4142.90	18.4
纱	万吨	15.53	2.9
棉　布	万米	50950.00	-2.0
乳制品	万吨	7.24	9.4
卷　烟	万箱	33.90	-0.3
交流电动机	万千瓦	292.74	19.1
泵	万台	0.85	-22.6
机制纸	万吨	27.50	13.6
人造板	万立方米	226.79	30.0
自来水生产量	万吨	17334.70	-4.0

工业产销衔接良好，工业经济效益提高。全市工业产销率达98.7%，比上年提高0.7个百分点。全市工业实现利税120.03亿元，比上年增长19.2%，实现利润65.07亿元，增长26.5%。工业经济效益综合指数为147.6，比上年提高13.6个百分点（按可比口径计算）。

建筑业全年完成总产值97.76亿元，比上年增长7.9%，其中建筑工程完成产值84.80亿元，增长11.0%，竣工产值51.15亿元，增长11.2%。竣工面积427万平方米，增长13.9%。

四、固定资产投资

2002年，围绕增强发展后劲，强化投资拉动作用，实现了固定资产投资的较快增长。我市全社会固定资产投资完成412.26亿元，比上年增长8.4%。国有及其他经济类型完成投资255.36亿元，增长10.2%。其中基本建设投资完成141.74亿元，增长9.2%；更新改造投资80.03亿元，增长8.8%；房地产业增长较快，全年完成投资33.41亿元，增长18.6%。国有及其他投资中第一产业完成5.14亿元，第二产业完成92.33亿元，第三产业完成157.9亿元。农村个人投资完成32.57亿元。全市商品房销售面积99.95万平方米，销售收入18.10亿元，分别增长18.6%和11.5%。

五、国内贸易和物价

2002年，我市积极贯彻扩大内需，刺激消费的政策，市场宏观环境运行良好，国民经济总体形势较好，给消费市场带来了有利的商机。全年实现社会消费品零售总额411.5亿元,比上年增长11.5%。消费品市场继续保持稳步增长态势。

城市市场增速领先于农村市场。由于城镇居民收入不断提高,城市消费环境明显改善,城市零售额增速快于农村。城市和农村社会消费品零售总额分别完成243.6亿和167.9亿元,比上年增长11.8%和11.0%,城市市场增速快于农村0.8个百分点。

商品交易市场体系日臻完善,流通规模进一步扩大。2002年我市紧紧围绕建设华北重要商埠这一总体目标,进一步优化市场结构,创新市场机制,提升市场功能,培育重点市场。我市各类市场档次管理水平不断提升,布局进一步合理。目前我市共有商品交易市场649个,其中消费品市场579个,生产资料市场70个,全年商品交易市场成交额达834.4亿元,比上年增长3.3%。年成交额超亿元的市场达53个,其中南三条小商品市场和新华商贸中心全年成交额分别达到186.6亿元和155.4亿元。

2002年全市市场物价总水平以及生产领域价格平稳运行,稍有下降。各类价格指数(以上年为100)如下:

	全市	市区	农村
1.居民消费价格总指数	99.5	98.9	100.3
其中:食　品	98.8	98.0	99.8
烟酒及用品	102.0	102.6	101.6
衣　着	101.3	101.4	100.8
家庭设备用品及维修服务	97.6	96.7	99.3
医疗保健和个人用品	99.4	98.8	100.1
交通和通讯	97.5	96.7	98.8
娱乐教育文化用品及服务	98.8	98.4	99.2
居　住	101.5	101.1	101.9
2.工业企业工业品出厂价格指数	100.17		
3.工业企业原材料、燃料、动力购进价格指数	97.44		
4.固定资产投资价格指数	98.9		
5.房地产价格指数	101.4		

六、对外开放和旅游

2002年,全市进出口贸易形势比上年更好。全年外贸进出口总值达11.37亿美元,比上年增长20.7%,增速提高7.5个百分点。其中出口8.91亿美元,增长26.5%。在出口中,一般贸易7.44亿美元,增长29.6%,加工贸易1.46亿美元,增长12.8%。出口产品结构进一步优化,外商及港澳台商投资企业全年出口3.80亿美元,增长20.4%,占全市外贸出口的42.7%;国有企业和集体企业出口形势明显好转,完成出口3.47亿美元,增长12.4%。传统出口市场继续稳定发展,全年对亚洲出口3.24亿美元,增长27.8%。继续开拓欧美市场,对欧洲出口3.49亿美元,增长31.0%;对美国出口1.53亿美元,增长24.8%。

利用外资有所扩大,引进内资扩大明显。全市新批三资企业项目68个,比上年增长9.7%。合同总金额2.40亿美元,增长1.1%。实际利用外资2.04亿美元,增长3.2%,其中外商直接投资1.80亿美元,增长18.3%。全市引进市外资金70.6亿元,增长21.5%;引进省外资金36.06亿元,增长17.8%。

旅游业迅速发展。全年共接待国际旅游人数4.85万人次,比上年增长38.6%。国际旅游创汇收入980万美元,增长28.6%。全年接待国内旅游人数1438万人次,增长13.4%。国内旅游收入63.3亿元,增长26.6%;旅游总收入64.1亿元,增长16.5%。

七、财 政、金 融

财政收入稳定增长,一般预算收入增长是近年来最高的。全市财政收入完成110.53亿元,比上年增长7.2%(按可比口径计算,下同)。其中一般预算收入完成44.51元,增长18.4%,是近五年来增速最高的一次。在全部税收中,增值税完成47.78亿元,增长10.1%;营业税完成13.54亿元,增长23.6%;企业所得税完成13.55亿元,下降32.1%;个人所得税完成9.61亿元,增长17.2%。全市财政支出68.44亿元,增长15.2%,其中基本建设和城市维护建设支出分别为6.76亿元和3.94亿元,增长23.5%和47.8%。

金融业不断强化和完善服务功能,支持经济发展。年末全市金融机构存款余额1671.05亿元,增长14.1%(按可比口径计算,下同)。城乡居民储蓄存款余额继续增加,年末城乡居民储蓄存款余额925.10亿元,比年初增加103.15亿元,增长12.6%。其中农村居民储蓄存款余额270.78亿元,比年初增加13.65亿元,增长5.3%。金融部门逐步扩大贷款,年末贷款余额1305.99亿元,比年初增加235.77亿元,增长22.0%。

八、科学技术和教育

研究与开发有明显成效。全年取得科技成果110项，其中属于国际先进水平13项，属于国内领先水平76项，国内先进水平20项。全年获省长特别奖1项，获省级科技进步奖27项，市科技进步奖71项。全年申请专利1218项，授权702项。技术市场成交活跃，全年技术市场交易额实现6.6亿元。新增技术贸易机构145家。

高新技术产业开发区健康发展。高新技术产业开发区全年实现国内生产总值55.2亿元，比上年增长24.6%；工业增加值41.0亿元，增长28.1%；技工贸总收入190亿元，增长31.0%；出口创汇11000万美元，增长10.0%；实现利税13.8亿元，增长25.5%；财政收入3.79亿元。

教育战线强化素质教育，扩大招生数量。全市普通高等院校招生5.27万人，在校生14.70万人。招生研究生928人，在学研究生2295人。中等专业学校招生1.55万人，在校生4.81万人，毕业生1.34万人。成人高等教育招生4.72万人，在校生12.48万人。全市劳动技工学校45所，招生7112人，在校生13159人，毕业生4917人。全市普通中学711所，招生28.52万人，在校生82.6万人，毕业生23.07万人。职业高中73所，招生2.56万人，在校生7.31万人，毕业生2.43万人。小学3557所，招生11.76万人，在校生95.8万人，毕业生21.96万人。学龄儿童入学率99.72%。

九、文化、卫生和体育

文化、卫生、体育事业全面发展。全市共有艺术表演团体26个，艺术表演场所23个。文化馆、群艺馆25个，举办文艺活动1304次，举办展览254个。公共图书馆21个，藏书量325万册。广播综合覆盖率99.1%，电视综合覆盖率98.8%。共有医疗卫生机构700个，其中医院105个，卫生防疫防治机构24个，妇幼卫生机构24个。年末卫生机构拥有床位2.44万张，其中医院拥有床位1.67万张。全市拥有专业卫生技术人员3.24万人，其中医生1.52万人。体育技能比赛和全民健身活动全面展开。全年我市选手在省级以上比赛共获金牌93枚，银牌88枚，铜牌69枚。全市举办各种运动会310次，参加运动会的运动员13.25万人次。

十、城市建设和环境保护

城市建设成绩斐然。年末城市道路总长度561.0公里，增长0.3%，道路面积999.9万平方米，增长37.9%，排水管道长度达945.3公里，增长29.1%。我市目前有水厂8座，日产水能力85万立方米，管线总长度1054公里，全年供水量20469万立方米。城市公用事业继续发展。煤气、天然气管道长度306公里，供热管道总长度240公里，城市集中供热面积达1300万平方米，比上年增加了100万平方米。城市公共汽车营运线路达78条，营运车辆1694辆，营运线路长1046公里，年客运总量19293.1万人次，增长7.8%。

环境保护力度加大，市区大气质量明显优化。重点烟尘污染企业实现达标排放，农作物秸秆焚烧现象得到有效控制，城市环境有明显改善。年末全市有环境监测站14个，烟尘控制区23个，烟尘控制面积112.4平方公里，噪音控制覆盖面积112.0平方公里，噪音控制达标面积57.7平方公里。全市工业烟尘排放达标率80%，工业企业废水排放达标率80%，工业固体废物综合利用率80%。市区二级以上优、良天气达181天，优、良天气占全年近50%，比上年增加了21个百分点。绿化工作力度加大，年末城市公园26个，公园面积272.98公顷，城市园林绿地面积3537公顷，园林绿化覆盖面积4107公顷，建成区绿化覆盖率33.5%，人均公共绿地面积5.02平方米。

十一、人　民　生　活

2002年，全市城乡居民收入继续增长，生活水平进一步提高。全年市区城镇居民人均可支配收入7240元，比上年增长6.4%，人均消费性支出5821元，增长4.3%。截止2002年末，市区城镇居民家庭每百户拥有彩电122.2台，电冰箱98.6台，洗衣机97.4台，空调器87.2台，钢琴2.5架，移动电话53.0部，电脑21.0台。2002年农民人均纯收入为3245元，增长3.05%。农村居民百户耐用品拥有量略有增加，百户拥有彩电87.1台，洗衣机79.3台，电风扇184.6台，电话机69.6部。

我市城乡居民居住条件和生活环境进一步改善。截止2002年末，市区城镇居民人均住房使用面积达17.67平方米，94%的家庭住上了单元式配套住宅。农村居民人均居住面积达30.54平方米，增加0.85平方米。

注:本统计公报使用的数据都是年快报数据。

主要指标的解释

1.**国内生产总值**(GDP):指一个国家(或地区)所有常住单位在一定时期内生产活动的最终成果。国内生产总值强调区域(地域)原则,在我们石家庄市区域(地域)内的中央、省属、市属及其以下单位(企业)以及私营、个体、中外合资、外资企业单位(企业)等所有常住单位,在一定时期内创造的增加值,都要计入我们石家庄市的国内生产总值。

2.**增加值**:指常住单位在生产过程中创造的新增价值和固定资产的转移价值(固定资产折旧)。

3.**三次产业**:我国的三次产业划分,第一产业:农业(包括种植业、林业、牧业和渔业)。第二产业:工业(包括采掘业、制造业、电力、煤气及水的生产和供应业)和建筑业。第三产业:除第一、二产业以外的其他各业,如:交通运输、商业、社会服务业、教育、文化、广播电视、卫生、体育、科学研究、综合技术服务业、计算机软件开发、工程设计、党政机关社会团体等等。

4.**全社会固定资产投资**:共分为七部分,即:(1)基本建设投资,(2)更新改造投资,(3)其它投资(没有列入基本建设和更新改造计划的投资),(4)房地产开发投资,(5)城镇集体投资,(6)农村非农户(即农民集体)投资,(7)个人投资(包括城镇私营、个体、个人投资、农村个人投资)。其中国有及其它经济类固定资产投资包括基本建设投资、更新改造投资、房地产开发投资。

5.**社会消费品零售总额**:指国民经济各行业通过各种渠道售给城乡居民和社会集团的消费品总额。这个指标反映全社会消费品的零售规模,是研究居民消费水平和消费结构、居民消费品购买力实现程度,以及货币流通规模的重要指标,也是国民经济核算的一项重要基础资料。

6.**农民人均纯收入**:是农民全年总收入扣除相应的各项生产费用性支出后,归农民所有的实际收入。它可用于生产、非生产投资,改善农民物质和文化生活,以及用在分配的支出和结余的收入,用于衡量农民实际收入水平,以及农民扩大再生产和改善生活的能力。农民全年总收入包括劳动者报酬收入、家庭经营收入、转移性收入、财产性收入四部分。

7.**城镇居民可支配收入**:指调查户可用于最终消费支出和其它非义务性支出以及储蓄的总和,即居民家庭可以用来自由支配的收入。它是家庭总收入扣除交纳的所得税、个人交纳的社会保障费以及调查户的记帐补贴后的收入。我市居民可支配收入,是按照国家统计局统一制定的调查方案要求,在市区范围内随机抽选出400户调查样本,以常年记帐方式取得原始调查数据,经过科学汇总计算得出的结果。与农民人均纯收入相比,城镇居民可支配收入反映的主要是用于生活方面的收入。

8.**居民消费价格指数**:是度量商品及服务项目价格水平随着时间而变动的相对数,反映居民家庭购买消费品及服务价格水平的变动情况。它是宏观经济分析和决策、价格总水平监测和调控以及国民经济核算的重要指标。居民消费价格指数的调查范围主要包括食品、衣着、日用品、居住、交通通讯、娱乐教育、服务项目等252个基本分类。其原始价格资料是按照国家统计制度规定,定时、定点、定人采集,再按科学的汇总方法,计算出居民消费价格指数。

9.**海关进出口统计**:是指对进出中华人民共和国关境的货物进行的统计调查和统计分析。进出口商品贸易统计过去一直由外经贸部和海关总署分别承担。一九九八年,根据国家有关部门规定,对外贸易中的进出口统计及数字对外公布均由海关承担。根据国际贸易统计原则,凡能引起一国关境内物质资源存量增加或减少的进出口货物,除制度另有规定外,均列入海关统计。

10.**在岗职工平均工资**:指企业、事业、机关等单位的在岗职工在一定时期(通常为一年)内平均每人所得的货币工资额。它表明一定时期在岗职工工资收入的高低程度,是反映在岗职工工资水平主要指标。

11.**人口普查**:人口普查是在国家统一规定的时间内,按照统一的方法、统一的项目、统一的普查表格和统一的标准时间地点,对全国人口普遍地、逐户逐人地进行的一次性调查登记。由于人口普查是世界各国取得有关人口资料、查清国情国力的一种最基本的调查方法,所以人口普查也称作“国情普查”或“国势调查”。人口普查工作,包括对人口普查资料的搜集、数据汇总、资料评价、分析研究、编辑出版等全部过程。第五次人口普查(以2000年11月1日0时为普查时点)我市的工作已于2002年底前基本结束。

12.**基本单位普查**:基本单位普查是我国进行的一项重大国情国力调查,目的是为了摸清我国各类基本单位的数量,全面了解各类单位的组织形式、经济成份构成、规模结构以及生产要素的配置和地区分布、行业分布等情况,建立和完善我国基本单位名录库系统。全国基本单位普查我市的工作在2002年内进行了一年,现在也基本结束。

一、综合

行政组织机构及土地面积

（2002年）

1—1

行政单位	镇政府（个）	乡政府（个）	街道办事处（个）	居民委员会（个）	村民委员会（个）	城镇社区服务设施（个）	土地面积（平方公里）
石家庄市	**120**	**103**	**49**	**555**	**4 488**	**4 435**	**15 848**
市区合计	10	5	48	406	170	4 228	456
#长安区	3	—	8	55	35	1 200	—
桥东区	1	—	9	59	11	1 035	—
桥西区	—	1	11	99	26	1 170	—
新华区	2	2	11	96	27	773	—
裕华区	2	1	7	49	39	49	—
矿区	2	1	2	48	32	1	—
井陉县	10	7	—	4	318	1	1 381
正定县	4	5	—	14	174	—	470
栾城县	5	3	—	9	182	2	345
行唐县	4	11	—	8	330	—	1 025
灵寿县	6	9	—	3	279	—	1 546
高邑县	1	4	—	9	107	—	211
深泽县	2	4	—	3	125	—	286
赞皇县	2	9	—	5	212	—	1 210
无极县	6	5	—	4	213	—	524
平山县	12	11	—	2	717	—	2 951
元氏县	6	9	—	2	208	—	849
赵县	7	4	—	10	281	1	714
辛集市	8	7	—	31	341	41	1 100
藁城市	13	1	—	8	239	2	836
晋州市	8	2	—	16	224	92	716
新乐市	8	3	1	10	160	68	625
鹿泉市	8	4	—	11	208	—	603

人口及其变动情况

1—2　　(2002年)　　计量单位:人

行政单位	总户数(户)	年末总人口	#男	总人口中:非农业人口	年出生人口	年死亡人口
石家庄市	**2 500 505**	**9 039 931**	**4 570 839**	**2 668 650**	**103 149**	**48 883**
市区合计	535 443	2 049 586	1 026 361	1 970 956	19 376	6 578
长安区	106 720	405 045	202 017	405 045	3 923	1 482
桥东区	85 156	311 147	160 198	311 147	2 726	1 078
桥西区	104 499	419 825	209 432	419 825	3 787	1 104
新华区	113 194	435 534	216 090	388 221	4 017	1 270
裕华区	96 044	379 044	186 415	379 044	4 107	1 122
矿区	29 830	98 991	52 209	67 674	816	522
井陉县	101 927	323 239	166 190	38 889	4 086	1 935
正定县	122 030	435 050	216 759	58 675	4 733	2 895
栾城县	86 480	319 276	161 225	29 693	3 582	1 805
行唐县	118 146	410 721	206 684	37 030	5 359	2 625
灵寿县	89 930	310 656	157 909	39 628	2 754	1 518
高邑县	47 941	174 982	89 460	18 848	2 207	1 310
深泽县	72 029	247 933	125 964	31 643	4 329	1 235
赞皇县	64 473	230 855	119 642	20 047	2 143	888
无极县	134 700	483 319	245 074	37 615	8 202	2 953
平山县	130 532	449 350	232 707	36 162	7 210	2 848
元氏县	89 973	386 902	196 549	30 227	4 227	2 328
赵县	145 846	551 147	280 246	38 679	6 068	3 385
辛集市	183 960	614 460	309 937	82 674	8 229	4 827
藁城市	201 025	743 325	373 040	68 648	6 811	4 808
晋州市	146 440	510 874	260 209	38 762	5 404	2 710
新乐市	119 045	442 151	222 752	39 910	4 682	1 982
鹿泉市	110 585	356 105	180 131	50 564	3 747	2 253

人口自然增长率

1—3

（2002年）

行政单位	平均人口（人）	出生率（‰）	死亡率（‰）	自然增长率（‰）
石家庄市	**8 999 681**	**11.46**	**5.43**	**6.03**
市区合计	1 999 817	9.69	3.29	6.40
长安区	401 653	9.77	3.69	6.08
桥东区	305 795	8.91	3.53	5.39
桥西区	403 989	9.37	2.73	6.64
新华区	422 810	9.50	3.00	6.50
裕华区	367 070	11.19	3.06	8.13
矿区	98 501	8.28	5.30	2.98
井陉县	324 475	12.59	5.96	6.63
正定县	436 152	10.85	6.64	4.21
栾城县	319 553	11.21	5.65	5.56
行唐县	410 646	13.05	6.39	6.66
灵寿县	311 132	8.85	4.88	3.97
高邑县	175 314	12.59	7.47	5.12
深泽县	248 609	17.41	4.97	12.45
赞皇县	230 613	9.29	3.85	5.44
无极县	483 545	16.96	6.11	10.86
平山县	451 020	15.99	6.31	9.67
元氏县	386 845	10.93	6.02	4.91
赵县	550 794	11.02	6.15	4.87
辛集市	616 622	13.35	7.83	5.52
藁城市	744 823	9.14	6.46	2.69
晋州市	510 740	10.58	5.31	5.27
新乐市	442 104	10.59	4.48	6.11
鹿泉市	356 880	10.50	6.31	4.19

市辖镇人口情况

1—4　　(2002年)　　计量单位:人

行政单位	总户数(户)	总人口	#男	非农业人口 人数	非农业人口 占总人口(%)
石家庄市	**703 901**	**2 457 094**	**1 236 530**	**485 683**	**19.77**
市辖区	71 672	258 429	127 949	221 431	85.68
长安区	23 991	88 320	43 413	88 320	100.00
南村镇	8 581	34 801	17 052	34 801	100.00
西兆通镇	9 239	32 508	15 925	32 508	100.00
高营镇	6 171	21 011	10 436	21 011	100.00
桥东区	7 364	25 366	13 020	25 366	100.00
桃园镇	7 364	25 366	13 020	25 366	100.00
新华区	10 542	36 399	17 967	12 618	34.67
赵陵铺镇	3 651	11 999	5 798	2 643	22.03
大郭镇	6 891	24 400	12 169	9 975	40.88
井陉矿区	7 282	24 296	12 223	11 079	45.60
贾庄镇	7 282	24 296	12 223	11 079	45.60
裕华区	22 493	84 048	41 326	84 048	100.00
方村镇	13 069	48 555	23 759	48 555	100.00
廿里铺镇	9 424	35 493	17 567	35 493	100.00
辛集市	121 246	390 621	196 934	78 143	20.00
旧城镇	10 980	41 872	21 185	1 561	3.73
张古庄镇	8 400	30 269	15 090	586	1.94
位伯镇	11 373	39 122	19 700	1 007	2.57
新城镇	7 611	23 424	11 641	1 180	5.04
南智丘镇	10 807	38 283	19 761	1 043	2.72
王口镇	11 726	40 388	20 128	1 214	3.01

1—4 续表 1　　　　（2002 年）　　　　计量单位：人

行政单位	总户数（户）	总人口		非农业人口	
			# 男	人数	占总人口（%）
辛集镇	48 721	135 235	68 445	70 603	52.21
新垒头镇	11 628	42 028	20 984	949	2.26
藁城市	186 334	692 191	347 637	65 672	9.49
廉州镇	36 028	114 416	57 051	56 136	49.06
邱头镇	12 335	45 369	22 773	1 062	2.34
常安镇	12 387	51 610	26 408	606	1.17
岗上镇	13 173	47 382	23 540	984	2.08
梅花镇	15 161	58 071	29 743	784	1.35
贾市庄镇	11 845	47 798	24 029	655	1.37
南董镇	11 128	41 755	20 786	734	1.76
南孟镇	11 165	43 537	21 686	801	1.84
西关镇	11 116	41 741	20 820	591	1.42
南营镇	10 825	42 967	21 828	635	1.48
兴安镇	12 951	49 674	25 087	934	1.88
张家庄镇	13 555	51 903	25 831	817	1.57
增村镇	14 665	55 968	28 055	933	1.67
晋州市	129 766	449 443	229 008	37 896	8.43
晋州镇	42 794	110 500	55 384	31 207	28.24
马于镇	11 368	42 938	21 821	734	1.71
小樵镇	14 717	58 210	29 477	902	1.55
总十庄镇	12 661	50 411	26 445	2 509	4.98

1—4 续表 2　　(2002 年)　　计量单位:人

行政单位	总户数(户)	总人口	# 男	非农业人口 人数	非农业人口 占总人口(%)
营里镇	8 389	33 070	16 880	437	1.32
东卓宿镇	11 914	44 143	22 490	702	1.59
桃元镇	13 252	53 165	27 255	652	1.23
槐树镇	14 671	57 006	29 256	753	1.32
新乐市	100 964	368 074	185 757	38 809	10.54
承安镇	17 828	68 877	34 690	1 673	2.43
长寿镇	28 095	77 730	39 191	34 512	44.40
邯邰镇	16 248	67 033	33 975	912	1.36
东王镇	6 702	27 725	14 045	229	0.83
化皮镇	5 365	20 840	10 541	344	1.65
正莫镇	5 255	20 022	10 206	200	1.00
大岳镇	4 844	19 715	9 972	259	1.31
杜固镇	7 284	27 889	14 004	393	1.41
马头铺镇	9 343	38 243	19 133	287	0.75
鹿泉市	93 919	298 336	149 245	43 732	14.66
获鹿镇	26 426	63 979	31 263	34 943	54.62
寺家庄镇	9 642	34 909	17 324	1 169	3.35
铜冶镇	15 387	52 957	26 507	2 227	4.21
黄壁庄镇	4 963	16 963	8 684	638	3.76
李村镇	9 558	33 514	17 234	1 741	5.19
宜安镇	7 938	27 156	13 773	861	3.17
上庄镇	9 090	30 346	15 192	1 003	3.31
大河镇	10 915	38 512	19 268	1 150	2.99

县辖镇人口情况

1—5　　　　(2002年)　　　　计量单位:人

行政单位	总户数(户)	总人口	#男	非农业人口 人数	非农业人口 占总人口(%)
石家庄市	**683 664**	**2 334 738**	**1 187 429**	**385 820**	**16.53**
井陉县	79 368	247 679	127 435	36 897	14.90
天长镇	13 955	41 152	20 608	4 707	11.44
微水镇	21 075	60 028	31 138	24 026	40.02
威州镇	7 359	26 509	13 513	754	2.84
南障成镇	3 589	11 606	6 080	576	4.96
测鱼镇	4 681	15 129	8 021	468	3.09
南峪镇	4 523	15 413	7 992	390	2.53
上安镇	6 840	22 826	11 770	816	3.57
秀林镇	8 635	26 332	13 593	3 122	11.86
小作镇	5 777	18 596	9 425	1 791	9.63
苍岩山镇	2 934	10 088	5 295	247	2.45
栾城县	61 250	215 791	108 936	29 693	13.76
栾城镇	22 821	66 294	33 651	23 861	35.99
窦妪镇	12 048	47 792	24 091	2 093	4.38
冶河镇	10 895	41 385	20 872	1 501	3.63
郄马镇	6 788	24 688	12 470	631	2.56
楼底镇	8 698	35 632	17 852	1 607	4.51

1—5 续表 1　　(2002 年)　　计量单位:人

行政单位	总户数(户)	总人口	#男	非农业人口 人数	非农业人口 占总人口(%)
正定县	70 372	236 436	117 153	54 613	23.10
正定镇	41 148	129 531	63 740	49 577	38.27
新城铺镇	9 074	33 078	16 603	793	2.40
新安镇	11 159	39 579	19 725	3 574	9.03
诸福屯镇	8 991	34 248	17 085	669	1.95
行唐县	44 011	136 016	68 523	31 716	23.32
龙州镇	24 058	63 743	31 848	29 694	46.58
口头镇	6 755	23 667	12 181	905	3.82
南桥镇	8 573	31 557	15 873	619	1.96
上碑镇	4 625	17 049	8 621	498	2.92
灵寿县	50 394	162 479	82 870	35 471	21.83
灵寿镇	19 438	55 553	28 426	30 267	54.48
慈峪镇	9 012	31 442	15 937	1 575	5.01
陈庄镇	6 874	22 067	11 370	1 560	7.07
南青同镇	7 265	25 582	12 934	1 065	4.16
塔上镇	3 178	11 013	5 600	410	3.72
西岔头镇	4 627	16 822	8 603	594	3.53
高邑县	7 632	28 421	14 012	18 848	66.32
高邑镇	7 632	28 421	14 012	18 848	66.32

1—5 续表 2　　(2002 年)　　计量单位:人

行政单位	总户数(户)	总人口	#男	非农业人口 人数	非农业人口 占总人口(%)
深泽县	28 783	90 059	46 022	27 294	30.31
深泽镇	16 720	48 360	25 083	26 203	54.18
铁杆镇	12 063	41 699	20 939	1 091	2.62
赞皇县	24 888	74 914	39 470	20 047	26.76
赞皇镇	19 103	53 444	28 302	19 396	36.29
院头镇	5 785	21 470	11 168	651	3.03
无极县	82 844	287 933	146 162	34 715	12.06
无极镇	27 088	76 851	39 166	30 862	40.16
七汲镇	10 335	41 584	21 152	597	1.44
大陈镇	8 091	31 297	15 820	645	2.06
北苏镇	14 710	54 639	27 622	1 063	1.95
郭庄镇	11 636	42 646	21 620	968	2.27
张段固镇	10 984	40 916	20 782	580	1.42
平山县	83 577	280 725	144 594	32 164	11.46
平山镇	31 450	100 164	50 425	23 999	23.96
古月镇	5 764	19 302	10 235	1 178	6.10
小觉镇	4 872	18 684	9 871	777	4.16
回舍镇	10 227	34 495	17 863	2 261	6.55
温塘镇	6 639	21 914	11 487	564	2.57
南甸镇	6 143	21 510	11 083	721	3.35

1—5 续表 3　　　　(2002 年)　　　　计量单位:人

行政单位	总户数(户)	总人口	# 男	非农业人口 人数	非农业人口 占总人口(%)
岗南镇	8 220	29 598	15 049	1 412	4.77
孟家庄镇	2 380	8 401	4 462	316	3.76
蛟潭庄镇	2 584	8 562	4 496	356	4.16
下槐镇	5 298	18 095	9 623	580	3.21
元氏县	47 326	205 350	103 789	26 874	13.09
槐阳镇	15 239	69 815	35 399	23 471	33.62
南佐镇	4 024	15 199	7 777	766	5.04
因村镇	7 185	29 061	14 713	877	3.02
南因镇	7 756	34 354	17 168	505	1.47
宋曹镇	7 111	31 239	15 772	842	2.70
姬村镇	6 011	25 682	12 960	413	1.61
赵县	103 219	368 935	188 463	37 488	10.16
赵州镇	37 181	102 297	53 075	35 284	34.49
范庄镇	18 699	71 575	36 464	696	0.97
沙河店镇	7 955	33 958	17 122	299	0.88
南柏舍镇	9 461	38 553	19 626	273	0.71
韩村镇	11 701	47 662	24 346	346	0.73
北王里镇	10 065	43 333	22 005	280	0.65
新宅店镇	8 157	31 557	15 825	310	0.98

全市人口年龄情况

1—6　　(2002年)　　计量单位:人

年龄	人口数	#男	年龄	人口数	#男
总　计	**9 039 931**	**4 570 839**			
不满1岁	66 665	35 538	28	124 806	61 705
1	70 426	37 543	29	139 912	69 502
2	79 881	42 096	30	157 048	78 933
3	74 298	38 918	31	165 587	83 524
4	75 283	39 196	32	177 467	89 974
5	77 554	40 467	33	159 046	80 355
6	86 420	45 052	34	169 409	85 251
7	98 362	51 200	35	143 139	72 754
8	112 364	58 882	36	158 708	80 227
9	127 140	65 786	37	166 283	84 065
10	137 779	71 345	38	169 059	85 403
11	142 952	74 843	39	196 783	99 654
12	179 979	92 797	40	139 069	70 434
13	202 903	104 139	41	89 250	45 270
14	210 212	107 071	42	116 627	59 587
15	208 836	107 723	43	122 950	62 533
16	183 265	93 328	44	142 416	72 725
17	171 246	86 729	45	147 372	75 664
18	158 004	81 125	46	146 499	74 624
19	154 954	79 083	47	144 285	74 196
20	176 099	88 188	48	138 975	70 876
21	165 462	83 025	49	132 522	67 018
22	143 031	72 421	50	129 564	65 528
23	133 021	67 263	51	121 295	61 137
24	131 085	65 332	52	113 093	57 786
25	118 984	60 516	53	107 911	54 727
26	117 741	59 648	54	95 381	47 666
27	113 551	56 686	55	94 153	47 627

1—6 续表　　　　(2002 年)　　　　计量单位:人

年　　龄	人口数	# 男	年　　龄	人口数	# 男
56	88 472	44 849	84	10 410	4 031
57	80 833	41 208	85	9 681	3 879
58	69 418	34 955	86	7 263	2 800
59	67 212	34 417	87	5 856	2 139
60	69 750	35 418	88	4 884	1 827
61	67 042	33 819	89	3 922	1 434
62	63 906	32 091	90	2 941	1 093
63	60 241	30 148	91	2 366	813
64	63 728	32 319	92	1 906	607
65	63 577	32 009	93	1 276	368
66	59 580	29 870	94	876	292
67	59 946	29 631	95	631	186
68	53 967	26 464	96	422	122
69	54 620	26 895	97	321	79
70	52 766	25 640	98	207	52
71	47 530	23 309	99	131	37
72	47 667	22 793	100	73	20
73	41 254	19 486	101	39	7
74	38 870	18 436	102	29	10
75	35 351	16 130	103	7	—
76	30 953	14 103	104	4	3
77	30 403	13 611	105	1	—
78	26 158	11 641	106	1	1
79	23 236	10 078	107	2	—
80	20 471	8 752	108	1	1
81	16 196	6 885	109	—	—
82	14 981	6 249	110	1	—
83	12 445	5 147	…	1	—

人口分民族情况

1—7　　(2002年)　　计量单位:人

民族	全市	#市区	民族	全市	#市区
总计	**9 039 931**	**2 049 586**			
汉族	8 962 648	2 009 107	东乡族	1	1
蒙古族	2 471	2 113	纳西族	160	26
回族	51 402	18 566	景颇族	7	4
藏族	352	324	土族	22	2
维吾尔族	68	52	达斡尔族	67	52
苗族	523	242	仫佬族	11	5
彝族	292	81	羌族	22	8
壮族	731	379	布朗族	1	—
布依族	168	84	撒拉族	1	—
朝鲜族	621	559	仡佬族	19	5
满族	18 421	16 962	锡伯族	122	109
侗族	161	111	塔吉克族	1	1
瑶族	99	61	普米族	4	—
白族	241	89	怒族	6	5
土家族	641	404	俄罗斯族	19	6
哈尼族	28	8	鄂温克族	12	11
哈萨克族	5	4	裕固族	3	2
傣族	45	12	京族	3	2
黎族	186	98	鄂伦春族	9	4
傈僳族	207	8	赫哲族	8	8
佤族	6	—	门巴族	6	6
畲族	18	17	珞巴族	5	3
高山族	10	10	基诺族	3	1
拉祜族	37	8	其他未识别民族	25	16
水族	10	7	外国人加入中国藉	3	3

计划生育基本情况

1—8　　(2002年)　　计量单位:人

行政单位	一孩人数	二孩人数	多孩人数	计划生育率(%)
石家庄市	**55 333**	**24 269**	**627**	**96.40**
市区合计	15 238	2 184	36	99.86
长安区	3 138	515	11	99.86
桥东区	2 186	169	4	99.92
桥西区	3 310	319	4	99.81
新华区	3 211	356	4	99.94
裕华区	2 782	441	10	99.81
矿区	452	284	3	99.73
高新区	159	100	—	100.00
井陉县	1 566	1 692	53	95.26
正定县	2 492	1 288	26	97.19
栾城县	1 869	594	19	94.76
行唐县	2 852	2 078	58	95.01
灵寿县	1 614	1 109	20	95.55
高邑县	868	693	22	96.46
深泽县	1 159	543	8	93.80
赞皇县	1 409	1 008	55	95.06
无极县	2 874	1 467	39	96.53
平山县	2 889	1 531	45	95.95
元氏县	2 282	1 194	27	94.38
赵县	3 254	1 226	37	94.13
辛集市	3 445	1 586	59	94.64
藁城市	3 766	2 219	35	95.80
晋州市	2 722	1 789	30	95.82
新乐市	3 001	843	22	96.17
鹿泉市	2 033	1 225	36	95.20

初婚及领取独生子女证情况

1—9 (2002年) 计量单位:人

行政单位	女性初婚人数	男性初婚人数	晚婚率(%)		领证人数
			男	女	
石家庄市	**52 064**	**52 350**	**30.22**	**43.60**	**279 280**
市区合计	13 486	13 257	68.53	75.26	205 672
长安区	3 331	3 266	75.20	85.17	47 582
桥东区	1 758	1 724	74.30	82.59	29 603
桥西区	3 003	2 956	69.82	69.73	38 382
新华区	3 210	3 119	71.88	77.54	45 033
裕华区	1 524	1 512	45.83	57.28	36 752
矿区	495	514	63.23	72.12	4 953
高新区	165	166	14.46	29.09	3 367
井陉县	1 471	1 414	45.05	55.34	2 851
正定县	2 540	2 588	13.87	29.25	8 778
栾城县	1 696	1 723	22.75	31.13	10 765
行唐县	2 586	2 629	21.76	54.56	4 236
灵寿县	1 619	1 661	28.06	54.91	4 064
高邑县	1 082	1 088	19.49	30.78	5 444
深泽县	1 135	1 139	10.71	25.99	3 158
赞皇县	1 505	1 536	21.22	30.37	519
无极县	2 728	2 746	8.85	28.78	3 562
平山县	2 251	2 348	27.90	33.50	332
元氏县	1 508	1 508	17.64	35.15	3 833
赵县	3 297	3 307	9.34	19.08	2 552
辛集市	3 500	3 521	11.53	24.60	3 569
藁城市	3 436	3 493	11.82	28.11	3 683
晋州市	2 818	2 815	13.53	23.39	6 351
新乐市	3 333	3 371	11.45	30.99	3 144
鹿泉市	2 073	2 206	26.65	41.63	6 767

节育措施情况

1—10　　(2002年)　　计量单位:人

行政单位	已婚育龄妇女人数	采取各种节育措施人数	采取各种节育措施中:男性绝育	女性绝育	综合节育率(%)
石家庄市	**1 720 449**	**1 585 796**	**223 229**	**651 177**	**92.17**
市区合计	342 735	313 067	4 508	53 821	91.34
长安区	78 848	72 871	2 541	11 212	92.42
桥东区	40 522	37 278	143	4 100	91.99
桥西区	55 531	51 343	148	6 869	92.46
新华区	76 097	67 873	418	9 100	89.19
裕华区	66 071	60 794	427	14 313	92.01
矿区	17 711	15 586	129	6 066	88.00
高新区	7 955	7 322	702	2 161	92.04
井陉县	64 135	58 672	5 393	30 658	91.48
正定县	90 088	83 029	10 956	38 015	92.16
栾城县	65 256	61 410	593	40 968	94.11
行唐县	77 310	70 518	27 796	17 700	91.21
灵寿县	59 880	56 305	8 393	26 520	94.03
高邑县	33 761	30 480	10 861	9 175	90.28
深泽县	45 815	42 568	303	28 959	92.91
赞皇县	43 395	39 685	17 827	7 373	91.45
无极县	98 091	90 821	4 524	53 740	92.59
平山县	85 398	78 958	2 082	51 407	92.46
元氏县	72 772	67 988	23 145	21 874	93.43
赵县	105 400	96 961	41 267	24 357	91.99
辛集市	120 048	109 367	8 447	53 690	91.10
藁城市	149 820	138 871	22 115	72 190	92.69
晋州市	103 411	95 645	10 348	49 631	92.49
新乐市	92 342	84 974	22 998	32 032	92.02
鹿泉市	70 792	66 477	1 673	39 067	93.90

国内生产总值构成项目

1—11

(2002年)

计量单位：万元

行业名称	增加值	劳动者报酬	生产税净额	#补贴	固定资产折旧	营业盈余
国内生产总值	**11 868 132**	**6 007 758**	**1 535 387**	**46 671**	**2 050 617**	**2 274 370**
第一产业	1 559 478	1 228 464	31 702	4 225	89 436	209 876
农　业	1 001 216	788 958	20 024	3 700	55 067	137 167
林　业	25 827	19 628	515	525	1 420	4 264
畜牧业	513 720	410 840	10 274	—	28 255	64 351
渔　业	18 715	9 038	889	—	4 694	4 094
第二产业	5 594 110	2 236 253	965 511	29 662	888 284	1 504 062
工　业	4 934 558	1 814 140	866 578	29 662	824 967	1 428 873
按规模划分						
规模以上	3 074 510	1 059 114	560 317	29 662	541 116	913 963
规模以下	1 860 048	755 026	306 261	—	283 851	514 910
按行业划分						
采掘业	92 728	47 211	13 804	5 776	5 471	26 242
制造业	4 381 049	1 701 466	745 904	20 116	655 919	1 277 760
电力、煤气及水的生产和供应业	460 781	65 463	106 870	3 770	163 577	124 871
建筑业	659 552	422 113	98 933	—	63 317	75 189
第三产业	4 714 544	2 543 041	538 174	12 784	1 072 897	560 432
农林牧渔服务业	50 670	43 728	912	—	3 394	2 636
地质勘查业、水利管理业	37 126	22 102	1 970	—	5 510	7 544
交通运输、仓储及邮电通信业	1 175 383	524 040	190 971	—	254 623	205 749

1—11 续表　　(2002 年)　　计量单位:万元

行业名称	增加值	劳动者报酬	生产税净额	# 补贴	固定资产折旧	营业盈余
交通运输和仓储业	941 178	481 883	172 235	—	160 941	126 119
# 邮电通信业	234 205	42 157	18 736	—	93 682	79 630
批发和零售贸易、餐饮业	1 261 773	694 569	202 761	11 584	276 327	88 116
# 批发和零售贸易业	998 873	570 064	150 652	11 584	198 400	79 757
餐饮业	262 900	124 505	52 109	—	77 927	8 359
金融保险业	299 193	100 983	57 537	—	45 349	95 324
# 金融业	203 039	91 368	34 460	—	42 869	34 342
保险业	96 154	9 615	23 077	—	2 480	60 982
房地产业	260 685	15 122	11 069	—	229 415	5 079
房地产管理业	7 307	4 749	1 096	—	599	863
房地产开发与经营业	32 164	10 373	9 973	—	7 602	4 216
城镇居民自有住房	53 895	—	—	—	53 895	—
农村居民自有住房	167 319	—	—	—	167 319	—
社会服务业	465 596	334 037	49 516	1 200	52 429	29 614
卫生、体育和社会福利业	245 141	188 514	255	—	32 358	24 014
教育、文艺及广播电影电视业	330 007	213 515	4 290	—	60 721	51 481
科学研究和综合技术服务业	123 745	86 002	7 549	—	16 335	13 859
国家机关、政党机关和社会团体	364 305	262 299	748	—	88 161	13 097
其他行业	100 920	58 130	10 596	—	8 275	23 919

总产出、国内生产总值

1—12　　(2002年)　　计量单位:万元、%

行业名称	总产出		国内生产总值	
	绝对值	速度(以上年同期为100)	绝对值	速度(以上年同期为100)
总　计	**33 349 769**	**110.1**	**11 868 132**	**109.9**
第一产业	3 119 674	104.3	1 559 478	104.2
农　业	1 718 383	104.4	1 001 216	103.9
林　业	41 712	92.4	25 827	89.9
畜牧业	1 323 767	104.5	513 720	105.3
渔　业	35 812	108.4	18 715	111.5
第二产业	21 116 405	111.0	5 594 110	111.3
工　业	18 478 197	111.5	4 934 558	111.8
采掘业	351 544	111.2	92 728	110.0
制造业	17 111 825	111.6	4 381 049	111.5
电力、煤气及水的生产和供应业	1 014 828	109.1	460 781	115.1
建筑业	2 638 208	108.1	659 552	108.1
第三产业	9 113 690	110.0	4 714 544	110.2
农林牧渔服务业	81 366	103.7	50 670	109.5
地质勘查业、水利	57 318	107.8	37 126	109.0
交通运输、仓储及邮电通信业	2 352 618	106.1	1 175 383	108.0
交通运输和仓储业	1 992 303	105.0	941 178	105.3
邮电通信业	360 315	112.4	234 205	120.0
批发和零售贸易、餐饮业	2 580 518	110.7	1 261 773	110.2
金融保险业	699 262	131.5	299 193	130.8
房地产业	296 525	109.5	260 685	108.1
社会服务业	965 932	106.2	465 596	106.8
卫生、体育和社会福利业	415 044	109.6	245 141	110.9
教育、文艺及广播电影电视业	588 051	110.7	330 007	109.8
科学研究和综合技术服务业	213 169	109.5	123 745	108.5
国家机关、政党机关和社会团体	705 146	109.4	364 305	110.3
其他行业	158 741	110.6	100 920	108.6

分县（市）国内生产总值

1—13　　　　(2002年)　　　　计量单位：万元、%

行政单位	国内生产总值	比上年增长	第一产业	第二产业	# 工业	第三产业
石家庄市	**11 868 032**	**9.9**	**1 559 478**	**5 594 110**	**4 934 558**	**4 714 544**
市区	5 101 126	11.6	73 251	2 335 075	1 962 295	2 692 800
井陉县	317 340	8.8	37 080	174 775	161 554	105 485
正定县	536 162	9.7	134 195	212 164	183 454	189 803
栾城县	457 263	10.1	123 119	180 879	155 877	153 265
行唐县	272 196	9.8	62 286	123 476	111 409	86 434
灵寿县	202 448	6.3	41 686	95 366	81 946	65 396
高邑县	195 971	9.9	52 105	81 244	70 922	62 622
深泽县	187 602	8.5	50 900	72 798	64 058	63 904
赞皇县	135 025	6.3	40 466	48 261	39 701	46 298
无极县	388 447	7.9	89 197	179 380	172 222	119 870
平山县	368 889	9.9	76 246	158 800	141 890	133 843
元氏县	369 903	9.5	73 626	169 904	154 496	126 373
赵县	415 764	8.5	108 523	163 428	153 083	143 813
辛集市	826 181	8.6	225 024	314 474	292 739	286 683
藁城市	970 357	10.2	200 003	413 762	368 641	356 592
晋州市	600 744	8.5	116 429	269 509	240 361	214 806
新乐市	526 545	8.6	120 467	243 180	217 579	162 898
鹿泉市	802 319	9.3	91 545	453 490	408 119	257 284

二、单位从业人员和劳动报酬

全市单位从业人员和劳动报酬

2—1 (2002年) 计量单位:人、千元、个、元

行业名称	年末单位从业人员	年末单位从业人员中: 女性	使用的农村劳动力	1.在岗职工	#专业技术人员
总计	**882 476**	**357 807**	**80 036**	**864 187**	**289 728**
#国有控股	384 904	146 453	34 222	378 566	88 969
一、按企业、事业、机关分组					
(一)企业	566 804	217 432	69 317	553 980	123 551
(二)事业	228 041	116 850	8 415	222 916	154 396
(三)机关	87 631	23 525	2 304	87 291	11 781
二、按国民经济行业分组					
(一)农、林、牧、渔业	5 764	2 065	462	5 759	3 156
(二)采掘业	3 592	819	303	3 592	346
(三)制造业	294 218	123 652	43 959	292 537	49 620
(四)电力、煤气及水的生产和供应业	22 702	6 581	1 027	22 619	5 728
(五)建筑业	54 748	8 514	15 622	50 235	13 616
(六)地质勘查业、水利管理业	8 621	2 313	362	8 590	3 494
(七)交通运输、仓储及邮电通信业	54 831	13 282	2 127	54 470	10 727
(八)批发和零售贸易、餐饮业	76 410	37 004	3 354	74 788	17 827
(九)金融、保险业	33 303	15 174	1 962	30 037	16 056
(十)房地产业	3 984	1 529	72	3 876	1 475
(十一)社会服务业	33 387	14 473	2 394	31 955	5 138
(十二)卫生、体育和社会福利业	36 383	21 582	1 037	36 092	27 799
(十三)教育、文化艺术及广播电影电视业	138 315	78 854	4 375	134 116	110 831
(十四)科学研究和综合技术服务业	16 467	5 391	106	16 340	10 788
(十五)国家机关、政党机关和社会团体	92 864	24 033	2 619	92 511	11 140
(十六)其他行业	6 887	2 541	255	6 670	1 987

2—1 续表 1　　　　（2002 年）　　　　计量单位：人、千元、个、元

行　业　名　称	在岗职工中按用工期限分组		2. 其他从业人员	离开本单位仍保留劳动关系的职工
	长期职工	临时职工		
总　　计	**760 127**	**104 060**	**18 289**	**130 350**
#国有控股	345 810	32 756	6 338	81 790
一、按企业、事业、机关分组				
（一）企　　业	485 372	68 608	12 824	122 716
（二）事　　业	195 494	27 422	5 125	2 325
（三）机　　关	79 261	8 030	340	5 309
二、按国民经济行业分组				
（一）农、林、牧、渔业	5 254	505	5	312
（二）采　掘　业	3 408	184	—	6 981
（三）制　造　业	264 335	28 202	1 681	65 685
（四）电力、煤气及水的生产和供应业	20 613	2 006	83	594
（五）建　筑　业	40 562	9 673	4 513	8 684
（六）地质勘查业、水利管理业	8 246	344	31	637
（七）交通运输、仓储及邮电通信业	51 100	3 370	361	9 181
（八）批发和零售贸易、餐饮业	61 786	13 002	1 622	27 174
（九）金融、保险业	25 418	4 619	3 266	2 166
（十）房 地 产 业	3 578	298	108	253
（十一）社会服务业	21 621	10 334	1 432	741
（十二）卫生、体育和社会福利业	28 414	7 678	291	196
（十三）教育、文化艺术及广播电影电视业	120 607	13 509	4 199	638
（十四）科学研究和综合技术服务业	15 533	807	127	347
（十五）国家机关、政党机关和社会团体	83 657	8 854	353	5 404
（十六）其 他 行 业	5 995	675	217	1 357

2—1 续表 2　　(2002 年)　　计量单位:人、千元、个、元

行业名称	单位从业人员平均人数	# 在岗职工	其他从业人员	离开本单位仍保留劳动关系的职工平均人数
总计	**896 663**	**878 195**	**18 468**	**119 163**
#国有控股	395 407	389 423	5 984	74 367
一、按企业、事业、机关分组				
(一)企业	580 188	567 396	12 792	112 059
(二)事业	228 185	222 863	5 322	2 116
(三)机关	88 290	87 936	354	4 988
二、按国民经济行业分组				
(一)农、林、牧、渔业	5 760	5 745	15	306
(二)采掘业	4 895	4 895	—	5 919
(三)制造业	296 933	295 311	1 622	60 282
(四)电力、煤气及水的生产和供应业	22 432	22 346	86	520
(五)建筑业	59 633	55 577	4 056	8 765
(六)地质勘查业、水利管理业	8 619	8 589	30	696
(七)交通运输、仓储及邮电通信业	57 372	56 878	494	6 914
(八)批发和零售贸易、餐饮业	78 305	76 377	1 928	25 563
(九)金融、保险业	33 450	30 145	3 305	1 894
(十)房地产业	4 070	3 963	107	255
(十一)社会服务业	33 428	31 976	1 452	686
(十二)卫生、体育和社会福利业	36 461	36 170	291	181
(十三)教育、文化艺术及广播电影电视业	138 240	133 891	4 349	598
(十四)科学研究和综合技术服务业	16 619	16 501	118	301
(十五)国家机关、政党机关和社会团体	93 487	93 120	367	5 054
(十六)其他行业	6 959	6 711	248	1 229

2—1 续表 3　　(2002 年)　　计量单位:人、千元、个、元

行业名称	单位从业人员劳动报酬	在岗职工工资总额	其他从业人员劳动报酬	离开本单位仍保留劳动关系职工的生活费	单位数
总计	**9 935 935**	**9 807 521**	**128 414**	**453 636**	**12 481**
#国有控股	4 536 858	4 475 794	61 064	298 644	1 554
一、按企业、事业、机关分组					
(一)企业	5 978 370	5 874 949	103 421	371 785	3 802
(二)事业	2 778 006	2 755 382	22 624	16 948	6 633
(三)机关	1 179 559	1 177 190	2 369	64 903	2 046
二、按国民经济行业分组					
(一)农、林、牧、渔业	53 072	52 996	76	705	231
(二)采掘业	49 242	49 242	—	21 059	14
(三)制造业	2 823 978	2 800 904	23 074	190 807	1 006
(四)电力、煤气及水的生产和供应业	417 662	416 466	1 196	5 836	49
(五)建筑业	534 851	511 941	22 910	25 795	93
(六)地质勘查业、水利管理业	95 504	95 334	170	2 201	121
(七)交通运输、仓储及邮电通信业	721 924	717 526	4 398	28 531	272
(八)批发和零售贸易、餐饮业	646 213	628 303	17 910	72 220	1 605
(九)金融、保险业	462 149	437 147	25 002	22 764	474
(十)房地产业	49 324	48 207	1 117	2 698	86
(十一)社会服务业	330 411	322 728	7 683	2 535	424
(十二)卫生、体育和社会福利业	442 089	439 973	2 116	891	1 050
(十三)教育、文化艺术及广播电影电视业	1 639 985	1 622 954	17 031	6 041	4 363
(十四)科学研究和综合技术服务业	326 517	325 023	1 494	1 475	222
(十五)国家机关、政党机关和社会团体	1 246 070	1 243 546	2 524	65 970	2 292
(十六)其他行业	96 944	95 231	1 713	4 108	179

2—1 续表 4　　(2002 年)　　计量单位：人、千元、个、元

行业名称	单位人员	# 职工	# 中专及以上学历人员	单位人员报酬	# 职工工资
总计	**1 012 826**	**994 537**	**451 959**	**10 389 571**	**10 261 157**
# 国有控股	466 694	460 356	150 160	4 835 502	4 774 438
一、按企业、事业、机关分组					
(一)企业	689 520	676 696	200 112	6 350 155	6 246 734
(二)事业	230 366	225 241	176 923	2 794 954	2 772 330
(三)机关	92 940	92 600	74 924	1 244 462	1 242 093
二、按国民经济行业分组					
(一)农、林、牧、渔业	6 076	6 071	3 485	53 777	53 701
(二)采掘业	10 573	10 573	1 753	70 301	70 301
(三)制造业	359 903	358 222	72 224	3 014 785	2 991 711
(四)电力、煤气及水的生产和供应业	23 296	23 213	8 944	423 498	422 302
(五)建筑业	63 432	58 919	14 402	560 646	537 736
(六)地质勘查业、水利管理业	9 258	9 227	4 181	97 705	97 535
(七)交通运输、仓储及邮电通信业	64 012	63 651	38 711	750 455	746 057
(八)批发和零售贸易、餐饮业	103 584	101 962	31 393	718 433	700 523
(九)金融、保险业	35 469	32 203	21 400	484 913	459 911
(十)房地产业	4 237	4 129	2 283	52 022	50 905
(十一)社会服务业	34 128	32 696	10 997	332 946	325 263
(十二)卫生、体育和社会福利业	36 579	36 288	25 948	442 980	440 864
(十三)教育、文化艺术及广播电影电视业	138 953	134 754	121 180	1 646 026	1 628 995
(十四)科学研究和综合技术服务业	16 814	16 687	12 701	327 992	326 498
(十五)国家机关、政党机关和社会团体	98 268	97 915	78 492	1 312 040	1 309 516
(十六)其他行业	8 244	8 027	3 865	101 052	99 339

2—1 续表 5　　(2002 年)　　计量单位:人、千元、个、元

行业名称	单位人员平均报酬	# 职工平均工资	单位从业人员平均报酬	# 在岗职工平均工资	其他从业人员平均报酬
总计	**10 228**	**10 288**	**11 081**	**11 168**	**6 953**
#国有控股	10 293	10 294	11 474	11 493	10 205
一、按企业、事业、机关分组					
(一)企业	9 173	9 194	10 304	10 354	8 085
(二)事业	12 136	12 323	12 174	12 364	4 251
(三)机关	13 341	13 367	13 360	13 387	6 692
二、按国民经济行业分组					
(一)农、林、牧、渔业	8 865	8 875	9 214	9 225	5 067
(二)采掘业	6 501	6 501	10 060	10 060	—
(三)制造业	8 440	8 413	9 510	9 485	14 226
(四)电力、煤气及水的生产和供应业	18 451	18 469	18 619	18 637	13 907
(五)建筑业	8 197	8 357	8 969	9 211	5 648
(六)地质勘查业、水利管理业	10 489	10 505	11 081	11 100	5 667
(七)交通运输、仓储及邮电通信业	11 674	11 695	12 583	12 615	8 903
(八)批发和零售贸易、餐饮业	6 917	6 872	8 253	8 226	9 289
(九)金融、保险业	13 720	14 355	13 816	14 501	7 565
(十)房地产业	12 028	12 069	12 119	12 164	10 439
(十一)社会服务业	9 760	9 958	9 884	10 093	5 291
(十二)卫生、体育和社会福利业	12 089	12 128	12 125	12 164	7 271
(十三)教育、文化艺术及广播电影电视业	11 856	12 112	11 863	12 121	3 916
(十四)科学研究和综合技术服务业	19 385	19 432	19 647	19 697	12 661
(十五)国家机关、政党机关和社会团体	13 315	13 339	13 329	13 354	6 877
(十六)其他行业	12 341	12 511	13 931	14 190	6 907

全市国有单位从业人员和劳动报酬

2—2 （2002 年） 计量单位：人、千元、元、个

行业名称	年末单位从业人员	年末单位从业人员中：女性	年末单位从业人员中：使用的农村劳动力	1.在岗职工	#专业技术人员
总计	**678 850**	**279 235**	**41 903**	**667 084**	**249 644**
一、按隶属关系分组					
1.中央	136 528	40 709	7 718	131 489	42 401
2.地方	542 322	238 526	34 185	535 595	207 243
二、按企业、事业、机关分组					
（一）企业	368 382	141 492	31 778	361 889	86 139
1.中央	122 469	36 415	7 520	117 556	36 223
2.地方	245 913	105 077	24 258	244 333	49 916
（二）事业	223 126	114 301	7 831	218 192	151 813
1.中央	8 033	2 436	89	7 985	5 499
2.地方	215 093	111 865	7 742	210 207	146 314
（三）机关	87 342	23 442	2 294	87 003	11 692
1.中央	6 026	1 858	109	5 948	679
2.地方	81 316	21 584	2 185	81 055	11 013
三、按国民经济行业分组					
（一）农、林、牧、渔业	5 457	2 004	439	5 452	2 982
（二）采掘业	3 513	819	303	3 513	346
（三）制造业	172 806	73 318	18 804	172 270	30 464
（四）电力、煤气及水的生产和供应业	16 649	5 057	613	16 570	4 702
（五）建筑业	33 756	5 767	7 721	31 406	8 620
（六）地质勘查业、水利管理业	8 188	2 200	318	8 157	3 443
（七）交通运输、仓储及邮电通信业	47 358	11 091	1 761	47 015	9 143
（八）批发和零售贸易、餐饮业	53 000	25 795	1 416	52 310	13 836
（九）金融、保险业	22 340	9 987	1 096	20 239	10 815
（十）房地产业	3 317	1 279	41	3 284	1 298
（十一）社会服务业	26 992	12 115	1 638	26 541	4 454
（十二）卫生、体育和社会福利业	34 606	20 542	683	34 325	26 241
（十三）教育、文化艺术及广播电影电视业	137 209	78 356	4 269	133 032	110 129
（十四）科学研究和综合技术服务业	16 347	5 354	103	16 223	10 733
（十五）国家机关、政党机关和社会团体	92 592	23 987	2 598	92 240	11 030
（十六）其他行业	4 720	1 564	100	4 507	1 408

2—2 续表 1　　(2002 年)　　计量单位:人、千元、元、个

行业名称	在岗职工中按用工期限分组		2.其他从业人员	离开本单位仍保留劳动关系的职工
	长期职工	临时职工		
总计	**602 799**	**64 285**	**11 766**	**80 007**
一、按隶属关系分组				
1.中央	125 417	6 072	5 039	13 610
2.地方	477 382	58 213	6 727	66 397
二、按企业、事业、机关分组				
(一)企业	331 862	30 027	6 493	72 506
1.中央	112 383	5 173	4 913	13 392
2.地方	219 479	24 854	1 580	59 114
(二)事业	191 900	26 292	4 934	2 241
1.中央	7 941	44	48	64
2.地方	183 959	26 248	4 886	2 177
(三)机关	79 037	7 966	339	5 260
1.中央	5 093	855	78	154
2.地方	73 944	7 111	261	5 106
三、按国民经济行业分组				
(一)农、林、牧、渔业	4 954	498	5	301
(二)采掘业	3 329	184	—	6 971
(三)制造业	164 636	7 634	536	31 719
(四)电力、煤气及水的生产和供应业	15 386	1 184	79	579
(五)建筑业	27 507	3 899	2 350	4 989
(六)地质勘查业、水利管理业	7 813	344	31	631
(七)交通运输、仓储及邮电通信业	44 973	2 042	343	7 213
(八)批发和零售贸易、餐饮业	44 634	7 676	690	18 101
(九)金融、保险业	19 115	1 124	2 101	1 607
(十)房地产业	3 083	201	33	229
(十一)社会服务业	17 650	8 891	451	598
(十二)卫生、体育和社会福利业	27 378	6 947	281	168
(十三)教育、文化艺术及广播电影电视业	119 545	13 487	4 177	596
(十四)科学研究和综合技术服务业	15 439	784	124	344
(十五)国家机关、政党机关和社会团体	83 421	8 819	352	5 402
(十六)其他行业	3 936	571	213	559

2—2 续表 2　　(2002 年)　　计量单位:人、千元、元、个

行业名称	单位从业人员平均人数	# 在岗职工	其他从业人员	离开本单位仍保留劳动关系的职工平均人数
总计	**689 933**	**677 849**	**12 084**	**72 280**
一、按隶属关系分组				
1.中央	141 552	136 748	4 804	11 309
2.地方	548 381	541 101	7 280	60 971
二、按企业、事业、机关分组				
(一)企业	378 654	372 057	6 597	65 306
1.中央	127 476	122 785	4 691	11 095
2.地方	251 178	249 272	1 906	54 211
(二)事业	223 279	218 145	5 134	2 036
1.中央	8 068	8 033	35	57
2.地方	215 211	210 112	5 099	1 979
(三)机关	88 000	87 647	353	4 938
1.中央	6 008	5 930	78	157
2.地方	81 992	81 717	275	4 781
三、按国民经济行业分组				
(一)农、林、牧、渔业	5 451	5 436	15	295
(二)采掘业	4 816	4 816	—	5 909
(三)制造业	174 923	174 329	594	29 657
(四)电力、煤气及水的生产和供应业	16 745	16 663	82	505
(五)建筑业	36 167	34 273	1 894	4 821
(六)地质勘查业、水利管理业	8 187	8 157	30	690
(七)交通运输、仓储及邮电通信业	50 048	49 572	476	4 886
(八)批发和零售贸易、餐饮业	54 516	53 540	976	16 688
(九)金融、保险业	22 405	20 265	2 140	1 553
(十)房地产业	3 379	3 346	33	237
(十一)社会服务业	27 085	26 575	510	542
(十二)卫生、体育和社会福利业	34 684	34 403	281	153
(十三)教育、文化艺术及广播电影电视业	137 129	132 799	4 330	558
(十四)科学研究和综合技术服务业	16 476	16 363	113	298
(十五)国家机关、政党机关和社会团体	93 214	92 848	366	5 051
(十六)其他行业	4 708	4 464	244	437

2—2 续表 3

(2002 年)

计量单位:人、千元、元、个

行业名称	单位从业人员劳动报酬	在岗职工工资总额	其他从业人员劳动报酬	离开本单位仍保留劳动关系职工的生活费	单位数
总计	**8 118 424**	**8 042 096**	**76 328**	**341 001**	**10 447**
一、按隶属关系分组					
1.中央	2 104 707	2 069 289	35 418	74 695	425
2.地方	6 013 717	5 972 807	40 910	266 306	10 022
二、按企业、事业、机关分组					
(一)企业	4 202 211	4 150 229	51 982	259 351	2 010
1.中央	1 808 530	1 773 816	34 714	71 960	344
2.地方	2 393 681	2 376 413	17 268	187 391	1 666
(二)事业	2 738 791	2 716 810	21 981	16 777	6 402
1.中央	206 432	206 164	268	209	34
2.地方	2 532 359	2 510 646	21 713	16 568	6 368
(三)机关	1 177 422	1 175 057	2 365	64 873	2 035
1.中央	89 745	89 309	436	2 526	47
2.地方	1 087 677	1 085 748	1 929	62 347	1 988
三、按国民经济行业分组					
(一)农、林、牧、渔业	51 814	51 738	76	693	197
(二)采掘业	49 237	49 237	—	21 059	12
(三)制造业	1 767 228	1 762 846	4 382	105 859	327
(四)电力、煤气及水的生产和供应业	332 606	331 434	1 172	5 836	40
(五)建筑业	417 794	400 995	16 799	19 542	40
(六)地质勘查业、水利管理业	92 178	92 008	170	2 175	113
(七)交通运输、仓储及邮电通信业	617 795	614 187	3 608	23 276	226
(八)批发和零售贸易、餐饮业	481 709	470 554	11 155	61 906	1 019
(九)金融、保险业	293 736	281 268	12 468	18 234	199
(十)房地产业	41 662	41 364	298	2 698	67
(十一)社会服务业	270 700	269 011	1 689	2 073	324
(十二)卫生、体育和社会福利业	427 885	425 799	2 086	794	911
(十三)教育、文化艺术及广播电影电视业	1 627 508	1 610 694	16 814	6 001	4 344
(十四)科学研究和综合技术服务业	323 913	322 519	1 394	1 475	216
(十五)国家机关、政党机关和社会团体	1 243 730	1 241 210	2 520	65 970	2 283
(十六)其他行业	78 929	77 232	1 697	3 410	129

2—2 续表 4　　(2002 年)　　计量单位：人、千元、元、个

行业名称	单位人员	# 职工	# 中专及以上学历人员	单位人员报酬	# 职工工资
总计	**758 857**	**747 091**	**395 718**	**8 459 425**	**8 383 097**
一、按隶属关系分组					
1.中央	150 138	145 099	81 867	2 179 402	2 143 984
2.地方	608 719	601 992	313 851	6 280 023	6 239 113
二、按企业、事业、机关分组					
(一)企业	440 888	434 395	146 430	4 461 562	4 409 580
1.中央	135 861	130 948	70 930	1 880 490	1 845 776
2.地方	305 027	303 447	75 500	2 581 072	2 563 804
(二)事业	225 367	220 433	174 494	2 755 568	2 733 587
1.中央	8 097	8 049	5 913	206 641	206 373
2.地方	217 270	212 384	168 581	2 548 927	2 527 214
(三)机关	92 602	92 263	74 794	1 242 295	1 239 930
1.中央	6 180	6 102	5 024	92 271	91 835
2.地方	86 422	86 161	69 770	1 150 024	1 148 095
三、按国民经济行业分组					
(一)农、林、牧、渔业	5 758	5 753	3 393	52 507	52 431
(二)采掘业	10 484	10 484	1 753	70 296	70 296
(三)制造业	204 525	203 989	44 091	1 873 087	1 868 705
(四)电力、煤气及水的生产和供应业	17 228	17 149	7 814	338 442	337 270
(五)建筑业	38 745	36 395	10 027	437 336	420 537
(六)地质勘查业、水利管理业	8 819	8 788	4 053	94 353	94 183
(七)交通运输、仓储及邮电通信业	54 571	54 228	35 796	641 071	637 463
(八)批发和零售贸易、餐饮业	71 101	70 411	23 915	543 615	532 460
(九)金融、保险业	23 947	21 846	14 717	311 970	299 502
(十)房地产业	3 546	3 513	1 959	44 360	44 062
(十一)社会服务业	27 590	27 139	9 133	272 773	271 084
(十二)卫生、体育和社会福利业	34 774	34 493	24 589	428 679	426 593
(十三)教育、文化艺术及广播电影电视业	137 805	133 628	120 555	1 633 509	1 616 695
(十四)科学研究和综合技术服务业	16 691	16 567	12 607	325 388	323 994
(十五)国家机关、政党机关和社会团体	97 994	97 642	78 352	1 309 700	1 307 180
(十六)其他行业	5 279	5 066	2 964	82 339	80 642

2—2 续表 5　　(2002 年)　　计量单位：人、千元、元、个

行业名称	单位人员平均报酬	# 职工平均工资	单位从业人员平均报酬	# 在岗职工平均工资	其他从业人员平均报酬
总计	**11 099**	**11 176**	**11 767**	**11 864**	**6 316**
一、按隶属关系分组					
1.中央	14 257	14 481	14 869	15 132	7 373
2.地方	10 306	10 363	10 966	11 038	5 620
二、按企业、事业、机关分组					
(一)企业	10 049	10 082	11 098	11 155	7 880
1.中央	13 571	13 787	14 187	14 447	7 400
2.地方	8 452	8 448	9 530	9 533	9 060
(二)事业	12 230	12 415	12 266	12 454	4 281
1.中央	25 433	25 510	25 587	25 665	7 657
2.地方	11 736	11 916	11 767	11 949	4 258
(三)机关	13 367	13 392	13 380	13 407	6 700
1.中央	14 967	15 087	14 938	15 061	5 590
2.地方	13 253	13 273	13 266	13 287	7 015
三、按国民经济行业分组					
(一)农、林、牧、渔业	9 138	9 149	9 505	9 518	5 067
(二)采掘业	6 554	6 554	10 224	10 224	—
(三)制造业	9 156	9 161	10 103	10 112	7 377
(四)电力、煤气及水的生产和供应业	19 620	19 645	19 863	19 890	14 293
(五)建筑业	10 670	10 757	11 552	11 700	8 870
(六)地质勘查业、水利管理业	10 629	10 646	11 259	11 280	5 667
(七)交通运输、仓储及邮电通信业	11 670	11 706	12 344	12 390	7 580
(八)批发和零售贸易、餐饮业	7 635	7 582	8 836	8 789	11 429
(九)金融、保险业	13 022	13 727	13 110	13 879	5 826
(十)房地产业	12 268	12 298	12 330	12 362	9 030
(十一)社会服务业	9 873	9 997	9 994	10 123	3 312
(十二)卫生、体育和社会福利业	12 305	12 345	12 337	12 377	7 423
(十三)教育、文化艺术及广播电影电视业	11 864	12 123	11 868	12 129	3 883
(十四)科学研究和综合技术服务业	19 398	19 446	19 660	19 710	12 336
(十五)国家机关、政党机关和社会团体	13 328	13 352	13 343	13 368	6 885
(十六)其他行业	16 004	16 454	16 765	17 301	6 955

全市城镇及集体经济单位从业人员和劳动报酬

2—3 (2002年) 计量单位：人、千元、个、元

行业名称	年末单位从业人员	年末单位从业人员中：女性	使用的农村劳动力	1.在岗职工	#专业技术人员
总计	**83 569**	**32 075**	**13 920**	**79 770**	**16 836**
一、按企业、事业、机关分组					
1.企业	78 365	29 443	13 326	74 758	14 164
2.事业	4 915	2 549	584	4 724	2 583
3.机关	289	83	10	288	89
二、按国民经济行业分组					
(一)农、林、牧、渔业	307	61	23	307	174
(二)制造业	38 544	17 202	5 063	38 021	5 322
(三)电力、煤气及水的生产和供应业	298	126	112	298	7
(四)建筑业	9 354	770	4 371	7 191	1 594
(五)地质勘查业、水利管理业	433	113	44	433	51
(六)交通运输、仓储及邮电通信业	4 129	604	305	4 129	770
(七)批发和零售贸易、餐饮业	14 704	6 495	1 758	14 550	2 825
(八)金融、保险业	5 431	2 377	866	5 431	2 689
(九)房地产业	202	87	3	202	72
(十)社会服务业	4 834	1 679	736	3 914	365
(十一)卫生、体育和社会福利业	1 777	1 040	354	1 767	1 558
(十二)教育、文化艺术及广播电影电视业	1 072	488	106	1 051	696
(十三)科学研究和综合技术服务业	45	10	3	42	24
(十四)国家机关、政党机关和社会团体	272	46	21	271	110
(十五)其他行业	2 167	977	155	2 163	579

2—3 续表 1　　(2002 年)　　计量单位:人、千元、个、元

行　业　名　称	在岗职工中按用工期限分组		2.其他从业人　员	离开本单位仍保留劳动关系的职工
	长期职工	临时职工		
总　　计	**61 300**	**18 470**	**3 799**	**26 160**
一、按企业、事业、机关分组				
1.企　　业	57 482	17 276	3 607	26 027
2.事　　业	3 594	1 130	191	84
3.机　　关	224	64	1	49
二、按国民经济行业分组				
(一)农、林、牧、渔业	300	7	—	11
(二)制　造　业	27 399	10 622	523	15 929
(三)电力、煤气及水的生产和供应业	298	—	—	15
(四)建　筑　业	5 617	1 574	2 163	365
(五)地质勘查业、水利管理业	433	—	—	6
(六)交通运输、仓储及邮电通信业	3 257	872	—	1 560
(七)批发和零售贸易、餐饮业	12 144	2 406	154	7 172
(八)金融、保险业	4 535	896	—	92
(九)房 地 产 业	192	10	—	9
(十)社会服务业	2 746	1 168	920	128
(十一)卫生、体育和社会福利业	1 036	731	10	28
(十二)教育、文化艺术及广播电影电视业	1 029	22	21	42
(十三)科学研究和综合技术服务业	19	23	3	3
(十四)国家机关、政党机关和社会团体	236	35	1	2
(十五)其 他 行 业	2 059	104	4	798

2—3 续表 2　　（2002 年）　　计量单位：人、千元、个、元

行　业　名　称	单位从业人员平均人数	# 在岗职工	其他从业人员	离开本单位仍保留劳动关系的职工平均人数
总　　计	**85 412**	**81 549**	**3 863**	**23 154**
一、按企业、事业、机关分组				
1.企　　业	80 216	76 542	3 674	23 024
2.事　　业	4 906	4 718	188	80
3.机　　关	290	289	1	50
二、按国民经济行业分组				
(一)农、林、牧、渔业	309	309	—	11
(二)制　造　业	39 361	38 753	608	13 057
(三)电力、煤气及水的生产和供应业	298	298	—	15
(四)建　筑　业	10 005	7 843	2 162	367
(五)地质勘查业、水利管理业	432	432	—	6
(六)交通运输、仓储及邮电通信业	4 135	4 135	—	1 613
(七)批发和零售贸易、餐饮业	15 005	14 829	176	6 991
(八)金融、保险业	5 480	5 480	—	92
(九)房 地 产 业	207	207	—	9
(十)社会服务业	4 762	3 881	881	127
(十一)卫生、体育和社会福利业	1 777	1 767	10	28
(十二)教育、文化艺术及广播电影电视业	1 071	1 053	18	40
(十三)科学研究和综合技术服务业	46	43	3	3
(十四)国家机关、政党机关和社会团体	273	272	1	3
(十五)其 他 行 业	2 251	2 247	4	792

2—3 续表 3　　(2002 年)　　计量单位:人、千元、个、元

行业名称	单位从业人员劳动报酬	在岗职工工资总额	其他从业人员劳动报酬	离开本单位仍保留劳动关系职工的生活费	单位数
总计	**592 155**	**574 962**	**17 193**	**37 771**	**1 642**
一、按企业、事业、机关分组					
1.企业	550 803	534 257	16 546	37 570	1 400
2.事业	39 215	38 572	643	171	231
3.机关	2 137	2 133	4	30	11
二、按国民经济行业分组					
(一)农、林、牧、渔业	1 258	1 258	—	12	34
(二)制造业	262 417	257 970	4 447	27 786	404
(三)电力、煤气及水的生产和供应业	1 387	1 387	—	—	2
(四)建筑业	37 661	31 550	6 111	757	35
(五)地质勘查业、水利管理业	3 326	3 326	—	26	8
(六)交通运输、仓储及邮电通信业	49 632	49 632	—	2 776	35
(七)批发和零售贸易、餐饮业	92 332	91 419	913	4 894	542
(八)金融、保险业	49 756	49 756	—	311	269
(九)房地产业	2 255	2 255	—	—	6
(十)社会服务业	45 021	39 554	5 467	374	87
(十一)卫生、体育和社会福利业	14 204	14 174	30	97	139
(十二)教育、文化艺术及广播电影电视业	12 008	11 821	187	40	18
(十三)科学研究和综合技术服务业	543	525	18	—	4
(十四)国家机关、政党机关和社会团体	2 340	2 336	4	—	9
(十五)其他行业	18 015	17 999	16	698	50

2—3 续表 4　　(2002 年)　　计量单位：人、千元、个、元

行业名称	单位人员	# 职工	# 中专及以上学历人员	单位人员报酬	# 职工工资
总计	**109 729**	**105 930**	**21 402**	**629 926**	**612 733**
一、按企业、事业、机关分组					
1.企业	104 392	100 785	18 843	588 373	571 827
2.事业	4 999	4 808	2 429	39 386	38 743
3.机关	338	337	130	2 167	2 163
二、按国民经济行业分组					
(一)农、林、牧、渔业	318	318	92	1 270	1 270
(二)制造业	54 473	53 950	6 963	290 203	285 756
(三)电力、煤气及水的生产和供应业	313	313	79	1 387	1 387
(四)建筑业	9 719	7 556	1 452	38 418	32 307
(五)地质勘查业、水利管理业	439	439	128	3 352	3 352
(六)交通运输、仓储及邮电通信业	5 689	5 689	1 055	52 408	52 408
(七)批发和零售贸易、餐饮业	21 876	21 722	4 408	97 226	96 313
(八)金融、保险业	5 523	5 523	3 186	50 067	50 067
(九)房地产业	211	211	122	2 255	2 255
(十)社会服务业	4 962	4 042	892	45 395	39 928
(十一)卫生、体育和社会福利业	1 805	1 795	1 359	14 301	14 271
(十二)教育、文化艺术及广播电影电视业	1 114	1 093	592	12 048	11 861
(十三)科学研究和综合技术服务业	48	45	33	543	525
(十四)国家机关、政党机关和社会团体	274	273	140	2 340	2 336
(十五)其他行业	2 965	2 961	901	18 713	18 697

2—3 续表 5　　(2002 年)　　计量单位:人、千元、个、元

行业名称	单位人员平均报酬	# 职工平均工资	单位从业人员平均报酬	# 在岗职工平均工资	其他从业人员平均报酬
总计	**5 802**	**5 852**	**6 933**	**7 051**	**4 451**
一、按企业、事业、机关分组					
1.企业	5 699	5 743	6 866	6 980	4 504
2.事业	7 899	8 075	7 993	8 175	3 420
3.机关	6 374	6 381	7 369	7 381	4 000
二、按国民经济行业分组					
(一)农、林、牧、渔业	3 969	3 969	4 071	4 071	—
(二)制造业	5 536	5 515	6 667	6 657	7 314
(三)电力、煤气及水的生产和供应业	4 431	4 431	4 654	4 654	—
(四)建筑业	3 704	3 935	3 764	4 023	2 827
(五)地质勘查业、水利管理业	7 653	7 653	7 699	7 699	—
(六)交通运输、仓储及邮电通信业	9 118	9 118	12 003	12 003	—
(七)批发和零售贸易、餐饮业	4 420	4 414	6 153	6 165	5 188
(八)金融、保险业	8 985	8 985	9 080	9 080	—
(九)房地产业	10 440	10 440	10 894	10 894	—
(十)社会服务业	9 285	9 962	9 454	10 192	6 205
(十一)卫生、体育和社会福利业	7 923	7 950	7 993	8 022	3 000
(十二)教育、文化艺术及广播电影电视业	10 844	10 852	11 212	11 226	10 389
(十三)科学研究和综合技术服务业	11 082	11 413	11 804	12 209	6 000
(十四)国家机关、政党机关和社会团体	8 478	8 495	8 571	8 588	4 000
(十五)其他行业	6 150	6 152	8 003	8 010	4 000

市区单位从业人员和劳动报酬

2—4 (2002年) 计量单位：人、千元、个、元

行业名称	年末单位从业人员	年末单位从业人员中：女性	年末单位从业人员中：使用的农村劳动力	1. 在岗职工	#专业技术人员
总计	**555 048**	**223 872**	**29 500**	**544 952**	**160 012**
#国有控股	317 450	122 211	18 407	312 706	77 264
一、按企业、事业、机关分组					
（一）企业	414 803	163 865	26 615	406 604	95 439
（二）事业	101 649	48 009	2 214	99 987	59 077
（三）机关	38 596	11 998	671	38 361	5 496
二、按国民经济行业分组					
（一）农、林、牧、渔业	2 065	878	193	2 060	1 188
（二）采掘业	2 737	653	160	2 737	224
（三）制造业	211 641	92 540	14 793	210 368	37 757
（四）电力、煤气及水的生产和供应业	19 883	5 691	463	19 826	5 421
（五）建筑业	39 088	7 345	8 131	36 735	10 856
（六）地质勘查业、水利管理业	4 948	1 381	20	4 917	2 454
（七）交通运输、仓储及邮电通信业	45 256	10 905	1 113	44 902	9 125
（八）批发和零售贸易、餐饮业	49 038	25 681	713	47 571	13 152
（九）金融、保险业	19 902	9 170	37	18 503	9 705
（十）房地产业	2 753	1 024	42	2 646	976
（十一）社会服务业	26 808	11 827	1 475	25 520	3 831
（十二）卫生、体育和社会福利业	19 470	11 969	488	19 276	14 492
（十三）教育、文化艺术及广播电影电视业	51 030	26 895	686	50 028	35 281
（十四）科学研究和综合技术服务业	14 812	4 745	95	14 705	10 023
（十五）国家机关、政党机关和社会团体	39 507	10 831	859	39 265	3 764
（十六）其他行业	6 110	2 337	232	5 893	1 763

2—4 续表1　　(2002年)　　计量单位:人、千元、个、元

行业名称	在岗职工中按用工期限分组		2.其他从业人员	离开本单位仍保留劳动关系的职工
	长期职工	临时职工		
总计	**485 567**	**59 385**	**10 096**	**98 420**
#国有控股	290 351	22 355	4 744	69 998
一、按企业、事业、机关分组				
(一)企业	363 422	43 182	8 199	95 761
(二)事业	85 950	14 037	1 662	1 191
(三)机关	36 195	2 166	235	1 468
二、按国民经济行业分组				
(一)农、林、牧、渔业	1 956	104	5	65
(二)采掘业	2 706	31	—	6 941
(三)制造业	195 554	14 814	1 273	49 878
(四)电力、煤气及水的生产和供应业	18 399	1 427	57	470
(五)建筑业	31 722	5 013	2 353	8 250
(六)地质勘查业、水利管理业	4 848	69	31	508
(七)交通运输、仓储及邮电通信业	42 393	2 509	354	8 393
(八)批发和零售贸易、餐饮业	38 672	8 899	1 467	18 748
(九)金融、保险业	15 602	2 901	1 399	1 333
(十)房地产业	2 509	137	107	223
(十一)社会服务业	16 070	9 450	1 288	465
(十二)卫生、体育和社会福利业	13 671	5 605	194	86
(十三)教育、文化艺术及广播电影电视业	45 345	4 683	1 002	315
(十四)科学研究和综合技术服务业	13 984	721	107	307
(十五)国家机关、政党机关和社会团体	36 781	2 484	242	1 420
(十六)其他行业	5 355	538	217	1 018

2—4 续表 2 (2002 年) 计量单位:人、千元、个、元

行业名称	单位从业人员平均人数	#在岗职工	其他从业人员	离开本单位仍保留劳动关系的职工平均人数
总计	**566 096**	**555 970**	**10 126**	**91 834**
#国有控股	327 195	322 803	4 392	63 488
一、按企业、事业、机关分组				
(一)企业	425 663	417 496	8 167	89 094
(二)事业	101 673	99 946	1 727	1 152
(三)机关	38 760	38 528	232	1 588
二、按国民经济行业分组				
(一)农、林、牧、渔业	2 062	2 057	5	68
(二)采掘业	4 061	4 061	—	5 879
(三)制造业	214 456	213 228	1 228	47 527
(四)电力、煤气及水的生产和供应业	19 614	19 554	60	470
(五)建筑业	41 639	39 742	1 897	8 328
(六)地质勘查业、水利管理业	4 937	4 907	30	518
(七)交通运输、仓储及邮电通信业	47 770	47 276	494	6 108
(八)批发和零售贸易、餐饮业	50 786	49 004	1 782	18 004
(九)金融、保险业	19 925	18 508	1 417	1 086
(十)房地产业	2 837	2 731	106	228
(十一)社会服务业	26 931	25 603	1 328	432
(十二)卫生、体育和社会福利业	19 510	19 316	194	80
(十三)教育、文化艺术及广播电影电视业	50 915	49 927	988	304
(十四)科学研究和综合技术服务业	14 958	14 848	110	266
(十五)国家机关、政党机关和社会团体	39 543	39 304	239	1 535
(十六)其他行业	6 152	5 904	248	1 001

2—4 续表 3　　(2002 年)　　计量单位：人、千元、个、元

行业名称	单位从业人员劳动报酬	在岗职工工资总额	其他从业人员劳动报酬	离开本单位仍保留劳动关系职工的生活费	单位数
总计	**7 308 659**	**7 214 291**	**94 368**	**370 297**	**4 154**
#国有控股	4 120 107	4 068 136	51 971	274 713	868
一、按企业、事业、机关分组					
(一)企业	5 089 903	5 008 820	81 083	336 485	1 704
(二)事业	1 572 127	1 560 509	11 618	8 611	1 742
(三)机关	646 629	644 962	1 667	25 201	708
二、按国民经济行业分组					
(一)农、林、牧、渔业	24 479	24 403	76	120	55
(二)采掘业	46 187	46 187	—	21 039	5
(三)制造业	2 378 338	2 359 826	18 512	173 679	582
(四)电力、煤气及水的生产和供应业	396 389	395 591	798	5 593	20
(五)建筑业	462 032	445 204	16 828	24 841	52
(六)地质勘查业、水利管理业	68 596	68 426	170	1 378	29
(七)交通运输、仓储及邮电通信业	625 090	620 692	4 398	25 026	140
(八)批发和零售贸易、餐饮业	524 349	507 044	17 305	67 430	617
(九)金融、保险业	323 793	309 707	14 086	14 255	63
(十)房地产业	38 055	36 950	1 105	2 618	52
(十一)社会服务业	275 198	268 143	7 055	1 920	263
(十二)卫生、体育和社会福利业	283 206	282 160	1 046	508	669
(十三)教育、文化艺术及广播电影电视业	803 053	794 936	8 117	3 314	525
(十四)科学研究和综合技术服务业	304 142	302 737	1 405	1 123	161
(十五)国家机关、政党机关和社会团体	666 385	664 631	1 754	24 318	800
(十六)其他行业	89 367	87 654	1 713	3 135	121

2—4 续表 4　　(2002 年)　　计量单位：人、千元、个、元

行业名称	单位人员	# 职工	# 中专及以上学历人员	单位人员报酬	# 职工工资
总计	**653 468**	**643 372**	**270 441**	**7 678 956**	**7 584 588**
#国有控股	387 448	382 704	132 526	4 394 820	4 342 849
一、按企业、事业、机关分组					
(一)企业	510 564	502 365	162 141	5 426 388	5 345 305
(二)事业	102 840	101 178	73 707	1 580 738	1 569 120
(三)机关	40 064	39 829	34 593	671 830	670 163
二、按国民经济行业分组					
(一)农、林、牧、渔业	2 130	2 125	1 401	24 599	24 523
(二)采掘业	9 678	9 678	1 567	67 226	67 226
(三)制造业	261 519	260 246	56 103	2 552 017	2 533 505
(四)电力、煤气及水的生产和供应业	20 353	20 296	8 031	401 982	401 184
(五)建筑业	47 338	44 985	12 079	486 873	470 045
(六)地质勘查业、水利管理业	5 456	5 425	2 816	69 974	69 804
(七)交通运输、仓储及邮电通信业	53 649	53 295	35 191	650 116	645 718
(八)批发和零售贸易、餐饮业	67 786	66 319	23 930	591 779	574 474
(九)金融、保险业	21 235	19 836	13 512	338 048	323 962
(十)房地产业	2 976	2 869	1 507	40 673	39 568
(十一)社会服务业	27 273	25 985	8 439	277 118	270 063
(十二)卫生、体育和社会福利业	19 556	19 362	13 335	283 714	282 668
(十三)教育、文化艺术及广播电影电视业	51 345	50 343	42 736	806 367	798 250
(十四)科学研究和综合技术服务业	15 119	15 012	11 510	305 265	303 860
(十五)国家机关、政党机关和社会团体	40 927	40 685	35 002	690 703	688 949
(十六)其他行业	7 128	6 911	3 282	92 502	90 789

2—4 续表 5　　(2002 年)　　计量单位:人、千元、个、元

行业名称	单位人员平均报酬	# 职工平均工资	单位从业人员平均报酬	# 在岗职工平均工资	其他从业人员平均报酬
总计	**11 671**	**11 708**	**12 911**	**12 976**	**9 319**
#国有控股	11 249	11 242	12 592	12 603	11 833
一、按企业、事业、机关分组					
(一)企业	10 542	10 552	11 958	11 997	9 928
(二)事业	15 373	15 521	15 463	15 614	6 727
(三)机关	16 651	16 706	16 683	16 740	7 185
二、按国民经济行业分组					
(一)农、林、牧、渔业	11 549	11 540	11 871	11 863	15 200
(二)采掘业	6 763	6 763	11 373	11 373	—
(三)制造业	9 741	9 716	11 090	11 067	15 075
(四)电力、煤气及水的生产和供应业	20 015	20 035	20 209	20 231	13 300
(五)建筑业	9 744	9 778	11 096	11 202	8 871
(六)地质勘查业、水利管理业	12 827	12 867	13 894	13 945	5 667
(七)交通运输、仓储及邮电通信业	12 066	12 096	13 085	13 129	8 903
(八)批发和零售贸易、餐饮业	8 603	8 573	10 325	10 347	9 711
(九)金融、保险业	16 089	16 534	16 251	16 734	9 941
(十)房地产业	13 270	13 372	13 414	13 530	10 425
(十一)社会服务业	10 127	10 373	10 219	10 473	5 313
(十二)卫生、体育和社会福利业	14 483	14 574	14 516	14 608	5 392
(十三)教育、文化艺术及广播电影电视业	15 744	15 892	15 772	15 922	8 216
(十四)科学研究和综合技术服务业	20 052	20 105	20 333	20 389	12 773
(十五)国家机关、政党机关和社会团体	16 814	16 870	16 852	16 910	7 339
(十六)其他行业	12 932	13 148	14 526	14 847	6 907

市区国有单位从业人员和劳动报酬

2—5 (2002年) 计量单位:人、千元、元、个

行业名称	年末单位从业人员	年末单位从业人员中:女性	年末单位从业人员中:使用的农村劳动力	1.在岗职工	#专业技术人员
总计	**429 395**	**171 691**	**19 184**	**423 270**	**133 805**
一、按隶属关系分组					
1.中央	122 200	35 303	6 368	118 826	37 369
2.地方	307 195	136 388	12 816	304 444	96 436
二、按企业、事业、机关分组					
(一)企业	291 823	113 283	16 363	287 406	70 283
1.中央	111 309	31 767	6 270	108 031	31 971
2.地方	180 514	81 516	10 093	179 375	38 312
(二)事业	99 038	46 460	2 150	97 565	58 031
1.中央	7 540	2 271	79	7 511	5 127
2.地方	91 498	44 189	2 071	90 054	52 904
(三)机关	38 534	11 948	671	38 299	5 491
1.中央	3 351	1 265	19	3 284	271
2.地方	35 183	10 683	652	35 015	5 220
三、按国民经济行业分组					
(一)农、林、牧、渔业	1 998	853	193	1 993	1 180
(二)采掘业	2 737	653	160	2 737	224
(三)制造业	135 088	60 237	7 449	134 583	24 323
(四)电力、煤气及水的生产和供应业	14 809	4 496	269	14 756	4 413
(五)建筑业	31 899	5 605	6 605	29 549	8 023
(六)地质勘查业、水利管理业	4 948	1 381	20	4 917	2 454
(七)交通运输、仓储及邮电通信业	39 316	8 998	1 102	38 980	7 710
(八)批发和零售贸易、餐饮业	34 086	17 736	412	33 539	10 467
(九)金融、保险业	14 308	6 310	37	14 074	7 148
(十)房地产业	2 126	794	13	2 094	833
(十一)社会服务业	20 524	9 519	719	20 217	3 153
(十二)卫生、体育和社会福利业	18 971	11 603	485	18 787	14 071
(十三)教育、文化艺术及广播电影电视业	50 211	26 570	681	49 229	34 756
(十四)科学研究和综合技术服务业	14 705	4 711	92	14 601	9 970
(十五)国家机关、政党机关和社会团体	39 507	10 831	859	39 265	3 764
(十六)其他行业	4 162	1 394	88	3 949	1 316

2—5 续表 1　　(2002 年)　　计量单位:人、千元、元、个

行　业　名　称	在岗职工中按用工期限分组		2.其他从业人员	离开本单位仍保留劳动关系的职工
	长期职工	临时职工		
总　　计	**389 713**	**33 557**	**6 125**	**61 412**
一、按隶属关系分组				
1.中　央	114 954	3 872	3 374	12 297
2.地　方	274 759	29 685	2 751	49 115
二、按企业、事业、机关分组				
(一)企　业	269 652	17 754	4 417	58 864
1.中　央	104 224	3 807	3 278	12 140
2.地　方	165 428	13 947	1 139	46 724
(二)事　业	83 923	13 642	1 473	1 129
1.中　央	7 467	44	29	62
2.地　方	76 456	13 598	1 444	1 067
(三)机　关	36 138	2 161	235	1 419
1.中　央	3 263	21	67	95
2.地　方	32 875	2 140	168	1 324
三、按国民经济行业分组				
(一)农、林、牧、渔业	1 889	104	5	57
(二)采　掘　业	2 706	31	—	6 941
(三)制　造　业	133 365	1 218	505	24 229
(四)电力、煤气及水的生产和供应业	13 935	821	53	470
(五)建　筑　业	26 086	3 463	2 350	4 889
(六)地质勘查业、水利管理业	4 848	69	31	508
(七)交通运输、仓储及邮电通信业	37 719	1 261	336	6 727
(八)批发和零售贸易、餐饮业	29 219	4 320	547	13 950
(九)金融、保险业	13 777	297	234	817
(十)房 地 产 业	2 052	42	32	199
(十一)社会服务业	12 207	8 010	307	322
(十二)卫生、体育和社会福利业	13 207	5 580	184	58
(十三)教育、文化艺术及广播电影电视业	44 546	4 683	982	301
(十四)科学研究和综合技术服务业	13 903	698	104	304
(十五)国家机关、政党机关和社会团体	36 781	2 484	242	1 420
(十六)其 他 行 业	3 473	476	213	220

2—5 续表 2　　(2002 年)　　计量单位:人、千元、元、个

行业名称	单位从业人员平均人数	# 在岗职工	其他从业人员	离开本单位仍保留劳动关系的职工平均人数
总计	**439 303**	**433 023**	**6 280**	**55 315**
一、按隶属关系分组				
1.中央	127 178	124 027	3 151	10 025
2.地方	312 125	308 996	3 129	45 290
二、按企业、事业、机关分组				
(一)企业	301 560	297 053	4 507	52 683
1.中央	116 256	113 200	3 056	9 870
2.地方	185 304	183 853	1 451	42 813
(二)事业	99 045	97 504	1 541	1 093
1.中央	7 572	7 544	28	55
2.地方	91 473	89 960	1 513	1 038
(三)机关	38 698	38 466	232	1 539
1.中央	3 350	3 283	67	100
2.地方	35 348	35 183	165	1 439
三、按国民经济行业分组				
(一)农、林、牧、渔业	1 994	1 989	5	60
(二)采掘业	4 061	4 061	—	5 879
(三)制造业	136 694	136 130	564	22 419
(四)电力、煤气及水的生产和供应业	14 900	14 844	56	470
(五)建筑业	34 312	32 418	1 894	4 721
(六)地质勘查业、水利管理业	4 937	4 907	30	518
(七)交通运输、仓储及邮电通信业	41 991	41 515	476	4 432
(八)批发和零售贸易、餐饮业	35 666	34 824	842	13 180
(九)金融、保险业	14 298	14 046	252	788
(十)房地产业	2 186	2 154	32	210
(十一)社会服务业	20 696	20 310	386	288
(十二)卫生、体育和社会福利业	19 007	18 823	184	52
(十三)教育、文化艺术及广播电影电视业	50 070	49 099	971	291
(十四)科学研究和综合技术服务业	14 828	14 723	105	263
(十五)国家机关、政党机关和社会团体	39 543	39 304	239	1 535
(十六)其他行业	4 120	3 876	244	209

2—5 续表 3　　(2002 年)　　计量单位:人、千元、元、个

行业名称	单位从业人员劳动报酬	在岗职工工资总额	其他从业人员劳动报酬	离开本单位仍保留劳动关系职工的生活费	单位数
总计	**5 924 489**	**5 871 797**	**52 692**	**266 626**	**3 218**
一、按隶属关系分组					
1.中央	1 927 405	1 900 889	26 516	62 059	203
2.地方	3 997 084	3 970 908	26 176	204 567	3 015
二、按企业、事业、机关分组					
(一)企业	3 729 790	3 689 747	40 043	232 949	860
1.中央	1 682 828	1 656 893	25 935	60 344	159
2.地方	2 046 962	2 032 854	14 108	172 605	701
(二)事业	1 548 392	1 537 410	10 982	8 506	1 653
1.中央	197 019	196 838	181	184	26
2.地方	1 351 373	1 340 572	10 801	8 322	1 627
(三)机关	646 307	644 640	1 667	25 171	705
1.中央	47 558	47 158	400	1 531	18
2.地方	598 749	597 482	1 267	23 640	687
三、按国民经济行业分组					
(一)农、林、牧、渔业	24 257	24 181	76	120	53
(二)采掘业	46 187	46 187	—	21 039	5
(三)制造业	1 571 370	1 567 298	4 072	95 543	155
(四)电力、煤气及水的生产和供应业	316 402	315 628	774	5 593	16
(五)建筑业	408 567	391 768	16 799	19 353	29
(六)地质勘查业、水利管理业	68 596	68 426	170	1 378	29
(七)交通运输、仓储及邮电通信业	528 519	524 911	3 608	19 955	120
(八)批发和零售贸易、餐饮业	397 726	387 111	10 615	57 960	382
(九)金融、保险业	204 814	203 262	1 552	10 006	54
(十)房地产业	30 750	30 464	286	2 618	34
(十一)社会服务业	215 896	214 835	1 061	1 458	168
(十二)卫生、体育和社会福利业	277 662	276 646	1 016	411	624
(十三)教育、文化艺术及广播电影电视业	792 430	784 523	7 907	3 314	513
(十四)科学研究和综合技术服务业	301 631	300 326	1 305	1 123	156
(十五)国家机关、政党机关和社会团体	666 385	664 631	1 754	24 318	800
(十六)其他行业	73 297	71 600	1 697	2 437	80

2—5 续表 4　　(2002 年)　　计量单位:人、千元、元、个

行业名称	单位人员	# 职工	# 中专及以上学历人员	单位人员报酬	# 职工工资
总计	**490 807**	**484 682**	**231 834**	**6 191 115**	**6 138 423**
一、按隶属关系分组					
1.中央	134 497	131 123	73 687	1 989 464	1 962 948
2.地方	356 310	353 559	158 147	4 201 651	4 175 475
二、按企业、事业、机关分组					
(一)企业	350 687	346 270	124 658	3 962 739	3 922 696
1.中央	123 449	120 171	65 141	1 743 172	1 717 237
2.地方	227 238	226 099	59 517	2 219 567	2 205 459
(二)事业	100 167	98 694	72 590	1 556 898	1 545 916
1.中央	7 602	7 573	5 549	197 203	197 022
2.地方	92 565	91 121	67 041	1 359 695	1 348 894
(三)机关	39 953	39 718	34 586	671 478	669 811
1.中央	3 446	3 379	2 997	49 089	48 689
2.地方	36 507	36 339	31 589	622 389	621 122
三、按国民经济行业分组					
(一)农、林、牧、渔业	2 055	2 050	1 360	24 377	24 301
(二)采掘业	9 678	9 678	1 567	67 226	67 226
(三)制造业	159 317	158 812	36 374	1 666 913	1 662 841
(四)电力、煤气及水的生产和供应业	15 279	15 226	7 249	321 995	321 221
(五)建筑业	36 788	34 438	9 569	427 920	411 121
(六)地质勘查业、水利管理业	5 456	5 425	2 816	69 974	69 804
(七)交通运输、仓储及邮电通信业	46 043	45 707	32 524	548 474	544 866
(八)批发和零售贸易、餐饮业	48 036	47 489	18 396	455 686	445 071
(九)金融、保险业	15 125	14 891	10 008	214 820	213 268
(十)房地产业	2 325	2 293	1 223	33 368	33 082
(十一)社会服务业	20 846	20 539	6 598	217 354	216 293
(十二)卫生、体育和社会福利业	19 029	18 845	12 979	278 073	277 057
(十三)教育、文化艺术及广播电影电视业	50 512	49 530	42 211	795 744	787 837
(十四)科学研究和综合技术服务业	15 009	14 905	11 424	302 754	301 449
(十五)国家机关、政党机关和社会团体	40 927	40 685	35 002	690 703	688 949
(十六)其他行业	4 382	4 169	2 534	75 734	74 037

2—5 续表 5　　　　(2002 年)　　　　计量单位:人、千元、元、个

行业名称	单位人员平均报酬	# 职工平均工资	单位从业人员平均报酬	# 在岗职工平均工资	其他从业人员平均报酬
总计	**12 517**	**12 570**	**13 486**	**13 560**	**8 390**
一、按隶属关系分组					
1.中央	14 500	14 643	15 155	15 326	8 415
2.地方	11 756	11 786	12 806	12 851	8 366
二、按企业、事业、机关分组					
(一)企业	11 186	11 216	12 368	12 421	8 885
1.中央	13 821	13 953	14 475	14 637	8 487
2.地方	9 730	9 730	11 047	11 057	9 723
(二)事业	15 548	15 679	15 633	15 768	7 127
1.中央	25 856	25 927	26 019	26 092	6 464
2.地方	14 698	14 823	14 773	14 902	7 139
(三)机关	16 688	16 743	16 701	16 759	7 185
1.中央	14 229	14 392	14 196	14 364	5 970
2.地方	16 919	16 960	16 939	16 982	7 679
三、按国民经济行业分组					
(一)农、林、牧、渔业	11 868	11 860	12 165	12 157	15 200
(二)采掘业	6 763	6 763	11 373	11 373	—
(三)制造业	10 476	10 488	11 496	11 513	7 220
(四)电力、煤气及水的生产和供应业	20 950	20 976	21 235	21 263	13 821
(五)建筑业	10 963	11 070	11 907	12 085	8 870
(六)地质勘查业、水利管理业	12 827	12 867	13 894	13 945	5 667
(七)交通运输、仓储及邮电通信业	11 815	11 859	12 586	12 644	7 580
(八)批发和零售贸易、餐饮业	9 329	9 272	11 151	11 116	12 607
(九)金融、保险业	14 240	14 377	14 325	14 471	6 159
(十)房地产业	13 927	13 994	14 067	14 143	8 938
(十一)社会服务业	10 358	10 501	10 432	10 578	2 749
(十二)卫生、体育和社会福利业	14 590	14 679	14 608	14 697	5 522
(十三)教育、文化艺术及广播电影电视业	15 801	15 951	15 826	15 978	8 143
(十四)科学研究和综合技术服务业	20 062	20 115	20 342	20 398	12 429
(十五)国家机关、政党机关和社会团体	16 814	16 870	16 852	16 910	7 339
(十六)其他行业	17 495	18 124	17 791	18 473	6 955

市区城镇及集体单位从业人员和劳动报酬

2—6 (2002 年) 计量单位:人、千元、元、个

行业名称	年末单位从业人员	年末单位从业人员中:女性	年末单位从业人员中:使用的农村劳动力	1.在岗职工	#专业技术人员
总计	**45 637**	**20 749**	**2 774**	**44 319**	**7 597**
一、按企业、事业、机关分组					
1.企业	42 964	19 150	2 710	41 835	6 546
2.事业	2 611	1 549	64	2 422	1 046
3.机关	62	50	—	62	5
二、按国民经济行业分组					
(一)农、林、牧、渔业	67	25	—	67	8
(二)制造业	27 402	13 364	1 660	27 185	3 489
(三)建筑业	269	93	3	266	103
(四)交通运输、仓储及邮电通信业	2 721	338	—	2 721	621
(五)批发和零售贸易、餐饮业	6 923	3 534	219	6 781	1 561
(六)金融、保险业	62	50	—	62	5
(七)房地产业	162	67	1	162	38
(八)社会服务业	4 767	1 647	736	3 847	363
(九)卫生、体育和社会福利业	499	366	3	489	421
(十)教育、文化艺术及广播电影电视业	785	315	5	766	519
(十一)科学研究和综合技术服务业	32	7	3	29	22
(十二)其他行业	1 948	943	144	1 944	447

2—6 续表 1　　(2002 年)　　计量单位:人、千元、元、个

行业名称	在岗职工中按用工期限分组		2.其他从业人员	离开本单位仍保留劳动关系的职工
	长期职工	临时职工		
总计	**32 195**	**12 124**	**1 318**	**16 002**
一、按企业、事业、机关分组				
1.企业	30 111	11 724	1 129	15 891
2.事业	2 027	395	189	62
3.机关	57	5	—	49
二、按国民经济行业分组				
(一)农、林、牧、渔业	67	—	—	8
(二)制造业	18 823	8 362	217	10 496
(三)建筑业	251	15	3	104
(四)交通运输、仓储及邮电通信业	1 929	792	—	1 258
(五)批发和零售贸易、餐饮业	5 114	1 667	142	3 107
(六)金融、保险业	57	5	—	49
(七)房地产业	154	8	—	9
(八)社会服务业	2 682	1 165	920	128
(九)卫生、体育和社会福利业	464	25	10	28
(十)教育、文化艺术及广播电影电视业	766	—	19	14
(十一)科学研究和综合技术服务业	6	23	3	3
(十二)其他行业	1 882	62	4	798

2—6 续表 2　　(2002 年)　　计量单位：人、千元、元、个

行业名称	单位从业人员平均人数	# 在岗职工	其他从业人员	离开本单位仍保留劳动关系的职工平均人数
总计	**46 471**	**45 087**	**1 384**	**15 755**
一、按企业、事业、机关分组				
1.企业	43 781	42 583	1 198	15 647
2.事业	2 628	2 442	186	59
3.机关	62	62	—	49
二、按国民经济行业分组				
(一)农、林、牧、渔业	68	68	—	8
(二)制造业	28 099	27 796	303	10 219
(三)建筑业	258	255	3	103
(四)交通运输、仓储及邮电通信业	2 715	2 715	—	1 261
(五)批发和零售贸易、餐饮业	7 031	6 867	164	3 143
(六)金融、保险业	62	62	—	49
(七)房地产业	167	167	—	9
(八)社会服务业	4 698	3 817	881	127
(九)卫生、体育和社会福利业	503	493	10	28
(十)教育、文化艺术及广播电影电视业	805	789	16	13
(十一)科学研究和综合技术服务业	33	30	3	3
(十二)其他行业	2 032	2 028	4	792

2—6 续表 3　　(2002 年)　　计量单位：人、千元、元、个

行　业　名　称	单位从业人员劳动报酬	在岗职工工资总额	其他从业人员劳动报酬	离开本单位仍保留劳动关系职工的生活费	单位数
总　计	**396 247**	**388 288**	**7 959**	**34 539**	**712**
一、按企业、事业、机关分组					
1.企　业	372 190	364 867	7 323	34 404	620
2.事　业	23 735	23 099	636	105	89
3.机　关	322	322	—	30	3
二、按国民经济行业分组					
(一)农、林、牧、渔业	222	222	—	—	2
(二)制　造　业	214 479	213 108	1 371	26 560	285
(三)建　筑　业	2 151	2 122	29	27	12
(四)交通运输、仓储及邮电通信业	42 744	42 744	—	2 592	11
(五)批发和零售贸易、餐饮业	57 388	56 540	848	4 161	210
(六)金融、保险业	322	322	—	30	3
(七)房 地 产 业	1 898	1 898	—	—	5
(八)社会服务业	44 825	39 358	5 467	374	84
(九)卫生、体育和社会福利业	5 544	5 514	30	97	45
(十)教育、文化艺术及广播电影电视业	10 154	9 974	180	—	11
(十一)科学研究和综合技术服务业	450	432	18	—	3
(十二)其 他 行 业	16 070	16 054	16	698	41

2—6 续表 4　　(2002 年)　　计量单位:人、千元、元、个

行业名称	单位人员	# 职工	# 中专及以上学历人员	单位人员报酬	# 职工工资
总计	**61 639**	**60 321**	**11 289**	**430 786**	**422 827**
一、按企业、事业、机关分组					
1.企业	58 855	57 726	10 165	406 594	399 271
2.事业	2 673	2 484	1 117	23 840	23 204
3.机关	111	111	7	352	352
二、按国民经济行业分组					
(一)农、林、牧、渔业	75	75	41	222	222
(二)制造业	37 898	37 681	5 116	241 039	239 668
(三)建筑业	373	370	104	2 178	2 149
(四)交通运输、仓储及邮电通信业	3 979	3 979	867	45 336	45 336
(五)批发和零售贸易、餐饮业	10 030	9 888	2 569	61 549	60 701
(六)金融、保险业	111	111	7	352	352
(七)房地产业	171	171	82	1 898	1 898
(八)社会服务业	4 895	3 975	882	45 199	39 732
(九)卫生、体育和社会福利业	527	517	356	5 641	5 611
(十)教育、文化艺术及广播电影电视业	799	780	492	10 154	9 974
(十一)科学研究和综合技术服务业	35	32	25	450	432
(十二)其他行业	2 746	2 742	748	16 768	16 752

2—6 续表 5　　(2002 年)　　计量单位:人、千元、元、个

行业名称	单位人员平均报酬	# 职工平均工资	单位从业人员平均报酬	# 在岗职工平均工资	其他从业人员平均报酬
总计	**6 923**	**6 950**	**8 527**	**8 612**	**5 751**
一、按企业、事业、机关分组					
1.企业	6 842	6 857	8 501	8 568	6 113
2.事业	8 872	9 278	9 032	9 459	3 419
3.机关	3 171	3 171	5 194	5 194	—
二、按国民经济行业分组					
(一)农、林、牧、渔业	2 921	2 921	3 265	3 265	—
(二)制造业	6 290	6 305	7 633	7 667	4 525
(三)建筑业	6 033	6 003	8 337	8 322	9 667
(四)交通运输、仓储及邮电通信业	11 402	11 402	15 744	15 744	—
(五)批发和零售贸易、餐饮业	6 050	6 064	8 162	8 234	5 171
(六)金融、保险业	3 171	3 171	5 194	5 194	—
(七)房地产业	10 784	10 784	11 365	11 365	—
(八)社会服务业	9 368	10 074	9 541	10 311	6 205
(九)卫生、体育和社会福利业	10 623	10 770	11 022	11 185	3 000
(十)教育、文化艺术及广播电影电视业	12 413	12 436	12 614	12 641	11 250
(十一)科学研究和综合技术服务业	12 500	13 091	13 636	14 400	6 000
(十二)其他行业	5 938	5 940	7 908	7 916	4 000

分县(市)区单位从业人员和劳动报酬

2—7 (2002年) 计量单位:人、千元、个、元

行政单位	年末单位从业人员	#在岗职工	#专业技术人员	单位从业人员年平均人数	#在岗职工
全市总计	**882 476**	**864 187**	**289 728**	**896 663**	**878 195**
市区合计	555 048	544 952	160 012	566 096	555 970
#长安区	9 037	8 187	3 372	9 180	8 267
桥东区	7 935	7 915	2 676	8 067	8 050
桥西区	9 464	9 359	3 462	9 603	9 501
新华区	16 645	16 236	2 716	16 500	16 093
裕华区	7 762	7 736	3 484	7 620	7 590
矿区	6 486	6 406	1 556	6 784	6 703
高新区	6 345	6 176	2 787	6 321	6 159
井陉县	22 453	22 117	6 174	22 475	22 140
正定县	24 657	24 043	10 063	24 683	24 098
栾城县	15 838	15 592	7 310	15 803	15 432
行唐县	15 721	14 958	8 982	15 688	14 909
灵寿县	12 789	12 570	4 423	12 969	12 768
高邑县	11 079	8 363	3 790	11 086	8 374
深泽县	7 269	7 212	3 767	7 290	7 233
赞皇县	14 615	14 615	4 446	14 615	14 615
无极县	19 210	18 942	8 102	19 658	19 390
平山县	19 621	19 592	8 786	19 643	19 614
元氏县	16 028	15 741	8 934	17 067	16 781
赵县	20 558	20 554	9 641	20 659	20 655
辛集市	28 577	28 415	9 751	29 035	28 892
藁城市	31 121	29 323	11 410	31 002	29 208
晋州市	24 486	24 476	8 132	24 476	24 464
新乐市	17 558	17 524	8 047	17 467	17 434
鹿泉市	25 848	25 198	7 958	26 951	26 218

2—7 续表 1　　(2002 年)　　计量单位：人、千元、个、元

行政单位	单位人员报酬	# 职工工资	单位从业人员劳动报酬	# 在岗职工工资
全市总计	**10 389 571**	**10 261 157**	**9 935 935**	**9 807 521**
市区合计	7 678 956	7 584 588	7 308 659	7 214 291
#长安区	100 990	96 632	97 908	93 550
桥东区	99 540	99 145	97 059	96 664
桥西区	109 227	108 396	105 913	105 082
新华区	205 509	201 160	204 396	200 047
裕华区	99 178	98 804	97 298	96 924
矿区	50 102	49 918	49 312	49 128
高新区	83 641	81 646	83 586	81 591
井陉县	192 808	189 725	187 706	184 623
正定县	236 942	235 807	222 983	221 848
栾城县	136 947	136 069	132 405	131 527
行唐县	124 205	122 080	122 654	120 529
灵寿县	96 343	95 163	95 649	94 469
高邑县	76 628	66 343	73 097	62 812
深泽县	69 214	68 883	66 933	66 602
赞皇县	81 901	81 901	80 284	80 284
无极县	148 945	146 332	140 515	137 902
平山县	169 563	169 266	162 728	162 431
元氏县	122 846	121 910	120 108	119 172
赵县	149 556	149 532	146 001	145 977
辛集市	275 373	274 396	267 446	266 469
藁城市	246 916	243 014	243 854	239 952
晋州市	184 269	184 178	175 799	175 708
新乐市	158 398	157 453	153 965	153 020
鹿泉市	239 761	234 517	235 149	229 905

2—7 续表 2　　(2002 年)　　计量单位:人、千元、个、元

行政单位	单位数	单位人员年末数	# 职工	# 中专及以上学历人员
全市总计	**12 481**	**1 012 826**	**994 537**	**451 959**
市区合计	4 154	653 468	643 372	270 441
# 长安区	240	10 069	9 219	5 044
桥东区	196	9 301	9 281	4 299
桥西区	119	11 329	11 224	5 436
新华区	253	17 104	16 695	6 819
裕华区	175	9 208	9 182	5 714
矿区	168	6 832	6 752	2 627
高新区	68	6 402	6 233	4 019
井陉县	599	24 643	24 307	10 842
正定县	485	29 757	29 143	15 163
栾城县	410	17 113	16 867	9 618
行唐县	577	17 525	16 762	9 686
灵寿县	601	13 819	13 600	8 191
高邑县	184	12 878	10 162	2 828
深泽县	323	7 864	7 807	6 069
赞皇县	306	15 390	15 390	6 608
无极县	434	21 517	21 249	10 705
平山县	955	20 912	20 883	12 061
元氏县	297	16 815	16 528	9 763
赵县	492	21 954	21 950	12 017
辛集市	635	32 869	32 707	15 665
藁城市	538	34 214	32 416	16 542
晋州市	564	26 138	26 128	12 000
新乐市	413	18 745	18 711	11 100
鹿泉市	514	27 205	26 555	12 660

2—7 续表 3　　(2002 年)　　计量单位：人、千元、个、元

行政单位	单位人员平均报酬	# 职工平均工资	单位从业人员平均报酬	# 在岗职工平均工资
全市总计	**10 228**	**10 288**	**11 081**	**11 168**
市区合计	11 671	11 708	12 911	12 976
# 长安区	9 958	10 470	10 665	11 316
桥东区	10 570	10 547	12 032	12 008
桥西区	9 532	9 544	11 029	11 060
新华区	12 114	12 150	12 388	12 431
裕华区	10 949	10 944	12 769	12 770
矿区	7 044	7 099	7 269	7 329
高新区	13 143	13 164	13 224	13 247
井陉县	7 845	7 827	8 352	8 339
正定县	8 061	8 186	9 034	9 206
栾城县	8 065	8 192	8 378	8 523
行唐县	7 211	7 423	7 818	8 084
灵寿县	6 932	6 947	7 375	7 399
高邑县	5 945	6 519	6 594	7 501
深泽县	8 828	8 850	9 181	9 208
赞皇县	5 322	5 322	5 493	5 493
无极县	6 987	6 952	7 148	7 112
平山县	8 105	8 102	8 284	8 281
元氏县	6 957	7 017	7 037	7 102
赵县	6 806	6 806	7 067	7 067
辛集市	8 312	8 318	9 211	9 223
藁城市	7 747	8 079	7 866	8 215
晋州市	7 050	7 050	7 183	7 182
新乐市	8 511	8 475	8 815	8 777
鹿泉市	8 538	8 575	8 725	8 769

三、固定资产投资　建筑业

全社会固定资产投资

3—1　　(2002年)　　计量单位:万元

行政单位	全社会固定资产投资	#基本建设	更新改造	房地产开发	城镇工矿区私人建房	农村个人
全市总计	**4 093 686**	**1 417 450**	**800 336**	**334 070**	**118 789**	**325 687**
市区合计	1 849 521	828 997	394 639	320 623	45 842	29 355
#长安区	486 618	250 010	147 070	28 752	—	—
桥东区	361 390	125 983	143 113	71 417	9 477	—
桥西区	255 743	106 883	21 534	74 447	20 285	—
新华区	309 961	138 702	36 151	34 481	15 780	—
裕华区	266 972	97 729	21 203	92 969	—	—
矿区	13 938	5 303	6 878	—	300	1 152
高新区	148 011	104 387	18 690	18 557	—	—
井陉县	84 176	28 329	17 991	—	2 486	5 447
正定县	169 132	39 748	27 330	—	21 375	25 090
栾城县	144 280	41 110	27 170	—	10 392	18 924
行唐县	82 198	14 651	17 954	—	4 500	12 212
灵寿县	67 699	31 434	20 860	—	3 585	2 253
高邑县	68 146	13 728	12 610	—	620	10 258
深泽县	47 571	11 102	8 708	—	1 300	8 931
赞皇县	55 544	7 109	19 061	—	3 608	13 692
无极县	81 773	10 618	19 810	—	2 128	20 126
平山县	144 180	40 629	24 665	—	1 000	18 197
元氏县	107 795	16 969	23 710	—	696	21 362
赵县	106 011	18 407	24 605	—	450	25 526
辛集市	191 274	72 516	35 028	5 982	7 580	32 848
藁城市	286 414	82 500	35 500	3 405	3 983	19 583
晋州市	175 319	27 894	35 540	—	6 640	24 595
新乐市	160 033	20 204	27 350	3 500	1 958	27 000
鹿泉市	272 620	111 505	27 805	560	646	10 288

全市基本建设更新改造投资情况

3—2　　(2002年)　　计量单位:万元

指标名称	总计	基本建设	更新改造	其他投资	#城镇集体
自开始建设至本年底累计完成投资	3 170 424	1 952 957	919 392	298 075	256 792
自开始建设至本年底累计新增固定资产	1 765 291	963 439	591 025	210 827	175 209
本年完成投资	2 499 511	1 417 450	800 336	281 725	242 512
#住宅	350 797	247 225	24 153	79 419	60 631
按登记注册类型分					
内资	2 422 833	1 380 626	760 482	281 725	242 512
港澳台商投资	23 425	9 814	13 611	—	—
外商投资	53 253	27 010	26 243	—	—
按建设性质分					
新建	1 267 622	971 187	159 642	136 793	126 948
扩建	619 599	236 999	319 829	62 771	60 139
改建	446 683	153 986	256 012	36 685	32 810
单纯建造生活设施	84 365	40 551	15 108	28 706	9 918
迁建	16 592	8 573	2 099	5 920	5 720
恢复	2 660	500	2 160	—	—
单纯购置	61 990	5 654	45 486	10 850	6 977
按开发区分					
国务院批准的	127 119	104 937	18 690	3 492	670
省批准的	68 167	65 567	1 900	700	—
省以下批准的	123 381	106 831	12 150	4 400	4 100
不属于开发区的项目	2 180 844	1 140 115	767 596	273 133	237 742
按国民经济行业分					
农、林、牧、渔业	52 522	38 397	4 620	9 505	6 400
采掘业	9 930	2 310	6 080	1 540	360
制造业	729 573	248 847	411 250	69 476	59 476
电力、煤气及水的水生产和供应业	240 753	114 406	125 547	800	800

3—2 续表　　(2002 年)　　计量单位:万元

指　标　名　称	总　计	基本建设	更新改造	其他投资	# 城镇集体
建　筑　业	31 944	19 805	1 739	10 400	10 041
地质勘查业、水利管理业	39 914	28 834	11 080	—	—
交通运输、仓储及邮电通信业	223 435	125 634	95 901	1 900	1 100
批发和零售贸易、餐饮业	210 903	157 589	32 673	20 641	17 691
金融、保险业	10 825	8 779	800	1 246	1 246
房 地 产 业	114 341	90 873	—	23 468	4 680
社会服务业	246 479	217 159	27 095	2 225	1 525
卫生、体育和社会福利业	62 794	57 349	5 445	—	—
教育、文化艺术及广播电影电视业	156 162	139 647	8 226	8 289	7 075
科学研究和综合技术服务业	30 845	24 157	3 688	3 000	3 000
国家机关、政党机关和社会团体	133 021	63 989	6 136	62 896	62 779
其 他 行 业	206 070	79 675	60 056	66 339	66 339
本年新增固定资产	1 479 515	781 312	523 694	174 509	140 191
本年施工房屋面积	9 560 398	6 852 018	813 734	1 894 646	1 528 903
# 住　　宅	4 165 405	2 957 816	57 600	1 149 989	839 989
本年竣工房屋面积	4 287 530	3 059 647	373 496	854 387	731 944
# 住　　宅	1 771 334	1 343 798	18 710	408 826	332 826
本年竣工房屋价值	376 606	247 932	41 075	87 599	65 191
# 住　　宅	140 976	91 152	5 050	44 774	26 986
施工项目个数	1 734	845	641	248	197
# 本年新开工	1 459	651	578	230	185
本年投产项目个数	1 024	473	395	156	121
本年资金来源合计	2 661 069	1 518 466	856 002	286 601	247 178
本年各项应付款合计	107 848	92 516	13 752	1 580	310
# 工　程　款	82 670	72 882	9 188	600	130

全市地方基本建设更新改造投资情况

3—3　　(2002年)　　计量单位:万元

指标名称	总计	基本建设	更新改造	其他投资	#城镇集体
自开始建设至本年底累计完成投资	2 978 692	1 838 264	845 585	294 843	254 926
自开始建设至本年底累计新增固定资产	1 654 752	912 195	534 382	208 175	173 423
本年完成投资	2 344 436	1 336 903	728 420	279 113	241 266
#住宅	340 224	236 872	24 153	79 199	60 411
按登记注册类型分					
内资	2 267 758	1 300 079	688 566	279 113	241 266
港澳台商投资	23 425	9 814	13 611	—	—
外商投资	53 253	27 010	26 243	—	—
按建设性质分					
新建	1 203 564	931 622	136 395	135 547	125 702
扩建	582 797	223 992	296 034	62 771	60 139
改建	419 201	132 579	249 937	36 685	32 810
单纯建造生活设施	65 744	33 983	3 055	28 706	9 918
迁建	16 592	8 573	2 099	5 920	5 720
恢复	2 660	500	2 160	—	—
单纯购置	53 878	5 654	38 740	9 484	6 977
按开发区分					
国务院批准的	112 230	90 048	18 690	3 492	670
省批准的	68 167	65 567	1 900	700	—
省以下批准的	123 381	106 831	12 150	4 400	4 100
不属于开发区的项目	2 040 658	1 074 457	695 680	270 521	236 496
按国民经济行业分					
农、林、牧、渔业	52 522	38 397	4 620	9 505	6 400
采掘业	9 930	2 310	6 080	1 540	360
制造业	695 581	245 789	381 682	68 110	59 476
电力、煤气及水的水生产和供应业	226 694	102 779	123 115	800	800

3—3 续表　　(2002 年)　　计量单位:万元

指标名称	总计	基本建设	更新改造	其他投资	# 城镇集体
建　筑　业	24 748	12 609	1 739	10 400	10 041
地质勘查业、水利管理业	39 914	28 834	11 080	—	—
交通运输、仓储及邮电通信业	171 592	112 907	56 785	1 900	1 100
批发和零售贸易、餐饮业	209 848	156 534	32 673	20 641	17 691
金融、保险业	3 084	3 084	—	—	—
房 地 产 业	114 341	90 873	—	23 468	4 680
社会服务业	244 779	215 459	27 095	2 225	1 525
卫生、体育和社会福利业	50 794	45 349	5 445	—	—
教育、文化艺术及广播电影电视业	146 162	129 647	8 226	8 289	7 075
科学研究和综合技术服务业	15 956	9 268	3 688	3 000	3 000
国家机关、政党机关和社会团体	133 021	63 989	6 136	62 896	62 779
其 他 行 业	205 470	79 075	60 056	66 339	66 339
本年新增固定资产	1 381 541	740 133	468 931	172 477	139 025
本年施工房屋面积	9 170 370	6 485 106	812 704	1 872 560	1 506 817
# 住　　宅	3 984 254	2 783 665	57 600	1 142 989	832 989
本年竣工房屋面积	4 169 957	2 963 290	372 466	834 201	711 758
# 住　　宅	1 715 389	1 294 853	18 710	401 826	325 826
本年竣工房屋价值	365 321	237 843	41 025	86 453	64 045
# 住　　宅	137 289	87 685	5 050	44 554	26 766
施工项目个数	1 627	803	587	237	186
# 本年新开工	1 379	627	532	220	175
本年投产项目个数	972	455	370	147	112
本年资金来源合计	2 483 874	1 418 455	781 430	283 989	245 932
本年各项应付款合计	104 905	89 573	13 752	1 580	310
# 工　程　款	79 794	70 006	9 188	600	130

市区基本建设更新改造投资情况

3—4　　(2002 年)　　计量单位:万元

指标名称	总计	基本建设	更新改造	其他投资	# 城镇集体
自开始建设至本年底累计完成投资	1 916 674	1 202 812	485 412	228 450	198 247
自开始建设至本年底累计新增固定资产	870 218	498 267	227 049	144 902	119 564
本年完成投资	1 451 116	828 997	394 639	227 480	197 287
#住　　宅	248 159	156 921	24 103	67 135	52 135
按登记注册类型分					
内　　资	1 390 039	797 093	365 466	227 480	197 287
港澳台商投资	13 184	5 194	7 990	—	—
外商投资	47 893	26 710	21 183	—	—
按建设性质分					
新　　建	774 639	597 009	54 662	122 968	115 383
扩　　建	297 072	120 696	136 187	40 189	39 137
改　　建	263 294	80 147	153 387	29 760	26 050
单纯建造生活设施	59 122	22 964	15 108	21 050	6 050
迁　　建	8 862	3 333	69	5 460	5 260
单纯购置	48 127	4 848	35 226	8 053	5 407
按开发区分					
国务院批准的	126 569	104 387	18 690	3 492	670
省批准的	39 545	37 645	1 900	—	—
省以下批准的	44 317	37 387	2 530	4 400	4 100
不属于开发区的项目	1 240 685	649 578	371 519	219 588	192 517
按国民经济行业分					
农、林、牧、渔业	9 729	4 284	—	5 445	2 340
采掘业	3 022	—	3 022	—	—
制造业	272 759	75 375	153 777	43 607	36 615
电力、煤气及水的水生产和供应业	173 204	82 255	90 149	800	800

3—4 续表　　(2002 年)　　计量单位:万元

指标名称	总计	基本建设	更新改造	其他投资	#城镇集体
建筑业	22 489	15 330	—	7 159	6 800
地质勘查业、水利管理业	3 393	3 393	—	—	—
交通运输、仓储及邮电通信业	92 089	53 713	38 376	—	—
批发和零售贸易、餐饮业	168 544	122 659	31 193	14 692	11 942
金融、保险业	4 675	4 675	—	—	—
房地产业	68 838	51 398	—	17 440	2 440
社会服务业	148 930	137 300	9 910	1 720	1 020
卫生、体育和社会福利业	47 698	44 894	2 804	—	—
教育、文化艺术及广播电影电视业	112 367	100 851	4 236	7 280	6 110
科学研究和综合技术服务业	27 757	23 757	1 000	3 000	3 000
国家机关、政党机关和社会团体	91 688	30 576	1 016	60 096	59 979
其他行业	203 934	78 537	59 156	66 241	66 241
本年新增固定资产	692 153	377 434	196 907	117 812	92 474
本年施工房屋面积	5 262 247	3 576 103	413 321	1 272 823	1 192 253
#住宅	2 255 050	1 466 967	56 600	731 483	681 483
本年竣工房屋面积	1 680 156	982 338	152 758	545 060	469 790
#住宅	620 254	342 144	17 710	260 400	210 400
本年竣工房屋价值	179 607	92 568	22 692	64 347	47 127
#住宅	58 015	20 655	5 000	32 360	18 360
施工项目个数	608	297	175	136	104
#本年新开工	496	213	155	128	100
本年投产项目个数	263	115	79	69	50
本年资金来源合计	1 604 913	925 173	448 212	231 528	200 925
本年各项应付款合计	95 107	84 400	9 407	1 300	230
#工程款	72 437	66 874	5 163	400	130

市区地方基本建设更新改造投资情况

3—5　　(2002年)　　计量单位:万元

指标名称	总计	基本建设	更新改造	其他投资	#城镇集体
自开始建设至本年底累计完成投资	1 751 928	1 107 377	417 467	227 084	198 247
自开始建设至本年底累计新增固定资产	780 843	462 371	174 436	144 036	119 564
本年完成投资	1 319 490	764 791	328 585	226 114	197 287
#住宅	242 698	151 460	24 103	67 135	52 135
按登记注册类型分					
内资	1 258 413	732 887	299 412	226 114	197 287
港澳台商投资	13 184	5 194	7 990	—	—
外商投资	47 893	26 710	21 183	—	—
按建设性质分					
新建	717 046	560 423	33 655	122 968	115 383
扩建	264 992	109 539	115 264	40 189	39 137
改建	244 662	66 840	148 062	29 760	26 050
单纯建造生活设施	43 913	19 808	3 055	21 050	6 050
迁建	8 862	3 333	69	5 460	5 260
单纯购置	40 015	4 848	28 480	6 687	5 407
按开发区分					
国务院批准的	111 680	89 498	18 690	3 492	670
省批准的	39 545	37 645	1 900	—	—
省以下批准的	44 317	37 387	2 530	4 400	4 100
不属于开发区的项目	1 123 948	600 261	305 465	218 222	192 517
按国民经济行业分					
农、林、牧、渔业	9 729	4 284	—	5 445	2 340
采掘业	3 022	—	3 022	—	—
制造业	241 149	73 659	125 249	42 241	36 615
电力、煤气及水的水生产和供应业	170 607	80 258	89 549	800	800

3—5 续表　　(2002 年)　　计量单位:万元

指标名称	总计	基本建设	更新改造	其他投资	# 城镇集体
建筑业	16 673	9 514	—	7 159	6 800
地质勘查业、水利管理业	3 393	3 393	—	—	—
交通运输、仓储及邮电通信业	45 085	43 635	1 450	—	—
批发和零售贸易、餐饮业	167 789	121 904	31 193	14 692	11 942
金融、保险业	20	20	—	—	—
房地产业	68 838	51 398	—	17 440	2 440
社会服务业	147 230	135 600	9 910	1 720	1 020
卫生、体育和社会福利业	35 698	32 894	2 804	—	—
教育、文化艺术及广播电影电视业	102 367	90 851	4 236	7 280	6 110
科学研究和综合技术服务业	12 868	8 868	1 000	3 000	3 000
国家机关、政党机关和社会团体	91 688	30 576	1 016	60 096	59 979
其他行业	203 334	77 937	59 156	66 241	66 241
本年新增固定资产	610 588	348 908	144 734	116 946	92 474
本年施工房屋面积	4 991 884	3 305 740	413 321	1 272 823	1 192 253
# 住宅	2 150 151	1 362 068	56 600	731 483	681 483
本年竣工房屋面积	1 618 204	920 386	152 758	545 060	469 790
# 住宅	604 414	326 304	17 710	260 400	210 400
本年竣工房屋价值	171 760	84 721	22 692	64 347	47 127
# 住宅	56 580	19 220	5 000	32 360	18 360
施工项目个数	532	270	126	136	104
# 本年新开工	436	196	112	128	100
本年投产项目个数	229	105	55	69	50
本年资金来源合计	1 451 255	841 503	379 590	230 162	200 925
本年各项应付款合计	92 486	81 779	9 407	1 300	230
# 工程款	69 883	64 320	5 163	—	130

全市房地产开发情况

3—6　　(2002年)　　计量单位:万元

指标名称	总计	1.按经济类型分		
		国有经济	集体经济	其他经济
企业(单位)个数(个)	74	11	7	56
#亏损企业个数	27	6	2	19
计划总投资	898 567	98 800	125 225	674 542
实际需要的总投资	900 779	98 800	125 225	676 754
自开始建设累计完成投资	464 781	37 876	63 247	363 658
自开始建设累计新增固定资产	171 833	23 620	7 847	140 366
未完工程累计投资	67 393	5 291	—	62 102
本年计划投资	361 374	34 065	42 370	284 939
本年完成投资	334 070	33 701	39 747	260 622
#商品房建设投资额	226 668	21 997	16 349	188 322
土地开发投资额	40 155	762	13 698	25 695
按构成分:				
建筑工程	196 064	24 840	18 928	152 296
安装工程	18 385	256	861	17 268
设备工器具购置	8 288	2 000	2 000	4 288
其他费用	111 333	6 605	17 958	86 770
#土地购置费	37 604	3 442	1 600	32 562
按工程用途分:				
住宅	187 684	15 211	9 040	163 433
#经济适用房	68 939	—	1 000	67 939
办公楼	16 631	—	—	16 631

3—6 续表 1　　(2002 年)　　计量单位:万元

指　标　名　称	总　计	1.按 经 济 类 型 分(续)		
		国有经济	集体经济	其他经济
商业营业用房	53 157	11 048	8 109	34 000
其　　他	76 598	7 442	22 598	46 558
本年新增固定资产	139 806	22 880	7 847	109 079
本年完成开发土地面积(平方米)	581 462	26 780	219 963	334 719
待开发土地面积(平方米)	6 660	—	6 660	—
本年购置土地面积(平方米)	734 181	44 214	21 312	668 655
本年资金来源合计	439 243	45 464	47 705	346 074
本年各项应付款合计	50 450	2 841	—	47 609
#工　程　款	22 150	620	—	21 530
设备、器材款	3 948	—	—	3 948
竣工房屋住宅套数合计(套)	5 076	654	20	4 402
年末从业人员数(人)	3 582	692	378	2 512
全年从业人员劳动报酬	5 550	847	412	4 291
实收资本合计	137 472	9 801	5 670	122 001
#国 家 资 本	8 371	7 571	—	800
年末资产负债情况				
资 产 总 计	1 572 020	143 127	72 562	1 356 331
固定资产累计折旧	43 666	1 048	170	42 448
#本 年 折 旧	20 490	169	48	20 273
负债总计	1 033 485	101 157	57 140	875 188
所有者权益合计	538 535	41 970	15 422	481 143

3—6 续表 2　　(2002 年)　　计量单位:万元

指标名称	总计	1.按经济类型分(续)		
		国有经济	集体经济	其他经济
损益情况				
1.经营收入总计	213 984	21 875	28 739	163 370
(1)土地转让收入	540	510	—	30
(2)商品房屋销售收入	181 539	4 916	28 580	148 043
#销售给个人	125 377	4 350	28 510	92 517
商品住宅销售收入	144 035	4 916	504	138 615
#销售给个人	92 273	4 350	434	87 489
(3)房屋出租收入	100	100	—	—
(4)其他收入	31 805	16 349	159	15 297
2.(1)经营成本	169 554	20 116	15 515	133 923
(2)销售费用	7 526	72	1 579	5 875
(3)经营税金及附加	9 112	1 060	1 538	6 514
(4)其他业务利润	700	6	238	456
(5)管理费用及财务费用	11 945	1 895	1 561	8 489
(6)投资收益及营业外收入	390	16	—	374
(7)营业外支出	622	21	27	574
3.利润总额	16 315	-1 267	8 757	8 825
施工房屋面积(平方米)	2 903 560	366 289	129 580	2 407 691
1.住宅	2 283 115	349 088	112 000	1 822 027
2.办公楼	163 548	—	—	163 548
3.商业营业用房	456 897	17 201	17 580	422 116
本年新开工房屋面积(平方米)	817 500	103 942	118 000	595 558

3—6 续表 3　　(2002 年)　　计量单位:万元

指 标 名 称	总 计	1.按 经 济 类 型 分(续)		
		国有经济	集体经济	其他经济
1.住　宅	682 413	103 942	107 000	471 471
2.办 公 楼	74 659	—	—	74 659
3.商业营业用房	60 428	—	11 000	49 428
竣工房屋面积(平方米)	837 261	83 638	8 580	745 043
1.住　宅	649 122	83 638	2 000	563 484
2.办 公 楼	117 739	—	—	117 739
3.商业营业用房	70 400	—	6 580	63 820
竣工房屋价值	100 713	6 468	2 000	92 245
1.住　宅	78 574	6 468	200	71 906
2.办 公 楼	13 358	—	—	13 358
3.商业营业用房	8 781	—	1 800	6 981
商品房实际销售面积(平方米)	999 480	34 516	67 110	897 854
#个　人	644 985	29 816	61 992	553 177
销售面积中:住　宅	763 196	34 516	18 100	710 580
#个　人	543 635	29 816	16 320	497 499
商品房预售面积(平方米)	142 301	46 740	33 747	61 814
商品房出租面积(平方米)	1 761	1 761	—	—
商品房空置面积(平方米)	155 874	18 920		136 954
#住　宅	146 317	18 920	—	127 397
商品房实际销售额	181 025	6 138	34 887	140 000
#住　宅	118 673	6 138	3 440	109 095
#个　人	83 722	4 990	3 370	75 362

3—6 续表 4　　(2002 年)　　计量单位:万元

指标名称	2.按隶属关系分			
	省	市	县	其他
企业(单位)个数(个)	3	15	17	39
#亏损企业个数	1	6	7	13
计划总投资	119 080	162 536	201 494	415 457
实际需要的总投资	119 080	162 633	202 693	416 373
自开始建设累计完成投资	51 385	92 960	95 244	225 192
自开始建设累计新增固定资产	49 080	18 171	41 382	63 200
未完工程累计投资	2 305	8 324	38 213	18 551
本年计划投资	51 385	65 562	61 779	182 648
本年完成投资	51 385	83 549	52 764	146 372
#商品房建设投资额	47 385	48 227	42 980	88 076
土地开发投资额	—	9 000	2 082	29 073
按构成分:				
建筑工程	33 705	46 633	31 324	84 402
安装工程	6 500	1 046	788	10 051
设备工器具购置	3 200	150	350	4 588
其他费用	7 980	35 720	20 302	47 331
#土地购置费	—	16 090	3 302	18 212
按工程用途分:				
住宅	20 200	53 010	48 744	65 730
办公楼	7 680	4 891	900	3 160

3—6 续表 5　　（2002 年）　　计量单位:万元

指标名称	2.按隶属关系分(续)			
	省	市	县	其他
商业营业用房	19 505	2 708	1 218	29 726
其他	4 000	22 940	1 902	47 756
本年新增固定资产	49 080	18 171	24 442	48 113
本年完成开发土地面积(平方米)	—	57 800	85 388	438 274
待开发土地面积(平方米)	—	6 660	—	—
本年购置土地面积(平方米)	—	122 437	265 662	346 082
本年资金来源合计	52 499	89 872	100 753	196 119
本年各项应付款合计	5 531	25 588	2 350	16 981
#工程款	3 826	1 236	2 350	14 738
设备、器材款	1 705	—	—	2 243
竣工房屋住宅套数合计(套)	400	1 610	1 613	1 453
年末从业人员数(人)	361	933	814	1 474
全年从业人员劳动报酬	557	1 049	970	2 974
实收资本合计	43 724	19 692	14 527	59 529
#国家资本	—	3 092	5 279	—
年末资产负债情况				
资产总计	104 281	1 040 659	128 815	298 265
固定资产累计折旧	2 963	35 202	3 517	1 984
#本年折旧	2 884	16 115	525	966
负债总计	35 863	673 158	107 211	217 253
所有者权益合计	68 418	367 501	21 604	81 012

3—6 续表 6　　(2002 年)　　计量单位:万元

指 标 名 称	2.按 隶 属 关 系 分(续)			
	省	市	县	其 他
损 益 情 况				
1.经营收入总计	39 399	31 448	51 230	91 907
(1)土地转让收入	—	—	510	30
(2)商品房屋销售收入	39 399	29 822	30 442	81 876
# 销售给个人	4 199	22 696	29 876	68 606
商品住宅销售收入	35 200	29 822	30 285	48 728
# 销售给个人	—	22 696	29 719	39 858
(3)房屋出租收入	—	100	—	—
(4)其 他 收 入	—	1 526	20 278	10 001
2.(1)经 营 成 本	37 021	25 944	40 688	65 901
(2)销 售 费 用	713	390	993	5 430
(3)经营税金及附加	449	1 036	2 687	4 940
(4)其他业务利润	6	562	14	118
(5)管理费用及财务费用	87	3 009	2 956	5 893
(6)投资收益及营业外收入	16	—	10	364
(7)营业外支出	11	32	127	452
3.利 润 总 额	1 140	1 599	3 803	9 773
施工房屋面积(平方米)	280 500	554 504	917 590	1 150 966
1.住　　宅	140 000	502 661	814 703	825 751
2.办　公　楼	65 000	16 889	20 000	61 659
3.商业营业用房	75 500	34 954	82 887	263 556
本年新开工房屋面积(平方米)	3 500	101 385	311 245	401 370

3—6 续表 7　　(2002 年)　　计量单位:万元

指　标　名　称	2.按　隶　属　关　系　分(续)			
	省	市	县	其　他
1.住　　宅	—	90 385	291 245	300 783
2.办　公　楼	—	—	20 000	54 659
3.商业营业用房	3 500	11 000	—	45 928
竣工房屋面积(平方米)	265 000	98 000	274 641	199 620
1.住　　宅	140 000	98 000	263 741	147 381
2.办　公　楼	65 000	—	7 080	45 659
3.商业营业用房	60 000	—	3 820	6 580
竣工房屋价值	34 080	11 914	23 377	31 342
1.住　　宅	20 200	11 914	21 818	24 642
2.办　公　楼	7 680	—	778	4 900
3.商业营业用房	6 200	—	781	1 800
商品房实际销售面积(平方米)	277 254	195 231	250 558	276 437
#个　　人	12 254	166 741	245 858	220 132
销售面积中:住　　宅	140 000	183 422	230 858	208 916
#个　　人	—	156 841	226 158	160 636
商品房预售面积(平方米)	—	7 516	39 224	95 561
商品房出租面积(平方米)	—	1 761	—	—
商品房空置面积(平方米)	—	52 126	9 295	94 453
#住　　宅	—	52 126	9 295	84 896
商品房实际销售额	39 399	30 078	35 524	76 024
#住　　宅	20 700	27 460	30 203	40 310
#个　　人	—	21 027	29 055	33 640

3—6 续表 8　　　　（2002 年）　　　　计量单位：万元

指　标　名　称	3.按　资　质　等　级　分			
	二　级	三　级	四　级	其　他
企业(单位)个数(个)	13	16	34	10
#亏损企业个数	6	3	14	3
计划总投资	262 324	172 190	355 333	107 232
实际需要的总投资	263 423	172 290	356 276	107 302
自开始建设累计完成投资	130 602	131 136	156 326	45 229
自开始建设累计新增固定资产	102 758	27 381	22 158	18 048
未完工程累计投资	1 882	12 [illegible]44	44 702	8 765
本年计划投资	100 049	60 953	151 063	47 821
本年完成投资	107 107	58 341	123 175	43 959
#商品房建设投资额	81 017	39 748	77 244	27 171
土地开发投资额	10 125	4 703	14 891	10 436
按构成分：				
建筑工程	53 809	34 530	76 640	29 597
安装工程	7 580	3 803	4 487	2 515
设备工器具购置	3 600	750	2 638	1 300
其他费用	42 118	19 258	39 410	10 547
#土地购置费	6 180	11 590	15 798	4 036
按工程用途分：				
住　　宅	56 872	37 893	59 949	31 482
办 公 楼	10 440	—	5 791	400

3—6 续表 9　　(2002 年)　　计量单位:万元

指　标　名　称	3.按 资 质 等 级 分(续)			
	二　级	三　级	四　级	其　他
商业营业用房	18 125	13 450	18 357	3 225
其　　他	21 670	6 998	39 078	8 852
本年新增固定资产	70 731	27 381	22 158	18 048
本年完成开发土地面积(平方米)	126 608	18 956	281 571	154 327
待开发土地面积(平方米)	—	—	6 660	—
本年购置土地面积(平方米)	310 424	64 179	281 512	78 066
本年资金来源合计	150 929	70 985	161 144	54 697
本年各项应付款合计	16 682	1 132	21 835	10 801
#工　程　款	12 306	585	2 486	6 773
设备、器材款	2 155	42	751	1 000
竣工房屋住宅套数合计(套)	1 455	1 134	762	1 425
年末从业人员数(人)	816	781	1 634	331
全年从业人员劳动报酬	1 319	817	1 678	1 704
实收资本合计	64 371	25 314	31 033	16 166
#国 家 资 本	5 279	820	2 272	—
年末资产负债情况				
资 产 总 计	212 756	1 032 328	239 871	85 846
固定资产累计折旧	5 876	35 983	1 498	239
#本 年 折 旧	3 087	16 680	489	216
负 债 总 计	140 103	651 787	197 941	43 135
所有者权益合计	72 653	380 541	41 930	42 711

3—6 续表 10　　(2002 年)　　计量单位:万元

指标名称	3.按资质等级分(续)			
	二级	三级	四级	其他
损益情况				
1.经营收入总计	76 321	64 653	47 503	23 907
(1)土地转让收入	—	—	540	—
(2)商品房屋销售收入	64 639	61 335	30 197	23 768
#销售给个人	29 439	49 837	27 333	18 768
商品住宅销售收入	64 410	33 259	29 597	15 169
#销售给个人	29 210	21 761	26 733	14 569
(3)房屋出租收入	100	—	—	—
(4)其他收入	11 582	3 318	16 766	139
2.(1)经营成本	65 054	44 673	38 283	19 945
(2)销售费用	1 123	2 411	1 352	2 635
(3)经营税金及附加	2 516	2 782	2 337	1 470
(4)其他业务利润	20	-1	356	325
(5)管理费用及财务费用	4 067	3 658	3 843	347
(6)投资收益及营业外收入	16	10	364	—
(7)营业外支出	396	44	181	1
3.利润总额	3 201	11 094	2 227	-166
施工房屋面积(平方米)	944 158	391 711	1 207 077	340 614
1.住宅	713 237	282 230	944 334	323 314
2.办公楼	137 000	—	22 548	4 000
3.商业营业用房	93 921	109 481	240 195	13 300
本年新开工房屋面积(平方米)	231 000	119 068	307 132	160 300

3—6 续表 11　　(2002 年)　　计量单位:万元

指 标 名 称	3.按资质等级分(续)			
	二 级	三 级	四 级	其 他
1.住 宅	166 000	119 068	254 345	143 000
2.办 公 楼	65 000	—	5 659	4 000
3.商业营业用房	—	—	47 128	13 300
竣工房屋面积(平方米)	468 700	160 263	103 098	85 200
1.住 宅	292 800	153 683	97 439	85 200
2.办 公 楼	112 080	—	5 659	—
3.商业营业用房	63 820	6 580	—	—
竣工房屋价值	55 084	20 469	15 934	7 738
1.住 宅	35 645	18 669	15 034	7 738
2.办 公 楼	12 458	—	900	—
3.商业营业用房	6 981	1 800	—	—
商品房实际销售面积(平方米)	495 301	200 727	122 614	160 838
#个 人	2 303	1 562	1 050	153 338
销售面积中:住 宅	329 927	160 067	107 618	145 584
#个 人	189 927	118 972	93 652	141 084
商品房预售面积(平方米)	—	45 247	61 940	35 114
商品房出租面积(平方米)	1 761	—	—	—
商品房空置面积(平方米)	57 969	47 001	46 463	4 441
#住 宅	57 012	47 001	42 304	—
商品房实际销售额	70 572	57 506	31 556	19 791
#住 宅	48 179	27 031	26 721	15 142
#个 人	27 479	17 733	23 968	14 542

全市农村非农户固定资产投资情况

3—7　　(2002年)　　计量单位:万元

指标名称	总计	1.非农户固定资产投资	#集体	联营	2.行政事业及社会群众团体
一、本年新增固定资产原值	756 809	731 589	234 871	92 201	25 220
二、本年固定资产投资完成额	815 629	775 961	258 794	112 568	39 668
(一)按投资来源分					
1.国内贷款	104 361	101 766	27 039	24 881	2 595
2.群众集资	66 212	65 763	13 346	15 536	449
3.国家资金	10 697	10 127	7 546	961	570
4.利用外资	18 609	18 609	4 580	120	—
5.自筹资金	615 750	579 696	206 283	71 070	36 054
(二)按投资构成分					
1.建筑工程	264 890	242 070	105 666	31 884	22 820
#住宅	22 508	19 518	8 537	1 164	2 990
2.安装工程	47 791	46 136	11 724	10 857	1 655
3.设备工器具购置	376 179	367 033	85 043	57 141	9 146
4.其他	126 769	120 722	56 361	12 686	6 047
(三)按投资行业分					
1.农业	99 282	96 323	45 398	14 721	2 959
2.采掘业	18 153	17 949	2 472	2 186	204
3.制造业	419 646	419 646	102 186	74 183	—
4.电力煤气及水的生产和供应	15 979	15 604	12 286	—	375
5.建筑业	26 029	24 310	6 555	2 383	1 719
6.交通运输业	42 902	40 056	8 393	7 560	2 846
7.邮电通讯业	706	—	—	—	706
8.批发零售贸易餐饮业	61 895	61 698	19 878	5 907	197
9.社会服务业	26 838	25 090	6 785	2 153	1 748
10.文化教育事业	15 740	9 527	7 729	—	6 213
11.卫生体育社会福利事业	30 802	9 162	3 377	2 143	21 640
12.其他	57 657	56 596	43 735	1 332	1 061
三、本年施工房屋面积(平方米)	2 769 900	2 652 652	1 185 374	232 365	117 248
#住宅	619 856	576 706	390 284	30 953	43 150
四、本年竣工房屋面积	2 389 044	2 308 296	1 059 649	183 591	80 748
#住宅	458 436	447 286	297 511	27 983	11 150
五、本年竣工房屋投资完成额(万	118 028	113 919	46 839	11 666	4 109
#住宅	27 670	26 660	17 003	2 292	1 010

全市建筑业企业生产情况

3—8　　(2002年)　　计量单位:万元

项目名称	企业个数(个)	签定合同额	#上年结转合同额	本年新签合同额	承包工程完成情况 1.直接从建设单位承揽工程完成的产值
总计	**184**	**1 632 050**	**595 579**	**1 036 471**	**1 068 952**
#国有及国有控股	55	1 115 994	432 829	683 165	699 695
一、按登记注册类型分组					
内资企业	183	1 627 405	594 133	1 033 272	1 066 054
国有企业	36	727 572	276 565	451 007	490 959
集体企业	32	56 677	21 383	35 294	44 027
股份合作企业	4	8 060	999	7 061	5 411
联营企业	1	147	42	105	125
有限责任公司	51	591 754	218 501	373 253	346 722
股份有限公司	25	98 748	39 016	59 732	69 125
私营企业	34	144 447	37 627	106 820	109 685
外商投资企业	1	4 645	1 446	3 199	2 898
二、按经济组织类型分组					
独资企业	72	791 721	301 757	489 964	539 357
合作、合伙企业	6	9 307	1 991	7 316	6 445
股份有限公司	30	123 314	46 156	77 158	90 491
有限责任公司	76	707 708	245 675	462 033	432 659
三、按国民经济行业分组					
土木工程建筑业	149	1 432 571	545 201	887 370	899 628
线路、管道和设备安装业	18	156 156	46 475	109 681	132 557
装修装饰业	17	43 323	3 903	39 420	36 767
四、按国有经济控股情况分组					
国有绝对控股	53	1 104 645	428 485	676 160	690 484
国有相对控股	2	11 349	4 344	7 005	9 211
其他国有	129	516 056	162 750	353 306	369 257
五、按企业资质等级分组(原标准)					
一级	27	1 014 343	397 511	616 832	625 802
二级	74	452 366	149 573	302 793	335 674
三级	57	137 533	42 889	94 644	82 243
四级	26	27 808	5 606	22 202	25 233
六、按企业资质等级分组(新标准)					
施工总承包	130	1 398 903	491 337	907 566	903 098
专业承包	54	233 147	104 242	128 905	165 854
七、按企业规模分组					
大型企业	9	298 043	62 623	235 420	203 843
中型企业	40	886 781	390 162	496 619	545 124
小型企业	135	447 226	142 794	304 432	319 985

3—8 续表 1　　(2002 年)　　计量单位:万元

项目名称	承包工程完成情况(续) 1.直接从建设单位承揽工程完成的产值中:自行完成施工产值	分包出去工程产值	2.从建设单位以外承揽工程完成的产值	建筑业总产值	#装修装饰产值
总计	**1 068 568**	**384**	**34 654**	**1 103 222**	**84 778**
#国有及国有控股	699 675	20	30 821	730 496	50 379
一、按登记注册类型分组					
内资企业	1 065 670	384	34 544	1 100 214	84 778
国有企业	490 939	20	13 582	504 521	45 686
集体企业	44 027	—	1 946	45 973	2 894
股份合作企业	5 411	—	1 099	6 510	925
联营企业	125	—	—	125	—
有限责任公司	346 536	186	17 269	363 805	16 441
股份有限公司	68 947	178	280	69 227	3 870
私营企业	109 685	—	368	110 053	14 962
外商投资企业	2 898	—	110	3 008	—
二、按经济组织类型分组					
独资企业	539 337	20	15 768	555 105	48 580
合作、合伙企业	6 445	—	1 099	7 544	925
股份有限公司	90 313	178	280	90 593	13 713
有限责任公司	432 473	186	17 507	449 980	21 560
三、按国民经济行业分组					
土木工程建筑业	899 244	384	34 239	933 483	47 476
线路、管道和设备安装业	132 557	—		132 557	120
装修装饰业	36 767	—	415	37 182	37 182
四、按国有经济控股情况分组					
国有绝对控股	690 464	20	30 521	720 985	50 021
国有相对控股	9 211	—	300	9 511	358
其他国有	368 893	364	3 833	372 726	34 399
五、按企业资质等级分组(原标准)					
一级	625 782	20	24 450	650 232	53 576
二级	335 674	—	9 803	345 477	25 538
三级	82 065	178		82 065	5 664
四级	25 047	186	401	25 448	—
六、按企业资质等级分组(新标准)					
施工总承包	902 900	198	26 896	929 796	43 884
专业承包	165 668	186	7 758	173 426	40 894
七、按企业规模分组					
大型企业	203 843	—	4 175	208 018	16 098
中型企业	545 104	20	23 747	568 851	19 682
小型企业	319 621	364	6 732	326 353	48 998

3—8 续表 2　　(2002 年)　　计量单位:万元

项目名称	建筑业总产值(续)	按构成分建筑业总产值			竣工产值
	在外省完成产值	建筑工程	安装工程	其他	
总　　计	**171 908**	**924 971**	**155 212**	**23 039**	**994 997**
#国有及国有控股	155 647	580 773	131 114	18 609	718 612
一、按登记注册类型分组					
内资企业	171 908	922 612	154 563	23 039	993 894
国有企业	106 925	376 260	109 774	18 487	476 601
集体企业	1	41 647	2 939	1 387	39 060
股份合作企业	—	4 842	1 553	115	3 021
联营企业	—	25	100	—	109
有限责任公司	62 002	338 210	24 901	694	333 806
股份有限公司	2 980	67 247	1 980	—	59 749
私营企业	—	94 381	13 316	2 356	81 548
外商投资企业	—	2 359	649	—	1 103
二、按经济组织类型分组					
独资企业	106 926	422 278	112 713	20 114	519 018
合作、合伙企业	—	5 776	1 653	115	3 630
股份有限公司	2 980	76 916	11 861	1 816	77 093
有限责任公司	62 002	420 001	28 985	994	395 256
三、按国民经济行业分组					
土木工程建筑业	129 043	855 837	63 948	13 698	896 912
线路、管道和设备安装业	30 305	43 063	80 864	8 630	63 602
装修装饰业	12 560	26 071	10 400	711	34 483
四、按国有经济控股情况分组					
国有绝对控股	155 647	572 212	130 164	18 609	650 142
国有相对控股	—	8 561	950	—	68 470
其他国有	16 261	344 198	24 098	4 430	276 385
五、按企业资质等级分组(原标准)					
一　级	149 887	499 612	134 661	15 959	608 620
二　级	21 979	327 849	12 279	5 349	295 589
三　级	42	73 035	7 644	1 386	70 666
四　级	—	24 475	628	345	20 122
六、按企业资质等级分组(新标准)					
施工总承包	146 140	816 931	99 390	13 475	872 277
专业承包	25 768	108 040	55 822	9 564	122 720
七、按企业规模分组					
大型企业	76 232	205 073	1 653	1 292	159 525
中型企业	79 633	450 862	104 698	13 291	335 298
小型企业	16 043	269 036	48 861	8 456	500 174

3—8 续表 3　　(2002 年)　　计量单位:万元

项　目　名　称	单位工程施工个数(个)	# 本年新开工个数	实行投标承包个数	单位工程竣工个数(个)	# 一次交验合格个数
总　　计	**4 803**	**2 652**	**3 643**	**2 441**	**2 395**
# 国有及国有控股	2 664	1 417	1 989	1 191	1 184
一、按登记注册类型分组					
内 资 企 业	4 778	2 636	3 618	2 437	2 391
国 有 企 业	1 588	952	1 339	748	737
集 体 企 业	610	339	282	317	305
股份合作企业	29	23	25	7	7
联 营 企 业	3	2	—	2	—
有限责任公司	1 693	791	1 241	867	860
股份有限公司	459	270	366	261	250
私 营 企 业	396	259	365	235	232
外商投资企业	25	16	25	4	4
二、按经济组织类型分组					
独 资 企 业	2 239	1 315	1 662	1 086	1 063
合作、合伙企业	37	27	30	11	9
股份有限公司	502	293	409	293	279
有限责任公司	2 025	1 017	1 542	1 051	1 044
三、按国民经济行业分组					
土木工程建筑业	3 925	2 185	3 356	2 024	1 990
线路、管道和设备安装业	878	467	287	417	405
装修装饰业					
四、按国有经济控股情况分组					
国有绝对控股	2 610	1 393	1 939	1 167	1 160
国有相对控股	54	24	50	24	24
其 他 国 有	2 139	1 235	1 654	1 250	1 211
五、按企业资质等级分组(原标准)					
一　　级	2 203	1 093	1 629	931	926
二　　级	1 771	905	1 393	906	892
三　　级	646	497	457	480	455
四　　级	183	157	164	124	122
六、按企业资质等级分组(新标准)					
施工总承包	3 912	2 093	3 109	1 910	1 874
专 业 承 包	891	559	534	531	521
七、按企业规模分组					
大 型 企 业	281	182	281	159	156
中 型 企 业	2 254	1 195	1 754	1 017	1 012
小 型 企 业	2 268	1 275	1 608	1 265	1 227

3—8 续表 4　　(2002 年)　　计量单位:万元

项目名称	房屋建筑施工面积(平方米)	# 本年新开工面积	实行投标承包面积	房屋建筑竣工面积(平方米)	# 一次交验合格面积
总　　计	**14 247 875**	**8 149 402**	**13 018 417**	**7 683 386**	**7 319 233**
# 国有及国有控股	6 535 665	2 879 593	6 037 334	3 097 801	2 991 372
一、按登记注册类型分组					
内资企业	14 161 504	8 100 730	12 932 046	7 664 463	7 300 310
国有企业	2 674 190	1 121 494	2 198 852	1 561 943	1 477 072
集体企业	1 132 858	738 971	794 874	701 693	673 087
股份合作企业	205 892	111 356	143 743	30 066	24 666
联营企业	3 507	3 507	—	3 100	—
有限责任公司	6 027 030	3 252 596	5 830 953	3 052 972	2 928 056
股份有限公司	2 011 813	1 463 720	1 952 774	1 172 938	1 069 831
私营企业	2 106 214	1 409 086	2 010 850	1 141 751	1 127 598
外商投资企业	86 371	48 672	86 371	18 923	18 923
二、按经济组织类型分组					
独资企业	3 912 367	1 934 050	3 099 045	2 334 444	2 220 967
合作、合伙企业	218 899	124 363	153 243	42 666	34 166
股份有限公司	2 311 952	1 619 466	2 252 913	1 391 609	1 288 502
有限责任公司	7 804 657	4 471 523	7 513 216	3 914 667	3 775 598
三、按国民经济行业分组					
土木工程建筑业	14 221 368	8 122 895	12 995 417	7 680 286	7 319 233
线路、管道和设备安装业	26 507	26 507	23 000	3 100	—
装修装饰业					
四、按国有经济控股情况分组					
国有绝对控股	6 322 332	2 777 917	5 824 001	3 010 344	2 903 915
国有相对控股	213 333	101 676	213 333	87 457	87 457
其他国有	7 712 210	5 269 809	6 981 083	4 585 585	4 327 861
五、按企业资质等级分组(原标准)					
一　级	5 319 518	2 236 389	4 845 697	2 408 993	2 408 993
二　级	6 647 348	4 279 547	6 235 050	3 733 348	3 481 706
三　级	1 664 908	1 124 025	1 334 396	1 116 334	1 026 429
四　级	616 101	509 441	603 274	424 711	402 105
六、按企业资质等级分组(新标准)					
施工总承包	13 145 092	7 578 916	12 006 400	6 879 781	6 611 413
专业承包	1 102 783	570 486	1 012 017	803 605	707 820
七、按企业规模分组					
大型企业	934 300	442 301	934 300	626 402	626 402
中型企业	6 941 855	3 479 219	6 392 293	3 266 657	3 143 399
小型企业	6 371 720	4 227 882	5 691 824	3 790 327	3 549 432

3—8 续表 5　　　　(2002 年)　　　　计量单位:万元

项目名称	房屋建筑竣工面积按用途分(平方米):				
	厂　房	住　宅	办公用房	商业、居民服务业用房	文化教育用　房
总　计	**545 030**	**4 650 585**	**796 771**	**766 961**	**441 288**
#国有及国有控股	223 732	1 522 643	436 637	482 899	210 160
一、按登记注册类型分组					
内资企业	545 030	4 631 662	796 771	766 961	441 288
国有企业	209 230	597 521	368 534	147 292	137 729
集体企业	57 294	532 527	47 650	400	34 143
股份合作企业	6 700	19 983	—	—	2 342
联营企业	—	—	3 100	—	—
有限责任公司	87 527	2 186 468	166 232	272 009	142 137
股份有限公司	122 081	636 601	95 226	222 197	54 878
私营企业	62 198	658 562	116 029	125 063	70 059
外商投资企业	—	18 923	—	—	—
二、按经济组织类型分组					
独资企业	266 524	1 188 469	417 784	154 002	173 389
合作、合伙企业	6 700	23 083	7 900	1 600	2 342
股份有限公司	137 807	704 543	99 326	237 520	63 578
有限责任公司	133 999	2 734 490	271 761	373 839	201 979
三、按国民经济行业分组					
土木工程建筑业	545 030	4 650 585	793 671	766 961	441 288
线路、管道和设备安装业	—	—	3 100	—	—
装修装饰业	—	—	—	—	—
四、按国有经济控股情况分组					
国有绝对控股	223 732	1 469 274	427 440	464 440	210 160
国有相对控股	—	53 369	9 197	18 459	
其他国有	321 298	3 127 942	360 134	284 062	231 128
五、按企业资质等级分组(原标准)					
一　级	204 393	1 146 667	364 873	300 629	209 317
二　级	222 982	2 567 392	315 166	235 580	175 853
三　级	67 995	669 849	69 779	218 684	47 223
四　级	49 660	266 677	46 953	12 068	8 895
六、按企业资质等级分组(新标准)					
施工总承包	514 119	4 136 025	772 571	712 921	400 480
专业承包	30 911	514 560	24 200	54 040	40 808
七、按企业规模分组					
大型企业	—	467 739	21 000	20 749	9 522
中型企业	277 901	1 773 063	430 436	380 532	189 578
小型企业	267 129	2 409 783	345 335	365 680	242 188

3—8 续表 6　　（2002 年）　　计量单位:万元

项目名称	房屋建筑竣工面积按用途分（平方米）（续）:			自有机械设备净值	自有机械设备总台数（台）
	医疗用房	科研用房	其他用房		
总计	**43 930**	**56 578**	**382 243**	**182 210**	**69 900**
#国有及国有控股	11 882	56 578	153 270	101 963	24 672
一、按登记注册类型分组					
内资企业	43 930	56 578	382 243	181 808	69 390
国有企业	2 198	41 890	57 549	57 762	18 505
集体企业	—	—	29 679	8 527	8 060
股份合作企业	—	—	1 041	3 662	1 893
联营企业	—	—	—	10	3
有限责任公司	30 932	14 688	152 979	67 639	23 162
股份有限公司	4 840	—	37 115	22 230	7 463
私营企业	5 960	—	103 880	21 978	10 304
外商投资企业	—	—	—	402	510
二、按经济组织类型分组					
独资企业	5 158	41 890	87 228	67 710	27 106
合作、合伙企业	—	—	1 041	4 102	2 016
股份有限公司	7 840	—	140 995	26 238	9 758
有限责任公司	30 932	14 688	152 979	84 160	31 020
三、按国民经济行业分组					
土木工程建筑业	43 930	56 578	382 243	171 210	64 295
线路、管道和设备安装业	—	—	—	8 269	4 194
装修装饰业	—	—	—	2 731	1 411
四、按国有经济控股情况分组					
国有绝对控股	11 882	56 578	146 838	101 143	24 111
国有相对控股	—	—	6 432	820	561
其他国有	32 048	—	228 973	80 247	45 228
五、按企业资质等级分组（原标准）					
一级	11 882	56 578	114 654	85 154	17 771
二级	14 240	—	202 135	64 023	36 519
三级	11 848	—	30 956	28 584	12 374
四级	5 960	—	34 498	4 449	3 236
六、按企业资质等级分组（新标准）					
施工总承包	43 930	56 578	243 157	150 225	57 071
专业承包	—	—	139 086	31 985	12 829
七、按企业规模分组					
大型企业	—	—	107 392	39 291	11 334
中型企业	19 084	56 578	139 485	72 119	24 993
小型企业	24 846	—	135 366	70 800	33 573

3—8 续表 7　　(2002 年)　　计量单位:万元

项目名称	自有机械设备总功率（千瓦）	# 施工机械	计算劳动生产率的平均人数（人）	期末从业人员（人）	# 工程技术人员
总计	**832 958**	**684 731**	**152 013**	**150 805**	**25 832**
#国有及国有控股	428 421	343 212	68 997	59 888	12 038
一、按登记注册类型分组					
内资企业	830 600	682 701	151 407	150 224	25 754
国有企业	253 531	179 191	42 325	40 187	8 036
集体企业	61 093	45 875	9 938	11 683	2 590
股份合作企业	11 068	9 474	1 251	2 236	412
联营企业	200	—	23	23	10
有限责任公司	328 835	307 485	55 629	48 630	8 449
股份有限公司	88 222	61 297	19 414	23 146	2 573
私营企业	87 651	79 379	22 827	24 319	3 684
外商投资企业	2 358	2 030	606	581	78
二、按经济组织类型分组					
独资企业	319 750	230 073	54 260	53 946	10 884
合作、合伙企业	12 498	10 704	1 874	2 859	447
股份有限公司	104 763	76 262	23 341	28 019	3 242
有限责任公司	395 947	367 692	72 538	65 981	11 259
三、按国民经济行业分组					
土木工程建筑业	765 198	644 447	137 585	137 047	22 436
线路、管道和设备安装业	54 762	28 025	12 055	10 922	2 808
装修装饰业	12 998	12 259	2 373	2 836	588
四、按国有经济控股情况分组					
国有绝对控股	416 251	332 252	67 797	58 988	11 788
国有相对控股	12 170	10 960	1 200	900	250
其他国有	404 537	341 519	83 016	90 917	13 794
五、按企业资质等级分组(原标准)					
一级	293 734	219 777	55 448	46 654	9 575
二级	407 736	364 293	69 703	73 275	11 097
三级	101 311	82 894	19 641	23 291	3 670
四级	30 177	17 767	7 221	7 585	1 490
六、按企业资质等级分组(新标准)					
施工总承包	710 863	586 905	130 498	128 893	21 740
专业承包	122 095	97 826	21 515	21 912	4 092
七、按企业规模分组					
大型企业	203 175	198 735	21 599	19 691	2 439
中型企业	302 987	228 894	65 832	59 514	11 443
小型企业	326 796	257 102	64 582	71 600	11 950

市区建筑业企业生产情况

3—9　　(2002年)　　计量单位:万元

项目名称	企业个数(个)	签定合同额	# 上年结转合同额	本年新签合同额	承包工程完成情况 1.直接从建设单位承揽工程完成的产值
总　　计	**86**	**1 211 210**	**466 237**	**744 973**	**769 021**
#国有及国有控股	44	1 065 366	410 746	654 620	659 267
一、按登记注册类型分组					
内资企业	85	1 206 565	464 791	741 774	766 123
国有企业	28	719 085	275 741	443 344	480 820
集体企业	9	7 115	2 640	4 475	6 106
股份合作企业	2	4 661	446	4 215	3 232
联营企业	1	147	42	105	125
有限责任公司	24	385 150	158 516	226 634	215 435
股份有限公司	8	42 073	19 774	22 299	21 075
私营企业	13	48 334	7 632	40 702	39 330
外商投资企业	1	4 645	1 446	3 199	2 898
二、按经济组织类型分组					
独资企业	38	729 789	279 881	449 908	488 751
合作、合伙企业	3	4 808	488	4 320	3 357
股份有限公司	11	58 106	22 052	36 054	36 016
有限责任公司	34	418 507	163 816	254 691	240 897
三、按国民经济行业分组					
土木工程建筑业	57	1 017 679	415 859	601 820	605 645
线路、管道和设备安装业	12	150 208	46 475	103 733	126 609
装修装饰业	17	43 323	3 903	39 420	36 767
四、按国有经济控股情况分组					
国有绝对控股	43	1 054 967	406 402	648 565	651 006
国有相对控股	1	10 399	4 344	6 055	8 261
其他国有	42	145 844	55 491	90 353	109 754
五、按企业资质等级分组(原标准)					
一　级	25	968 838	375 396	593 442	595 411
二　级	37	227 789	87 905	139 884	160 327
三　级	22	14 381	2 894	11 487	13 103
四　级	2	202	42	160	180
六、按企业资质等级分组(新标准)					
施工总承包	45	1 016 411	373 355	643 056	629 963
专业承包	41	194 799	92 882	101 917	139 058
七、按企业规模分组					
大型企业	4	245 507	47 903	197 604	158 079
中型企业	24	757 671	342 162	415 509	455 390
小型企业	58	208 032	76 172	131 860	155 552

3—9 续表 1　　　　(2002 年)　　　　计量单位:万元

项　目　名　称	承包工程完成情况(续)			建筑业总产值	# 装修装饰产值
	1.直接从建设单位承揽工程完成的产值中:		2.从建设单位以外承揽工程完成的产值		
	自行完成施工产值	分包出去工程产值			
总　　计	**768 823**	**198**	**34 253**	**803 076**	**79 017**
#国有及国有控股	659 247	20	30 821	690 068	47 329
一、按登记注册类型分组					
内资企业	765 925	198	34 143	800 068	79 017
国有企业	480 800	20	13 582	494 382	45 686
集体企业	6 106	—	1 943	8 049	2 804
股份合作企业	3 232	—	1 099	4 331	810
联营企业	125	—	—	125	—
有限责任公司	215 435		17 239	232 674	14 176
股份有限公司	20 897	178	280	21 177	820
私营企业	39 330	—	—	39 330	14 721
外商投资企业	2 898	—	110	3 008	—
二、按经济组织类型分组					
独资企业	488 731	20	15 525	504 256	48 490
合作、合伙企业	3 357	—	1 099	4 456	810
股份有限公司	35 838	178	280	36 118	10 663
有限责任公司	240 897	—	17 349	258 246	19 054
三、按国民经济行业分组					
土木工程建筑业	605 447	198	33 838	639 285	41 715
线路、管道和设备安装业	126 609	—	—	126 609	120
装修装饰业	36 767	—	415	37 182	37 182
四、按国有经济控股情况分组					
国有绝对控股	650 986	20	30 521	681 507	46 971
国有相对控股	8 261		300	8 561	358
其他国有	109 576	178	3 432	113 008	31 688
五、按企业资质等级分组(原标准)					
一　　级	595 391	20	24 450	619 841	53 576
二　　级	160 327	—	9 803	170 130	23 378
三　　级	12 925	178	—	12 925	2 063
四　　级	180	—	—	180	—
六、按企业资质等级分组(新标准)					
施工总承包	629 765	198	26 525	656 290	38 326
专业承包	139 058	—	7 728	146 786	40 691
七、按企业规模分组					
大型企业	158 079	—	4 175	162 254	16 098
中型企业	455 370	20	23 747	479 117	19 567
小型企业	155 374	178	6 331	161 705	43 352

3—9 续表 2　　(2002 年)　　计量单位:万元

项目名称	建筑业总产值(续) 在外省完成产值	按构成分建筑业总产值 建筑工程	安装工程	其他	竣工产值
总计	**155 667**	**637 556**	**144 361**	**21 159**	**756 646**
# 国有及国有控股	155 647	541 811	129 821	18 436	682 051
一、按登记注册类型分组					
内资企业	155 667	635 197	143 712	21 159	755 543
国有企业	106 925	366 637	109 431	18 314	466 282
集体企业	1	6 297	1 025	727	6 733
股份合作企业	—	2 810	1 521	—	1 014
联营企业	—	25	100	—	109
有限责任公司	48 741	212 468	20 084	122	234 178
股份有限公司	—	20 267	910	—	18 861
私营企业	—	26 693	10 641	1 996	28 366
外商投资企业	—	2 359	649	—	1 103
二、按经济组织类型分组					
独资企业	106 926	374 759	110 456	19 041	474 840
合作、合伙企业	—	2 835	1 621	—	1 123
股份有限公司	—	23 511	10 791	1 816	30 871
有限责任公司	48 741	236 451	21 493	302	249 812
三、按国民经济行业分组					
土木工程建筑业	112 802	568 422	58 815	12 048	664 317
线路、管道和设备安装业	30 305	43 063	75 146	8 400	57 846
装修装饰业	12 560	26 071	10 400	711	34 483
四、按国有经济控股情况分组					
国有绝对控股	155 647	533 250	129 821	18 436	614 531
国有相对控股	—	8 561	—	—	67 520
其他国有	20	95 745	14 540	2 723	74 595
五、按企业资质等级分组(原标准)					
一级	149 887	469 221	134 661	15 959	581 406
二级	5 738	159 104	6 022	5 004	159 877
三级	42	9 206	3 523	196	15 199
四级	—	25	155	—	164
六、按企业资质等级分组(新标准)					
施工总承包	129 899	553 740	90 895	11 655	654 980
专业承包	25 768	83 816	53 466	9 504	101 666
七、按企业规模分组					
大型企业	66 932	159 309	1 653	1 292	123 293
中型企业	76 262	361 275	104 666	13 176	263 739
小型企业	12 473	116 972	38 042	6 691	369 614

3—9 续表 3　　(2002 年)　　计量单位:万元

项　目　名　称	单位工程施工个数(个)	# 本年新开工个数	实行投标承包个数	单位工程竣工个数(个)	# 一次交验合格个数
总　　计	**3 106**	**1 568**	**2 169**	**1 394**	**1 365**
# 国有及国有控股	2 407	1 244	1 774	1 021	1 014
一、按登记注册类型分组					
内资企业	3 081	1 552	2 144	1 390	1 361
国有企业	1 485	871	1 239	671	660
集体企业	292	96	18	92	81
股份合作企业	11	10	11	—	—
联营企业	3	2	—	2	—
有限责任公司	1 052	408	671	486	481
股份有限公司	169	116	136	99	99
私营企业	69	49	69	40	40
外商投资企业	25	16	25	4	4
二、按经济组织类型分组					
独资企业	1 790	973	1 270	774	752
合作、合伙企业	14	12	11	2	—
股份有限公司	189	128	156	108	108
有限责任公司	1 113	455	732	510	505
三、按国民经济行业分组					
土木工程建筑业	2 356	1 229	1 959	1 104	1 087
线路、管道和设备安装业	750	339	210	290	278
装修装饰业	—	—	—	—	—
四、按国有经济控股情况分组					
国有绝对控股	2 357	1 224	1 724	1 001	994
国有相对控股	50	20	50	20	20
其他国有	699	324	395	373	351
五、按企业资质等级分组(原标准)					
一　　级	2 038	1 012	1 464	850	845
二　　级	867	384	636	379	379
三　　级	186	158	69	151	129
四　　级	15	14	—	14	12
六、按企业资质等级分组(新标准)					
施工总承包	2 479	1 146	1 882	1 021	999
专业承包	627	422	287	373	366
七、按企业规模分组					
大型企业	123	91	123	48	48
中型企业	1 779	913	1 351	744	739
小型企业	1 204	564	695	602	578

3—9 续表 4　　(2002 年)　　计量单位:万元

项　目　名　称	房屋建筑施工面积(平方米)	# 本年新开工面积	实行投标承包面积	房屋建筑竣工面积(平方米)	# 一次交验合格面积
总　　计	**7 294 599**	**3 634 196**	**6 597 869**	**3 613 100**	**3 466 371**
# 国有及国有控股	5 579 248	2 492 239	5 081 929	2 605 676	2 501 447
一、按登记注册类型分组					
内资企业	7 208 228	3 585 524	6 511 498	3 594 177	3 447 448
国有企业	2 528 308	1 054 130	2 110 777	1 486 898	1 404 227
集体企业	54 780	53 280	13 900	52 870	42 870
股份合作企业	130 203	62 149	68 054	—	—
联营企业	3 507	3 507	—	3 100	—
有限责任公司	3 397 856	1 559 555	3 252 693	1 463 841	1 439 783
股份有限公司	635 839	488 893	608 339	347 882	320 982
私营企业	457 735	364 010	457 735	239 586	239 586
外商投资企业	86 371	48 672	86 371	18 923	18 923
二、按经济组织类型分组					
独资企业	2 649 519	1 146 207	2 191 108	1 591 529	1 498 858
合作、合伙企业	133 710	65 656	68 054	3 100	—
股份有限公司	734 035	587 089	706 535	389 807	362 907
有限责任公司	3 777 335	1 835 244	3 632 172	1 628 664	1 604 606
三、按国民经济行业分组					
土木工程建筑业	7 268 092	3 607 689	6 574 869	3 610 000	3 466 371
线路、管道和设备安装业	26 507	26 507	23 000	3 100	—
装修装饰业					
四、按国有经济控股情况分组					
国有绝对控股	5 365 915	2 390 563	4 868 596	2 518 219	2 413 990
国有相对控股	213 333	101 676	213 333	87 457	87 457
其他国有	1 715 351	1 141 957	1 515 940	1 007 424	964 924
五、按企业资质等级分组(原标准)					
一　级	4 411 733	1 888 618	3 937 912	1 997 710	1 997 710
二　级	2 668 096	1 597 928	2 501 594	1 431 857	1 330 925
三　级	211 263	144 143	158 363	180 433	137 736
四　级	3 507	3 507	—	3 100	—
六、按企业资质等级分组(新标准)					
施工总承包	6 908 279	3 407 966	6 295 238	3 278 647	3 213 550
专业承包	386 320	226 230	302 631	334 453	252 821
七、按企业规模分组					
大型企业	—	—	—	—	—
中型企业	4 863 602	2 124 663	4 314 052	2 018 298	1 995 898
小型企业	2 430 997	1 509 533	2 283 817	1 594 802	1 470 473

3—9 续表 5　　(2002 年)　　计量单位:万元

项目名称	房屋建筑竣工面积按用途分(平方米):				
	厂房	住宅	办公用房	商业、居民服务业用房	文化教育用房
总计	**281 304**	**2 127 417**	**478 036**	**322 659**	**232 317**
# 国有及国有控股	218 532	1 341 678	416 454	317 459	181 554
一、按登记注册类型分组					
内资企业	281 304	2 108 494	478 036	322 659	232 317
国有企业	209 230	566 193	357 940	139 569	133 039
集体企业	8 070	34 800	—	—	—
股份合作企业	—	—	—	—	—
联营企业	—	—	3 100	—	—
有限责任公司	18 100	1 031 297	82 726	172 684	78 594
股份有限公司	6 462	331 014	—	10 406	—
私营企业	39 442	145 190	34 270	—	20 684
外商投资企业	—	18 923	—	—	—
二、按经济组织类型分组					
独资企业	217 300	652 754	357 940	139 569	133 039
合作、合伙企业	—	—	3 100	—	—
股份有限公司	18 188	352 513	—	10 406	8 700
有限责任公司	45 816	1 122 150	116 996	172 684	90 578
三、按国民经济行业分组					
土木工程建筑业	281 304	2 127 417	474 936	322 659	232 317
线路、管道和设备安装业	—	—	3 100	—	—
装修装饰业	—	—	—	—	—
四、按国有经济控股情况分组					
国有绝对控股	218 532	1 288 309	407 257	299 000	181 554
国有相对控股	—	53 369	9 197	18 459	—
其他国有	62 772	785 739	61 582	5 200	50 763
五、按企业资质等级分组(原标准)					
一级	204 393	909 081	345 440	252 064	174 639
二级	66 852	1 110 908	103 722	61 573	45 634
三级	10 059	107 428	25 774	9 022	12 044
四级	—	—	3 100	—	—
六、按企业资质等级分组(新标准)					
施工总承包	255 770	1 865 282	462 680	312 887	221 277
专业承包	25 534	262 135	15 356	9 772	11 040
七、按企业规模分组					
大型企业	—	—	—	—	—
中型企业	246 213	946 563	375 612	215 946	112 958
小型企业	35 091	1 180 854	102 424	106 713	119 359

3—9 续表 6　　(2002 年)　　计量单位:万元

项目名称	房屋建筑竣工面积按用途分(平方米)(续):医疗用房	科研用房	其他用房	自有机械设备净值	自有机械设备总台数(台)
总　　计	**2 482**	**56 578**	**112 307**	**112 632**	**31 010**
#国有及国有控股	2 482	56 578	70 939	96 119	21 270
一、按登记注册类型分组					
内资企业	2 482	56 578	112 307	112 230	30 500
国有企业	2 198	41 890	36 839	55 320	17 785
集体企业	—	—	10 000	556	885
股份合作企业	—	—	—	2 886	1 013
联营企业	—	—	—	10	3
有限责任公司	284	14 688	65 468	46 176	7 545
股份有限公司	—	—	—	2 471	923
私营企业	—	—	—	4 811	2 346
外商投资企业	—	—	—	402	510
二、按经济组织类型分组					
独资企业	2 198	41 890	46 839	55 926	18 732
合作、合伙企业	—	—	—	2 896	1 016
股份有限公司	—	—	—	4 176	2 197
有限责任公司	284	14 688	65 468	49 634	9 065
三、按国民经济行业分组					
土木工程建筑业	2 482	56 578	112 307	102 702	25 741
线路、管道和设备安装业	—	—	—	7 199	3 858
装修装饰业	—	—	—	2 731	1 411
四、按国有经济控股情况分组					
国有绝对控股	2 482	56 578	64 507	95 499	20 750
国有相对控股	—	—	6 432	620	520
其他国有	—	—	41 368	16 513	9 740
五、按企业资质等级分组(原标准)					
一级	2 482	56 578	53 033	82 133	15 629
二级	—	—	43 168	27 662	12 818
三级	—	—	16 106	2 823	2 547
四级	—	—	—	14	16
六、按企业资质等级分组(新标准)					
施工总承包	2 482	56 578	101 691	91 489	23 015
专业承包	—	—	10 616	21 143	7 995
七、按企业规模分组					
大型企业	—	—	—	31 735	5 255
中型企业	284	56 578	64 144	57 045	15 966
小型企业	2 198	—	48 163	23 852	9 789

3—9 续表 7　　(2002 年)　　计量单位:万元

项　目　名　称	自有机械设备总功率（千瓦）	#施工机械	计算劳动生产率的平均人数（人）	期末从业人员（人）	#工程技术人员
总　　计	**453 419**	**363 299**	**87 323**	**79 940**	**15 349**
#国有及国有控股	370 757	289 583	65 992	56 783	11 225
一、按登记注册类型分组					
内资企业	451 061	361 269	86 717	79 359	15 271
国有企业	238 652	165 412	40 559	38 424	7 624
集体企业	5 183	5 129	754	1 369	447
股份合作企业	5 750	5 720	613	1 558	83
联营企业	200	—	23	23	10
有限责任公司	169 264	159 899	31 330	21 758	4 893
股份有限公司	11 998	9 609	5 367	7 434	878
私营企业	20 014	15 500	8 071	8 793	1 336
外商投资企业	2 358	2 030	606	581	78
二、按经济组织类型分组					
独资企业	244 736	171 442	42 012	40 593	8 171
合作、合伙企业	5 950	5 720	636	1 581	93
股份有限公司	17 940	14 081	8 249	11 302	1 345
有限责任公司	184 793	172 056	36 426	26 464	5 740
三、按国民经济行业分组					
土木工程建筑业	392 008	329 304	73 796	67 173	12 162
线路、管道和设备安装业	48 413	21 736	11 154	9 931	2 599
装修装饰业	12 998	12 259	2 373	2 836	588
四、按国有经济控股情况分组					
国有绝对控股	358 997	278 973	64 892	55 983	10 985
国有相对控股	11 760	10 610	1 100	800	240
其他国有	82 662	73 716	21 331	23 157	4 124
五、按企业资质等级分组(原标准)					
一　　级	276 402	205 204	52 389	43 488	8 739
二　　级	151 945	137 451	30 262	31 597	5 787
三　　级	24 821	20 593	4 612	4 826	810
四　　级	251	51	60	29	13
六、按企业资质等级分组(新标准)					
施工总承包	369 984	301 008	73 366	66 261	12 148
专业承包	83 435	62 291	13 957	13 679	3 201
七、按企业规模分组					
大型企业	135 279	133 741	11 336	8 875	1 339
中型企业	207 154	137 659	50 785	43 150	9 015
小型企业	110 986	91 899	25 202	27 915	4 995

全市建筑业企业财务情况

3—10　　(2002年)　　计量单位:万元

项目名称	企业个数(个)	流动资产小计	# 存货	# 在建工程	长期投资
总计	**184**	**715 865**	**146 442**	**63 316**	**40 837**
#国有及国有控股	55	546 632	90 971	41 697	35 549
一、按登记注册类型分组					
内资企业	183	715 056	146 442	63 316	40 836
国有企业	36	357 715	56 906	25 312	23 867
集体企业	32	17 363	5 071	1 452	179
股份合作企业	4	4 714	1 826	1 695	10
联营企业	1	423	250	—	—
有限责任公司	51	242 133	53 532	22 593	12 717
股份有限公司	25	41 734	14 903	3 705	1 436
私营企业	34	50 974	13 954	8 559	2 627
外商投资企业	1	809	—	—	1
二、按经济组织类型分组					
独资企业	72	377 232	62 394	26 967	24 705
合作、合伙企业	6	5 412	2 196	1 695	10
股份有限公司	30	51 533	20 762	8 803	1 436
有限责任公司	76	281 688	61 090	25 851	14 686
三、按国民经济行业分组					
土木工程建筑业	149	601 602	129 439	61 265	37 342
线路、管道和设备安装业	18	92 796	11 745	1 335	3 275
装修装饰业	17	21 467	5 258	716	220
四、按国有经济控股情况分组					
国有绝对控股	53	539 722	86 221	41 697	35 546
国有相对控股	2	6 910	4 750	—	3
其他国有	129	169 233	55 471	21 619	5 288
五、按企业资质等级分组(原标准)					
一级	27	472 877	70 493	34 900	35 561
二级	74	203 336	63 241	22 908	3 503
三级	57	28 453	9 100	3 901	960
四级	26	11 199	3 608	1 607	813
六、按企业资质等级分组(新标准)					
施工总承包	130	627 727	124 011	52 188	35 226
专业承包	54	88 138	22 431	11 128	5 611
七、按企业规模分组					
大型企业	9	150 212	27 379	11 307	5 179
中型企业	40	389 500	71 751	33 895	33 028
小型企业	135	176 153	47 312	18 114	2 630

3—10续表1　　（2002年）　　计量单位:万元

项　目　名　称	固定资产小　计	固定资产原　价	#生产经营用	累计折旧	#本年折旧
总　　计	**339 008**	**446 225**	**380 150**	**139 396**	**19 298**
#国有及国有控股	203 291	293 270	247 035	111 682	13 513
一、按登记注册类型分组					
内 资 企 业	338 441	445 655	379 718	139 332	19 298
国 有 企 业	133 596	186 421	150 596	71 988	8 176
集 体 企 业	13 425	15 142	12 786	3 783	1 112
股份合作企业	5 185	5 773	5 552	1 088	415
联 营 企 业	13	56	28	43	7
有限责任公司	112 983	156 101	146 017	46 791	7 245
股份有限公司	35 368	41 477	31 496	7 462	1 392
私 营 企 业	37 871	40 685	33 243	8 177	951
外商投资企业	567	570	432	64	—
二、按经济组织类型分组					
独 资 企 业	149 279	203 669	165 488	76 941	9 323
合作、合伙企业	5 978	6 719	6 470	1 241	437
股份有限公司	42 967	50 202	36 658	8 693	1 699
有限责任公司	140 784	185 635	171 534	52 521	7 839
三、按国民经济行业分组					
土木工程建筑业	291 217	385 265	330 974	122 680	17 769
线路、管道和设备安装业	41 968	55 835	44 340	15 791	1 350
装修装饰业	5 823	5 125	4 836	925	179
四、按国有经济控股情况分组					
国有绝对控股	199 389	288 706	242 768	110 814	13 235
国有相对控股	3 902	4 564	4 267	868	278
其 他 国 有	135 717	152 955	133 115	27 714	5 785
五、按企业资质等级分组(原标准)					
一　　级	162 679	239 855	197 781	96 515	11 731
二　　级	134 036	160 192	140 002	33 718	5 799
三　　级	36 413	39 497	36 370	6 225	1 440
四　　级	5 880	6 681	5 997	2 938	328
六、按企业资质等级分组(新标准)					
施工总承包	275 000	368 024	310 676	121 643	15 575
专 业 承 包	64 008	78 201	69 474	17 753	3 723
七、按企业规模分组					
大 型 企 业	68 156	111 811	100 470	45 356	5 466
中 型 企 业	151 572	199 363	161 880	69 905	9 266
小 型 企 业	119 280	135 051	117 800	24 135	4 566

3—10 续表 2　　(2002 年)　　计量单位:万元

项　目　名　称	无形及递延资产	# 无形资产	资产合计	负债合计	# 流动负债合计
总　　计	**75 458**	**58 017**	**1 181 293**	**714 410**	**668 919**
#国有及国有控股	66 060	50 443	859 729	614 307	576 265
一、按登记注册类型分组					
内 资 企 业	75 458	58 017	1 179 916	713 358	667 884
国 有 企 业	32 597	18 399	556 349	433 957	408 880
集 体 企 业	2 080	2 017	33 186	10 426	9 873
股份合作企业	386	—	10 295	2 238	2 233
联 营 企 业	—	—	445	281	281
有限责任公司	34 974	34 661	403 748	207 998	193 086
股份有限公司	2 065	690	80 796	30 782	26 869
私 营 企 业	3 356	2 250	95 097	27 676	26 662
外商投资企业	—	—	1 377	1 052	1 035
二、按经济组织类型分组					
独 资 企 业	35 336	21 075	595 265	445 629	419 476
合作、合伙企业	386	—	11 795	2 589	2 584
股份有限公司	3 146	1 771	99 336	33 699	29 784
有限责任公司	36 590	35 171	474 897	232 493	217 075
三、按国民经济行业分组					
土木工程建筑业	70 932	54 109	1 010 834	590 857	558 491
线路、管道和设备安装业	3 676	3 459	141 874	111 388	99 438
装修装饰业	850	449	28 585	12 165	10 990
四、按国有经济控股情况分组					
国有绝对控股	66 058	50 441	848 910	608 994	571 823
国有相对控股	2	2	10 819	5 313	4 442
其 他 国 有	9 398	7 574	321 564	100 103	92 654
五、按企业资质等级分组(原标准)					
一　　级	62 832	47 713	742 480	540 463	514 191
二　　级	10 139	8 052	352 250	156 905	140 244
三　　级	1 071	846	67 181	11 128	9 477
四　　级	1 416	1 406	19 382	5 914	5 007
六、按企业资质等级分组(新标准)					
施工总承包	68 040	51 481	1 015 350	638 174	596 401
专 业 承 包	7 418	6 536	165 943	76 236	72 518
七、按企业规模分组					
大 型 企 业	780	246	225 466	131 797	128 456
中 型 企 业	62 022	48 591	643 243	447 379	421 055
小 型 企 业	12 656	9 180	312 584	135 234	119 408

3—10 续表 3　　(2002 年)　　计量单位:万元

项　目　名　称	所有者权益合　计	# 实收资本	所有者权益合计中:国家资本	集体资本
总　计	**466 883**	**388 935**	**176 180**	**45 237**
# 国有及国有控股	245 422	200 514	176 180	2 561
一、按登记注册类型分组				
内 资 企 业	466 558	388 597	176 180	45 237
国 有 企 业	122 392	103 004	93 025	24
集 体 企 业	22 760	24 809	—	22 687
股份合作企业	8 057	6 889	—	200
联 营 企 业	164	300	200	—
有限责任公司	195 750	157 904	77 296	16 931
股份有限公司	50 014	36 789	5 659	5 395
私 营 企 业	67 421	58 902	—	—
外商投资企业	325	338	—	—
二、按经济组织类型分组				
独 资 企 业	149 636	131 707	93 025	22 711
合作、合伙企业	9 206	7 889	200	200
股份有限公司	65 637	48 665	5 659	5 395
有限责任公司	242 404	200 674	77 296	16 931
三、按国民经济行业分组				
土木工程建筑业	419 977	347 814	155 497	42 599
线路、管道和设备安装业	30 486	27 794	17 253	1 316
装修装饰业	16 420	13 327	3 430	1 322
四、按国有经济控股情况分组				
国有绝对控股	239 916	195 414	175 810	2 491
国有相对控股	5 506	5 100	370	70
其 他 国 有	221 461	188 421	—	42 676
五、按企业资质等级分组(原标准)				
一　级	202 017	156 236	131 083	6 332
二　级	195 345	171 373	33 806	24 576
三　级	56 053	37 213	4 041	6 837
四　级	13 468	24 113	7 250	7 492
六、按企业资质等级分组(新标准)				
施工总承包	377 176	313 172	153 035	30 529
专 业 承 包	89 707	75 763	23 145	14 708
七、按企业规模分组				
大 型 企 业	93 669	71 097	50 061	4 233
中 型 企 业	195 864	166 091	91 318	3 700
小 型 企 业	177 350	151 747	34 801	37 304

3—10 续表 4　　(2002 年)　　计量单位:万元

项目名称	所有者权益合计中(续):		工程结算收入	工程结算成本	工程结算税金及附加
	法人资本	个人资本			
总计	**50 159**	**117 081**	**999 251**	**872 884**	**32 642**
#国有及国有控股	11 418	10 355	658 677	571 908	20 535
一、按登记注册类型分组					
内资企业	50 099	117 081	996 889	870 595	32 575
国有企业	9 955	—	433 206	365 785	13 400
集体企业	2 122	—	44 626	38 662	1 480
股份合作企业	—	6 689	4 459	3 811	146
联营企业	100	—	184	161	6
有限责任公司	12 028	51 649	351 576	317 910	11 659
股份有限公司	7 842	17 893	62 944	56 412	2 023
私营企业	18 052	40 850	99 894	87 854	3 861
外商投资企业	60	—	2 362	2 289	67
二、按经济组织类型分组					
独资企业	14 696	1 275	483 175	408 613	15 302
合作、合伙企业	100	7 389	5 552	4 802	187
股份有限公司	8 442	29 169	79 069	70 789	2 569
有限责任公司	26 921	79 248	431 455	388 680	14 584
三、按国民经济行业分组					
土木工程建筑业	38 387	111 053	848 805	746 911	27 642
线路、管道和设备安装业	6 203	3 022	125 125	104 178	3 944
装修装饰业	5 569	3 006	25 321	21 795	1 056
四、按国有经济控股情况分组					
国有绝对控股	11 338	5 775	654 855	568 666	20 435
国有相对控股	80	4 580	3 822	3 242	100
其他国有	38 741	106 726	340 574	300 976	12 107
五、按企业资质等级分组(原标准)					
一级	10 987	7 834	582 406	508 708	18 144
二级	25 531	87 182	311 395	272 636	10 015
三级	9 860	16 475	73 454	65 915	2 489
四级	3 781	5 590	31 996	25 625	1 994
六、按企业资质等级分组(新标准)					
施工总承包	35 748	93 582	847 092	740 902	27 886
专业承包	14 411	23 499	152 159	131 982	4 756
七、按企业规模分组					
大型企业	—	16 803	214 384	190 465	5 806
中型企业	21 724	49 349	506 811	436 239	16 302
小型企业	28 435	50 929	278 056	246 180	10 534

3—10 续表 5　　　　(2002 年)　　　　计量单位:万元

项目名称	工程结算利润	管理费用	# 税金	劳动、待业保险费
总计	**93 725**	**74 622**	**1 293**	**16 929**
# 国有及国有控股	66 234	60 217	651	16 552
一、按登记注册类型分组				
内资企业	93 719	74 495	1 293	16 929
国有企业	54 021	48 601	469	14 325
集体企业	4 484	2 660	50	56
股份合作企业	502	294	1	—
联营企业	17	40	—	—
有限责任公司	22 007	15 961	642	2 176
股份有限公司	4 509	3 253	49	289
私营企业	8 179	3 686	82	83
外商投资企业	6	127	—	—
二、按经济组织类型分组				
独资企业	59 260	51 381	520	14 381
合作、合伙企业	563	341	4	—
股份有限公司	5 711	3 770	58	291
有限责任公司	28 191	19 130	711	2 257
三、按国民经济行业分组				
土木工程建筑业	74 252	57 881	1 065	13 682
线路、管道和设备安装业	17 003	15 101	220	3 220
装修装饰业	2 470	1 640	8	27
四、按国有经济控股情况分组				
国有绝对控股	65 754	59 797	639	16 429
国有相对控股	480	420	12	123
其他国有	27 491	14 405	642	377
五、按企业资质等级分组(原标准)				
一级	55 554	52 178	565	14 285
二级	28 744	17 598	581	2 525
三级	5 050	3 103	87	49
四级	4 377	1 743	60	70
六、按企业资质等级分组(新标准)				
施工总承包	78 304	62 936	1 180	13 988
专业承包	15 421	11 686	113	2 941
七、按企业规模分组				
大型企业	18 113	14 811	84	2 685
中型企业	54 270	46 210	910	12 810
小型企业	21 342	13 601	299	1 434

3—10 续表 6　　(2002 年)　　计量单位:万元

项　目　名　称	财务费用	# 利息支出	营业利润	利润总额
合　　计	**4 879**	**2 397**	**16 360**	**21 665**
#国有及国有控股	2 667	1 253	5 454	9 512
一、按登记注册类型分组				
内 资 企 业	4 911	2 429	16 449	21 748
国 有 企 业	1 982	805	4 606	8 419
集 体 企 业	192	32	1 664	1 955
股份合作企业	14	—	194	197
联 营 企 业	—	—	-23	-17
有限责任公司	1 697	1 253	4 746	5 039
股份有限公司	560	119	1 235	1 943
私 营 企 业	466	220	4 027	4 212
外商投资企业	-32	-32	-89	-83
二、按经济组织类型分组				
独 资 企 业	2 476	1 129	6 603	10 755
合作、合伙企业	15	1	207	263
股份有限公司	572	126	1 908	2 614
有限责任公司	1 816	1 141	7 642	8 033
三、按国民经济行业分组				
土木工程建筑业	4 882	2 934	12 443	18 042
线路、管道和设备安装业	-160	-544	3 230	2 943
装修装饰业	157	7	687	680
四、按国有经济控股情况分组				
国有绝对控股	2 624	1 254	5 437	9 496
国有相对控股	43	-1	17	16
其 他 国 有	2 212	1 144	10 906	12 153
五、按企业资质等级分组(原标准)				
一　　级	1 497	935	3 807	7 162
二　　级	1 937	1 061	9 413	11 024
三　　级	228	72	1 723	2 125
四　　级	1 217	329	1 417	1 354
六、按企业资质等级分组(新标准)				
施工总承包	4 484	2 243	12 978	18 354
专 业 承 包	395	154	3 382	3 311
七、按企业规模分组				
大 型 企 业	595	369	2 777	2 481
中 型 企 业	1 730	1 198	7 853	11 207
小 型 企 业	2 554	830	5 730	7 977

3—10续表7　　(2002年)　　计量单位:万元

项目名称	利润总额中:应付利润	本年应付工资总额	# 主营业务应付工资总额	本年应付福利费总额
总计	**10 394**	**111 149**	**95 797**	**17 413**
#国有及国有控股	5 245	59 668	54 371	11 212
一、按登记注册类型分组				
内资企业	10 394	110 713	95 361	17 413
国有企业	4 567	48 016	44 149	9 172
集体企业	360	8 169	5 871	509
股份合作企业	19	1 542	595	101
联营企业	—	30	10	4
有限责任公司	2 767	29 470	26 145	3 951
股份有限公司	556	12 430	8 546	1 417
私营企业	2 125	11 056	10 045	2 259
外商投资企业	—	436	436	—
二、按经济组织类型分组				
独资企业	5 100	57 352	50 919	10 603
合作、合伙企业	77	1 826	859	111
股份有限公司	588	13 169	8 802	1 490
有限责任公司	4 629	38 802	35 217	5 209
三、按国民经济行业分组				
土木工程建筑业	7 904	96 647	82 813	15 184
线路、管道和设备安装业	2 176	13 209	11 773	1 797
装修装饰业	314	1 293	1 211	432
四、按国有经济控股情况分组				
国有绝对控股	5 240	58 491	53 194	11 049
国有相对控股	5	1 177	1 177	163
其他国有	5 149	51 481	41 426	6 201
五、按企业资质等级分组(原标准)				
一级	4 765	48 905	46 047	7 697
二级	4 462	45 657	36 485	7 186
三级	788	11 372	9 601	352
四级	379	5 215	3 664	2 178
六、按企业资质等级分组(新标准)				
施工总承包	9 143	92 921	78 288	14 715
专业承包	1 251	18 228	17 509	2 698
七、按企业规模分组				
大型企业	997	17 374	15 535	2 220
中型企业	5 244	52 095	46 946	9 398
小型企业	4 153	41 680	33 316	5 795

市区建筑业企业财务情况

3—11　　(2002年)　　计量单位:万元

项目名称	企业个数(个)	流动资产小计	#存货	#在建工程	长期投资
总　　计	**86**	**612 220**	**115 603**	**49 944**	**38 171**
#国有及国有控股	44	525 713	86 024	37 937	35 164
一、按登记注册类型分组					
内资企业	85	611 411	115 603	49 944	38 170
国有企业	28	344 670	52 280	21 541	23 865
集体企业	9	7 925	805	214	30
股份合作企业	2	3 722	1 540	1 527	10
联营企业	1	423	250	—	—
有限责任公司	24	199 774	42 611	18 440	12 199
股份有限公司	8	27 357	9 868	2 042	170
私营企业	13	27 540	8 249	6 180	1 896
外商投资企业	1	809	—	—	1
二、按经济组织类型分组					
独资企业	38	352 914	53 099	21 769	23 895
合作、合伙企业	3	4 145	1 790	1 527	10
股份有限公司	11	34 988	15 614	7 140	170
有限责任公司	34	220 173	45 100	19 508	14 096
三、按国民经济行业分组					
土木工程建筑业	57	500 457	99 392	47 964	34 678
线路、管道和设备安装业	12	90 296	10 953	1 264	3 273
装修装饰业	17	21 467	5 258	716	220
四、按国有经济控股情况分组					
国有绝对控股	43	519 205	81 274	37 937	35 161
国有相对控股	1	6 508	4 750	—	3
其他国有	42	86 507	29 579	12 007	3 007
五、按企业资质等级分组(原标准)					
一级	25	458 770	69 600	34 900	35 111
二级	37	142 017	43 902	13 998	2 830
三级	22	10 980	1 851	1 046	230
四级	2	453	250	—	—
六、按企业资质等级分组(新标准)					
施工总承包	45	535 197	96 230	40 380	33 234
专业承包	41	77 023	19 373	9 564	4 937
七、按企业规模分组					
大型企业	4	138 842	23 615	10 487	5 112
中型企业	24	355 740	64 176	30 420	32 627
小型企业	58	117 638	27 812	9 037	432

3—11 续表 1　　(2002 年)　　计量单位:万元

项目名称	固定资产小计	固定资产原价	#生产经营用	累计折旧	#本年折旧
总计	**234 267**	**325 980**	**271 143**	**115 161**	**14 633**
#国有及国有控股	194 405	282 538	238 361	107 595	13 123
一、按登记注册类型分组					
内资企业	233 700	325 410	270 711	115 097	14 633
国有企业	127 965	180 404	146 488	69 591	7 974
集体企业	2 054	1 429	1 336	286	49
股份合作企业	2 932	3 438	3 217	962	384
联营企业	13	56	28	43	7
有限责任公司	79 923	116 438	109 363	39 502	5 729
股份有限公司	10 163	12 675	4 433	2 701	306
私营企业	10 650	10 970	5 846	2 012	184
外商投资企业	567	570	432	64	—
二、按经济组织类型分组					
独资企业	130 109	181 887	147 878	69 905	8 033
合作、合伙企业	2 945	3 494	3 245	1 005	391
股份有限公司	15 403	18 593	6 795	3 440	466
有限责任公司	85 810	122 006	113 225	40 811	5 743
三、按国民经济行业分组					
土木工程建筑业	187 876	266 667	223 574	98 908	13 180
线路、管道和设备安装业	40 568	54 188	42 733	15 328	1 274
装修装饰业	5 823	5 125	4 836	925	179
四、按国有经济控股情况分组					
国有绝对控股	190 938	278 394	234 514	106 918	12 875
国有相对控股	3 467	4 144	3 847	677	248
其他国有	39 862	43 442	32 782	7 566	1 510
五、按企业资质等级分组(原标准)					
一级	156 659	231 333	189 837	93 989	11 420
二级	72 107	90 064	77 358	20 297	3 074
三级	5 483	4 517	3 910	827	131
四级	18	66	38	48	8
六、按企业资质等级分组(新标准)					
施工总承包	186 629	265 871	218 317	100 347	11 486
专业承包	47 638	60 109	52 826	14 814	3 147
七、按企业规模分组					
大型企业	53 145	94 322	83 795	42 869	4 795
中型企业	123 720	167 826	133 177	62 169	8 289
小型企业	57 402	63 832	54 171	10 123	1 549

3—11 续表 2　　（2002 年）　　计量单位：万元

项目名称	无形及递延资产	# 无形资产	资产合计	负债合计	# 流动负债合计
总计	**70 362**	**53 493**	**963 610**	**651 170**	**611 764**
# 国有及国有控股	65 453	49 848	828 932	602 244	566 786
一、按登记注册类型分组					
内资企业	70 362	53 493	962 233	650 118	610 729
国有企业	32 077	17 886	536 519	423 062	399 724
集体企业	954	891	11 102	5 495	5 322
股份合作企业	386	—	7 050	1 358	1 353
联营企业	—	—	445	281	281
有限责任公司	33 705	33 526	325 941	185 648	170 970
股份有限公司	1 463	109	39 206	20 570	19 434
私营企业	1 777	1 081	41 970	13 704	13 645
外商投资企业	—	—	1 377	1 052	1 035
二、按经济组织类型分组					
独资企业	33 031	18 777	548 030	428 909	405 398
合作、合伙企业	386	—	7 495	1 639	1 634
股份有限公司	2 544	1 190	53 158	22 762	21 624
有限责任公司	34 401	33 526	354 927	197 860	183 108
三、按国民经济行业分组					
土木工程建筑业	65 838	49 587	797 055	529 648	502 517
线路、管道和设备安装业	3 674	3 457	137 970	109 357	98 257
装修装饰业	850	449	28 585	12 165	10 990
四、按国有经济控股情况分组					
国有绝对控股	65 453	49 848	818 952	598 189	562 752
国有相对控股	—	—	9 980	4 055	4 034
其他国有	4 909	3 645	134 678	48 926	44 978
五、按企业资质等级分组（原标准）					
一级	62 618	47 633	721 092	531 676	505 404
二级	7 099	5 418	224 590	116 158	103 222
三级	645	442	17 448	3 033	2 837
四级	—	—	480	303	301
六、按企业资质等级分组（新标准）					
施工总承包	63 900	47 675	826 786	580 007	544 319
专业承包	6 462	5 818	136 824	71 163	67 445
七、按企业规模分组					
大型企业	530	125	198 171	126 702	123 361
中型企业	61 459	48 219	580 666	425 164	400 564
小型企业	8 373	5 149	184 773	99 304	87 839

3—11 续表 3　　(2002 年)　　计量单位:万元

项目名称	所有者权益合计	# 实收资本	所有者权益合计中:国家资本	集体资本
总计	**312 440**	**250 323**	**157 776**	**19 666**
# 国有及国有控股	226 688	181 257	157 776	2 561
一、按登记注册类型分组				
内资企业	312 115	249 985	157 776	19 666
国有企业	113 457	93 356	83 547	24
集体企业	5 607	5 402	—	5 099
股份合作企业	5 692	4 540	—	—
联营企业	164	300	200	—
有限责任公司	140 293	106 995	69 668	9 348
股份有限公司	18 636	17 488	4 361	5 195
私营企业	28 266	21 904	—	—
外商投资企业	325	338	—	—
二、按经济组织类型分组				
独资企业	119 121	98 809	83 547	5 123
合作、合伙企业	5 856	4 840	200	—
股份有限公司	30 396	25 608	4 361	5 195
有限责任公司	157 067	121 066	69 668	9 348
三、按国民经济行业分组				
土木工程建筑业	267 407	211 512	137 154	18 113
线路、管道和设备安装业	28 613	25 484	17 192	231
装修装饰业	16 420	13 327	3 430	1 322
四、按国有经济控股情况分组				
国有绝对控股	220 763	176 257	157 426	2 491
国有相对控股	5 925	5 000	350	70
其他国有	85 752	69 066	—	17 105
五、按企业资质等级分组(原标准)				
一级	189 416	144 990	124 955	2 099
二级	108 432	94 740	30 968	15 831
三级	14 415	10 283	1 653	1 726
四级	177	310	200	10
六、按企业资质等级分组(新标准)				
施工总承包	246 779	196 426	134 631	7 812
专业承包	65 661	53 897	23 145	11 854
七、按企业规模分组				
大型企业	71 469	50 061	50 061	—
中型企业	155 502	130 420	83 452	1 500
小型企业	85 469	69 842	24 263	18 166

3—11 续表 4　　(2002 年)　　计量单位:万元

项　目　名　称	所有者权益合计中(续): 法人资本	个人资本	工程结算收　入	工程结算成　本	工程结算税金及附加
总　　计	**28 831**	**43 772**	**706 632**	**612 631**	**22 163**
#国有及国有控股	11 287	9 633	615 372	533 753	18 486
一、按登记注册类型分组					
内 资 企 业	28 771	43 772	704 270	610 342	22 096
国 有 企 业	9 785	—	420 107	355 692	12 278
集 体 企 业	303	—	7 383	6 390	244
股份合作企业	—	4 540	2 280	1 938	73
联 营 企 业	100	—	184	161	6
有限责任公司	8 823	19 156	235 696	212 392	8 012
股份有限公司	—	7 932	11 164	10 155	342
私 营 企 业	9 760	12 144	27 456	23 614	1 141
外商投资企业	60	—	2 362	2 289	67
二、按经济组织类型分组					
独 资 企 业	10 139	—	428 946	363 478	12 570
合作、合伙企业	100	4 540	2 464	2 099	79
股份有限公司	600	15 452	18 756	16 437	848
有限责任公司	17 992	23 780	256 466	230 617	8 666
三、按国民经济行业分组					
土木工程建筑业	17 139	38 828	561 960	491 778	17 323
线路、管道和设备安装业	6 123	1 938	119 351	99 058	3 784
装修装饰业	5 569	3 006	25 321	21 795	1 056
四、按国有经济控股情况分组					
国有绝对控股	11 287	5 053	612 445	531 245	18 392
国有相对控股		4 580	2 927	2 508	94
其 他 国 有	17 544	34 139	91 260	78 878	3 677
五、按企业资质等级分组(原标准)					
一　　级	10 987	6 949	552 523	480 734	17 167
二　　级	16 600	31 063	142 147	121 263	4 610
三　　级	1 144	5 760	11 719	10 430	378
四　　级	100	—	243	204	8
六、按企业资质等级分组(新标准)					
施工总承包	20 495	33 210	581 890	505 674	18 036
专 业 承 包	8 336	10 562	124 742	106 957	4 127
七、按企业规模分组					
大 型 企 业	—	—	166 512	146 702	4 543
中 型 企 业	19 256	26 212	425 075	362 402	13 688
小 型 企 业	9 575	17 560	115 045	103 527	3 932

3—11 续表 5 (2002 年) 计量单位:万元

项 目 名 称	工程结算利润	管理费用	# 税 金	劳动、待业保险费
总 计	**71 838**	**63 765**	**1 067**	**16 670**
#国有及国有控股	63 133	58 943	619	16 509
一、按登记注册类型分组				
内 资 企 业	71 832	63 638	1 067	16 670
国 有 企 业	52 137	48 102	457	14 317
集 体 企 业	749	624	22	38
股份合作企业	269	202	—	—
联 营 企 业	17	40	—	—
有限责任公司	15 292	12 242	507	2 035
股份有限公司	667	1 027	37	209
私 营 企 业	2 701	1 401	44	71
外商投资企业	6	127	—	—
二、按经济组织类型分组				
独 资 企 业	52 898	48 732	479	14 355
合作、合伙企业	286	242	—	—
股份有限公司	1 471	1 424	45	209
有限责任公司	17 183	13 367	543	2 106
三、按国民经济行业分组				
土木工程建筑业	52 859	47 385	845	13 430
线路、管道和设备安装业	16 509	14 740	214	3 213
装修装饰业	2 470	1 640	8	27
四、按国有经济控股情况分组				
国有绝对控股	62 808	58 578	607	16 386
国有相对控股	325	365	12	123
其 他 国 有	8 705	4 822	448	161
五、按企业资质等级分组(原标准)				
一 级	54 622	51 476	546	14 263
二 级	16 274	11 425	478	2 388
三 级	911	810	43	19
四 级	31	54	—	—
六、按企业资质等级分组(新标准)				
施工总承包	58 180	52 750	960	13 748
专 业 承 包	13 658	11 015	107	2 922
七、按企业规模分组				
大 型 企 业	15 267	13 584	41	2 600
中 型 企 业	48 985	43 377	850	12 773
小 型 企 业	7 586	6 804	176	1 297

3—11 续表 6　　(2002 年)　　计量单位:万元

项目名称	财务费用	# 利息支出	营业利润	利润总额
总计	**2 586**	**1 754**	**7 585**	**11 249**
#国有及国有控股	1 724	1 153	4 546	8 167
一、按登记注册类型分组				
内资企业	2 618	1 786	7 674	11 332
国有企业	1 162	780	4 041	7 418
集体企业	19	-1	124	155
股份合作企业	7	-2	60	63
联营企业	—	—	-23	-17
有限责任公司	1 174	899	2 249	2 522
股份有限公司	133	104	46	26
私营企业	123	6	1 177	1 165
外商投资企业	-32	-32	-89	-83
二、按经济组织类型分组				
独资企业	1 181	778	4 171	7 580
合作、合伙企业	7	-2	37	46
股份有限公司	136	105	450	430
有限责任公司	1 262	873	2 927	3 193
三、按国民经济行业分组				
土木工程建筑业	2 638	2 292	3 752	7 715
线路、管道和设备安装业	-209	-545	3 146	2 854
装修装饰业	157	7	687	680
四、按国有经济控股情况分组				
国有绝对控股	1 725	1 154	4 585	8 207
国有相对控股	-1	-1	-39	-40
其他国有	862	601	3 039	3 082
五、按企业资质等级分组(原标准)				
一级	1 399	837	3 651	7 010
二级	1 155	905	3 884	4 070
三级	32	12	73	186
四级	—	—	-23	-17
六、按企业资质等级分组(新标准)				
施工总承包	2 274	1 663	5 212	8 956
专业承包	312	91	2 373	2 293
七、按企业规模分组				
大型企业	343	150	1 410	1 116
中型企业	1 676	1 222	5 417	8 054
小型企业	567	382	758	2 079

3—11 续表 7　　(2002 年)　　计量单位:万元

项　目　名　称	利润总额中:应付利润	本年应付工资总额	# 主营业务应付工资总额	本年应付福利费总额
总　　计	**6 638**	**71 158**	**62 837**	**10 536**
# 国有及国有控股	5 037	58 024	52 769	8 793
一、按登记注册类型分组				
内 资 企 业	6 638	70 722	62 401	10 536
国 有 企 业	4 382	47 196	43 371	6 842
集 体 企 业	35	392	264	34
股份合作企业	6	1 076	129	39
联 营 企 业	—	30	10	4
有限责任公司	1 593	14 884	12 492	2 207
股份有限公司	84	3 673	3 273	543
私 营 企 业	538	3 471	2 862	867
外商投资企业	—	436	436	—
二、按经济组织类型分组				
独 资 企 业	4 421	47 908	43 955	6 886
合作、合伙企业	6	1 106	139	43
股份有限公司	95	4 240	3 427	602
有限责任公司	2 116	17 904	15 316	3 005
三、按国民经济行业分组				
土木工程建筑业	4 177	57 482	50 679	8 367
线路、管道和设备安装业	2 147	12 383	10 947	1 737
装修装饰业	314	1 293	1 211	432
四、按国有经济控股情况分组				
国有绝对控股	5 037	56 872	51 617	8 632
国有相对控股	—	1 152	1 152	161
其 他 国 有	1 601	13 134	10 068	1 743
五、按企业资质等级分组(原标准)				
一　　级	4 763	47 546	44 688	7 570
二　　级	1 826	21 688	16 870	2 870
三　　级	49	1 888	1 263	91
四　　级	—	36	16	5
六、按企业资质等级分组(新标准)				
施工总承包	5 600	56 830	49 166	8 337
专 业 承 包	1 038	14 328	13 671	2 199
七、按企业规模分组				
大 型 企 业	340	10 649	9 325	1 559
中 型 企 业	4 406	45 159	40 380	6 860
小 型 企 业	1 892	15 350	13 132	2 117

全市建筑业汇总分析表

3—12　　(2002年)

项目名称	建筑业劳动生产率(元/人)		人均房屋面积(平方米/人)		人均技术装备率(元/人)
	按施工产值计算	按增加值计算	人均施工面积	人均竣工面积	
总计	**50 100**	**8 564**	**112**	**59**	**9 333**
#国有及国有控股	66 270	7 012	177	71	11 053
一、按登记注册类型分组					
内资企业	50 103	8 574	111	59	9 347
集体企业	46 260	10 694	114	71	7 299
股份合作企业	52 038	11 607	165	24	16 377
有限责任公司	57 339	8 577	121	61	9 562
股份有限公司	35 658	7 207	104	60	9 604
私营企业	48 212	8 643	92	50	9 037
外商投资企业	49 637	6 832	143	31	6 919
二、按经济组织类型分组					
独资企业	42 383	10 332	104	65	7 230
合作、合伙企业	40 081	9 730	116	21	14 429
股份有限公司	38 813	6 764	99	60	9 364
有限责任公司	55 720	8 846	117	59	9 551
三、按国民经济行业分组					
土木工程建筑业	47 877	8 508	117	62	9 441
线路、管道和设备安装业	86 238	7 941	—	—	6 658
装修装饰业	114 636	12 835	—	—	8 175
四、按国有经济控股情况分组					
国有绝对控股	65 539	6 530	177	70	11 154
国有相对控股	79 258	15 583	178	73	9 111
其他国有	45 611	8 995	94	56	8 982
五、按企业资质等级分组(原标准)					
一级	76 436	6 923	190	71	5 584
二级	46 566	9 046	100	56	9 349
三级	43 621	8 300	90	59	12 890
四级	34 598	8 955	82	56	5 911
六、按企业资质等级分组(新标准)					
施工总承包	50 924	8 476	119	61	8 714
专业承包	45 233	9 084	67	48	12 982
七、按企业规模分组					
大型企业	44 591	9 952	91	61	6 986
中型企业	61 263	8 365	139	63	7 998
小型企业	43 371	8 444	96	56	10 486

3—12续表1　　　　　　　　　　(2002年)

项目名称	建筑业增加值率(%)	竣工率指标(%)				
		按竣工产值计算	按工程个数计算	#一次交验合格率	按竣工房屋面积计算	#一次交验合格率
总　　计	**17**	**88**	**52**	**98**	**53**	**95**
#国有及国有控股	11	121	41	99	40	98
一、按登记注册类型分组						
内资企业	17	88	53	98	53	95
集体企业	23	85	52	96	62	96
股份合作企业	22	46	24	100	15	82
有限责任公司	15	95	51	99	51	96
股份有限公司	20	86	57	96	58	91
私营企业	18	74	59	99	54	99
外商投资企业	14	37	16	100	22	100
二、按经济组织类型分组						
独资企业	24	84	52	96	62	96
合作、合伙企业	24	47	26	100	18	86
股份有限公司	17	85	58	95	60	93
有限责任公司	16	89	52	99	50	96
三、按国民经济行业分组						
土木工程建筑业	18	89	54	98	53	95
线路、管道和设备安装业	9	67	43	98	—	—
装修装饰业	11	86	—	—	—	—
四、按国有经济控股情况分组						
国有绝对控股	10	80	41	99	40	98
国有相对控股	20	720	44	100	41	100
其他国有	20	74	58	98	60	94
五、按企业资质等级分组(原标准)						
一　　级	9	79	37	99	37	100
二　　级	19	93	52	98	56	94
三　　级	19	87	74	97	66	95
四　　级	26	78	68	100	69	95
六、按企业资质等级分组(新标准)						
施工总承包	17	88	51	98	51	96
专业承包	20	88	64	99	72	94
七、按企业规模分组						
大型企业	22	79	70	97	67	100
中型企业	14	67	45	99	45	95
小型企业	19	109	56	97	58	95

3—12 续表 2

(2002 年)

项目名称	人均利润税金(千元/人)			利润率指标(%)		
	人均利税	# 人均利润额	利润税金总额	施工产值利润率	工程结算收入利润率	资金利润率
总计	**2 832**	**1 226**	**29 364**	**2**	**7**	**3**
# 国有及国有控股	2 041	259	4 598	—	5	—
一、按登记注册类型分组						
内资企业	2 850	1 241	29 380	2	7	3
集体企业	3 507	1 967	3 485	4	10	7
股份合作企业	2 750	1 575	344	3	11	2
有限责任公司	2 694	904	13 381	2	7	2
股份有限公司	2 068	1 001	4 015	3	7	3
私营企业	3 573	1 845	8 155	4	8	5
外商投资企业	-264	-1 370	-16	-3	—	-6
二、按经济组织类型分组						
独资企业	3 594	1 957	4 289	5	10	7
合作、合伙企业	2 512	1 513	465	4	10	3
股份有限公司	2 245	1 120	5 241	3	7	3
有限责任公司	2 910	1 124	19 369	2	7	2
三、按国民经济行业分组						
土木工程建筑业	2 787	1 224	27 578	3	7	3
线路、管道和设备安装业	2 427	401	727		14	1
装修装饰业	6 114	2 789	1 059	2	15	3
四、按国有经济控股情况分组						
国有绝对控股	2 095	266	4 470	—	5	—
国有相对控股	1 067	133	128	—	13	—
其他国有	3 051	1 494	24 766	3	8	4
五、按企业资质等级分组(原标准)						
一级	2 231	62	3 770	—	5	—
二级	3 002	1 470	18 516	3	8	4
三级	2 590	1 206	4 659	3	7	4
四级	3 389	1 921	2 419	6	13	9
六、按企业资质等级分组(新标准)						
施工总承包	2 896	1 221	25 684	2	7	3
专业承包	2 450	1 254	3 680	3	11	2
七、按企业规模分组						
大型企业	2 603	1 330	2 671	3	6	5
中型企业	3 229	1 236	12 365	2	7	2
小型企业	2 599	1 199	14 328	3	8	3

3—12 续表 3　　(2002 年)

项　目　名　称	利税率指标(%)			建筑业资产负债情况(%)		
	施工产值利税率	资本金利税率	资金利税率	资产负债率	流动比率	速动比率
总　　计	**6**	**12**	**7**	**43**	**138**	**99**
#国有及国有控股	3	7	3	64	98	77
一、按登记注册类型分组						
内资企业	6	12	7	43	139	99
集体企业	8	14	12	31	176	125
股份合作企业	5	5	4	22	211	129
有限责任公司	5	11	6	50	121	89
股份有限公司	6	11	5	38	155	100
私营企业	7	14	10	29	191	139
外商投资企业	-1	-5	-1	76	78	78
二、按经济组织类型分组						
独资企业	8	15	13	30	184	132
合作、合伙企业	6	6	4	20	217	132
股份有限公司	6	11	6	34	173	103
有限责任公司	5	11	6	47	127	96
三、按国民经济行业分组						
土木工程建筑业	6	12	7	42	138	98
线路、管道和设备安装业	3	8	4	61	88	73
装修装饰业	5	11	7	31	267	214
四、按国有经济控股情况分组						
国有绝对控股	3	7	3	64	96	78
国有相对控股	1	3	1	49	156	49
其他国有	7	13	9	30	189	127
五、按企业资质等级分组(原标准)						
一　级	3	8	3	65	91	78
二　级	6	12	7	37	169	108
三　级	6	13	8	16	315	216
四　级	10	14	16	31	228	157
六、按企业资质等级分组(新标准)						
施工总承包	6	13	7	46	133	95
专业承包	5	6	4	29	170	126
七、按企业规模分组						
大型企业	6	13	10	19	223	149
中型企业	5	12	6	52	116	85
小型企业	6	11	6	36	170	119

市区建筑业汇总分析表

3—13

（2002年）

项目名称	建筑业劳动生产率（元/人）		人均房屋面积（平方米/人）		人均技术装备率（元/人）
	按施工产值计算	按增加值计算	人均施工面积	人均竣工面积	
总计	**56 291**	**7 823**	**117**	**52**	**8 642**
#国有及国有控股	57 561	6 369	151	55	10 478
一、按登记注册类型分组					
内资企业	56 391	7 838	116	52	8 669
集体企业	106 751	10 239	73	70	4 061
股份合作企业	70 653	11 175	212	—	18 524
有限责任公司	60 571	7 872	134	58	11 856
股份有限公司	39 458	8 159	118	65	3 324
私营企业	48 730	7 039	57	30	5 471
外商投资企业	49 637	6 832	143	31	6 919
二、按经济组织类型分组					
独资企业	67 956	7 956	83	72	2 794
合作、合伙企业	70 653	11 175	212	—	18 524
股份有限公司	43 785	6 804	89	47	3 695
有限责任公司	58 832	8 025	124	53	10 940
三、按国民经济行业分组					
土木工程建筑业	51 336	7 718	129	58	8 924
线路、管道和设备安装业	94 899	5 559	—	—	4 688
装修装饰业	114 636	12 835	—	—	8 175
四、按国有经济控股情况分组					
国有绝对控股	56 398	5 821	148	54	10 623
国有相对控股	77 827	15 918	194	80	7 750
其他国有	55 035	9 261	83	49	7 339
五、按企业资质等级分组（原标准）					
一级	71 373	6 307	167	57	4 388
二级	51 016	9 225	97	51	10 568
三级	30 780	4 112	50	41	7 781
四级	14 865	2 703	—	—	6 667
六、按企业资质等级分组（新标准）					
施工总承包	56 502	7 333	134	56	7 660
专业承包	55 349	10 011	38	34	12 771
七、按企业规模分组					
大型企业	—	—	—	—	—
中型企业	63 132	8 163	138	50	7 378
小型企业	46 915	7 357	87	55	9 823

3—13 续表 1　　(2002 年)

项目名称	建筑业增加值率（%）	竣工率指标（%）				
		按竣工产值计算	按工程个数计算	#一次交验合格率	按竣工房屋面积计算	#一次交验合格率
总　　计	**14**	**99**	**44**	**98**	**45**	**97**
#国有及国有控股	11	131	38	99	37	98
一、按登记注册类型分组						
内资企业	14	100	45	98	45	97
集体企业	10	84	32	88	97	81
股份合作企业	16	23	—	—	—	—
有限责任公司	13	111	46	99	43	98
股份有限公司	21	89	59	100	55	92
私营企业	14	72	58	100	52	100
外商投资企业	14	37	16	100	22	100
二、按经济组织类型分组						
独资企业	12	87	34	89	86	90
合作、合伙企业	16	23	—	—	—	—
股份有限公司	16	85	57	100	53	93
有限责任公司	14	104	45	99	43	99
三、按国民经济行业分组						
土木工程建筑业	15	104	49	98	45	97
线路、管道和设备安装业	6	59	27	95	—	—
装修装饰业	11	86	—	—	—	—
四、按国有经济控股情况分组						
国有绝对控股	10	78	38	98	36	98
国有相对控股	20	789	40	100	41	100
其他国有	17	66	53	97	59	96
五、按企业资质等级分组(原标准)						
一级	9	75	35	98	34	100
二级	18	115	44	100	52	96
三级	13	136	89	91	81	92
四级	18	100	100	100	—	—
六、按企业资质等级分组(新标准)						
施工总承包	13	100	40	97	42	98
专业承包	18	93	69	100	88	89
七、按企业规模分组						
大型企业	—	—	—	—	—	—
中型企业	13	61	39	98	36	98
小型企业	16	169	50	97	63	96

3—13 续表 2　　　　(2002 年)

项目名称	人均利润税金(千元/人)			利润率指标(%)		
	人均利税	# 人均利润额	利润税金总额	施工产值利润率	工程结算收入利润率	资金利润率
总计	**2 545**	**809**	**10 378**	**1**	**8**	**1**
#国有及国有控股	1 577	112	3 196	—	6	—
一、按登记注册类型分组						
内资企业	2 588	841	10 394	1	8	1
集体企业	5 584	2 056	421	2	10	2
股份合作企业	2 219	1 028	136	1	12	1
有限责任公司	2 792	777	7 082	1	7	1
股份有限公司	755	48	405	—	6	—
私营企业	2 912	1 443	2 350	3	10	3
外商投资企业	- 264	- 1 370	- 16	- 3	—	- 6
二、按经济组织类型分组						
独资企业	3 276	1 115	476	2	9	2
合作、合伙企业	2 219	1 028	136	1	12	1
股份有限公司	1 604	521	1 323	1	8	1
有限责任公司	2 772	867	8 443	1	8	1
三、按国民经济行业分组						
土木工程建筑业	2 397	758	8 851	1	7	1
线路、管道和设备安装业	2 207	80	468	—	16	—
装修装饰业	6 114	2 789	1 059	2	15	3
四、按国有经济控股情况分组						
国有绝对控股	1 633	140	3 130	—	6	—
国有相对控股	600	- 364	66	—	11	—
其他国有	3 503	1 497	7 182	3	9	3
五、按企业资质等级分组(原标准)						
一级	1 894	- 35	2 622	—	6	—
二级	3 035	1 321	7 181	3	9	2
三级	1 773	681	573	2	8	2
四级	541	—	2	—	24	—
六、按企业资质等级分组(新标准)						
施工总承包	2 507	730	8 351	1	6	1
专业承包	2 717	1 159	2 027	2	15	2
七、按企业规模分组						
大型企业	—	—	—	—	—	—
中型企业	3 202	1 095	7 548	2	7	2
小型企业	1 645	416	2 830	1	8	1

3—13 续表 3　　(2002 年)

项 目 名 称	利税率指标(%)			建筑业资产负债情况(%)		
	施工产值利税率	资本金利税率	资金利税率	资产负债率	流动比率	速动比率
总计	**5**	**8**	**4**	**53**	**122**	**88**
#国有及国有控股	3	6	2	66	92	71
一、按登记注册类型分组						
内资企业	5	8	4	53	122	88
集体企业	5	8	5	49	149	134
股份合作企业	3	3	2	19	275	161
有限责任公司	5	9	4	58	106	78
股份有限公司	2	2	1	52	141	90
私营企业	6	11	6	33	202	141
外商投资企业	-1	-5	-1	76	78	78
二、按经济组织类型分组						
独资企业	5	9	5	51	145	131
合作、合伙企业	3	3	2	19	275	161
股份有限公司	4	5	3	43	162	90
有限责任公司	5	9	4	56	112	85
三、按国民经济行业分组						
土木工程建筑业	5	8	4	54	121	85
线路、管道和设备安装业	2	7	3	63	76	65
装修装饰业	5	11	7	31	267	214
四、按国有经济控股情况分组						
国有绝对控股	3	6	3	67	89	72
国有相对控股	1	1	1	41	161	44
其他国有	6	10	6	36	192	127
五、按企业资质等级分组(原标准)						
一级	3	7	3	69	84	71
二级	6	9	5	44	167	103
三级	6	6	5	15	466	408
四级	4	20	6	63	150	150
六、按企业资质等级分组(新标准)						
施工总承包	4	9	4	58	116	83
专业承包	5	6	4	35	159	118
七、按企业规模分组						
大型企业	—	—	—	—	—	—
中型企业	5	11	5	59	107	76
小型企业	4	5	2	45	155	113

分县(市)区建筑业主要经济指标

3—14

(2002年)

行政单位	建筑企业个数(个)	建筑企业总产值(万元)	单位工程施工个数(个)	单位工程竣工个数(个)	企业年末从业人数(人)
全市总计	**184**	**1 103 222**	**4 803**	**2 441**	**150 805**
市区合计	86	803 076	3 106	1 394	79 940
#长安区	4	3 178	28	27	492
桥东区	1	84	5	5	30
桥西区	2	773	22	22	330
新华区	—	—	—	—	—
裕华区	3	4 544	12	—	1 633
矿区	1	97	6	6	800
井陉县	4	4 190	34	26	1 688
正定县	11	28 428	288	164	8 962
栾城县	4	5 885	36	24	1 250
行唐县	2	20 307	72	29	2 800
灵寿县	4	1 024	13	7	440
高邑县	3	14 191	69	53	3 101
深泽县	4	41 189	101	72	9 864
赞皇县	2	524	4	4	520
无极县	5	8 901	58	28	6 110
平山县	6	6 630	54	35	2 198
元氏县	4	6 608	53	34	2 268
赵县	4	11 262	61	36	1 647
辛集市	7	54 448	279	180	6 083
藁城市	16	38 398	266	142	11 175
晋州市	4	6 277	72	41	1 649
新乐市	4	16 327	70	42	4 045
鹿泉市	14	35 557	167	130	7 065

3—14 续表　　(2002 年)

行政单位	年末流动资产（万元）	固定资产合计（万元）	固定资产累计折旧（万元）	利润总额（万元）	本年应付工资总额（万元）
全市总计	**715 865**	**339 008**	**139 396**	**21 665**	**111 149**
市区合计	612 220	234 267	115 161	11 249	71 158
#长安区	2 854	1 099	187	42	183
桥东区	101	120	56	13	28
桥西区	2 008	93	84	-2	252
新华区	—	—	—	—	—
裕华区	2 643	3 156	964	61	1 200
矿区	—	15	50	—	500
井陉县	2 994	2 859	1 084	14	823
正定县	14 277	17 818	3 976	983	3 708
栾城县	3 171	4 138	332	158	1 373
行唐县	5 612	4 575	545	597	1 066
灵寿县	1 306	1 537	706	-25	171
高邑县	4 016	1 502	144	483	3 760
深泽县	5 763	10 958	969	1 562	7 366
赞皇县	545	70	36	—	260
无极县	1 573	5 779	650	463	1 645
平山县	4 029	3 319	3 024	1 748	1 279
元氏县	1 953	5 586	2 137	378	751
赵县	3 849	2 273	526	-11	1 122
辛集市	15 746	10 126	3 821	605	1 843
藁城市	11 183	13 386	2 679	1 974	5 403
晋州市	3 826	1 778	144	92	651
新乐市	4 254	13 282	1 610	987	5 200
鹿泉市	19 548	5 755	1 852	408	3 570

四、能源消费

全市工业企业能源购进、消费及库存

（2002 年）

4—1

能源名称	计量单位	年初库存	购进量		消费量			年末库存
			实物量	金额（万元）	合计	1.工业生产消费	2.非工业生产消费	
能源合计	**吨标准煤**	**957 782**	**21 835 972**	**1 219 706.9**	**23 252 292**	**23 063 106**	**189 186**	**847 576**
原煤	吨	902 339	16 569 025	328 668	16 392 997	16 274 236	118 761	1 397 279
洗精煤	吨	177 607	1 834 858	54 579	2 221 130	2 221 130	—	75 701
其它洗煤	吨	50	500	8	125 334	125 334	52 554	42
型煤	吨	25	3 290	85	3 290	3 290	—	25
焦炭	吨	58 902	1 139 601	64 681	1 268 253	1 268 253	150	22 228
其它焦化产品	吨	5 749	26 907	2 392	27 822	27 822	—	3 834
焦炉煤气	万立方米	—	7 346	6 827	45 690	45 675	15	—
原油	吨	122 840	2 413 696	388 545	2 433 649	2 433 649	—	—
汽油	吨	620	22 463	6 871	24 086	17 177	6 909	446
煤油	吨	178	1 082	262	1 068	922	146	260
柴油	吨	4 164	56 945	31 355	58 053	53 113	4 940	3 394
燃料油	吨	2 000	41 455	5 854	56 847	56 847	—	1 173
液化石油气	吨	40	1 424	369	369	1 445	—	19
炼厂干气	吨	—	—	—	104 630	104 630	—	—
其它石油制品	吨	60	7 879	635	7 836	7 836	—	103
热力	百万千焦	—	8 612 683	19 579	24 457 884	23 385 060	1 072 824	—
电力	万千瓦时	—	728 376	305 054	910 471	900 941	9 530	—
其它燃料	吨标准煤	57	878	185	1 851	841	1 010	1 462

市区工业企业能源购进、消费及库存

4—2

(2002年)

能源名称	计量单位	年初库存	购进量		消费量			年末库存
			实物量	金额(万元)	合计	1.工业生产消费	2.非工业生产消费	
能源合计	**吨标准煤**	**514 115**	**18 560 576**	**1 036 751**	**19 764 448**	**19 603 640**	**160 808**	**720 440**
原煤	吨	766 988	14 083 671	279 368	13 934 047	13 833 101	—	1 187 687
洗精煤	吨	150 966	1 559 629	46 392	1 887 961	1 887 961	—	64 346
其它洗煤	吨	43	425	7	106 534	106 534	44 671	36
型煤	吨	21	2 794	72	2 797	2 797	—	21
焦炭	吨	50 067	968 661	54 979	1 078 015	1 078 015	128	18 894
其它焦化产品	吨	4 887	22 871	2 033	23 649	23 649	—	3 259
焦炉煤气	万立方米		6 244	5 803	38 837	38 837	13	—
原油	吨	104 414	2 051 642	330 263	2 068 602	2 068 602	—	379
汽油	吨	527	19 094	5 841	20 473	14 600	5 873	221
煤油	吨	151	920	223	908	784	124	2 885
柴油	吨	3 539	48 403	26 651	49 345	45 146	4 199	997
燃料油	吨	1 700	35 237	4 976	48 320	48 320	—	—
液化石油气	吨	34	1 210	314	1 228	1 228	—	16
炼厂干气	吨	—	—	—	88 936	88 936	—	—
其它石油制品	吨	51	6 697	539	6 661	6 661	—	88
热力	百万千焦	—	7 320 781	16 642	20 789 201	19 877 301	911 900	—
电力	万千瓦时	—	619 120	259 296	773 900	765 800	8 101	—
其它燃料	吨标准煤	48	746	157	1 573	715	859	1 243

全市重点耗能工业企业产值综合能耗

4—3

(2002 年)

行业名称	企业单位数(个)	综合能源消费量(吨标准煤)		工业总产值(不变价)(万元)		产值能耗(吨标准煤/万元)	
		本年	去年同期	本年	去年同期	本年	去年同期
总计	**102**	**9 056 176**	**8 388 598**	**4 936 185**	**3 811 000**	**1.83**	**2.20**
采掘业	3	172 792	203 956	23 736	21 300	7.28	9.58
煤炭采选业	3	172 792	203 956	23 736	21 300	7.28	9.58
制造业	84	7 823 102	7 158 152	4 712 673	3 585 180	1.66	1.99
食品制造业	1	20 313	21 036	117 689	106 767	0.17	0.20
饮料制造业	1	19 786	20 262	19 286	17 804	1.03	1.14
烟草加工业	1	24 538	21 496	124 638	87 228	0.20	0.25
纺织业	7	305 934	298 283	251 244	242 446	1.22	1.23
服装及其他纤维制品制造业	1	21 960	20 270	315 724	31 721	0.07	0.64
皮革、毛皮、羽绒及其制品业	1	9 091	4 747	3 212	3 978	2.83	1.19
造纸及纸制品业	1	9 564	9 632	9 460	8 600	1.01	1.12
石油加工及炼焦业	5	737 873	645 508	189 933	274 554	3.88	2.35
化学原料及化学制品制造业	21	2 566 261	2 525 349	486 852	443 598	5.27	5.69
医药制造业	5	1 290 273	1 108 115	1 859 745	1 560 549	0.69	0.71
化学纤维制造业	2	186 905	172 703	81 433	82 599	2.30	2.09
非金属矿物制品业	24	715 900	611 575	104 232	93 000	6.87	6.58
黑色金属冶炼及压延加工业	6	1 586 357	1 348 905	463 288	273 674	3.42	4.98
有色金属冶炼及压延加工业	1	95 487	88 101	25 075	19 372	3.81	4.55
普通机械制造业	2	44 001	49 361	39 347	33 209	1.12	1.49
专用设备制造业	3	39 364	59 979	36 365	34 336	1.08	1.75
交通运输设备制造业	1	28 227	27 522	287 885	17 563	0.10	1.57
电子及通信设备制造业	1	121 268	125 308	297 265	254 182	0.41	0.49
电力、煤气及水的生产和供应业	15	1 060 282	1 026 490	199 796	204 520	5.31	5.02
电力、蒸汽、热水的生产和供应业	14	1 032 382	996 375	195 307	200 042	5.29	4.98
自来水的生产和供应业	1	27 900	30 115	4 489	4 478	6.22	6.73

全市主要能源调出调入情况

4—4 (2002年) 计量单位:吨

能源名称	调出量	# 调出省外	调入量	# 省外调入
原煤	778 842	778 842	17 920 946	17 920 946
洗精煤	95 959	95 959	1 287 942	1 287 942
其它洗煤	—	—	63 930	63 930
焦炭	818 104	799 885	321 506	321 506
原油	26 571	26 571	982 371	227 998
汽油	492 300	492 300	67 275	67 275
柴油	916 990	916 990	202 889	202 889
煤油	88 444	88 444	5 407	5 407
燃料油	—	—	5 595	5 595

市区主要能源调出调入情况

4—5 (2002年) 计量单位:吨

能源名称	调出量	# 调出省外	调入量	# 省外调入
原煤	662 016	662 016	152 323 804	152 323 804
洗精煤	81 565	81 565	1 094 751	1 094 751
其它洗煤	—	—	54 341	54 341
焦炭	695 388	679 902	273 280	273 280
原油	22 585	22 585	835 015	193 798
汽油	418 455	418 455	57 184	57 184
柴油	779 442	779 442	172 456	172 456
煤油	75 177	75 177	4 596	4 596
燃料油	—	—	5 096	5 096

全市工业企业主要能源消费情况

4—6

（2002年）

行业名称	原煤（吨）	焦炭（吨）	汽油（吨）	柴油（吨）	电力（万千瓦时）
总计	**3 522 894**	**255 106**	**132 972**	**100 466**	**320 239**
轻工业	918 395	19 874	71 139	41 618	193 186
重工业	2 604 499	235 232	61 833	58 848	127 053
采掘业	197 209	—	2 710	6 879	10 173
煤炭采选业	24 329	—	9	125	564
黑色金属矿采选业	1 328	—	213	199	3 060
有色金属矿采选业	1 021	—	11	267	134
非金属矿采选业	163 636	—	2 326	5 907	5 571
其它矿采选业	6 895	—	151	258	839
制造业	3 324 878	255 106	129 985	93 415	309 463
食品加工业	136 940	—	7 092	7 868	54 983
食品制造业	41 760	—	895	1 612	3 039
饮料制造业	5 082	—	256	274	1 662
烟草加工业	527	—	24	89	55
纺织业	71 960	—	4 301	664	12 371
服装及其它纤维制品制造业	30 564	—	31 080	1 845	31 135
皮革、毛皮、羽绒及其制品业	78 420	—	1 827	3 447	5 289
木材加工及竹、藤、棕、草制品业	59 905	—	442	552	2 641
家具制造业	72 531	1 246	10 430	14 013	40 486
造纸及纸制品业	106 232	—	3 316	786	19 744
记录媒介的复制业	991	—	258	103	137 559

4—6 续表

(2002 年)

行业名称	原煤(吨)	焦炭(吨)	汽油(吨)	柴油(吨)	电力(万千瓦时)
文教体育用品制造业	1 881	—	8	5	59
石油加工及炼焦业	52 274	921	719	539	2 201
化学原料及化学制品制造业	459 153	8 059	33 036	22 906	38 934
医药制造业	9 167	—	480	63	166
化学纤维制造业	1 598	—	109	110	257
橡胶制品业	9 088	1 067	74	78	1 150
塑料制品业	106 815	2 121	3 168	1 900	10 941
非金属矿物制品业	1 404 034	28 979	8 683	11 419	27 403
黑色金属冶炼及压延加工业	340 142	151 496	6 074	12 463	25 761
有色金属冶炼及压延加工业	25 923	6 330	1 600	419	2 595
金属制品业	93 547	31 918	2 212	1 154	10 137
普通机械制造业	82 361	13 265	6 280	6 169	4 726
专用设备制造业	11 236	2 896	705	282	522
交通运输设备制造业	3 992	—	248	126	110
电气机械及器材制造业	425	3 732	187	682	474
电子及通信设备制造业	427	—	60	143	135
仪器仪表及文化、办公用机械制造业	386	—	246	104	221
其它制造业	117 517	3 076	6 173	3 600	10 891
电力及水的生产和供应业	807	—	277	172	603
电力、蒸汽、热水的生产和供应业	587	—	277	172	143
自来水的生产和供应业	220	—	—	—	460

市区工业企业主要能源消费情况

4—7

(2002 年)

行业名称	原煤(吨)	焦炭(吨)	汽油(吨)	柴油(吨)	电力(万千瓦时)
总计	**2 994 460**	**216 840**	**113 026**	**85 396**	**272 203**
轻工业	780 636	16 893	60 468	35 375	164 208
重工业	2 213 824	199 947	52 558	50 021	107 995
采掘业	167 628	—	2 304	5 847	8 647
煤炭采选业	20 680	—	8	106	479
非金属矿采选业	139 091	—	1 977	5 021	4 735
制造业	2 826 146	—	110 487	79 403	263 044
食品加工业	116 399	—	6 028	6 688	46 736
食品制造业	35 496	—	219	1 370	2 583
饮料制造业	4 320	—	20	233	1 413
纺织业	448	—	3 656	564	10 515
服装及其它纤维制品制造业	61 166	—	26 418	1 568	26 465
皮革、毛皮、羽绒及其制品业	25 979	—	1 553	2 930	4 496
家具制造业	61 651	1 059	8 866	469	34 413
造纸及纸制品业	90 297	—	2 819	11 911	16 782
记录媒介的复制业	842	—	219	668	1 169
石油加工及炼焦业	44 433	783	611	458	1 871
化学原料及化学制品制造业	390 280	6 850	28 081	19 470	33 094
医药制造业	7 792	—	408	54	141
化学纤维制造业	1 358	—	93	94	218
橡胶制品业	7 725	907	63	66	978
塑料制品业	90 793	1 803	2 693	1 615	9 300
非金属矿物制品业	1 193 429	24 632	7 381	9 706	23 293
黑色金属冶炼及压延加工业	289 121	128 772	5 163	10 594	21 897
有色金属冶炼及压延加工业	22 035	5 381	1 360	356	2 206
金属制品业	79 515	27 130	1 880	981	8 616
普通机械制造业	70 007	11 275	5 338	5 244	4 017
专用设备制造业	9 551	2 462	599	240	444
交通运输设备制造业	3 393	—	211	107	94
电气机械及器材制造业	361	3 172	159	580	403
电子及通信设备制造业	363	—	51	122	115
仪器仪表及文化、办公用机械制造业	328	—	209	209	188
其它制造业	99 889	1 866	5 247	5 247	9 257
电力及水的生产和供应业	686	—	235	235	513
电力、蒸汽、热水的生产和供应业	499	—	235	235	122
自来水的生产和供应业	187	—	—	—	391

全市有关行业能源消费量

4—8

（2002年）

能源名称	计量单位	本年消费量	#农林牧渔水利业	#建筑业	#批发零售贸易餐饮业	#公路运输业
煤炭	吨	490 699	8 275	18 998	29 458	29 458
煤制品	吨	2 450	75	—	2	2
焦炭	吨	765	—	216	—	—
焦炉煤气	万立方米	595 120	—	—	—	—
汽油	吨	56 987	1 055	5 455	7 721	7 116
煤油	吨	421	—	40	52	—
柴油	吨	42 925	447	14 334	3 060	20 158
燃料油	吨	1 622	—	918	144	—
液化石油气	吨	363	2	—	206	5
热力	百万千焦	3 889 300	32 686	337 760	586 975	89 131
电力	万千瓦时	90 518	2 485	9 535	18 166	2 024

市区有关行业能源消费量

4—9

（2002年）

能源名称	计量单位	本年消费量	#农林牧渔水利业	#建筑业	#批发零售贸易餐饮业	#公路运输业
煤炭	吨	417 094	7 034	16 148	46 846	25 039
煤制品	吨	2 083	64	184	179	2
焦炭	吨	650	—	—	—	—
焦炉煤气	万立方米	505 852	—	—	495 719	—
汽油	吨	48 439	897	4 637	6 563	—
煤油	吨	358	—	34	44	6 049
柴油	吨	36 486	380	12 184	2 601	17 134
燃料油	吨	1 379	—	780	122	—
液化石油气	吨	309	2	—	175	4
热力	百万千焦	3 305 905	27 783	287 096	498 929	75 761
电力	万千瓦时	76 940	2 112	8 105	15 441	1 720

五、财政　金融　保险

财　政　收　入　情　况

5—1　　（2002年）　　计量单位：万元、%

行政单位	全部财政收入		一、中央财政收入		二、一般预算收入	
	绝对值	比上年增长	绝对值	比上年增长	绝对值	比上年增长
石家庄市	**1 105 294**	**7.15**	**660 347**	**0.75**	**444 947**	**18.31**
市区合计	783 433	5.83	502 734	0.08	280 699	17.98
#长安区	38 515	19.95	21 981	18.18	16 534	22.40
桥东区	20 825	11.43	10 298	0.73	10 527	24.34
桥西区	28 390	14.73	15 255	16.25	13 135	13.02
新华区	39 082	19.60	24 697	22.87	14 385	14.36
裕华区	30 068	25.85	14 393	20.71	15 675	30.97
矿区	7 645	11.83	4 614	8.92	3 031	16.58
高新区	37 897	6.23	24 674	-0.38	13 223	21.26
井陉县	18 563	8.62	8 823	1.48	9 740	16.01
正定县	23 859	15.78	10 074	3.64	13 785	26.61
栾城县	18 875	24.17	10 900	17.67	7 975	34.30
行唐县	10 083	5.05	3 986	-2.50	6 097	10.65
灵寿县	8 751	1.25	4 304	0.02	4 447	2.47
高邑县	8 000	10.91	3 354	3.30	4 646	17.12
深泽县	8 014	-9.00	3 608	-18.09	4 406	0.09
赞皇县	5 184	6.12	2 252	-1.92	2 932	13.25
无极县	13 703	11.29	6 871	2.69	6 832	21.52
平山县	15 272	8.01	5 658	0.21	9 614	13.20
元氏县	14 502	26.19	6 896	5.17	7 606	54.12
赵县	13 011	15.51	5 216	-1.57	7 795	30.61
辛集市	33 178	11.51	18 146	7.37	15 032	16.95
藁城市	51 753	7.40	27 097	-1.71	24 656	19.58
晋州市	21 955	7.51	9 587	-2.45	12 368	16.75
新乐市	18 037	10.12	7 755	7.98	10 282	11.79
鹿泉市	39 121	10.99	23 086	7.97	16 035	15.64

5—1 续表　　　　　　　　(2002 年)　　　　　　　　计量单位:万元、%

行政单位	一般预算收入中:					
	增值税	营业税	企业收入税	个人所得税	城市维护建设税	农业五税
石家庄市	**71 672**	**121 836**	**34 328**	**33 639**	**44 625**	**45 138**
市区合计	53 133	89 955	24 258	21 376	34 462	6 876
#长安区	2 840	7 699	1 013	1 050	1 205	467
桥东区	1 354	4 775	296	649	772	97
桥西区	1 772	5 311	848	1 084	1 042	176
新华区	3 013	4 209	1 669	1 132	1 335	182
裕华区	2 040	5 032	2 446	576	1 208	649
矿区	665	507	176	141	357	146
高新区	3 521	4 526	947	943	1 351	159
井陉县	1 167	1 668	759	753	461	623
正定县	1 201	4 584	274	1 041	620	3 324
栾城县	1 404	843	675	442	518	2 324
行唐县	415	1 228	181	514	136	1 989
灵寿县	468	806	359	455	91	904
高邑县	361	582	235	290	152	1 180
深泽县	347	630	147	608	88	1 181
赞皇县	280	506	89	184	85	462
无极县	560	639	207	1 192	189	2 349
平山县	673	2 276	180	566	1 239	1 031
元氏县	671	1 214	822	540	194	2 003
赵县	559	1 486	－8	563	248	4 414
辛集市	2 215	3 672	1 016	1 129	723	3 603
藁城市	3 576	4 753	1 480	1 436	2 982	4 910
晋州市	1 053	2 295	826	1 094	470	3 526
新乐市	744	1 320	1 196	585	979	2 548
鹿泉市	2 845	3 379	1 632	871	988	1 891

财　政　支　出　情　况

5—2　　（2002 年）　　计量单位：万元

行政单位	财政支出		财政支出中：		
	绝对值	比上年（±%）	基本建设	支援农村生产	农林水气事业费
石家庄市	**688 713**	**15.31**	**68 060**	**9 285**	**17 100**
市区合计	360 890	13.44	54 682	2 914	5 644
#长安区	18 070	14.29	367	111	74
桥东区	16 652	8.74	5	10	35
桥西区	17 996	11.53	20	15	88
新华区	23 353	17.46	595	113	129
裕华区	26 188	24.18	4 945	29	208
矿区	5 466	12.65	50	191	156
高新区	20 828	13.41	13 417	50	—
井陉县	18 168	29.81	920	395	667
正定县	24 825	16.65	1 248	549	843
栾城县	17 150	25.60	120	548	416
行唐县	15 491	20.50	540	264	792
灵寿县	14 255	16.86	990	292	570
高邑县	9 223	16.53	155	141	193
深泽县	9 414	8.66	180	96	316
赞皇县	10 613	7.52	366	412	365
无极县	15 044	7.66	80	128	242
平山县	27 806	17.86	4 498	562	1 136
元氏县	16 432	30.87	570	424	756
赵县	16 852	29.05	65	143	620
辛集市	27 409	6.74	695	294	731
藁城市	37 280	19.35	1 840	510	716
晋州市	21 104	16.84	75	334	1 100
新乐市	18 692	19.02	90	424	803
鹿泉市	28 065	13.12	946	855	1 190

5—2 续表　　　　　　　　　　　　（2002 年）　　　　　　　　　　　　计量单位：万元

行政单位	财政支出中（续）：				
	教育事业费	社会保障补助	行政管理费	公检法司支出	其它支出
石家庄市	**158 978**	**26 673**	**88 157**	**48 572**	**271 888**
市区合计	53 833	20 938	40 229	29 334	153 316
#长安区	5 239	427	1 839	2 680	7 333
桥东区	5 495	383	2 112	2 392	6 220
桥西区	6 756	409	2 433	2 418	5 857
新华区	8 176	235	3 220	2 706	8 179
裕华区	6 596	159	4 291	2 292	7 668
矿区	1 495	219	937	513	1 905
高新区	963	56	1 522	743	4 077
井陉县	5 855	386	3 013	934	5 998
正定县	8 078	493	3 839	1 659	8 116
栾城县	5 438	367	2 260	1 008	6 993
行唐县	6 174	178	2 336	884	4 323
灵寿县	3 870	153	2 032	628	5 720
高邑县	3 004	132	1 592	593	3 413
深泽县	3 287	204	1 759	634	2 938
赞皇县	2 894	121	1 412	553	4 490
无极县	5 993	634	2 874	1 113	3 980
平山县	5 323	142	2 385	1 156	12 604
元氏县	5 867	286	2 077	1 136	5 316
赵县	6 958	234	3 022	859	4 951
辛集市	10 158	887	3 469	1 731	9 444
藁城市	10 769	485	4 955	1 832	16 173
晋州市	7 326	260	4 307	1 925	5 777
新乐市	5 627	247	2 215	985	8 301
鹿泉市	8 524	526	4 381	1 608	10 035

金　融　机　构　基　本　情　况

5—3　　　　(2002 年)　　　　计量单位:万元

指　标　名　称	本 年 余 额	比年初增减数
一、金融机构存款余额	16 710 618	2 058 968
#1.企 业 存 款	5 396 707	455 135
2.财 政 存 款	185 003	35 133
3.机关团体存款	974 046	359 721
4.储蓄存款	9 251 029	1 031 742
#活 期 储 蓄	2 228 182	415 871
5.农 业 存 款	300 297	29 059
6.委 托 存 款	23 053	－108
7.其 他 存 款	580 483	148 286
二、金融机构贷款余额	13 059 556	2 358 076
#短 期 贷 款	6 935 438	803 458
中期流动资金贷款	1 099 883	17 139
中长期贷款	3 996 008	934 271
信 托 贷 款	18 530	－1 124
融 资 租 赁	50	－3
委 托 贷 款	60 384	1 168
票 据 融 资	928 504	596 095
各 项 垫 款	20 759	7 073
三、金融机构现金收入	34 840 549	4 323 698
#商品销售收入	3 853 611	180 693
服务业收入	1 544 355	139 792

5—3 续表　　(2002 年)　　计量单位:万元

指　标　名　称	本 年 余 额	比年初增减数
税 款 收 入	196 178	45 242
城乡个体经营收入	1 888 712	- 245 421
储蓄存款收入	23 035 041	3 538 920
其他金融机构收入	158 410	- 68 229
居民归还贷款收入	544 643	44 095
汇 兑 收 入	1 030 128	409 278
四、金融机构现金支出	33 409 085	4 531 534
投放(+)回笼(-)	- 1 431 164	207 836
#工资性支出	1 509 552	- 11 648
农副产品采购支出	672 438	- 70 328
工矿及其它产品采购支出	838 368	136 258
行政企事业管理费支出	1 580 039	137 724
城乡个体私营支出	2 140 859	61 331
储蓄存款支出	23 124 927	3 820 693
其他金融机构支出	108 973	- 2 985
居民提取贷款支出	524 764	56 399
汇 兑 支 出	275 080	- 67 546
有价证券支出	222 998	- 18 212
其 他 支 出	2 411 387	489 848
五、金融机构外汇存款余额(亿美元)	5.73	0.14
六、金融机构外汇贷款余额(亿美元)	5.28	0.18

分县(市)金融机构信贷、现金收支情况

5—4　　(2002年)　　计量单位:万元

行政单位	存款余额	#城乡居民储蓄余额	#城镇居民	乡村居民	贷款余额	现金收入	现金支出
全市总计	**16 710 618**	**9 251 029**	**6 543 245**	**2 707 784**	**13 059 556**	**34 840 549**	**33 409 385**
市区合计	11 311 755	4 658 726	4 361 058	297 668	9 981 918	19 511 732	17 510 992
井陉县	280 407	233 408	132 852	100 556	120 950	507 375	525 886
正定县	572 815	487 313	231 908	255 405		1 867 885	1 865 805
栾城县	264 920	218 220	93 501	124 719	173 688	803 878	803 575
行唐县	181 559	165 108	70 653	94 455	111 165	568 682	577 563
灵寿县	175 513	155 788	69 319	86 469	101 323	356 835	373 419
高邑县	101 114	92 091	43 329	48 762	94 887	336 648	336 087
深泽县	231 762	220 508	113 941	106 567	109 357	578 997	578 983
赞皇县	119 888	105 805	36 440	69 365	87 387	174 466	174 386
无极县	339 969	311 136	143 696	167 440	191 869	1 248 643	1 288 427
平山县	257 059	209 772	94 865	114 907	163 959	439 261	492 417
元氏县	215 149	184 328	77 067	107 261	172 984	625 852	630 204
赵县	221 827	200 265	86 166	114 099	211 211	740 137	821 349
辛集市	721 676	590 380	330 308	260 072	306 937	2 000 667	2 184 326
藁城市	549 320	433 776	191 681	242 095	301 448	1 425 676	1 591 746
晋州市	471 035	419 175	189 531	229 644	225 886	1 991 088	1 990 203
新乐市	241 391	200 237	102 770	97 467	155 049	763 209	762 624
鹿泉市	453 453	364 993	174 160	190 833	256 130	899 518	901 393

全市保险业务情况

5—5　　(2002 年)　　计量单位:万元

行政单位	承保额	保费收入	已决赔款
总计	**22 287 436**	**249 585**	**59 920**
一、财产险	15 966 927	56 987	31 423
中国人民保险公司石家庄分公司	11 916 612	43 985	26 366
中国太平洋保险公司石家庄分公司	2 072 415	5 860	2 888
中国平安保险股份有限公司石家庄分公司	1 977 900	7 142	2 169
二、人寿险	6 320 509	192 598	28 497
中国人民保险公司石家庄分公司	2 305 624	112 451	21 221
中国太平洋保险公司石家庄分公司	3 158 350	31 589	1 509
中国平安保险股份有限公司石家庄分公司	856 535	48 558	5 767

市区保险业务情况

5—6　　(2002 年)　　计量单位:万元

行政单位	承保额	保费收入	已决赔款
总计	**17 314 770**	**155 189**	**35 188**
一、财产险	12 716 995	39 433	19 402
中国人民保险公司石家庄分公司	9 257 129	29 074	15 532
中国太平洋保险公司石家庄分公司	1 976 366	5 003	2 335
中国平安保险股份有限公司石家庄分公司	1 483 500	5 356	1 535
二、人寿险	4 597 775	115 756	15 786
中国人民保险公司石家庄分公司	754 197	47 035	9 592
中国太平洋保险公司石家庄分公司	3 158 350	31 589	1 509
中国平安保险股份有限公司石家庄分公司	685 228	37 132	4 685

六、物价

居民消费价格指数

6—1

(2002年)

类别及品名	以上年同期价格为100		
	全市	城市	农村
居民消费价格总指数	99.5	98.9	100.3
一、食品	98.8	98.0	99.8
1.粮食	96.4	91.9	101.5
2.淀粉及薯类	105.0	102.2	100.9
3.干豆类及豆制品	95.3	91.9	99.4
4.油脂	96.9	97.7	96.3
5.肉禽及其制品	100.4	101.1	99.5
6.蛋	102.8	102.0	103.9
7.水产品	94.1	93.9	94.1
8.菜	93.7	90.4	98.3
9.调味品	100.5	100.5	100.5
10.糖	100.9	100.2	101.7
11.茶及饮料	99.4	99.8	98.7
12.干鲜瓜果	103.2	100.6	107.8
13.糕点饼干面包	98.2	98.0	98.6
14.奶及奶制品	100.3	100.3	100.8
15.在外用膳食品	99.6	99.7	99.6
16.其他食品及食品加工服务	98.6	100.8	97.5
二、烟酒及用品	102.0	102.6	101.6
1.烟草	100.8	100.9	100.8
2.酒	103.1	104.7	102.4
3.吸烟饮酒用品	102.2	103.5	99.6
三、衣着	101.3	101.4	100.8
1.服装	101.9	101.9	101.1

6—1 续表　　　　　　　　　　(2002 年)

类别及品名	以上年同期价格为 100		
	全市	城市	农村
2.衣着材料	101.6	106.3	98.4
3.鞋袜帽	100.1	99.5	101.3
4.衣着加工服务	97.8	97.6	97.7
四、家庭设备用品及维修服务	97.6	96.7	99.3
1.耐用消费品	96.6	95.9	98.3
2.室内装饰品	102.1	102.7	100.8
3.床上用品	97.6	95.3	100.7
4.家庭日用杂品	99.4	99.2	99.9
5.家庭服务及加工维修服务	95.8	94.0	102.5
五、医疗保健和个人用品	99.4	98.8	100.1
1.医疗保健	98.7	97.7	100.1
2.个人用品及服务	100.5	101.0	100.1
六、交通和通讯	97.5	96.7	98.8
1.交通	99.3	99.4	99.2
2.通信	95.3	94.2	97.9
七、娱乐教育文化用品及服务	98.8	98.4	99.2
1.文娱用耐用消费品及服务	90.3	87.1	94.9
2.教育	101.0	101.5	100.2
3.文化娱乐用品	100.9	101.0	100.7
4.旅游及外出	99.0	98.9	100.3
八、居住	101.5	101.1	101.9
1.建房及装修材料	99.6	98.7	100.0
2.租房	107.9	108.6	100.0
3.自有住房	94.8	93.6	99.8
4.水、电、燃料	104.2	103.8	104.9

商品零售价格指数

6—2

(2002年)

类别及品名	以上年同期价格为100		
	全市	城市	农村
商品零售价格总指数	**99.4**	**98.9**	**100.1**
一、食品类	99.3	98.4	100.4
1.粮食	99.0	95.7	101.1
(1)细粮	98.7	95.2	101.0
(2)粗粮	100.2	97.6	101.7
2.油脂类	93.0	91.6	94.1
3.肉禽蛋	101.0	101.6	100.2
4.水产品	89.6	87.5	94.2
5.鲜菜	99.6	98.9	100.5
6.干菜	99.1	98.0	100.4
7.鲜果	106.7	105.2	108.2
8.干果	105.3	103.2	107.9
9.其他食品类	99.5	99.2	99.9
(1)调味品	99.6	99.3	100.1
(2)食糖	100.7	102.1	99.2
(3)糖果	101.1	99.5	103.2
(4)糕点	98.2	97.6	99.0
(5)奶及奶制品	100.0	100.0	100.0
(6)罐头	98.7	98.1	99.2
10.饮食业	99.6	99.4	99.9
(1)主食	98.2	97.5	99.1
(2)炒菜	100.1	100.0	100.3
(3)地方小吃	100.0	100.0	100.1
二、饮料、烟酒类	101.5	103.2	100.0
1.饮料	99.4	100.9	98.2
2.烟酒	102.8	104.5	101.1
三、服装、鞋帽类	101.4	103.5	100.4
1.服装	102.2	106.0	100.2

6—2 续表　　(2002 年)

类别及品名	以上年同期价格为 100		
	全市	城市	农村
2.鞋	100.5	100.9	99.9
3.其他衣着	99.5	96.4	102.1
四、纺织品类	101.2	103.4	99.1
1.棉布	100.4	103.5	98.9
2.棉花化纤混纺布	99.9	101.9	98.9
3.化纤布	102.5	104.1	100.8
4.呢绒	105.0	108.9	99.5
5.绸缎	101.6	104.2	99.4
6.其他纺织品	98.0	98.5	97.3
五、中、西药品类	97.4	94.5	99.6
1.中药	98.0	97.4	98.0
2.西药	96.7	91.3	100.5
3.医疗用品	97.3	95.5	99.9
六、化妆品类	101.3	102.4	99.4
七、书报、杂志类	99.9	99.9	100.1
八、文化体育用品类	99.3	99.5	99.0
1.文化用品	97.9	97.5	98.5
2.体育用品	101.5	102.0	100.5
九、日用品类	99.5	99.8	99.3
1.一般日用品	99.9	101.5	98.8
2.家具类	99.3	99.2	99.5
3.日用杂品	99.8	99.5	100.3
十、家用电器类	94.2	93.2	95.5
十一、首饰类	101.9	103.1	96.5
十二、燃料类	104.1	102.5	106.0
十三、建筑装潢材料类	100.5	98.7	102.6
十四、机电产品类	95.9	95.5	96.6

农业生产资料价格指数

6—3

(2002年)

类别及品名	以上年同期为100	类别及品名	以上年同期为100
农业生产资料价格指数	**98.8**		
一、小农具	100.7	七、化学肥料	98.1
二、饲料	99.3	八、农药及农药械	98.6
三、幼禽家畜	98.8	1.化学农药	99.0
四、大牲畜	99.8	2.农药械	96.2
五、半机械化农具	98.9	九、农用机油	99.0
六、机械化农具	99.4	十、其他	98.9

工业产品出厂价格指数

6—4

(2002年)

行业名称	以上年同期为100	行业名称	以上年同期为100
全部工业品	**100.17**	按工业部门分	
#轻工业	101.05	冶金工业	97.67
以农产品为原料	100.89	电力工业	102.55
以非农产品为原料	101.31	煤炭及炼焦工业	106.81
重工业	99.12	石油工业	95.16
原料	99.15	化学工业	101.83
加工	98.83	机械工业	97.07
#生产资料	99.74	建筑材料工业	98.86
原料	100.19	森林工业	100.55
加工	98.93	食品工业	102.96
生活资料	101.64	纺织工业	99.10
食品	103.44	缝纫工业	99.85
衣着	99.58	皮革工业	99.17
一般日用品	98.96	造纸工业	98.06
耐用消费品	99.28	其它工业	112.41

工业企业原材料购进价格指数

6—5

(2002 年)

行业名称	以上年同期为100	行业名称	以上年同期为100
全部原材料	**97.44**	(四)化工原料类	98.59
(一)燃料、动力类	103.56	(五)木材及纸浆类	100.89
(二)黑色金属材料	98.39	(六)建筑材料及非金属矿类	102.61
#钢　材	97.36	(七)其它工业原材料及半成品类	98.31
其　它	99.27	(八)农副产品类	93.42
(三)有色金属材料和电线类	94.82	(九)纺织原料类	84.88

城市房地产价格指数

6—6

(2002 年)

行业名称	以上年同期为100	行业名称	以上年同期为100
土地交易价格指数	**99.7**	#商业用房	103.8
一、居民住宅用地	97.8	二、公房交易	100.5
#普通住宅用地	97.8	#住　宅	100.5
二、工业用地	101.6	三、私有住房	103.5
三、商业、旅游、娱乐用地	101.8	#住　宅	103.5
四、其他用地	99.0	**房地产租赁价格指数**	**100.5**
房地产销售价格指数	**101.4**	一、住　宅	100.0
一、商品房	100.8	(一)公　房	100.0
(一)住　宅	100.5	(二)私　房	100.0
1.经济适用房	100.0	二、办公用房	99.6
2.普通住宅	100.7	(一)高标准写字楼	100.0
(1)多层住宅	101.6	(二)普通办公用房	99.4
(2)高层住宅	98.2	三、商业用房	101.8
3.豪华住宅	98.4	四、厂房仓库	100.3
其中:高档公寓	98.9	(一)工业厂房	100.2
(二)非住宅	102.7	(二)仓　库	100.6

七、城市居民生活

城市住户调查基本情况

7—1　　(2002年)　　计量单位：人/户

指标名称	总计	按不等距5组分组				
		低收入组	较低收入组	中等收入组	较高收入组	高收入组
一、调查户数(户)	400	80	80	80	80	80
二、家庭人口	2.98	3.22	3.18	2.98	3.00	2.53
(一)有收入人数	2.23	1.94	2.28	2.34	2.35	2.22
1.就业人口	1.46	1.26	1.48	1.53	1.69	1.33
①国有经济单位职工	1.14	0.82	1.11	1.24	1.43	1.12
②城镇集体经济单位职工	0.09	0.17	0.07	0.1	0.07	0.04
③其它经济单位职工	0.06	0.06	0.08	0.04	0.07	0.07
④个体经营者人数	0.06	0.09	0.12	0.04	0.04	0.02
⑤个体被雇者人数	0.05	0.08	0.07	0.04	0.05	0.01
⑥离退休再就业者人数	0.01	—	—	0.01	0.01	—
⑦其他就业者人数	0.04	0.04	0.03	0.04	0.03	0.07
2.离退休者人数	0.75	0.64	0.79	0.8	0.64	0.88
3.其他有收入者人数	0.02	0.05	0.01	0.01	0.02	0.01
(二)无收入者人数	0.76	1.28	0.91	0.64	0.65	0.31
三、期末家庭人口数	2.97	3.15	3.27	3.05	2.96	2.46
四、非家庭人口在家用餐人次数	5.23	2.48	3.63	4.17	5.15	10.74
五、家庭人口在外用餐人次数	6.45	4.53	5.61	6.28	9.25	6.59
六、平均每一就业者负担人数	2.04	2.56	2.15	1.95	1.78	1.90

城市平均每百户家庭主要耐用消费品拥有量

7—2

（2002 年）

指标名称	计量单位	总计	按不等距5组分组				
			低收入组	较低收入组	中等收入组	较高收入组	高收入组
1.成套家具	套	85.88	78.49	84.19	83.84	93.53	89.38
2.摩托车	辆	11.90	14.58	8.69	12.30	11.47	12.40
3.自行车	辆	241.92	234.13	242.30	247.55	256.73	228.96
4.助力车	辆	2.92	—	0.52	3.44	5.21	5.42
5.家用汽车	辆	0.73	—	0.10	0.31	0.83	2.40
6.洗衣机	台	97.38	90.28	100.31	104.90	96.98	94.48
7.电风扇	台	154.50	147.36	161.26	162.25	154.64	147.08
8.电冰箱	台	98.60	92.14	99.48	102.61	98.54	100.31
9.冰柜	台	21.44	16.65	14.45	19.92	29.20	26.98
10.彩色电视机	台	122.15	112.00	121.57	125.44	124.50	127.29
11.影碟机	台	35.52	24.51	30.26	37.96	42.86	42.08
12.录音机	台	57.90	43.02	55.18	64.86	63.92	62.60
13.录放像机	台	22.56	10.34	23.87	21.38	33.26	24.06
14.家用电脑	台	21.02	6.83	14.14	21.17	28.78	34.27
15.组合音响	套	20.42	12.62	18.01	19.40	26.49	25.63
16.摄像机	架	3.00	1.14	1.99	2.61	5.21	4.06
17.照相机	架	56.46	31.23	52.15	63.30	67.78	68.02
18.钢琴	架	2.50	1.34	1.78	3.75	2.71	2.92
19.其他中高档乐器	件	5.88	3.83	6.28	8.45	5.84	5.00
20.微波炉	台	39.42	16.65	28.80	38.69	54.33	58.75
21.空调器	台	87.21	47.67	72.57	98.96	111.26	105.83
22.取暖器	台	12.00	8.48	13.61	12.10	14.60	11.25
23.电炊具	台	47.42	26.27	49.32	47.03	54.64	60.00
24.淋浴热水器	台	74.81	63.50	71.10	81.96	77.37	80.21
25.排油烟机	台	70.60	54.91	73.40	75.91	74.66	74.27
26.消毒碗柜	台	3.63	1.14	1.88	3.13	5.84	6.15
27.洗碗机	台	0.69	—	0.10	0.10	0.31	2.92
28.饮水机	台	27.44	18.92	20.52	26.90	37.75	33.13
29.吸尘器	台	15.38	7.65	10.89	15.95	20.65	21.77
30.健身器材	套	11.13	9.20	8.90	13.03	8.45	16.04
31.普通电话	部	96.79	86.04	96.44	96.66	102.92	101.98
32.移动电话	部	52.98	33.40	38.64	48.38	71.74	72.81
33.传真机	部	0.50	0.21	0.10	—	0.94	1.25

城市住户居住情况

7—3

(2002年)

指标名称	计量单位	总计	按不等距5组分组				
			低收入组	较低收入组	中等收入组	较高收入组	高收入组
1.现住房总建筑面积	平方米	22.82	19.50	18.93	23.10	24.18	30.00
2.现住房屋总使用面积	平方米	17.67	15.20	14.62	17.74	18.68	23.40
3.房屋产权(合计)							
租赁公房	%	4.00	6.20	3.77	3.65	3.86	2.50
租赁私房	%	2.75	2.07	6.18	2.40	1.77	1.35
原有私房	%	7.50	13.44	6.70	5.32	6.26	5.73
房改私房	%	80.50	72.08	78.95	83.32	82.48	85.73
商品房	%	4.75	6.20	4.08	5.11	4.59	3.75
其他	%	0.50	—	0.31	0.21	1.04	0.94
4.住宅建筑式样(合计)							
单栋住宅	%	0.50	—	—	—	1.98	0.52
四居室	%	1.75	—	0.73	3.44	1.98	2.60
三居室	%	26.02	14.89	16.34	26.28	28.26	44.38
二居室	%	57.48	56.98	68.27	59.96	57.56	44.69
一居室	%	3.75	8.27	3.87	4.38	0.94	1.25
普通楼房	%	4.50	7.76	5.03	3.23	4.17	2.29
平房及其他	%	6.00	12.10	5.76	2.71	5.11	4.27
5.用水情况(合计)							
独用自来水	%	91.25	89.97	89.21	92.81	91.03	93.23
公用自来水	%	8.75	10.03	10.79	7.20	8.97	6.77

7—3 续表 (2002年)

指标名称	计量单位	总计	按不等距5组分组				
			低收入组	较低收入组	中等收入组	较高收入组	高收入组
6.卫生设备(合计)							
无卫生设备	%	1.00	1.45	1.68	0.52	1.25	0.10
有厕所浴室	%	77.63	67.01	69.32	84.05	81.65	86.15
有厕所无浴室	%	16.13	20.48	22.51	13.24	12.83	11.56
公用	%	5.25	11.07	6.49	2.19	4.28	2.19
7.取暖设备(合计)							
无取暖设备	%	0.50	0.83	0.31	0.63	0.52	0.21
空调设备	%	2.00	2.28	0.31	1.25	2.40	3.75
暖气	%	92.00	84.59	89.95	95.93	94.06	95.52
其他	%	5.50	12.31	9.42	2.19	3.02	0.52
8.炊用燃料使用情况(合计)							
管道煤气	%	43.19	28.96	37.91	43.17	46.51	59.48
液化石油气	%	55.50	68.98	59.69	55.89	53.18	39.69
煤	%	1.06	2.07	1.68	0.42	0.31	0.83
其他	%	0.25	—	0.73	0.52	—	—
9.通信设备使用情况							
(1)无电话(合计)	%	4.25	14.79	2.83	2.82	0.52	0.21
(2)固定电话	%	97.00	85.63	98.12	97.39	103.02	100.94
(3)移动电话	%	47.29	30.61	34.76	42.02	65.07	64.06
(4)使用互联网	%	1.95	1.98	1.95	1.94	1.93	1.93

城市住户人均现金收支情况

7—4 (2002年) 计量单位:元

指标名称	总计	按不等距5组分组				
		低收入组	较低收入组	中等收入组	较高收入组	高收入组
一、期初手存现金	561.07	357.63	448.15	603.69	607.88	857.84
二、家庭总收入	7 713.36	3 713.28	5 655.72	7 395.00	9 298.80	13 919.04
# 可支配收入	7 239.84	3 396.60	5 307.60	6 900.12	8 724.72	13 231.44
(一)工薪收入	4 967.88	2 255.04	3 501.84	4 934.16	6 707.76	8 261.16
(二)经营净收入	199.32	137.16	272.76	112.08	117.84	386.64
(三)财产性收入	98.04	46.20	26.76	66.00	94.80	295.20
(四)转移性收入	2 448.24	1 275.00	1 854.24	2 282.76	2 378.28	4 976.04
三、出售财物收入	5.52	2.04	6.96	7.56	3.96	7.92
四、借贷收入	1 499.40	675.12	655.32	1 971.00	1 567.56	2 977.92
五、家庭总支出	7 137.00	3 856.92	5 204.40	7 634.04	8 467.08	11 604.12
(一)消费支出	5 820.60	3 451.32	4 533.84	5 788.80	7 058.28	9 042.12
# 服务性消费支出	1 404.00	754.92	1 149.60	1 319.04	1 790.88	2 196.48
1.食品	2 047.68	1 481.40	1 781.04	2 084.88	2 196.60	2 888.04
2.衣着	674.04	283.92	490.56	735.24	877.20	1 091.28
3.家庭设备用品及服务	452.16	196.80	285.24	376.20	637.20	859.20
4.医疗保健	578.52	357.72	452.52	499.56	767.76	888.24
5.交通和通信	533.28	237.60	419.88	481.80	694.68	924.00
6.教育文化娱乐服务	780.36	459.48	529.68	879.60	982.92	1 149.12
7.居住	608.64	365.52	483.60	587.88	696.96	997.08
8.杂项商品和服务	145.92	69.00	91.44	143.64	205.20	245.40
(二)购房与建房支出	314.16	10.80	11.28	915.96	271.68	423.96
(三)转移性支出	636.36	153.72	393.84	510.36	690.72	1 643.40
(四)财产性支出	10.20	1.08	2.04	26.52	8.64	14.76
(五)社会保障支出	355.68	239.88	263.16	392.28	437.88	479.88
六、借贷支出	1 618.68	346.68	683.64	1 414.68	1 899.60	4 329.84
七、期末手存现金	1 023.67	544.47	878.11	928.53	1 111.52	1 828.76

城市住户人均生活消费支出情况

7—5

(2002 年)

计量单位:元

指 标 名 称	总 计	按不等距5组分组				
		低收入组	较低收入组	中等收入组	较高收入组	高收入组
生活消费支出	**5 820.60**	**3 451.32**	**4 533.84**	**5 788.80**	**7 058.28**	**9 042.12**
一、食　　品	2 047.68	1 481.40	1 781.04	2 084.88	2 196.60	2 888.04
(一)粮　油　类	325.68	298.92	327.00	333.84	295.32	385.08
1.粮　　食	200.76	185.88	195.72	201.96	181.08	247.68
(1)大　　米	47.52	45.48	50.16	48.60	41.88	52.20
(2)面　　粉	43.56	48.00	49.44	44.88	32.88	41.52
(3)其他粮食	10.80	9.96	10.80	9.96	10.56	12.84
(4)粮食制品	98.88	82.44	85.44	98.64	95.88	141.12
2.淀粉及薯类	17.04	13.20	18.72	16.32	15.84	21.84
3.干豆类及豆制品	26.76	22.44	26.88	25.68	23.04	37.56
4.油脂类	81.36	77.40	85.56	89.76	75.36	78.12
(1)食用植物油	80.76	76.92	84.84	89.40	74.52	77.40
(2)食用动物油	0.60	0.48	0.84	0.36	0.72	0.60
(二)肉禽蛋水产品类	544.56	385.56	469.08	573.48	579.24	767.64
1.肉　　类	296.76	215.28	257.64	311.04	320.28	405.96
(1)猪　　肉	149.16	114.96	132.72	155.52	152.76	201.84
(2)牛　　肉	46.56	34.32	42.48	49.44	46.32	64.08
(3)羊　　肉	23.64	13.68	19.20	26.04	31.20	29.88
(4)其　他　肉	10.20	7.92	9.48	10.44	8.76	15.72
(5)肉　制　品	67.32	44.28	53.76	69.72	81.36	94.44
2.禽类	70.80	44.88	59.04	75.84	76.80	106.08
(1)鸡	18.24	13.44	16.56	18.96	18.00	25.92
(2)鸭	5.88	3.36	5.40	7.20	6.12	7.68
(3)其他禽类	1.92	1.44	2.04	1.92	1.92	2.28
(4)禽　制　品	44.88	26.76	34.92	47.76	50.64	70.08

7—5 续表 1　　(2002 年)　　计量单位:元

指标名称	总计	按不等距5组分组				
		低收入组	较低收入组	中等收入组	较高收入组	高收入组
3.蛋类	77.64	71.64	72.96	82.56	74.64	88.80
(1)鲜蛋	72.48	69.12	67.92	77.52	70.44	78.84
(2)蛋制品	5.16	2.52	5.04	5.04	4.20	9.96
4.水产品类	99.24	53.76	79.56	104.04	107.52	166.68
(1)鱼	47.04	29.52	39.96	49.68	48.72	73.56
(2)虾	36.36	19.20	29.64	36.96	38.52	63.24
(3)其他水产品	8.52	2.40	4.44	9.12	10.20	18.72
(4)水产制品	7.32	2.64	5.52	8.28	10.20	11.16
(三)蔬菜类	230.52	188.64	206.16	230.16	234.60	310.32
1.鲜菜	218.16	181.20	199.92	220.44	215.40	289.32
2.干菜	351.84	360.12	331.44	341.40	370.68	343.56
3.菜制品	3.12	1.92	1.20	2.52	5.28	5.52
(四)调味品	33.96	22.56	27.60	36.12	34.32	53.40
(五)糖烟酒饮料类	309.36	229.32	283.68	311.28	326.16	422.16
1.糖类	39.36	24.48	36.36	43.32	42.96	53.52
2.烟草类	97.92	80.88	102.12	96.24	97.08	117.72
3.酒类	85.56	68.28	73.92	89.16	90.12	112.80
(1)白酒	56.16	49.44	45.96	53.52	61.56	74.40
(2)果酒	5.40	1.68	4.80	4.68	6.36	11.04
(3)啤酒	21.72	16.44	20.88	29.04	19.56	23.40
(4)其他酒	2.28	0.84	2.28	1.92	2.64	3.84
4.饮料	86.52	55.56	71.40	82.68	96.00	138.12
(1)碳酸饮料	15.12	13.20	12.84	14.04	14.76	22.44
(2)果蔬饮料	13.32	6.60	10.20	13.32	14.16	24.48
(3)瓶装饮用水	6.36	4.56	5.04	6.24	6.60	10.20

7—5 续表 2　　(2002 年)　　计量单位:元

指 标 名 称	总 计	按不等距5组分组				
		低收入组	较低收入组	中等收入组	较高收入组	高收入组
(4)茶　叶	26.64	15.36	25.32	25.32	30.48	39.60
(5)咖啡可可粉	1.80	1.80	1.32	0.72	2.40	3.12
(6)其 他 饮 料	23.28	14.04	16.80	22.92	27.60	38.40
(六)干鲜瓜果类	172.80	113.64	146.40	172.80	184.68	267.60
1.鲜　果	120.60	82.92	103.92	120.12	130.56	178.80
2.鲜　瓜	21.36	16.08	18.12	22.08	24.00	28.44
3.干　果	9.96	6.48	8.40	8.88	8.40	19.44
4.瓜 果 制 品	4.68	2.40	2.64	4.56	5.16	9.84
5.坚果及果仁	16.08	5.64	13.32	17.16	16.68	31.08
(七)糕点、奶及奶制品	198.60	136.44	165.72	222.36	210.72	277.32
1.糕　点	49.68	29.88	44.04	56.52	59.16	62.76
2.奶及奶制品	148.92	106.44	121.68	165.84	151.56	214.56
(1)鲜 乳 品	93.84	66.96	68.40	109.68	96.84	138.12
(2)奶　粉	16.08	15.60	16.92	15.24	12.24	21.24
(3)酸　奶	24.36	14.16	21.12	25.92	28.08	35.16
(4)其他奶制品	14.64	9.72	15.12	14.88	14.40	19.92
(八)其他食品	28.80	12.36	27.36	23.64	35.16	50.16
#半 成 品	3.36	2.28	3.12	2.52	4.08	4.92
(九)饮食服务	203.40	93.96	127.92	181.20	296.40	354.36
1.食品加工服务费	2.64	2.04	3.12	2.52	1.56	4.08
2.在外饮食	200.88	92.04	124.92	178.68	294.84	350.28
(1)购自食堂	66.12	21.84	45.36	67.08	108.36	97.92
(2)购自饮食业	116.28	56.64	61.68	91.44	167.16	229.92
(3)在亲友家搭伙支出	18.36	13.44	17.76	20.04	19.32	22.32
非食品类	3 772.92	1 970.04	2 752.80	3 704.04	4 861.80	6 154.20

7—5 续表 3　　(2002 年)　　计量单位:元

指标名称	总计	按不等距5组分组				
		低收入组	较低收入组	中等收入组	较高收入组	高收入组
二、衣　着	674.04	283.92	490.56	735.24	877.20	1 091.28
(一)服　装	453.84	174.36	314.40	482.28	615.00	762.48
1.男士服装	170.52	59.64	127.08	183.72	205.68	309.72
2.女士服装	238.68	88.68	147.00	250.56	347.76	402.36
3.童　装	44.76	26.04	40.32	48.00	61.56	50.52
(二)衣着材料	25.92	14.16	22.80	30.36	32.28	31.80
(三)鞋　类	138.36	69.12	102.00	160.68	167.04	212.52
(四)其他衣着用品	40.32	18.00	36.96	43.08	44.88	64.68
(五)衣着加工服务费	15.60	8.28	14.28	18.84	17.88	19.80
三、家庭设备用品及服务	452.16	196.80	285.24	376.20	637.20	859.20
(一)耐用消费品	269.04	110.04	139.92	218.28	430.92	502.56
1.家　具	72.00	51.84	11.16	37.20	128.64	147.84
(1)成套家具	39.84	16.56	—	16.92	61.20	121.08
(2)其他家具	32.16	35.16	11.16	20.40	67.44	26.76
2.家庭设备	197.04	58.20	128.76	181.08	302.28	354.60
(1)洗衣机	14.76	2.04	6.12	16.08	23.64	30.12
(2)电风扇	1.92	2.16	0.24	3.24	2.04	2.28
(3)电冰箱	31.20	—	15.60	44.28	59.04	42.24
(4)冰　柜	2.16	5.04	—	5.04	—	—
(5)微波炉	12.48	6.84	10.32	12.96	13.44	20.76
(6)空调器	72.48	18.96	52.80	47.28	129.96	127.32
(7)电炊具	9.00	6.12	1.80	8.76	13.32	17.04
(8)淋浴热水器	22.56	3.84	22.32	13.56	19.80	60.72
(9)排油烟机	4.32	0.60	—	8.28	6.12	7.92
(10)吸尘器	0.36	—	—	1.68	—	—

7—5 续表 4　　(2002 年)　　计量单位:元

指标名称	总计	按不等距5组分组				
		低收入组	较低收入组	中等收入组	较高收入组	高收入组
(11)消毒碗柜	0.36	—	—	—	—	2.52
(12)洗碗机	0.60	0.84	—	—	—	2.52
(13)饮水机	4.20	7.56	1.80	5.40	4.68	0.96
(14)取暖器	5.40	—	9.36	2.76	2.88	13.44
(15)其他	15.00	4.08	8.52	11.76	27.24	26.88
(二)室内装饰品	20.28	5.64	14.28	18.48	26.76	40.68
1.纺织装饰品	3.72	1.20	2.76	4.32	4.20	7.20
2.装饰灯具	8.16	3.72	7.80	9.84	9.60	10.44
3.其他装饰品	8.40	0.72	3.84	4.44	12.96	22.92
(三)床上用品	31.80	12.96	19.56	23.40	43.56	67.56
(四)家庭日用杂品	96.96	56.16	84.12	95.04	99.48	165.00
1.厨、餐、茶具	17.28	9.00	13.92	15.48	15.72	35.76
2.家用工具	4.80	2.88	6.12	1.68	6.12	7.80
3.家居清洁用品	18.84	9.60	18.96	21.12	19.32	27.48
4.其他日用杂品	56.04	34.56	45.12	56.64	58.32	93.96
(五)家具材料	11.64	0.84	0.72	10.20	15.36	36.60
(六)家庭服务	22.44	11.28	26.64	10.80	21.00	46.80
1.家政服务	12.12	1.80	10.68	5.28	7.44	40.44
2.加工维修服务费	10.32	9.48	15.96	5.40	13.56	6.48
四、医疗保健	578.52	357.72	452.52	499.56	767.76	888.24
(一)医疗器具	12.24	8.52	3.60	8.88	16.68	26.52
(二)保健器具	15.00	3.36	7.44	5.40	27.24	36.00
(三)药品费	284.28	179.40	210.60	255.24	378.72	433.68
(四)滋补保健品	47.28	24.36	36.24	29.04	63.60	92.76
(五)医疗费	204.84	133.80	180.00	181.68	262.20	286.44

7—5 续表 5　　(2002 年)　　计量单位:元

指标名称	总计	按不等距5组分组				
		低收入组	较低收入组	中等收入组	较高收入组	高收入组
(六)其　他	14.88	8.28	14.52	19.32	19.44	12.72
五、交通和通讯	533.28	237.60	419.88	481.80	694.68	924.00
(一)交　通	183.72	85.80	125.52	146.76	213.12	390.72
1.家庭交通工具	38.16	30.72	29.52	38.64	35.28	61.68
(1)摩 托 车	10.56	11.52	—	10.44	—	35.16
(2)自 行 车	24.72	19.08	29.40	27.96	23.16	24.24
(3)助 力 车	2.40	—	—	—	12.12	—
(4)其他交通工具	0.48	—	—	0.12	—	2.40
2.车辆用燃料及零配件	16.20	4.32	5.40	4.32	15.00	60.24
(1)燃　料	10.56	1.68	2.88	2.28	12.36	39.48
(2)零 配 件	3.96	1.20	1.92	1.68	1.68	15.48
(3)其　他	1.56	1.56	0.48	0.36	0.96	5.28
3.交通工具服务支出	15.36	8.64	13.20	13.32	16.20	27.84
(1)维 修 费	12.72	7.92	7.80	13.08	13.20	24.24
(2)车辆使用税费	1.08	0.12	3.00	—	0.96	1.08
(3)其它车辆使用费用	1.56	0.60	2.40	0.24	2.04	2.52
4.交 通 费	114.00	42.12	77.52	90.48	146.64	240.96
(1)飞　机	2.40	—	—	3.24	—	10.08
(2)火　车	36.36	7.92	17.16	18.48	52.20	98.88
(3)长途汽车	12.96	8.76	9.24	8.88	14.76	25.68
(4)市内公共交通	17.64	10.92	23.40	18.00	15.00	21.60
(5)出租汽车费	42.00	13.80	26.64	38.40	60.84	79.20
(6)其他交通费	2.76	0.72	1.08	3.48	3.84	5.52
(二)通　信	349.56	151.68	294.36	335.04	481.56	533.28
1.通信工具	72.96	22.44	52.20	79.32	124.68	94.92

7—5 续表 6　　(2002 年)　　计量单位:元

指标名称	总计	按不等距 5 组分组				
		低收入组	较低收入组	中等收入组	较高收入组	高收入组
(1)电话机	3.96	4.20	5.28	4.80	2.76	2.52
(2)移动电话	65.04	13.68	42.12	72.48	120.36	85.44
(3)寻呼机	0.72	0.60	1.80	1.08	—	—
(4)其他通信工具	3.12	4.08	2.88	0.84	1.56	6.96
2.通信服务	276.60	129.24	242.16	255.72	356.76	438.24
(1)电信费	263.64	120.96	233.52	247.08	341.88	410.88
(2)邮费	3.96	0.96	3.36	3.48	3.72	9.12
(3)其他	9.12	7.32	5.40	5.28	11.16	18.36
六、教育文化娱乐服务	780.36	459.48	529.68	879.60	982.92	1 149.12
(一)文化娱乐用品	229.32	102.00	79.44	323.04	302.88	383.04
1.彩色电视机	25.68	11.52	10.32	26.88	15.96	73.08
2.影碟机	8.04	6.24	5.76	1.68	4.20	25.68
3.家用电脑	95.64	34.80	7.32	200.40	159.36	85.68
(1)整机电脑	88.20	31.08	—	194.16	151.92	71.76
(2)计算机外部设备	3.48	—	0.12	3.60	6.96	7.68
(3)各种零配件及耗材	3.96	3.72	7.20	2.64	0.36	6.24
5.组合音响	1.32	3.48	—	—	—	3.48
6.录音机	4.32	3.48	4.08	4.32	0.96	9.60
7.照相机	8.16	—	—	11.28	16.80	15.00
8.其他中高档乐器	0.72	—	—	3.72	—	—
9.健身器材	1.92	—	—	0.60	2.76	6.96
10.电子辞典	1.68	1.44	0.84	1.92	0.84	3.36
11.音像制品及软件	6.84	2.76	3.48	3.12	9.72	17.16
12.体育用品	3.96	1.32	1.08	3.96	3.48	11.52
13.书报杂志	45.72	24.00	31.92	39.24	58.44	83.28
14.纸张文具	8.52	5.76	6.72	10.56	10.92	9.00

7—5 续表 7　　(2002 年)　　计量单位:元

指标名称	总计	按不等距5组分组				
		低收入组	较低收入组	中等收入组	较高收入组	高收入组
15.其他文娱用品	16.92	7.08	8.04	15.36	19.44	39.36
(二)文化娱乐服务	94.32	19.56	40.20	86.88	175.44	170.76
1.参观游览	31.80	5.16	12.36	17.64	82.08	47.52
2.健身活动	3.12	0.48	0.72	1.44	4.08	9.96
3.团体旅游	28.32	0.12	7.56	38.16	49.56	53.40
4.其它文娱活动	24.48	11.16	16.32	23.16	28.56	48.36
5.文娱用品修理服务费	6.72	2.64	3.24	6.48	11.04	11.40
(三)教育	456.72	337.92	410.04	469.68	504.60	595.32
1.教材	51.12	49.44	50.64	46.56	61.68	46.68
(1)课本及参考书	35.40	37.92	32.88	30.12	44.52	30.36
(2)教育软件	5.40	4.32	7.32	5.76	4.68	5.04
(3)其它教材	10.32	7.20	10.56	10.56	12.36	11.28
2.教育费用	405.60	288.48	359.40	423.12	442.92	548.64
(1)非义务教育学杂费	140.40	132.24	123.96	134.64	156.96	158.40
(2)义务教育学杂费	25.32	26.16	29.52	29.16	25.08	15.00
(3)托幼费	38.88	47.28	48.60	33.84	33.00	28.92
(4)成人教育费	45.48	7.20	43.92	78.00	51.60	50.64
(5)家教费	17.52	5.16	12.00	30.00	31.56	8.88
(6)培训班	44.04	32.76	36.60	48.36	58.32	45.84
(7)学校住宿费	12.72	4.92	12.24	8.76	15.48	24.96
(8)其他	81.12	32.64	52.44	60.24	71.16	215.88
七、居住	608.64	365.52	483.60	587.88	696.96	997.08
(一)住房	157.56	24.72	114.60	150.36	237.00	296.16
1.租赁房房租	21.96	17.88	58.68	12.96	12.84	3.00
2.住房装潢	112.20	1.92	43.68	115.44	186.84	246.84
3.维修用建筑材料	16.08	2.88	5.28	11.52	26.52	39.48

7—5 续表 8　　(2002 年)　　计量单位:元

指标名称	总计	按不等距5组分组				
		低收入组	较低收入组	中等收入组	较高收入组	高收入组
4.其　　他	7.32	2.04	6.96	10.32	10.80	6.84
(二)水电燃料及其他	432.84	327.24	356.76	417.00	439.32	674.88
1.水	44.28	30.60	37.92	44.16	50.52	62.52
2.电	136.20	96.00	109.92	148.20	142.20	199.32
3.燃　　料	153.96	141.72	143.04	144.12	156.48	192.36
(1)煤　　炭	14.88	25.20	20.04	8.76	11.52	6.48
(2)液化石油气	65.64	73.80	68.64	65.40	59.28	59.76
(3)管道煤气	55.92	29.64	40.20	61.68	57.72	100.32
(4)其他燃料	17.52	12.96	14.28	8.28	27.96	25.92
4.其　　他	98.40	59.04	66.00	80.52	90.12	220.56
(三)居住服务费	18.24	13.56	12.24	20.64	20.52	26.04
1.物业管理费	6.00	5.28	2.04	6.48	7.44	9.36
2.维修服务费	6.36	5.28	4.20	6.60	7.56	8.52
3.其　　它	5.88	3.00	6.00	7.44	5.40	8.16
八、杂项商品和服务	145.92	69.00	91.44	143.64	205.20	245.40
(一)杂项商品	78.72	35.64	49.20	77.16	110.52	135.36
1.金银珠宝饰品	12.12	0.24	5.88	5.16	14.88	40.08
2.手　　表	3.48	2.64	3.00	2.40	4.44	5.28
3.理发美容用具	2.76	1.44	1.92	2.88	3.24	4.56
4.化妆品	38.88	15.36	24.12	40.32	67.68	51.96
5.其他杂品	21.48	15.96	14.28	26.28	20.40	33.60
(二)服　　务	67.20	33.36	42.24	66.48	94.68	109.92
1.旅馆住宿费	5.88	—	0.84	6.00	12.00	12.00
2.理发洗澡费	32.88	20.52	26.64	35.64	44.04	39.84
3.美容费	12.96	2.64	6.96	8.64	26.16	22.68
4.其他服务	15.60	10.20	7.68	16.20	12.48	35.28

八、城市公用设施

城 市 公 用 事 业

8—1

指 标 名 称	计量单位	2002年	指 标 名 称	计量单位	2002年
一、建设用地			生活垃圾无害化处理率	%	100.00
建成区面积	平方公里	118.2	水冲公厕比率	%	95.74
#居住用地	平方公里	38.46	三、供 水		
公共设施用地	平方公里	10.56	综合生产能力	万立方米/日	101.79
道路广场用地	平方公里	8.10	#地下水	万立方米/日	61.79
市政公用设施用地	平方公里	5.21	供水管道长度	公里	1 178
绿 地	平方公里	14.93	年供水总量	万立方米	28 078
二、城市设施水平			#生产运营用水	万立方米	13 303
人均日生活用水量	升	151.28	公共服务用水	万立方米	2 907
用水普及率	%	100.00	居民家庭用水	万立方米	8 024
燃气普及率	%	100.00	年售水量	万立方米	16 587
每万人拥有公共交通车辆	标台	8.74	年免费供水量	万立方米	8 977
人均道路面积	平方米	8.41	重复用水量	万立方米	69 306
路网密度	公里/平方公里	1.96	节约用水量	万立方米	2 814
排水管道密度	公里/平方公里	11.43	用水人口	万人	197.96
污水处理率	%	32.12	四、燃 气		
人均公共绿地面积	平方米	4.05	煤气生产能力	万立方米/日	63.0
建成区绿地率	%	29.93	储气能力		
建成区绿化覆盖率	%	34.75	煤 气	万立方米	19.4

8—1 续表 1

指标名称	计量单位	2002年	指标名称	计量单位	2002年
液化石油气	吨	1 273	液化石油气	万人	103.82
供气管道长度	公里	296	五、集中供热		
购气量			蒸汽供热能力	吨/小时	3 134
煤　　气	万立方米	11 725	蒸汽供热量	万吉焦	2 697
液化石油气	吨	34 878	蒸汽供热管道长度	公里	293
供气总量			热水供热能力	兆瓦	707
煤　　气	万立方米	10 558	热水供热量	万吉焦	224
液化石油气	吨	34 878	热水供热管理长度	公里	93
家庭用气量			集中供热面积	万平方米	3 105
煤　　气	万立方米	5 866	#住宅	万平方米	2 462
液化石油气	吨	28 543	六、公共交通		
用气户数	万户	535 192	运营车辆	辆	1 891
煤　　气	万户	227 524	#小公共汽车	辆	954
液化石油气	万户	307 668	标准运营车辆	标台	1 731
家庭用气户数	万户	528 801	运营线路网长度	公里	727
煤　　气	万户	227 301	客运总量	万人次	10 982
液化石油气	万户	301 500	#小公共汽车	万人次	6 018
用气人口	万人	197.82	年末实有出租汽车	辆	6 553
煤　　气	万人	94	七、市政设施		

8—1 续表 2

指 标 名 称	计量单位	2002年	指 标 名 称	计量单位	2002年
道路长度	公里	894.55	#建成区	公顷	3 537.4
道路面积	万平方米	1 664.1	公共绿地面积	公顷	801.95
#人行道面积	万平方米	418.1	公园个数	个	28
桥梁数	座	264	公园面积	公顷	290
#立交桥	座	34	游人量	万人次	2 265.82
路灯盏数	盏	40 752	九、市容环境卫生		
排水管道长度	公里	1 350.9	道路清扫保洁面积	万平方米	1 737.4
#污水管道	公里	400	#机械化	万平方米	399.9
污水年排放量	万立方米	23 866	生活垃圾清运量	万吨	83.5
污水处理能力	万立方米/日	26	粪便清运量	万吨	15.9
污水处理量	万立方米	5 840	生活垃圾无害化处理厂	座	2
污水处理总量	万立方米	7 665	生活垃圾无害化处理能力	吨/日	2 320
防洪堤长度	公里	32	生活垃圾无害化处理量	万吨	83.5
#百年以上一遇	公里	11.5	粪便清运量	万吨	15.9
八、园林绿化			粪便无害化处理量	力吨	15.9
绿化覆盖面积	公顷	4 614	公厕数量	座	470
#建成区	公顷	4 107.3	#水冲式	座	450
园林绿地面积	公顷	4 048.6	市容环卫专用车辆	台	344

工业“三废”排放及处理利用情况

8—2

指　标　名　称	计量单位	2002年	指　标　名　称	计量单位	2002年
一、工业废水			5.二氧化硫排放量	吨	120 268.08
1.工业重复用水率	%	87.95	#燃料燃烧中排放的	吨	108 140.46
2.废水治理设施	套	511	#排放达标量	吨	76 427.38
3.废水治理设施处理能力	万吨/日	149.27	生产工艺中排放的	吨	12 127.62
4.工业废水排放总量	万吨	19 043.81	#排放达标量	吨	5 051.80
#排入污水处理厂的	万吨	1 812.80	6.烟尘去除量	万吨	130.15
5.工业废水排放达标量	万吨	17 137.38	7.烟尘排放量	吨	87 337.68
6.工业废水排放达标率	%	89.99	#排放达标量	吨	76 611.12
7.工业废水中污染物去除量			8.工业粉尘去除量	吨	463 139.82
挥　发　酚	吨	388.10	9.工业粉尘排放量	吨	152 997.28
氰　化　物	吨	243.65	#排放达标量	吨	128 839.43
化学需氧量	吨	133 193.02	三、工业固体废物		
石　油　类	吨	8 679.19	1.工业固体废物产生量	万吨	506.43
氨　　氮	吨	4 510.34	#危险废物	吨	65 075.20
8.工业废水中污染排放量			冶炼废渣	万吨	64.21
挥　发　酚	吨	1.23	粉　煤　灰	万吨	205.54
氰　化　物	吨	3.18	炉　　渣	万吨	103.36
化学需氧量	吨	112 993.02	煤　矸　石	万吨	0.4
石　油　类	吨	212.96	尾　　矿	万吨	9.69
氨　　氮	吨	6 509.10	2.工业固体废物综合利用量	万吨	428.83
二、工业废气			#危险废物	吨	23 857.20
1.工业废气排放总量	亿标立米	1 319.00	冶炼废渣	万吨	64.02
#燃料燃烧中排放的	亿标立米	1 015.51	粉　煤　灰	万吨	156.98
生产工艺中排放的	亿标立米	303.49	炉　　渣	万吨	99.72
2.废气治理设施	套	1 269	煤　矸　石	万吨	0.40
3.废气治理设施处理能力	万标立方米/时	2 492.42	尾　　矿	万吨	3.84
4.二氧化硫去除量	吨	12 986.02	3.工业固体废物综合利用率	%	84.68
#燃料燃烧中去除的	吨	8 829.00	4.工业固体废物贮存量	万吨	66.86
生产工艺中去除的	吨	4 157.02	5.工业固体废物处置量	万吨	9.96

九、农 村 经 济

农村基本情况及农业生产条件

9—1

(2002 年)

行政单位	一、农村基层组织情况			二、农村基础设施		
	(一)乡镇个数	#镇个数(个)	(二)村委会个数(个)	(一)自来水受益村(个)	(二)通汽车村数(个)	(三)通电话村数(个)
石家庄市	**223**	**120**	**4 488**	**3 902**	**4 485**	**4 456**
长安区	3	3	35	35	35	35
桥东区	1	1	11	11	11	11
桥西区	1	—	26	26	26	26
新华区	4	2	27	27	27	27
裕华区	2	2	30	30	30	30
矿区	3	2	32	32	32	32
高新区	1	—	9	9	9	9
井陉县	17	10	318	247	315	315
正定县	9	4	174	174	174	174
栾城县	8	5	182	182	182	182
行唐县	15	4	330	163	330	330
灵寿县	15	6	279	143	279	279
高邑县	5	1	107	107	107	107
深泽县	6	2	125	109	125	125
赞皇县	11	2	212	116	212	200
无极县	11	6	213	212	213	213
平山县	23	12	717	670	717	700
元氏县	15	6	208	156	208	208
赵县	11	7	281	281	281	281
辛集市	15	8	341	341	341	341
藁城市	14	13	239	239	239	239
晋州市	10	8	224	224	224	224
新乐市	11	8	160	160	160	160
鹿泉市	12	8	208	208	208	208

9—1 续表 1　　　　　　　　　　(2002 年)

行政单位	三、乡村户数(户)	四、乡村人口数(人)	五、乡村劳动力资源数(人)	#劳动年龄内人数(人)	六、乡村从业人员(人)	#劳动年龄内从业人员数(人)
石家庄市	**1 793 951**	**6 737 540**	**3 806 232**	**3 609 764**	**3 548 477**	**3 407 150**
长安区	28 802	86 414	51 492	50 402	49 910	48 820
桥东区	8 059	26 517	14 869	13 845	14 080	13 802
桥西区	18 296	55 743	33 881	31 793	30 133	29 534
新华区	23 075	65 940	34 556	31 897	29 855	27 473
裕华区	28 919	107 173	60 679	58 115	57 384	54 318
矿区	12 108	32 931	14 666	14 072	14 355	13 830
高新区	7 012	24 804	14 724	14 632	13 260	13 103
井陉县	81 092	284 071	158 977	149 150	143 419	133 592
正定县	96 062	376 375	225 523	217 283	217 113	205 017
栾城县	70 301	294 352	170 281	163 986	163 906	158 734
行唐县	99 993	378 720	193 017	184 960	184 259	176 996
灵寿县	70 544	271 028	141 193	132 671	131 399	117 263
高邑县	38 847	156 134	87 502	84 461	86 863	83 140
深泽县	59 070	220 334	126 844	120 181	121 800	115 137
赞皇县	57 098	211 889	119 859	114 418	110 288	104 848
无极县	114 261	445 704	252 515	251 123	245 809	235 707
平山县	114 980	420 315	208 100	197 300	201 700	196 006
元氏县	89 973	356 675	218 150	193 230	185 115	182 222
赵县	138 832	512 468	293 740	279 585	273 895	272 072
辛集市	150 433	547 414	329 926	297 721	298 098	282 522
藁城市	173 498	684 168	410 233	391 964	386 985	369 270
晋州市	129 854	471 212	275 628	261 543	256 625	249 463
新乐市	97 798	402 241	204 630	197 021	180 875	172 930
鹿泉市	85 044	304 918	165 247	158 411	151 351	151 351

9—1 续表 2

（2002 年）

行政单位	六、乡村从业人员（人）（续）					
	1.按性别分		2.按国民经济行业分			
	（1）男	（2）女	（1）农林牧渔业从业人员	#种植业	（2）工业从业人员	#采掘业
石家庄市	**1 867 943**	**1 680 534**	**1 651 080**	**1 392 565**	**805 002**	**36 751**
长安区	23 950	25 960	11 390	8 060	22 240	25
桥东区	6 929	7 151	3 253	2 699	6 530	270
桥西区	14 072	16 061	4 433	3 853	10 743	—
新华区	15 500	14 355	5 687	5 158	13 811	—
裕华区	28 351	29 033	13 964	11 192	17 281	—
矿区	7 495	6 860	4 561	3 886	5 347	2 108
高新区	7 066	6 194	5 536	4 827	2 601	—
井陉县	77 307	66 112	75 323	61 800	26 566	13 264
正定县	112 943	104 170	71 229	53 463	42 418	1 659
栾城县	86 769	77 137	102 623	92 294	24 069	—
行唐县	95 234	89 025	100 464	72 684	28 138	1 775
灵寿县	72 453	58 946	93 872	65 209	16 935	1 722
高邑县	45 333	41 530	47 172	43 286	17 729	98
深泽县	64 379	57 421	69 363	57 492	14 086	425
赞皇县	64 088	46 200	57 349	37 522	11 135	950
无极县	122 923	122 886	120 526	96 063	69 673	—
平山县	119 720	81 980	138 966	130 015	35 257	8 206
元氏县	97 673	87 442	130 495	123 550	16 520	1 080
赵县	139 495	134 400	130 970	120 806	60 979	—
辛集市	158 501	139 597	125 486	110 969	73 732	—
藁城市	200 958	186 027	93 600	78 384	120 378	328
晋州市	135 075	121 550	118 376	100 448	79 634	150
新乐市	91 023	89 852	50 367	42 705	57 203	365
鹿泉市	80 706	70 645	76 075	66 200	31 997	4 326

9—1 续表 3

(2002 年)

行政单位	六、乡村从业人员(人)(续)					
	2.按国民经济行业分(续)					
	(2)工业从业人员(续)		(3) 建筑业从业人员	(4) 交通运输业、仓储业和邮电通讯业从业人员	(5) 批发、零售贸易业、餐饮业从业人员	(6) 金融、保险业从业人员
	制造业	电力、煤气及水的生产和供应业				
石家庄市	**748 477**	**19 774**	**295 194**	**176 601**	**261 188**	**13 481**
长安区	21 964	251	6 694	1 062	4 127	110
桥东区	6 045	215	414	319	765	68
桥西区	10 650	93	2 154	1 104	3 698	87
新华区	12 515	1 296	1 472	920	2 553	92
裕华区	17 251	30	8 487	3 059	6 521	241
矿区	3 062	177	622	1 305	993	57
高新区	2 499	102	2 094	727	845	37
井陉县	12 668	634	7 160	9 331	4 796	239
正定县	37 621	3 138	31 777	13 291	18 518	687
栾城县	23 345	724	12 260	4 174	7 618	377
行唐县	25 941	422	16 925	7 645	6 529	536
灵寿县	14 996	217	4 140	3 539	4 093	417
高邑县	17 543	88	5 244	3 562	7 191	472
深泽县	12 916	745	9 307	7 157	8 621	410
赞皇县	10 003	182	6 826	8 766	18 476	680
无极县	68 881	792	17 482	8 258	18 859	1 140
平山县	25 045	2 006	5 604	3 670	4 690	560
元氏县	14 950	490	13 090	4 810	4 312	345
赵县	59 699	1 280	21 458	16 525	17 750	1 425
辛集市	72 778	954	28 911	11 688	12 821	1 865
藁城市	118 046	2 004	49 110	36 683	51 273	1 506
晋州市	78 517	967	13 799	9 247	20 003	864
新乐市	55 130	1 708	18 049	11 632	24 120	860
鹿泉市	26 412	1 259	12 115	8 127	12 016	406

9—1 续表 4　　(2002 年)

行政单位	六、乡村从业人员(人)(续) 2.按国民经济行业分(续) (7)地质勘查业、水利管理业从业人员	(8)房地产业从业人员	(9)社会服务业从业人员	(10)卫生体育和社会福利业从业人	(11)教育文化艺术和广播电视事业从业人	(12)科学研究和综合技术服务事业从业人
石家庄市	**1 556**	**1 573**	**44 591**	**17 447**	**30 397**	**3 535**
长安区	9	35	567	188	223	60
桥东区	54	60	538	66	75	17
桥西区	2	186	1 014	277	262	35
新华区	17	82	895	196	359	40
裕华区	23	103	1 372	433	528	68
矿区	22	3	272	150	60	2
高新区	—	66	193	335	218	123
井陉县	73	54	1 425	786	759	93
正定县	7	213	3 310	1 229	2 518	218
栾城县	16	35	863	634	1 543	89
行唐县	125	5	1 526	1 170	1 123	8
灵寿县	65	20	1 446	549	883	101
高邑县	—	6	170	76	327	38
深泽县	44	—	1 020	652	1 131	40
赞皇县	—	—	408	219	242	175
无极县	—	—	2 860	1 130	2 250	158
平山县	610	45	280	1 314	1 080	180
元氏县	30	420	11 740	370	800	123
赵县	—	—	4 896	1 423	3 197	589
辛集市	93	105	2 454	1 346	2 155	274
藁城市	6	43	3 721	1 834	4 334	491
晋州市	31	—	1 736	1 006	2 356	287
新乐市	13	72	945	1 270	3 100	205
鹿泉市	316	20	940	794	874	121

9—1 续表 5

(2002 年)

行政单位	六、乡村从业人员(人)(续)					
	2.按国民经济行业分(续)			3.按文化程度分		
	(13)国家机关政党机关和社会团体从业人员	(14)其他从业人员	#外出合同工、临时工	(1)文盲、半文盲从业人员	(2)小学文化程度从业人员	(3)初中文化程度从业人员
石家庄市	**14 347**	**232 485**	**127 133**	**82 338**	**947 771**	**1 698 106**
长安区	304	2 901	2 250	40	7 456	27 480
桥东区	50	1 871	1 372	140	2 539	5 469
桥西区	604	5 534	3 611	51	4 983	122 39
新华区	337	3 394	2 079	--	4 635	10 223
裕华区	299	5 005	2 572	302	13 133	28 394
矿区	79	882	431	117	2 320	6 834
高新区	223	262	--	114	1 287	8 455
井陉县	1 134	15 680	12 791	8	42 508	70 609
正定县	1 012	30 686	14 223	5 706	51 124	114 050
栾城县	226	9 379	6 344	3 048	54 945	73 712
行唐县	397	19 668	10 965	1 017	52 983	88 077
灵寿县	169	5 170	2 003	8 756	41 364	56 913
高邑县	225	4 651	2 893	510	18 636	36 779
深泽县	334	9 635	7 467	1 087	44 551	54 513
赞皇县	158	5 854	5 518	4 636	27 927	64 688
无极县	796	2 677	200	10 000	93 788	95 004
平山县	1 040	8 404	5 620	18 406	45 485	89 867
元氏县	560	1 500	450	9 092	53 550	80 284
赵县	1 463	13 220	2 685	4 564	63 793	156 808
辛集市	1 172	35 996	16 440	7 078	76 108	148 839
藁城市	1 133	22 873	11 910	3 030	109 408	194 708
晋州市	779	8 507	4 467	249	64 436	123 260
新乐市	1 010	12 029	7 920	2 015	35 320	81 920
鹿泉市	843	6 707	2 922	2 372	35 492	68 981

9—1 续表 6

（2002 年）

行政单位	六、乡村从业人员（人）（续） 3.按文化程度分（续） (4) 高中文化程度从业人员	 (5) 中专文化程度从业人员	 (6) 大专及以上文化程度从业人员	七、耕地情况（公顷） (一) 年初耕地总资源	 (二) 年内减少耕地面积
石家庄市	**725 946**	**68 910**	**25 406**	**616 273**	**15 971**
长安区	12 580	1 660	694	4 251	48
桥东区	4 944	716	272	531	24
桥西区	10 688	1 542	630	1 647	40
新华区	9 172	4 585	1 240	2 420	72
裕华区	13 822	1 380	353	4 895	642
矿区	4 622	347	115	2 462	350
高新区	1 573	892	939	856	84
井陉县	27 847	2 157	290	22 637	43
正定县	41 027	3 946	1 260	30 935	864
栾城县	30 246	1 368	587	26 836	112
行唐县	41 522	542	118	42 035	2 333
灵寿县	23 156	1 083	127	28 002	2 723
高邑县	26 787	3 381	770	16 958	39
深泽县	21 274	294	81	20 479	422
赞皇县	12 475	456	106	18 462	2 686
无极县	43 910	2 100	1 007	35 801	182
平山县	31 556	11 970	4 416	40 031	3 134
元氏县	31 860	7 054	3 275	39 041	1 289
赵县	43 725	3 250	1 755	51 266	114
辛集市	57 967	5 578	2 528	69 740	73
藁城市	75 170	3 792	877	57 460	38
晋州市	66 210	1 836	634	41 962	91
新乐市	54 150	5 140	2 330	28 647	98
鹿泉市	39 663	3 841	1 002	28 919	470

9—1 续表 7

(2002 年)

行政单位	七、耕地情况(公顷)(续) 年内减少耕地面积中: 国家基建占地	退耕还林还草占地	(三)年末耕地总资源	#常用耕地	#水浇地
石家庄市	**1 170**	**13 253**	**601 426**	**577 203**	**514 970**
长安区	25	22	4 203	4 203	4 203
桥东区	24	—	507	507	507
桥西区	3	—	1 607	1 607	1 607
新华区	—	58	2 348	2 336	2 202
裕华区	642	—	4 253	4 253	4 253
矿区	—	333	2 116	2 116	2 116
高新区	53	29	772	721	721
井陉县	—	40	22 594	22 594	11 351
正定县	50	—	30 273	27 303	27 303
栾城县	74	—	26 733	26 733	26 733
行唐县	—	2 333	39 702	35 581	26 775
灵寿县	—	2 723	25 333	23 431	16 168
高邑县	—	—	16 999	16 999	15 970
深泽县	4	333	20 104	19 940	19 940
赞皇县	20	2 666	15 851	15 851	9 630
无极县	12	—	35 657	35 303	35 303
平山县	—	3 100	36 970	30 205	16 780
元氏县	35	1 234	37 789	35 940	25 870
赵县	70	—	51 165	51 165	51 165
辛集市	65	—	69 667	69 667	69 667
藁城市	17	2	57 503	54 830	54 830
晋州市	—	—	41 937	40 604	40 604
新乐市	26	71	28 810	28 006	28 006
鹿泉市	50	309	28 533	27 308	23 266

9—1 续表 8 (2002 年)

行政单位	八、农业机械化情况					
	农用机械总动力(千瓦)				(一)耕作机械	
					大中型拖拉机	
	合计	1.柴油发动机动力	2.汽油发动机动力	3.电动机动力	(台)	(千瓦)
石家庄市	**17 299 345**	**12 100 198**	**367 493**	**4 831 654**	**14 872**	**601 187**
长安区	211 870	75 151	26 228	110 491	163	6 715
桥东区	8 063	4 158	—	3 905	36	1 395
桥西区	25 318	10 212	6 286	8 820	60	2 507
新华区	43 087	20 818	11 679	10 590	135	5 877
裕华区	55 877	36 519	5	19 353	197	8 240
矿区	33 723	18 766	1 292	13 665	121	3 894
高新区	66 884	38 530	5 466	22 888	78	2 119
井陉县	384 338	236 281	45 064	102 993	199	3 708
正定县	1 434 646	940 646	65 640	428 360	1 566	61 767
栾城县	582 609	293 813	36 560	252 236	932	39 204
行唐县	746 882	568 394	13 150	165 338	414	16 148
灵寿县	297 152	262 470	185	34 497	202	8 062
高邑县	286 783	213 223	60	73 500	467	18 866
深泽县	639 381	543 021	738	95 622	598	23 259
赞皇县	304 744	259 745	—	44 999	163	6 523
无极县	746 197	657 476	1 390	87 331	926	38 679
平山县	538 571	393 989	1 387	143 195	177	6 076
元氏县	507 710	404 722	590	102 398	877	37 412
赵县	2 560 606	1 761 644	3 545	795 417	1 499	59 689
辛集市	2 252 775	1 577 495	10 232	665 048	1 072	48 253
藁城市	2 082 577	1 256 532	91 437	734 608	2 110	85 158
晋州市	1 230 316	991 992	2 062	236 262	953	37 862
新乐市	1 644 525	1 134 713	14 605	495 207	1 135	45 860
鹿泉市	614 711	399 888	29 892	184 931	792	33 914

9—1 续表 9

(2002 年)

行政单位	八、农业机械化情况(续)					
	(一)耕作机械(续)				(二)农用排灌机械	
	小型拖拉机		大中型拖拉机配套农具(台)	小型拖拉机配套农具(台)	1.农用排灌动力机械	
	(台)	(千瓦)			(台)	(千瓦)
石家庄市	**197 855**	**1 979 988**	**36 976**	**227 802**	**493 649**	**4 896 269**
长安区	100	4 131	26	56	2 125	54 982
桥东区	212	1 893	65	129	207	2 695
桥西区	71	733	122	88	457	5 555
新华区	241	2 235	294	89	753	10 303
裕华区	747	7 798	454	670	1 155	10 753
矿区	698	6 998	238	861	305	12 650
高新区	350	4 163	146	152	920	20 058
井陉县	13 520	107 158	296	11 607	3 779	51 786
正定县	8 884	83 878	3 146	7 302	40 619	457 565
栾城县	7 072	76 712	1 893	21 647	18 016	175 053
行唐县	8 823	67 535	404	7 883	39 519	343 642
灵寿县	4 988	44 293	330	4 711	11 223	93 596
高邑县	9 724	88 485	1 047	6 563	10 065	101 773
深泽县	3 570	39 386	8 003	8 014	13 563	125 500
赞皇县	11 599	116 495	381	9 481	7 703	51 338
无极县	11 369	125 632	1 757	14 650	31 816	298 616
平山县	10 023	93 501	251	10 502	18 524	186 741
元氏县	9 728	105 769	1 663	11 112	19 310	156 035
赵县	38 440	402 243	3 010	55 942	53 764	557 404
辛集市	18 523	210 176	2 816	30 882	44 331	508 857
藁城市	9 807	98 431	4 177	4 883	52 055	509 824
晋州市	17 778	175 188	2 386	9 033	21 459	231 082
新乐市	3 902	39 703	2 211	5 775	91 353	837 958
鹿泉市	7 686	77 452	1 860	5 770	10 628	92 503

9—1 续表 10

(2002 年)

行政单位	八、农业机械化情况(续)					
	(二)农用排灌机械(续)					
	#(1)柴油机		(2)电动机		2.农用水泵	3.喷滴灌溉机械
	(台)	(千瓦)	(台)	(千瓦)	(台)	(套)
石家庄市	**270 616**	**2 538 536**	**222 623**	**2 357 733**	**212 093**	**1 082**
长安区	495	4 369	1 630	50 613	2 151	40
桥东区	—	—	207	2 695	207	—
桥西区	—	—	457	5 555	457	28
新华区	10	103	743	10 200	748	43
裕华区	—	—	1 155	10 753	1 074	4
矿区	67	592	238	12 058	230	56
高新区	560	5 208	360	14 850	360	—
井陉县	1 282	11 376	2 497	40 410	2 112	134
正定县	23 285	227 100	17 334	230 465	13 791	172
栾城县	6 577	60 145	11 439	114 908	6 936	12
行唐县	24 766	224 202	14 753	119 440	13 500	102
灵寿县	7 640	67 470	3 583	26 126	5 850	4
高邑县	4 079	35 894	5 986	65 879	3 664	—
深泽县	8 125	73 084	5 438	52 416	5 502	40
赞皇县	4 370	29 462	3 333	21 876	6 485	—
无极县	21 740	239 348	10 076	59 268	11 495	—
平山县	9 650	89 236	8 874	97 505	4 591	31
元氏县	9 452	83 704	9 858	72 331	8 292	120
赵县	26 677	246 719	27 087	310 685	18 863	4
辛集市	26 967	286 513	17 364	222 344	24 815	19
藁城市	22 864	203 179	28 781	306 645	25 762	—
晋州市	9 376	82 529	12 083	148 553	10 828	192
新乐市	61 647	556 651	29 706	281 307	39 541	18
鹿泉市	987	11 652	9 641	80 851	4 839	63

9—1 续表 11　　(2002 年)

行政单位	八、农用机械化情况(续)					
	(三)收获机械			(四)植保机械		(五)农产品加工机械动力(千瓦)
	联合收割机		机动脱粒机	喷雾(粉)机		
	(台)	(千瓦)	(台)	(部)	(千瓦)	
石家庄市	**13 605**	**523 999**	**62 009**	**25 068**	**37 947**	**2 898 741**
长安区	132	6 366	6	34	75	34 080
桥东区	19	820	—	63	379	261
桥西区	29	2 102	21	6	19	823
新华区	50	2 699	52	128	465	1 240
裕华区	41	2 272	88	—	—	7 634
矿区	153	666	283	55	96	884
高新区	16	1 100	—	—	—	8 038
井陉县	298	144	5 825	81	193	63 765
正定县	938	34 684	—	777	7 683	213 724
栾城县	623	31 471	2 981	72	353	135 983
行唐县	437	17 592	—	256	568	42 960
灵寿县	182	6 124	368	63	185	8 371
高邑县	776	29 290	—	25	60	7 621
深泽县	568	23 367	450	164	738	43 206
赞皇县	282	2 907	3 533	—	—	14 178
无极县	782	31 655	—	360	1 390	31 192
平山县	214	893	5 556	212	455	63 257
元氏县	840	34 154	—	160	590	32 527
赵县	1 591	29 209	34 818	13 412	3 545	649 615
辛集市	1 350	65 669	225	4 031	10 232	514 905
藁城市	1 478	60 608	—	2 062	3 991	548 821
晋州市	1 151	60 756	5 359	1 068	2 062	80 738
新乐市	1 053	50 203	1 549	1 483	3 871	291 237
鹿泉市	602	29 248	895	556	997	103 681

9—1 续表 12　　(2002 年)

行政单位	八、农业机械化情况(续)			九、机械化水平(公顷)		
	(六)农用运输机械		(七)其他农业机械动力(千瓦)	(一)当年实际机耕地面积	(二)当年机械播种面积	(三)当年机械收获面积
	(辆)	(千瓦)				
石家庄市	**383 357**	**5 955 264**	**404 758**	**473 864**	**564 666**	**337 776**
长安区	2 414	29 283	76 238	3 861	3 597	2 000
桥东区	—	—	620	414	508	228
桥西区	119	13 579	—	905	594	504
新华区	217	8 493	11 775	1 937	2 023	1 223
裕华区	1 113	16 555	2 625	4 139	6 005	3 316
矿区	287	5 417	3 118	1 833	2 000	1 693
高新区	821	21 140	10 266	711	1 427	711
井陉县	8 503	150 867	6 457	11 300	8 977	4 320
正定县	33 850	548 716	26 629	26 946	35 549	19 247
栾城县	3 289	83 744	40 089	16 000	23 833	17 651
行唐县	25 351	250 297	8 140	24 584	22 648	18 119
灵寿县	13 957	134 007	2 514	15 330	13 680	7 500
高邑县	2 536	40 688	—	16 350	15 470	9 170
深泽县	18 461	382 131	1 794	20 000	22 472	12 309
赞皇县	4 229	98 207	15 096	11 550	11 350	6 191
无极县	16 635	212 770	6 263	33 780	43 670	25 737
平山县	10 852	186 024	692	10 666	11 000	6 700
元氏县	5 341	123 444	17 779	25 333	32 663	19 371
赵县	49 240	844 207	14 694	51 165	61 603	32 376
辛集市	35 633	883 997	10 686	69 667	82 419	38 933
藁城市	55 391	662 697	113 047	50 100	60 120	38 270
晋州市	53 772	631 543	11 085	31 600	46 667	28 120
新乐市	33 460	357 658	18 035	27 917	34 393	27 953
鹿泉市	7 886	269 800	7 116	17 776	21 998	16 134

9—1 续表 13 (2002 年)

行政单位	十、农业主要能源及物资消耗					
	(一)农村用电量(万千瓦时)	(二)农用化肥施用量(吨)				
		按实物量计算				
		合计	氮肥	磷肥	钾肥	复合肥
石家庄市	**395 132**	**1 770 853**	**997 618**	**499 236**	**55 352**	**218 647**
长安区	11 620	16 584	10 762	3 930	648	1 244
桥东区	4 340	1 100	694	114	38	254
桥西区	6 500	2 401	982	487	215	717
新华区	9 198	3 526	1 752	580	273	921
裕华区	6 013	11 855	6 245	2 159	430	3 021
矿区	7 257	5 884	3 546	1 633	54	651
高新区	1 458	1 089	774	198	—	117
井陉县	9 759	41 096	25 611	13 954	7	1 524
正定县	12 222	164 749	97 788	39 950	3 447	23 564
栾城县	10 148	55 347	29 945	19 651	536	5 215
行唐县	10 588	94 311	75 844	7 019	572	10 876
灵寿县	17 000	100 060	53 083	30 056	620	16 301
高邑县	4 702	27 016	12 207	5 137	956	8 716
深泽县	9 381	48 335	24 223	15 545	868	7 699
赞皇县	6 999	27 230	12 052	4 792	—	10 386
无极县	18 785	110 865	64 380	34 655	2 824	9 006
平山县	5 596	67 071	47 000	17 465	16	2 590
元氏县	6 966	101 126	48 400	33 650	1 840	17 236
赵县	28 917	146 707	68 086	37 505	12 730	28 386
辛集市	24 515	218 350	109 696	84 183	8 172	16 299
藁城市	48 822	226 069	124 603	69 041	8 336	24 089
晋州市	38 673	109 032	68 931	24 979	693	14 429
新乐市	19 686	148 760	88 058	41 144	10 505	9 053
鹿泉市	75 987	42 290	22 956	11 409	1 572	6 353

9—1 续表 14　　　　(2002 年)

行政单位	十、农业主要能源及物资消耗(续) (二)农用化肥施用量(吨)(续) 按折纯法计算				
	合计	氮肥	磷肥	钾肥	复合肥
石家庄市	**493 974**	**290 677**	**83 151**	**26 247**	**93 899**
长安区	5 189	3 228	983	356	622
桥东区	458	280	19	38	121
桥西区	952	447	95	99	311
新华区	1 455	455	133	122	745
裕华区	4 839	2 802	382	210	1 445
矿区	1 749	1 199	191	2	357
高新区	473	356	59	—	58
井陉县	9 320	5 763	2 791	4	762
正定县	43 703	25 079	5 807	1 831	10 986
栾城县	20 480	14 717	3 116	324	2 323
行唐县	21 947	15 169	1 053	286	5 439
灵寿县	16 519	10 486	3 657	205	2 171
高邑县	10 621	4 638	898	335	4 750
深泽县	13 681	7 628	2 112	401	3 540
赞皇县	9 279	2 648	1 438	—	5 193
无极县	28 214	18 413	5 341	960	3 500
平山县	13 826	9 370	3 616	5	835
元氏县	28 181	14 520	6 710	919	6 032
赵县	59 963	31 749	9 376	6 632	12 206
辛集市	61 563	39 346	13 335	3 076	5 806
藁城市	58 779	31 290	11 092	4 168	12 229
晋州市	32 012	20 244	3 413	221	8 134
新乐市	34 246	21 397	4 536	5 146	3 167
鹿泉市	16 525	9 453	2 998	907	3 167

9—1 续表 15　　(2002 年)

行政单位	十、农业主要能源及物资消耗(续)				
	(三)农用塑料薄膜使用量(吨)	#地膜使用量	(四)地膜覆盖面积(公顷)	(五)农用柴油消耗量(吨)	(六)农药使用量(吨)
石家庄市	**7 100**	**3 113**	**49 024**	**346 440**	**12 678**
长安区	135	17	230	1 689	469
桥东区	29	18	237	30	13
桥西区	134	134	2 984	97	23
新华区	42	26	558	815	44
裕华区	67	30	420	1 215	49
矿区	17	11	147	800	62
高新区	5	3	11	153	22
井陉县	74	37	600	8 265	207
正定县	703	222	3 506	9 617	439
栾城县	146	82	1 150	5 115	405
行唐县	240	160	3 560	5 960	560
灵寿县	99	30	600	20 790	246
高邑县	400	61	810	6 809	318
深泽县	43	10	163	5 596	127
赞皇县	198	121	1 628	8 818	189
无极县	331	119	2 050	6 163	550
平山县	190	176	2 300	23 500	290
元氏县	586	390	6 600	61 704	491
赵县	272	89	1 463	36 792	2 059
辛集市	1 594	548	7 115	26 535	2 792
藁城市	840	277	4 321	48 925	687
晋州市	80	37	541	19 028	993
新乐市	575	455	7 230	35 740	846
鹿泉市	300	60	800	12 284	797

9—1 续表 16

（2002 年）

行政单位	十一、农田水利建设情况				
	（一）有效灌溉面积（公顷）	（二）旱涝保收面积（公顷）	（三）机电排灌面积（公顷）	（四）机电井年末达到数（眼）	#已配套机电井
石家庄市	**515 363**	**477 626**	**484 608**	**128 944**	**127 974**
长安区	4 203	4 203	4 203	1 431	1 431
桥东区	507	507	507	183	183
桥西区	1 607	1 607	1 607	386	386
新华区	2 202	2 202	2 202	686	686
裕华区	4 253	4 253	4 253	1 090	1 090
矿区	2 116	1 892	1 372	40	40
高新区	721	711	711	332	332
井陉县	11 351	8 633	4 601	568	541
正定县	27 303	27 303	27 303	8 696	8 696
栾城县	26 733	26 733	26 733	6 223	6 223
行唐县	27 128	26 162	26 262	7 889	7 889
灵寿县	16 208	8 632	10 519	2 328	2 012
高邑县	15 970	11 640	15 970	3 499	3 499
深泽县	19 940	19 940	19 940	5 838	5 838
赞皇县	9 630	2 700	6 500	2 803	2 379
无极县	35 303	35 303	35 303	10 305	10 305
平山县	16 780	13 500	9 990	2 494	2 418
元氏县	25 870	15 450	25 580	5 508	5 508
赵县	51 165	51 165	51 400	11 661	11 661
辛集市	69 667	68 424	69 667	14 626	14 626
藁城市	54 830	54 830	54 830	16 130	16 130
晋州市	40 604	40 604	40 604	10 479	10 479
新乐市	28 006	28 006	28 006	11 700	11 700
鹿泉市	23 266	23 226	16 545	4 049	3 922

农业主要产品生产情况

9—2　　(2002年)　　计量单位:公顷、公斤/公顷、吨

行政单位	农作物总播种面积	一、粮食作物合计			(一)夏收粮食		
		播种面积	单　产	总产量	播种面积	单　产	总产量
石家庄市	**822 338**	**715 353**	**6 381**	**4 564 927**	**341 311**	**6 538**	**2 231 529**
长安区	5 713	5 227	6 607	34 536	2 634	6 206	16 347
桥东区	410	405	5 279	2 138	248	5 040	1 250
桥西区	1 270	1 164	5 477	6 375	663	4 386	2 908
新华区	2 229	2 014	6 028	12 141	1 004	5 400	5 422
裕华区	7 658	7 111	6 516	46 333	3 518	6 308	22 190
矿区	3 651	3 533	5 372	18 978	1 733	5 377	9 319
高新区	1 199	1 199	6 962	8 347	819	7 006	5 738
井陉县	27 444	25 359	3 486	88 390	9 585	4 013	38 468
正定县	46 342	38 367	7 602	291 647	19 483	7 517	146 446
栾城县	38 765	33 853	7 408	250 790	17 047	6 816	116 196
行唐县	53 452	42 678	6 317	269 605	17 257	6 022	103 920
灵寿县	32 798	29 343	4 331	127 096	12 601	4 580	57 714
高邑县	20 295	16 634	5 904	98 207	8 326	6 225	51 829
深泽县	28 883	25 910	6 583	170 559	12 485	6 660	83 150
赞皇县	26 218	20 291	4 096	83 120	8 000	4 518	36 140
无极县	53 496	48 579	6 989	339 530	25 667	7 350	188 650
平山县	42 524	35 606	5 282	188 055	16 185	6 030	97 596
元氏县	47 841	42 644	5 693	242 779	19 480	5 970	116 300
赵县	66 142	60 268	7 136	430 081	31 028	7 380	228 987
辛集市	99 510	80 516	6 530	525 737	38 868	6 840	265 855
藁城市	68 539	63 673	7 546	480 456	32 381	7 397	239 516
晋州市	64 941	60 416	6 297	380 436	28 942	6 570	190 148
新乐市	46 049	36 200	7 728	279 738	17 270	6 741	116 415
鹿泉市	36 969	34 363	5 525	189 853	16 087	5 658	91 025

9—2 续表 1　　(2002 年)　　计量单位:公顷、公斤/公顷、吨

行政单位	夏收粮食中:冬小麦			(二)秋收粮食		
	播种面积	单　产	总产量	播种面积	单　产	总产量
石家庄市	**339 938**	**6 543**	**2 224 077**	**374 042**	**6 238**	**2 333 398**
长安区	2 567	6 300	16 172	2 593	7 015	18 189
桥东区	248	5 040	1 250	157	5 656	888
桥西区	663	4 386	2 908	501	6 920	3 467
新华区	1 004	5 400	5 422	1 010	6 652	6 719
裕华区	3 518	6 308	22 190	3 593	6 719	24 143
矿区	1 733	5 377	9 319	1 800	5 366	9 659
高新区	779	7 125	5 550	380	6 866	2 609
井陉县	9 526	3 975	37 868	15 774	3 165	49 922
正定县	19 483	7 517	146 446	18 884	7 689	145 201
栾城县	16 667	6 881	114 682	16 806	8 009	134 594
行唐县	17 257	6 022	103 920	25 421	6 518	165 685
灵寿县	12 094	4 620	55 873	16 742	4 144	69 382
高邑县	8 326	6 225	51 829	8 308	5 582	46 378
深泽县	12 485	6 660	83 150	13 425	6 511	87 409
赞皇县	8 000	4 518	36 140	12 291	3 822	46 980
无极县	25 667	7 350	188 650	22 912	6 585	150 880
平山县	16 185	6 030	97 596	19 421	4 658	90 459
元氏县	19 480	5 970	116 300	23 164	5 460	126 479
赵县	31 028	7 380	228 987	29 240	6 877	201 094
辛集市	38 868	6 840	265 855	41 648	6 240	259 882
藁城市	32 225	7 404	238 608	31 292	7 700	240 940
晋州市	28 942	6 570	190 148	31 474	6 046	190 288
新乐市	17 109	6 675	114 203	18 930	8 628	163 323
鹿泉市	16 084	5 658	91 011	18 276	5 408	98 828

9—2 续表 2　　(2002 年)　　计量单位:公顷、公斤/公顷、吨

行政单位	1.秋收谷物			#(1)玉米		
	播种面积	单产	总产量	播种面积	单产	总产量
石家庄市	**307 593**	**6 669**	**2 051 271**	**282 297**	**6 921**	**1 953 714**
长安区	2 324	6 930	16 106	2 324	6 930	16 106
桥东区	157	5 656	888	157	5 656	888
桥西区	501	6 920	3 467	501	6 920	3 467
新华区	1 005	6 675	6 708	1 005	6 675	6 708
裕华区	3 261	7 015	22 875	3 261	7 015	22 875
矿区	1 677	5 522	9 261	1 600	5 670	9 072
高新区	380	6 866	2 609	380	6 866	2 609
井陉县	12 051	3 560	42 897	9 819	3 935	38 641
正定县	15 765	8 281	130 556	15 765	8 281	130 556
栾城县	14 773	8 664	127 988	14 329	8 782	125 832
行唐县	17 814	7 350	130 937	16 998	7 583	128 891
灵寿县	12 549	4 330	54 338	12 153	4 408	53 567
高邑县	7 136	5 950	42 457	6 978	6 000	41 871
深泽县	10 883	6 786	73 852	9 977	7 019	70 026
赞皇县	8 197	4 550	37 294	7 000	4 925	34 478
无极县	19 536	6 942	135 627	18 335	7 200	132 012
平山县	15 803	5 136	81 160	13 396	5 586	74 834
元氏县	17 954	5 464	98 094	16 000	5 763	92 200
赵县	24 459	7 369	180 227	21 201	7 720	163 682
辛集市	34 248	6 584	225 493	27 700	7 005	194 033
藁城市	28 324	7 951	225 204	28 323	7 951	225 200
晋州市	25 553	6 444	164 659	22 391	6 643	148 739
新乐市	16 933	8 745	148 079	16 933	8 745	148 079
鹿泉市	16 310	5 548	90 495	15 771	5 665	89 348

9—2 续表 3　　(2002 年)　　计量单位:公顷、公斤/公顷、吨

行政单位	(2)谷子			(3)高粱		
	播种面积	单产	总产量	播种面积	单产	总产量
石家庄市	**22 510**	**3 868**	**87 070**	**860**	**3 919**	**3 370**
长安区	—	—	—	—	—	—
桥东区	—	—	—	—	—	—
桥西区	—	—	—	—	—	—
新华区	—	—	—	—	—	—
裕华区	—	—	—	—	—	—
矿区	73	2 356	172	—	—	—
高新区	—	—	—	—	—	—
井陉县	1 911	1 823	3 483	61	2 279	139
正定县	—	—	—	—	—	—
栾城县	299	4 900	1 465	99	5 556	550
行唐县	615	2 000	1 230	110	4 373	481
灵寿县	284	1 863	529	—	—	—
高邑县	158	3 709	586	—	—	—
深泽县	861	4 249	3 658	38	3 421	130
赞皇县	899	2 925	2 630	72	1 236	89
无极县	1 038	3 015	3 130	20	2 800	56
平山县	1 518	1 424	2 161	83	3 048	253
元氏县	1 887	3 000	5 661	67	3 478	233
赵县	2 908	5 000	14 540	133	5 571	741
辛集市	6 427	4 816	30 952	121	4 198	508
藁城市	1	4 000	4	—	—	—
晋州市	3 127	5 056	15 811	35	3 114	109
新乐市	—	—	—	—	—	—
鹿泉市	504	2 099	1 058	21	3 857	81

9—2 续表 4　　(2002 年)　　计量单位:公顷、公斤/公顷、吨

行政单位	2.秋收豆类			#大豆		
	播种面积	单产	总产量	播种面积	单产	总产量
石家庄市	**32 378**	**3 374**	**109 229**	**29 681**	**3 543**	**105 160**
长安区	62	5 048	313	46	5 587	257
桥东区	—	—	—	—	—	—
桥西区	—	—	—	—	—	—
新华区	5	2 200	11	5	2 200	11
裕华区	277	3 628	1 005	272	3 632	988
矿区	70	1 886	132	20	2 200	44
高新区	—	—	—	—	—	—
井陉县	2 136	1 166	2 490	1 050	1 571	1 650
正定县	2 382	3 709	8 836	2 382	3 709	8 836
栾城县	1 557	2 656	4 135	1 557	2 656	4 135
行唐县	607	3 153	1 914	583	3 225	1 880
灵寿县	109	1 817	198	97	1 773	172
高邑县	1 075	2 968	3 191	1 035	2 987	3 092
深泽县	1 503	3 315	4 983	1 362	3 397	4 627
赞皇县	1 296	796	1 031	1 036	819	849
无极县	1 401	3 240	4 539	1 401	3 240	4 539
平山县	786	2 324	1 827	416	2 293	954
元氏县	1 143	2 951	3 373	1 000	3 075	3 075
赵县	3 667	3 733	13 689	3 564	3 755	13 382
辛集市	6 498	4 155	27 000	6 431	4 188	26 930
藁城市	1 801	3 913	7 047	1 801	3 913	7 047
晋州市	4 237	3 974	16 837	4 030	4 063	16 374
新乐市	660	4 561	3 010	660	4 561	3 010
鹿泉市	1 106	3 316	3 668	933	3 546	3 308

9—2 续表 5　　(2002 年)　　计量单位:公顷、公斤/公顷、吨

行政单位	3.秋收薯类			二、油料		
	播种面积	单产	总产量	播种面积	单产	总产量
石家庄市	**34 071**	**5 075**	**172 898**	**79 159**	**3 382**	**267 705**
长安区	207	8 551	1 770	402	4 132	1 661
桥东区	—	—	—	2	1 500	3
桥西区	—	—	—	—	—	—
新华区	—	—	—	38	2 737	104
裕华区	55	4 782	263	132	3 402	449
矿区	53	5 019	266	108	1 935	209
高新区	—	—	—	—	—	—
井陉县	1 587	2 858	4 535	1 741	1 706	2 970
正定县	737	7 882	5 809	7 293	3 849	28 070
栾城县	476	5 191	2 471	1 006	3 689	3 711
行唐县	7 000	4 691	32 834	9 275	3 174	29 442
灵寿县	4 084	3 635	14 846	2 460	2 030	4 994
高邑县	97	7 526	730	2 568	3 547	9 108
深泽县	1 039	8 252	8 574	2 254	3 663	8 257
赞皇县	2 798	3 093	8 655	5 109	1 295	6 615
无极县	1 975	5 425	10 714	4 597	3 339	15 350
平山县	2 832	2 638	7 472	4 144	1 813	7 514
元氏县	4 067	6 150	25 012	4 245	2 503	10 625
赵县	1 114	6 443	7 178	4 066	4 182	17 006
辛集市	902	8 192	7 389	10 278	4 035	41 467
藁城市	1 167	7 446	8 689	3 766	3 938	14 830
晋州市	1 684	5 221	8 792	3 924	3 007	11 798
新乐市	1 337	9 150	12 234	9 467	4 920	46 578
鹿泉市	860	5 424	4 665	2 284	3 040	6 944

9—2 续表 6 （2002 年） 计量单位：公顷、公斤/公顷、吨

行政单位	油料作物中：花生			三、棉花		
	播种面积	单产	总产量	播种面积	单产	总产量
石家庄市	**73 396**	**3 496**	**256 567**	**14 658**	**950**	**13 923**
长安区	402	4 132	1 661	51	902	46
桥东区	2	1 500	3	—	—	—
桥西区	—	—	—	20	1 350	27
新华区	29	2 897	84	—	—	—
裕华区	132	3 402	449	6	1 167	7
矿区	30	2 233	67	—	—	—
高新区	—	—	—	—	—	—
井陉县	605	1 552	939	80	363	29
正定县	7 293	3 849	28 070	182	808	147
栾城县	868	3 932	3 413	333	718	239
行唐县	9 020	3 207	28 931	467	715	334
灵寿县	2 403	2 066	4 965	213	437	93
高邑县	2 443	3 582	8 751	227	1 167	265
深泽县	2 147	3 721	7 989	507	915	464
赞皇县	4 306	1 315	5 662	135	259	35
无极县	4 497	3 300	14 840	320	644	206
平山县	2 550	1 794	4 574	668	696	465
元氏县	4 067	2 500	10 168	867	1 050	910
赵县	4 047	4 191	16 961	1 209	924	1 117
辛集市	9 786	4 097	40 093	8 125	1 029	8 364
藁城市	3 766	3 938	14 830	239	1 004	240
晋州市	3 910	3 014	11 783	507	801	406
新乐市	9 467	4 920	46 578	382	961	367
鹿泉市	1 626	3 540	5 756	120	1 350	162

9—2 续表 7　　(2002 年)　　计量单位:公顷、公斤/公顷、吨

行政单位	棉花作物中:地膜棉			四、蔬菜、瓜类		
	播种面积	单产	总产量	播种面积	单产	总产量
石家庄市	**8 698**	**1 073**	**9 337**	**165 298**	**69 998**	**11 570 466**
长安区	—	—	—	2 105	61 947	130 398
桥东区	—	—	—	613	41 457	25 413
桥西区	—	—	—	1 612	56 096	90 427
新华区	—	—	—	2 228	60 910	135 707
裕华区	—	—	—	1 733	65 177	112 951
矿区	—	—	—	666	40 745	27 136
高新区	—	—	—	319	51 539	16 441
井陉县	—	—	—	2 178	29 267	63 743
正定县	73	822	60	8 312	86 518	719 141
栾城县	—	—	—	12 883	94 110	1 212 425
行唐县	230	826	190	3 928	51 518	202 362
灵寿县	—	—	—	2 666	39 835	106 200
高邑县	213	1 244	265	10 371	63 784	661 505
深泽县	319	815	260	5 381	53 925	290 169
赞皇县	—	—	—	1 864	44 394	82 751
无极县	—	—	—	8 814	66 859	589 295
平山县	133	1 421	189	3 005	37 102	111 491
元氏县	533	1 349	719	6 395	51 863	331 664
赵县	206	1 243	256	12 837	64 057	822 300
辛集市	6 719	1 053	7 078	13 709	108 722	1 490 467
藁城市	101	1 198	121	35 934	68 131	2 448 226
晋州市	26	731	19	6 762	39 208	265 127
新乐市	144	1 243	179	10 933	76 800	839 652
鹿泉市	1	1 000	1	10 050	79 152	795 475

9—2 续表 8　　　　(2002 年)　　　　计量单位:公顷、公斤/公顷、吨

行政单位	(一)蔬菜(含菜用瓜)			(二)瓜类		
	播种面积	单产	总产量	播种面积	单产	总产量
石家庄市	**154 409**	**71 208**	**10 995 206**	**10 889**	**52 829**	**575 260**
长安区	1 958	62 378	122 136	147	56 204	8 262
桥东区	610	41 641	25 401	3	4 000	12
桥西区	1 612	56 096	90 427	—	—	—
新华区	2 173	60 885	132 304	55	61 873	3 403
裕华区	1 733	65 177	112 951	—	—	—
矿区	666	40 745	27 136	—	—	—
高新区	319	51 539	16 441	—	—	—
井陉县	2 178	29 267	63 743	—	—	—
正定县	7 777	89 496	696 013	535	43 230	23 128
栾城县	12 387	95 019	1 176 996	496	71 429	35 429
行唐县	3 666	52 077	190 914	262	43 695	11 448
灵寿县	2 348	41 107	96 519	318	30 443	9 681
高邑县	9 853	63 901	629 613	518	61 568	31 892
深泽县	5 242	53 974	282 934	139	52 050	7 235
赞皇县	1 362	55 041	74 966	502	15 508	7 785
无极县	8 062	66 461	535 810	752	71 124	53 485
平山县	2 701	38 565	104 164	304	24 102	7 327
元氏县	5 595	52 992	296 490	800	43 968	35 174
赵县	11 234	64 865	728 698	1 603	58 392	93 602
辛集市	13 658	108 993	1 488 626	51	36 098	1 841
藁城市	35 107	68 455	2 403 250	827	54 385	44 976
晋州市	6 450	39 636	255 654	312	30 362	9 473
新乐市	7 833	84 240	659 852	3 100	58 000	179 800
鹿泉市	9 885	79 329	784 168	165	68 527	11 307

9—2 续表 9　　　　(2002 年)　　　　计量单位:公顷、公斤/公顷、吨

行政单位	瓜类中:西瓜			五、粮食作物占用耕地		六、蔬菜作物占用耕地
	播种面积	单产	总产量	面积	单产	
石家庄市	**10 065**	**55 095**	**554 531**	**395 672**	**11 537**	**78 332**
长安区	147	56 204	8 262	2 614	13 212	700
桥东区	—	—	—	248	8 621	256
桥西区	—	—	—	582	10 954	649
新华区	48	67 604	3 245	1 007	12 057	961
裕华区	—	—	—	3 459	13 395	651
矿区	—	—	—	1 779	10 668	461
高新区	—	—	—	800	10 434	146
井陉县	—	—	—	15 774	5 604	1 088
正定县	377	48 390	18 243	19 485	14 968	3 510
栾城县	417	83 396	34 776	17 047	14 712	5 898
行唐县	252	44 552	11 227	28 055	9 610	1 958
灵寿县	318	30 443	9 681	16 742	7 591	2 584
高邑县	515	61 489	31 667	12 058	8 145	4 609
深泽县	108	58 139	6 279	13 080	13 040	2 210
赞皇县	387	17 501	6 773	11 826	7 029	689
无极县	732	71 126	52 064	27 524	12 336	4 994
平山县	215	24 070	5 175	23 631	7 958	1 995
元氏县	600	49 600	29 760	28 753	8 444	3 683
赵县	1 603	58 392	93 602	31 028	13 861	6 406
辛集市	14	28 571	400	40 258	13 059	6 969
藁城市	822	54 521	44 816	31 836	15 092	18 439
晋州市	251	30 502	7 656	32 241	11 110	3 832
新乐市	3 100	58 000	179 800	18 270	15 311	3 120
鹿泉市	159	69 843	11 105	17 575	10 802	2 524

水 果 生 产 情 况

9—3

（2002 年）

行政单位	一、水果产量（不含果用瓜）（吨）	#1.苹果	红富士苹果	国光苹果	2.梨
石家庄市	**1 317 672**	**232 971**	**124 421**	**37 449**	**862 236**
长安区	5 477	1 350	850	500	2 010
桥东区	2 200	60	—	—	2 035
桥西区	485	450	430	20	13
新华区	5 732	1 809	660	95	2 853
裕华区	562	162	162	—	60
矿区	6 128	4 248	1 829	825	932
井陉县	16 894	10 077	7 180	1 785	219
正定县	20 394	11 415	5 000	2 000	7 298
栾城县	5 235	2 370	151	—	2 320
行唐县	48 059	5 310	—	—	4 400
灵寿县	25 600	14 400	7 200	2 880	4 820
高邑县	6 885	635	500	135	4 600
深泽县	32 637	22 607	18 672	2 881	4 056
赞皇县	37 210	3 200	—	—	3 250
无极县	45 982	24 970	24 970	—	17 485
平山县	44 200	15 600	8 500	600	3 040
元氏县	22 280	7 125	—	—	9 350
赵县	361 820	1 100	550	550	360 000
辛集市	145 586	35 146	15 678	8 209	75 363
藁城市	160 003	37 012	15 000	11 623	115 772
晋州市	262 628	10 984	4 021	1 773	218 031
新乐市	29 292	3 860	2 800	1 060	23 280
鹿泉市	32 383	19 081	10 268	2 513	1 049

9—3 续表 1

（2002 年）

行政单位	一、水果产量（吨）（续）				
	梨产量（续）		3.桃	4.葡萄	5.红枣
	雪花梨	鸭梨			
石家庄市	**325 052**	**463 248**	**44 602**	**57 748**	**73 071**
长安区	300	710	2 088	4	25
桥东区	—	—	—	100	5
桥西区	9	4	—	22	—
新华区	2 535	247	754	316	—
裕华区	60	—	200	140	—
矿区	337	595	241	63	50
井陉县	—	—	217	32	1 674
正定县	5 058	2 128	1 104	133	371
栾城县	932	1 388	170	225	70
行唐县	—	—	220	303	37 700
灵寿县	2 410	2 410	400	300	200
高邑县	3 950	650	30	800	720
深泽县	2 716	924	1 053	4 209	482
赞皇县	—	—	150	50	22 060
无极县	—	—	1 860	1 660	2
平山县	820	2 220	4 700	200	4 100
元氏县	—	—	247	505	261
赵县	216 000	144 000	200	200	240
辛集市	12 406	51 406	23 815	6 125	3 322
藁城市	20 900	80 829	1 942	4 699	173
晋州市	47 821	160 210	3 672	29 863	42
新乐市	8 200	15 080	1 300	450	88
鹿泉市	598	447	239	7 349	1 486

9—3 续表 2

（2002 年）

行政单位	二、果园面积（公顷）	# 苹果园	梨园	桃园	葡萄园
石家庄市	**136 286**	**25 192**	**38 944**	**3 832**	**2 816**
长安区	428	127	205	89	2
桥东区	176	4	161	—	10
桥西区	13	10	1	—	2
新华区	208	96	71	21	11
裕华区	30	6	3	14	7
矿区	533	463	14	13	3
井陉县	4 173	1 719	16	81	3
正定县	4 366	2 218	1 739	358	46
栾城县	400	140	133	20	53
行唐县	31 009	4 000	1 420	80	63
灵寿县	6 113	2 333	467	60	40
高邑县	1 927	295	902	30	67
深泽县	3 842	2 155	774	137	686
赞皇县	23 797	1 137	1 053	53	34
无极县	3 902	2 200	1 459	157	59
平山县	8 220	1 722	190	420	40
元氏县	5 196	600	490	34	44
赵县	12 221	210	11 960	18	18
辛集市	9 918	2 407	4 628	1 926	409
藁城市	5 231	1 279	3 470	109	170
晋州市	9 447	566	7 972	120	789
新乐市	2 274	340	1 760	66	14
鹿泉市	2 862	1 165	56	26	246

林 业 生 产 情 况

9—4

(2002 年)

行政单位	一、营林情况(公顷)			
	(一)当年造林面积	1.按造林方式分		2.按用途分
		当年人工造林面积	当年飞机播种造林面积	用材林
石家庄市	**46 710**	**37 111**	**9 599**	**3 807**
长安区	115	115	—	67
桥东区	29	29	—	—
桥西区	144	144	—	—
新华区	134	134	—	67
裕华区	5	5	—	—
矿区	667	667	—	—
井陉县	4 873	2 073	2 800	87
正定县	2 000	2 000	—	667
栾城县	807	807	—	—
行唐县	6 760	6 760	—	—
灵寿县	6 827	5 494	1 333	—
高邑县	100	100	—	100
深泽县	859	859	—	—
赞皇县	8 873	6 407	2 466	2 300
无极县	67	67	—	—
平山县	10 740	7 740	3 000	340
元氏县	1 900	1 900	—	—
赵县	—	—	—	—
辛集市	—	—	—	—
藁城市	863	863	—	—
晋州市	—	—	—	—
新乐市	133	133	—	67
鹿泉市	814	814	—	112

9—4 续表 1　　(2002 年)

行政单位	一、营林情况(公顷)				
	2.按用途分(续)		(二)封山育林面积	(三)当年零星(四旁)植树(万株)	(四)育苗面积
	经济林	防护林			
石家庄市	**5 034**	**36 816**	**30 165**	**1 680**	**6 292**
长安区	—	48	—	3	80
桥东区	—	29	—	—	—
桥西区	—	144	—	—	—
新华区	—	67	—	3	150
裕华区	—	5	—	25	65
矿区	17	650	—	3	33
井陉县	366	4 420	4 075	139	175
正定县	266	1 067	—	22	133
栾城县	—	807	—	30	1 200
行唐县	2 177	4 330	4 867	58	140
灵寿县	—	6 827	5 334	44	134
高邑县	—	—	—	42	335
深泽县	326	533	—	23	32
赞皇县	213	6 360	5 333	80	666
无极县	—	67	—	5	267
平山县	1 200	8 400	6 000	600	720
元氏县	—	1 900	1 467	210	234
赵县	—	—	—	20	23
辛集市	—	—	—	83	628
藁城市	196	667	—	125	275
晋州市	—	—	—	30	100
新乐市	66	—	—	80	210
鹿泉市	207	495	3 089	55	692

9—4 续表 2 （2002 年）

行政单位	一、营林情况（公顷）（续）			三、村及村以下木材采伐量（立方米）	四、年末实有林地面积（公顷）
	（五）当年苗木产量（万株）	（六）当年幼林抚育作业面积	（七）当年成林抚育面积		
石家庄市	**17 244**	**82 890**	**121 516**	**36 240**	**348 717**
长安区	154	113	44	40	306
桥东区	—	8	—	—	37
桥西区	—	—	—	—	—
新华区	520	—	—	—	389
裕华区	57	288	232	—	297
矿区	140	400	169	120	510
井陉县	618	20 000	39 853	1 540	60 333
正定县	600	—	—	2 035	8 330
栾城县	2 700	—	—	2 000	—
行唐县	470	6 000	2 000	898	18 100
灵寿县	603	4 000	2 000	397	40 667
高邑县	1 200	—	—	50	433
深泽县	68	758	4	2 156	876
赞皇县	4 000	13 333	6 667	600	41 789
无极县	798	—	—	300	1 877
平山县	500	20 000	53 333	15 000	120 000
元氏县	1 200	8 000	2 600	1 500	21 800
赵县	33	—	—	968	54
辛集市	363	2 485	1 280	4 442	1 650
藁城市	50	—	—	365	457
晋州市	150	—	—	205	—
新乐市	840	3 561	7 500	1 600	15 020
鹿泉市	2 180	3 944	5 834	2 024	15 792

畜牧业生产情况

9—5

(2002年)

行政单位	一、当年出售和自宰的(百头、百只)					
	(一)大牲畜	1.牛	2.马	3.驴	4.骡	(二)猪
石家庄市	**14 200**	**13 335**	**179**	**547**	**139**	**77 307**
长安区	167	167	—	—	—	1 126
桥东区	70	70	—	—	—	187
桥西区	2	2	—	—	—	242
新华区	48	48	—	—	—	788
裕华区	190	190	—	—	—	1 226
矿区	38	38	—	—	—	157
高新区	12	12	—	—	—	201
井陉县	490	473	4	9	4	1 819
正定县	1 177	1 169	1	3	4	6 971
栾城县	730	726	—	4	—	4 520
行唐县	296	250	8	28	10	3 710
灵寿县	458	439	6	8	5	2 822
高邑县	50	50	—	—	—	1 800
深泽县	23	11	3	7	2	1 794
赞皇县	589	580	4	4	1	1 260
无极县	1 822	1 730	6	80	6	4 440
平山县	1 528	1 503	4	11	10	4 200
元氏县	327	314	3	10	—	4 163
赵县	562	518	16	23	5	3 160
辛集市	714	630	21	45	18	6 047
藁城市	2 698	2 603	25	46	24	9 052
晋州市	770	710	20	25	15	4 850
新乐市	1 366	1 030	58	243	35	6 980
鹿泉市	73	72	—	1	—	5 792

9—5 续表 1

(2002 年)

行政单位	一、当年出售和自宰的(百头、百只)(续)					二、期末存栏(百头)
	(三)羊	(四)家禽	# 鸡	鸭	(五)兔	(一)大牲畜
石家庄市	**22 976**	**1 263 398**	**1 226 035**	**20 418**	**73 633**	**15 759**
长安区	37	9 286	9 286	—	13	125
桥东区	20	14 200	14 157	43	23	2
桥西区	27	4 950	4 950	—	95	9
新华区	46	9 883	7 848	2 035	80	33
裕华区	20	17 504	14 424	180	82	148
矿区	95	2 400	2 365	—	460	48
高新区	—	1 100	1 100	—	—	20
井陉县	1 889	33 230	23 662	568	4 568	768
正定县	203	150 039	149 447	589	782	1 062
栾城县	520	141 250	136 800	1 600	3 200	575
行唐县	793	44 473	42 342	2 131	1 403	992
灵寿县	1 056	44 447	42 965	1 482	3 225	1 047
高邑县	360	31 000	31 000	—	3 700	60
深泽县	684	16 981	16 524	307	873	96
赞皇县	400	9 000	9 000	—	7 000	775
无极县	1 510	63 000	60 000	2 440	4 620	1 391
平山县	2 460	23 010	22 530	450	14 900	2 064
元氏县	2 244	60 237	59 937	300	3 360	794
赵县	850	57 650	56 680	820	1 880	923
辛集市	4 521	190 675	190 675	—	5 692	904
藁城市	1 643	115 107	109 385	5 453	5 267	1 602
晋州市	1 650	63 000	61 200	840	5 610	1 199
新乐市	1 520	95 000	94 270	730	6 020	935
鹿泉市	428	65 976	65 488	450	780	187

9—5 续表 2

(2002 年)

行政单位	二、期末存栏(百头、百只)(续)					
	1.牛	#能繁殖的母畜	当年生仔畜	良种及改良种乳牛	2.马	3.驴
石家庄市	**13 704**	**5 222**	**3 038**	**2 644**	**461**	**1 084**
长安区	125	59	24	100	—	—
桥东区	2	2	—	2	—	—
桥西区	9	9	—	9	—	—
新华区	33	28	3	31	—	—
裕华区	148	30	9	38	—	—
矿区	43	13	10	4	2	2
高新区	20	4	7	11	—	—
井陉县	674	401	190	15	15	54
正定县	1 038	298	72	288	6	11
栾城县	560	231	165	268	2	11
行唐县	757	492	134	356	47	117
灵寿县	950	284	143	105	22	51
高邑县	60	14	8	11	—	—
深泽县	46	27	12	38	11	28
赞皇县	760	357	328	15	10	4
无极县	1 110	455	270	65	42	184
平山县	2 002	730	577	272	12	25
元氏县	786	230	210	130	—	8
赵县	820	271	187	61	24	61
辛集市	597	308	164	56	70	179
藁城市	1 294	611	326	375	89	109
晋州市	1 011	104	58	67	49	78
新乐市	680	170	86	185	58	158
鹿泉市	179	94	55	142	2	4

9—5 续表 3

(2002 年)

行政单位	二、期末存栏(百头、百只)(续)					
	4.骡	(二)猪	(三)羊	(四)家禽	# 鸡	(五)兔
石家庄市	**510**	**48 577**	**22 635**	**1 684 704**	**1 644 115**	**48 752**
长安区	—	765	65	10 524	10 524	15
桥东区	—	124	6	4 800	4 670	20
桥西区	—	120	24	2 460	2 460	38
新华区	—	364	44	11 495	10 945	67
裕华区	—	765	30	20 800	20 400	34
矿区	1	132	95	2 800	2 800	420
高新区	—	160	—	2 094	2 094	—
井陉县	25	1 533	1 431	35 623	34 388	2 404
正定县	7	3 756	323	211 715	211 211	3 370
栾城县	2	2 245	490	161 500	154 800	1 450
行唐县	71	3 315	1 174	55 454	53 244	859
灵寿县	24	1 963	1 560	30 067	26 559	1 639
高邑县	—	1 200	400	42 000	41 500	1 400
深泽县	11	1 445	694	23 913	23 305	819
赞皇县	1	1 050	420	10 950	10 950	6 800
无极县	55	2 880	1 840	110 000	109 900	3 740
平山县	25	2 070	903	25 000	23 750	5 100
元氏县	—	2 390	1 596	71 710	70 710	2 300
赵县	18	2 630	960	74 060	69 560	1 180
辛集市	58	4 322	3 993	241 163	241 163	2 894
藁城市	110	6 189	2 096	277 103	265 533	4 287
晋州市	61	3 400	3 350	104 100	101 300	3 644
新乐市	39	3 480	825	111 000	109 405	5 820
鹿泉市	2	2 279	316	44 373	42 944	452

9—5 续表 4 （2002 年）

行政单位	三、肉类产量（吨）	#1.牛肉	2.马肉	3.猪肉	4.羊肉	5.家禽肉
石家庄市	**934 936**	**178 042**	**2 044**	**569 127**	**28 147**	**139 785**
长安区	12 352	2 404	—	8 651	51	1 244
桥东区	3 987	1 120	—	1 400	21	1 443
桥西区	2 638	27	—	1 815	39	742
新华区	9 125	464	—	6 908	64	1 624
裕华区	15 801	2 772	—	9 530	28	3 401
矿区	1 993	471	—	1 099	114	240
高新区	1 766	183	—	1 407	—	176
井陉县	25 820	6 019	48	13 332	2 266	3 351
正定县	80 166	14 615	16	50 118	225	15 003
栾城县	61 545	9 266	—	33 410	590	17 020
行唐县	36 311	3 125	81	27 205	873	4 447
灵寿县	32 666	5 707	69	20 598	1 266	4 445
高邑县	17 722	675	—	12 960	432	3 100
深泽县	16 350	137	31	13 459	819	1 694
赞皇县	18 896	7 250	44	9 135	500	900
无极县	64 073	22 970	66	31 650	1 810	6 350
平山县	59 889	20 291	44	31 500	3 315	2 301
元氏县	45 034	4 396	36	31 222	2 693	6 108
赵县	37 967	6 475	184	22 860	1 020	6 918
辛集市	77 778	7 993	252	43 037	5 438	19 625
藁城市	118 236	35 402	276	67 217	1 971	12 037
晋州市	53 689	8 883	228	34 918	1 980	6 485
新乐市	89 367	16 480	667	52 350	2 137	14 250
鹿泉市	51 765	917	2	43 346	495	6 881

9—5 续表 5

(2002 年)

行政单位	三、肉类产量(吨)(续)	四、其他蓄产品产量(吨)				
	6.兔　肉	1.奶类产量	# 牛奶产量	2.蜂蜜产量	3.禽蛋产量	# 鸡　蛋
石家庄市	**10 966**	**406 884**	**390 827**	**1 164**	**866 555**	**848 104**
长安区	2	12 944	12 944	—	6 757	6 757
桥东区	3	600	600	—	1 620	1 392
桥西区	14	2 700	2 700	—	1 928	1 928
新华区	11	11 000	11 000	—	9 493	8 995
裕华区	12	10 396	9 996	—	10 802	10 290
矿区	69	600	600	10	1 700	1 700
高新区	—	1 050	1 050	—	1 128	1 128
井陉县	685	4 500	4 500	43	15 977	15 437
正定县	119	38 219	36 778	—	100 033	99 827
栾城县	433	52 000	46 000	9	67 152	66 297
行唐县	210	78 579	74 858	13	28 534	28 442
灵寿县	478	5 620	5 435	78	12 273	12 119
高邑县	555	2 100	2 100	—	22 500	22 500
深泽县	139	3 834	3 834	1	20 578	20 155
赞皇县	1 050	600	505	105	4 928	4 928
无极县	693	11 500	11 400	68	50 200	50 150
平山县	2 235	6 006	6 006	592	18 520	17 550
元氏县	504	15 000	15 000	140	43 530	43 130
赵县	282	7 000	7 000	11	43 082	40 832
辛集市	825	11 834	10 218	3	122 978	122 978
藁城市	788	60 048	58 249	7	149 855	142 363
晋州市	841	10 700	10 700	21	50 669	48 024
新乐市	903	29 600	28 900	36	56 160	55 408
鹿泉市	115	30 454	30 454	27	26 158	25 774

渔业生产情况

9—6

(2002年)

行政单位	水产品总产量(吨)	#内陆养殖	#鱼类	水产品养殖面积(公顷)	#池塘养殖	水库养殖
石家庄市	**25 606**	**20 163**	**19 382**	**12 031**	**1 134**	**10 886**
长安区	285	285	235	33	33	—
桥东区	20	20	20	1	1	—
桥西区	100	100	75	10	8	—
新华区	381	381	339	35	31	—
裕华区	160	160	158	11	11	—
矿区	261	261	261	39	22	17
井陉县	281	266	266	139	23	116
正定县	2 000	2 000	1 910	249	248	—
栾城县	170	170	169	14	14	—
行唐县	1 000	826	826	591	28	563
灵寿县	2 146	1 296	1 276	2 130	58	2 071
高邑县	25	25	25	2	2	—
深泽县	166	166	161	20	19	—
赞皇县	252	200	200	356	2	354
无极县	320	320	249	23	22	—
平山县	11 210	8 010	7 650	6 297	127	6 170
元氏县	610	578	570	217	4	213
赵县	122	122	99	18	17	—
辛集市	422	422	416	57	57	—
藁城市	400	400	390	41	41	—
晋州市	300	300	300	23	23	—
新乐市	500	500	496	60	60	—
鹿泉市	4 475	3 355	3 291	1 665	283	1 382

农林牧渔业总产值

9—7

(2002年)

计量单位:万元

行政单位	农林牧渔业总产值	一、农业产值	(一)种植业产值				
			总计	1.主产品产值	(1)粮食作物		
					合计	#谷物	豆类
石家庄市	**3 119 674**	**1 718 383**	**1 610 615**	**1 570 401**	**507 433**	**452 274**	**32 680**
长安区	31 657	14 706	14 706	14 365	4 219	3 713	141
桥东区	9 305	2 394	2 394	2 377	225	225	—
桥西区	16 651	11 487	9 987	9 883	659	659	—
新华区	31 597	14 516	14 516	14 417	1 325	1 322	3
裕华区	35 083	14 018	13 518	13 149	5 189	4 957	221
矿区	9 728	5 764	5 702	5 474	2 437	2 336	40
高新区	5 588	2 628	1 775	1 699	911	892	15
井陉县	69 449	22 506	17 532	16 804	10 598	9 593	674
正定县	253 376	127 955	99 988	97 635	37 489	34 409	2 209
栾城县	243 141	121 379	120 282	118 246	28 994	27 408	1 368
行唐县	126 340	61 919	61 919	59 682	32 619	26 908	458
灵寿县	88 117	35 004	28 094	27 033	11 948	10 932	45
高邑县	93 377	66 919	54 358	53 566	10 509	9 584	773
深泽县	90 927	61 680	53 043	50 438	21 561	17 708	1 450
赞皇县	65 927	36 310	24 390	22 790	9 606	7 523	265
无极县	169 611	89 761	84 185	81 509	34 262	31 384	1 271
平山县	142 678	57 834	48 054	46 318	19 817	18 904	492
元氏县	138 860	67 401	62 490	60 573	24 491	22 121	869
赵县	221 714	167 918	154 183	148 508	43 541	39 735	2 945
辛集市	407 063	256 397	223 412	218 702	60 731	52 412	6 767
藁城市	431 434	239 752	238 862	235 038	56 175	53 374	2 148
晋州市	200 456	118 014	115 703	112 612	53 548	44 994	5 916
新乐市	220 360	117 090	108 880	106 678	27 504	26 059	572
鹿泉市	159 194	89 280	75 880	74 351	20 387	18 387	1 067

9—7 续表 1　　(2002 年)　　计量单位:万元

行政单位	(一)种植业产值(续)						
	1.主产品产值(续)						
	(1)粮食作物(续) 薯类	(2)油料	(3)棉花	(4)烟叶	(5)中药材	(6)蔬菜	(7)食用菌
石家庄市	**22 479**	**82 283**	**19 893**	**1 069**	**29 818**	**665 603**	**36 737**
长安区	365	357	73	—	—	8 473	86
桥东区	—	1	—	—	—	1 685	42
桥西区	—	—	—	—	—	5 562	302
新华区	—	23	38	—	7	11 174	93
裕华区	11	99	8	—	—	6 826	123
矿区	61	102	—	—	71	1 684	86
高新区	4	—	—	—	—	788	—
井陉县	331	706	35	—	34	2 730	—
正定县	871	5 895	227	—	372	41 238	7 293
栾城县	218	813	251	—	1 533	61 235	7 200
行唐县	5 253	7 741	568	850	500	8 027	16
灵寿县	971	1 205	122	666	—	4 427	3 883
高邑县	152	2 281	477	—	—	34 370	—
深泽县	2 403	2 438	1 021	—	410	19 662	162
赞皇县	1 818	1 731	57	—	104	2 705	119
无极县	1 607	3 772	361	—	—	31 903	270
平山县	421	1 663	681	—	2 987	7 369	6 778
元氏县	1 501	3 415	1 219	—	2 235	20 533	990
赵县	861	5 102	1 831	—	—	47 815	245
辛集市	1 552	16 702	11 710	—	1 780	104 203	7
藁城市	653	4 523	306	—	8	150 817	3 469
晋州市	2 638	4 014	568	—	226	16 328	322
新乐市	873	10 247	473	—	—	47 067	414
鹿泉市	933	1 482	242	—	37	46 055	437

9—7 续表 2　　(2002 年)　　计量单位:万元

行政单位	(一)种植业产值(续)				(二)其他农业	
	1.主产品产值(续)	2.副产品产值			合计	#农民家庭兼营商品性工业
	(8)水果	合计	(1)粮食作物副产品	(2)其他副产品		
石家庄市	**224 817**	**40 214**	**38 888**	**1 326**	**107 768**	**107 280**
长安区	1 154	341	333	8	—	—
桥东区	298	17	17	—	—	—
桥西区	64	104	104	—	1 500	1 500
新华区	1 277	99	98	1	—	—
裕华区	104	369	368	1	500	500
矿区	1 042	228	228	—	62	52
高新区	—	76	76	—	853	853
井陉县	2 701	728	706	22	4 974	4 180
正定县	4 984	2 353	2 277	76	27 967	27 967
栾城县	2 459	2 036	2 017	19	1 097	1 097
行唐县	9 361	2 237	2 125	112	—	—
灵寿县	3 613	1 061	1 042	19	6 910	5 060
高邑县	3 210	792	759	33	12 561	12 561
深泽县	5 154	2 605	2 528	77	8 637	8 627
赞皇县	8 464	1 600	1 544	56	11 920	7 330
无极县	10 936	2 676	2 629	47	5 576	5 576
平山县	6 347	1 736	1 659	77	9 780	7 160
元氏县	6 890	1 917	1 854	63	4 911	4 621
赵县	48 267	5 675	5 589	86	13 735	13 643
辛集市	23 289	4 710	4 279	431	32 985	32 985
藁城市	19 540	3 824	3 778	46	890	890
晋州市	37 358	3 091	3 046	45	2 311	2 311
新乐市	20 973	2 202	2 188	14	8 210	8 210
鹿泉市	5 527	1 529	1 500	29	13 400	13 400

9—7 续表 3　　(2002 年)　　计量单位:万元

行政单位	二、林业产值 合计	(一)营林	(二)林产品	(三)村及村以下竹木采伐	三、牧业产值 合计	(一)牲畜
石家庄市	**41 712**	**21 065**	**18 328**	**2 319**	**1 323 767**	**734 012**
长安区	158	156	—	2	16 258	8 793
桥东区	4	4	—	—	6 892	2 581
桥西区	130	130	—	—	5 002	1 591
新华区	1 325	1 325	—	—	14 518	6 676
裕华区	97	97	—	—	20 815	12 015
矿区	477	351	114	12	3 229	1 830
高新区	—	—	—	—	2 960	2 068
井陉县	5 601	4 787	737	77	40 807	26 902
正定县	2 081	2 020	—	61	121 466	57 005
栾城县	1 305	1 205	—	100	120 372	43 946
行唐县	2 633	2 297	287	49	61 007	31 874
灵寿县	7 586	1 464	6 090	32	43 597	28 415
高邑县	498	453	40	5	25 950	14 502
深泽县	641	351	118	172	28 456	16 058
赞皇县	7 501	5 784	1 690	27	21 936	17 728
无极县	174	147	—	27	79 516	46 628
平山县	19 978	5 804	13 199	975	51 232	36 053
元氏县	2 014	1 237	702	75	68 857	40 180
赵县	114	51	—	63	53 224	28 577
辛集市	1 307	911	152	244	148 887	69 441
藁城市	358	334	—	24	190 794	85 283
晋州市	653	643	—	10	81 488	47 707
新乐市	1 125	1 003	—	122	101 643	63 262
鹿泉市	2 029	1 779	159	91	64 681	41 892

9—7 续表 4　　(2002 年)　　计量单位：万元

行政单位	三、牧业产值(续)					
	(一)牲畜(续)					
	1.大牲畜繁殖、增长、增重					2.猪
	合计	(1)牛	(2)马	(3)驴	(4)骡	
石家庄市	**47 131**	**43 946**	**815**	**1 558**	**812**	**587 533**
长安区	1 201	1 201	—	—	—	7 150
桥东区	56	56	—	—	—	1 085
桥西区	81	81	—	—	—	1 421
新华区	90	90	—	—	—	5 728
裕华区	122	122	—	—	—	8 827
矿区	185	185	—	—	—	1 062
高新区	265	265	—	—	—	1 803
井陉县	6 923	6 764	33	100	26	12 602
正定县	1 029	1 007	5	10	7	49 495
栾城县	2 217	2 158	11	32	16	35 753
行唐县	2 178	2 012	47	67	52	25 970
灵寿县	3 043	2 950	17	57	19	22 576
高邑县	211	211	—	—	—	13 401
深泽县	210	177	7	18	8	13 993
赞皇县	9 391	9 277	80	19	15	7 056
无极县	4 485	3 895	77	444	69	31 924
平山县	6 349	6 214	31	46	58	22 050
元氏县	2 609	2 592	5	12	—	31 639
赵县	3 945	3 511	119	244	71	20 224
辛集市	1 555	1 212	107	136	100	54 423
藁城市	7 149	6 390	239	201	319	63 907
晋州市	928	769	70	51	38	38 800
新乐市	1 613	1 298	73	217	25	52 350
鹿泉市	931	926	—	5	—	39 386

9—7 续表 5　　　　(2002 年)　　　　计量单位:万元

行政单位	三、牧业产值(续)					
	(一)牲畜(续)		(二)家禽饲养			(三)活的蓄禽产品
	3.羊	4.其他	合计	#鸡	鸭	
石家庄市	**56 693**	**42 655**	**129 524**	**121 377**	**3 063**	**440 950**
长安区	82	360	836	836	—	5 768
桥东区	40	1 400	1 079	1 076	3	906
桥西区	49	40	376	376	—	1 064
新华区	103	755	1 268	942	326	6 547
裕华区	26	3 040	2 232	1 442	36	6 191
矿区	253	330	148	142	—	1 038
高新区	—	—	127	127	—	765
井陉县	5 352	2 025	3 351	2 366	85	9 453
正定县	406	6 075	13 940	13 899	41	50 077
栾城县	1 373	4 603	14 202	13 680	208	46 124
行唐县	1 755	1 971	4 554	4 234	320	24 359
灵寿县	2 796	—	7 881	7 733	148	7 063
高邑县	864	26	1 798	1 798	—	9 039
深泽县	1 840	15	1 536	1 487	31	10 515
赞皇县	978	303	720	720	—	2 266
无极县	5 660	4 559	7 500	7 200	244	23 069
平山县	5 094	2 560	1 436	1 374	59	9 032
元氏县	5 662	270	4 223	4 196	27	20 905
赵县	2 197	2 211	3 495	3 401	79	20 781
辛集市	12 913	550	15 254	15 254	—	61 020
藁城市	4 283	9 944	12 897	12 153	709	84 631
晋州市	4 495	3 484	3 780	3 672	50	25 739
新乐市	3 677	5 622	7 840	7 730	110	29 805
鹿泉市	995	580	5 943	5 894	45	16 757

9—7 续表 6　　(2002 年)　　计量单位:万元

行政单位	三、牧业产值(续)				四、渔业产值
	(三)活的蓄禽产品			(四)其他动物饲养	
	#蛋类	奶类	羊毛		
石家庄市	**365 412**	**66 662**	**8 044**	**19 281**	**35 812**
长安区	3 041	2 718	9	861	535
桥东区	726	180	—	2 326	15
桥西区	578	486	—	1 971	32
新华区	4 347	2 200	—	27	1 238
裕华区	4 320	1 871	—	377	153
矿区	828	144	22	213	258
高新区	615	150	—	—	—
井陉县	7 271	900	774	874	535
正定县	43 224	6 764	89	444	1 874
栾城县	35 542	10 460	122	16 100	85
行唐县	12 854	11 394	110	220	781
灵寿县	5 523	1 097	225	238	1 930
高邑县	8 550	420	69	611	10
深泽县	9 463	767	285	337	150
赞皇县	2 119	107	40	1 197	180
无极县	21 078	1 723	268	2 319	160
平山县	7 577	901	531	4 711	13 634
元氏县	17 702	2 700	503	3 549	588
赵县	19 431	1 120	230	371	458
辛集市	56 570	2 367	2 059	3 172	472
藁城市	72 934	10 665	1 009	7 983	530
晋州市	22 838	1 819	1 059	4 262	301
新乐市	25 302	4 144	301	736	502
鹿泉市	11 828	4 873	56	89	3 204

农林牧渔业中间消耗

9—8

(2002 年)

计量单位:万元

行政单位	农林牧渔业中间消耗总计	一、农业中间消耗			
		合计	(一)种植业中间消耗		
			小计	1.物质消耗	2.生产服务支出
石家庄市	**1 560 196**	**717 167**	**629 381**	**574 671**	**54 710**
长安区	14 868	6 652	6 652	6 635	17
桥东区	4 020	1 051	1 051	1 051	—
桥西区	7 266	4 255	3 616	2 509	1 107
新华区	13 821	5 180	5 180	4 748	432
裕华区	16 248	5 515	5 195	4 870	325
矿区	4 472	2 450	2 417	2 046	371
高新区	2 447	1 054	628	628	—
井陉县	32 369	10 489	8 494	6 742	1 752
正定县	119 181	46 021	34 566	30 517	4 049
栾城县	120 019	47 386	46 606	46 229	377
行唐县	64 818	27 432	27 432	23 535	3 897
灵寿县	40 514	17 925	16 851	14 862	1 989
高邑县	41 272	22 537	17 183	13 790	3 393
深泽县	40 027	22 052	16 948	14 634	2 314
赞皇县	25 461	14 594	9 616	8 000	1 616
无极县	80 414	37 290	32 797	26 731	6 066
平山县	66 450	21 680	16 550	15 765	785
元氏县	65 234	29 706	27 117	26 201	916
赵县	113 191	84 199	77 410	72 179	5 231
辛集市	181 950	85 864	72 475	68 729	3 746
藁城市	231 431	104 616	103 960	92 849	11 111
晋州市	84 027	43 912	42 737	40 968	1 769
新乐市	99 893	45 753	40 334	34 376	5 958
鹿泉市	67 649	30 787	25 427	16 524	8 903

9—8 续表 1 （2002 年） 计量单位:万元

行政单位	一、农业中间消耗(续)			二、林业中间消耗		
	(二)其他农业中间消耗					
	小计	1.物质消耗	2.生产服务支出	合计	1.物质消耗	2.生产服务支出
石家庄市	**87 786**	**81 023**	**6 763**	**15 885**	**13 651**	**2 234**
长安区	—	—	—	109	107	2
桥东区	—	—	—	—	—	—
桥西区	639	200	439	35	25	10
新华区	—	—	—	694	586	108
裕华区	320	250	70	52	52	—
矿区	33	21	12	115	107	8
高新区	426	426	—	—	—	—
井陉县	1 995	1 935	60	2 492	2 162	330
正定县	11 455	10 570	885	905	762	143
栾城县	780	780	—	683	683	—
行唐县	—	—	—	1 060	1 012	48
灵寿县	1 074	893	181	1 815	1 236	579
高邑县	5 354	4 744	610	336	336	—
深泽县	5 104	5 050	54	256	256	—
赞皇县	4 978	4 116	862	3 023	2 475	548
无极县	4 493	4 199	294	79	47	32
平山县	5 130	4 950	180	7 733	5 613	2 120
元氏县	2 589	2 533	56	984	868	116
赵县	6 789	5 700	1 089	69	62	7
辛集市	13 389	8 634	4 755	1 085	1 005	80
藁城市	656	652	4	109	103	6
晋州市	1 175	1 140	35	323	281	42
新乐市	5 419	4 487	932	678	496	182
鹿泉市	5 360	5 284	76	617	432	185

9—8 续表 2　　(2002 年)　　计量单位:万元

行政单位	三、牧业中间消耗			四、渔业中间消耗		
	合计	1.物质消耗	2.生产服务支出	合计	1.物质消耗	2.生产服务支出
石家庄市	**810 047**	**782 887**	**27 160**	**17 097**	**15 311**	**1 786**
长安区	7 809	7 789	20	298	293	5
桥东区	2 965	2 965	—	4	4	—
桥西区	2 957	2 483	474	19	10	9
新华区	7 302	5 760	1 542	645	588	57
裕华区	10 607	9 517	1 090	74	74	—
矿区	1 767	1 717	50	140	125	15
高新区	1 393	1 373	20	—	—	—
井陉县	19 109	18 623	486	279	241	38
正定县	71 132	68 940	2 192	1 123	975	148
栾城县	71 898	71 810	88	52	52	—
行唐县	36 016	35 656	360	310	277	33
灵寿县	19 918	19 385	533	856	621	235
高邑县	18 396	18 361	35	3	3	—
深泽县	17 647	17 312	335	72	72	—
赞皇县	7 757	7 272	485	87	70	17
无极县	42 961	42 736	225	84	65	19
平山县	31 084	27 280	3 804	5 953	4 988	965
元氏县	34 195	32 924	1 271	349	306	43
赵县	28 624	28 207	417	299	288	11
辛集市	94 613	90 438	4 175	388	304	84
藁城市	126 436	123 862	2 574	270	247	23
晋州市	39 708	39 519	189	84	78	6
新乐市	53 251	51 701	1 550	211	87	124
鹿泉市	34 697	34 535	162	1 548	1 492	56

农林牧渔业增加值

9—9

(2002 年)

计量单位:万元

行政单位	农林牧渔业增加值	(一)按生产法				
		1. 农业	(1) 种植业	(2) 其他农业	# 农民家庭兼营商品性工业	2. 林业
石家庄市	**1 559 478**	**1 001 216**	**981 234**	**19 982**	**19 539**	**25 827**
长安区	16 789	8 054	8 054	—	—	49
桥东区	5 285	1 343	1 343	—	—	4
桥西区	9 385	7 232	6 371	861	861	95
新华区	17 776	9 336	9 336	—	—	631
裕华区	18 835	8 503	8 323	180	180	45
矿区	5 256	3 314	3 285	29	20	362
高新区	3 141	1 574	1 147	427	427	—
井陉县	37 080	12 017	9 038	2 979	2 205	3 109
正定县	134 195	81 934	65 422	16 512	16 512	1 176
栾城县	123 122	73 993	73 676	317	317	622
行唐县	61 522	34 487	34 487	—	—	1 573
灵寿县	47 603	17 079	11 243	5 836	3 986	5 771
高邑县	52 105	44 382	37 175	7 207	7 207	162
深泽县	50 900	39 628	36 095	3 533	3 523	385
赞皇县	40 466	21 716	14 774	6 942	3 126	4 478
无极县	89 197	52 471	51 388	1 083	1 083	95
平山县	76 228	36 154	31 504	4 650	2 200	12 245
元氏县	73 626	37 695	35 373	2 322	2 058	1 030
赵县	108 523	83 719	76 773	6 946	6 854	45
辛集市	225 113	170 533	150 937	19 596	19 596	222
藁城市	200 003	135 136	134 902	234	234	249
晋州市	116 429	74 102	72 966	1 136	1 136	330
新乐市	120 467	71 337	68 546	2 791	2 791	447
鹿泉市	91 545	58 493	50 453	8 040	8 040	1 412

9—9 续表　　(2002 年)　　计量单位:万元

行政单位	(一)按生产法(续)		(二)按分配法				
	3. 牧业	4. 渔业	1. 固定资产折旧	2. 劳动者报酬	3. 生产税	4. 生产补贴(-)	5. 营业盈余
石家庄市	**513 720**	**18 715**	**89 436**	**1 228 464**	**35 927**	**4 225**	**209 876**
长安区	8 449	237	973	13 229	319	—	2 268
桥东区	3 927	11	158	4 228	107	—	792
桥西区	2 045	13	550	7 612	60	—	1 163
新华区	7 216	593	889	13 926	560	230	2 631
裕华区	10 208	79	769	14 651	375	29	3 069
矿区	1 462	118	240	4 273	160	48	631
高新区	1 567	—	278	2 168	260	—	435
井陉县	21 698	256	1 135	29 123	849	627	6 600
正定县	50 334	751	6 713	113 473	1 767	1 360	13 602
栾城县	48 474	33	5 688	103 758	1 776	—	11 900
行唐县	24 991	471	2 415	52 835	1 365	675	5 582
灵寿县	23 679	1 074	1 036	38 520	2 782	25	5 290
高邑县	7 554	7	1 680	43 217	798	257	6 667
深泽县	10 809	78	1 476	36 818	1 315	30	11 321
赞皇县	14 179	93	3 025	31 687	2 454	529	3 829
无极县	36 555	76	3 924	74 976	942	—	9 355
平山县	20 148	7 681	7 352	61 302	430	360	7 504
元氏县	34 662	239	1 360	61 984	750	320	9 852
赵县	24 600	159	10 353	87 823	3 163	—	7 184
辛集市	54 274	84	10 070	171 928	16 549	721	27 287
藁城市	64 358	260	11 196	167 943	4 914	510	16 460
晋州市	41 780	217	2 451	89 101	3 301	50	21 626
新乐市	48 392	291	5 638	92 243	1 035	120	21 671
鹿泉市	29 984	1 656	2 006	79 583	1 898	874	8 932

农林牧渔业商品产值

9—10

(2002年)

计量单位:万元

行政单位	农林牧渔业商品产值	一、农业商品产值			
		总计	(一)种植业		
			合计	1. 主产品产值	(1) 粮食作物
石家庄市	**2 205 092**	**1 107 704**	**999 936**	**994 174**	**196 863**
长安区	26 587	11 475	11 475	11 187	2 585
桥东区	8 604	1 970	1 970	1 955	180
桥西区	13 598	9 323	8 123	8 106	192
新华区	29 594	13 900	13 900	13 840	1 325
裕华区	29 993	11 523	11 023	11 023	3 770
矿区	6 333	3 165	3 103	3 103	701
高新区	4 000	1 408	717	717	154
井陉县	45 554	6 711	3 824	2 841	310
正定县	196 929	90 946	62 979	62 979	20 326
栾城县	218 451	101 232	100 135	99 284	19 392
行唐县	96 214	39 269	39 269	37 951	17 840
灵寿县	57 650	18 137	12 137	12 088	1 393
高邑县	75 065	54 296	45 602	45 598	7 534
深泽县	63 357	40 306	31 669	30 869	10 292
赞皇县	46 018	25 741	13 821	13 581	2 963
无极县	105 094	41 881	41 881	41 881	16 154
平山县	101 518	36 651	27 328	26 124	8 191
元氏县	84 168	38 699	38 699	38 699	12 431
赵县	162 964	121 075	107 340	104 333	28 333
辛集市	273 891	151 693	121 957	120 301	28 849
藁城市	340 594	183 221	182 331	181 792	36 038
晋州市	125 720	60 406	58 095	57 898	15 629
新乐市	156 021	72 120	72 120	70 845	18 822
鹿泉市	125 334	65 297	51 897	51 849	8 389

9—10 续表 1　　(2002 年)　　计量单位:万元

行政单位	一、农业商品产值(续)					
	(一)种植业(续)					
	(2)油料	(3)棉花	(4)中药材	(5)蔬菜	(6)食用菌	(7)水果
石家庄市	**45 304**	**15 011**	**28 459**	**482 059**	**32 923**	**189 793**
长安区	268	64	—	7 041	83	1 143
桥东区	—	—	—	1 347	34	268
桥西区	—	—	—	4 751	287	61
新华区	23	38	7	10 597	93	1 277
裕华区	89	7	—	6 143	110	104
矿区	56	—	71	1 303	84	857
高新区	—	—	—	563	—	—
井陉县	—	—	425	425	—	—
正定县	3 773	194	372	27 341	6 146	4 690
栾城县	147	65	1 455	54 263	6 660	2 162
行唐县	6 190	538	486	2 991	16	9 040
灵寿县	924	102	—	1 443	3 740	2 820
高邑县	1 242	—	—	33 336	—	2 806
深泽县	1 022	660	410	14 650	156	3 649
赞皇县	590	—	104	1 462	119	8 343
无极县	2 561	323	—	12 286	252	10 300
平山县	984	593	2 987	2 015	6 308	4 488
元氏县	2 155	1 175	2 031	14 235	840	5 132
赵县	3 186	1 071	—	24 616	230	45 211
辛集市	6 713	9 462	1 772	55 267	6	17 952
藁城市	3 166	290	8	126 232	390	15 488
晋州市	1 150	518	226	7 153	315	32 659
新乐市	9 064	280	—	28 984	331	13 364
鹿泉市	750	233	37	36 495	416	5 345

9—10 续表 2　　(2002 年)　　计量单位:万元

行政单位	一、农业商品产值(续)				二、林业产值	
	(一)种植业		(二)其它农业			
	2.副产品	#粮食作物	合计	#农民家庭兼营商品性工业	总计	(一)营林
石家庄市	**5 762**	**5 624**	**107 768**	**107 280**	**21 900**	**5 035**
长安区	288	284	—	—	2	—
桥东区	15	15	—	—	1	1
桥西区	17	17	1 200	1 200	—	—
新华区	60	60	—	—	47	47
裕华区	—	—	500	500	—	—
矿区	—	—	62	52	115	—
高新区	—	—	691	691	—	—
井陉县	201	794	—	361	38 235	15 167
正定县	—	—	27 967	27 967	381	320
栾城县	851	851	1 097	1 097	791	701
行唐县	1 318	1 274	—	—	321	—
灵寿县	49	49	6 000	4 500	5 929	14
高邑县	4	—	8 694	8 694	300	300
深泽县	800	800	8 637	8 627	218	4
赞皇县	240	240	11 920	7 330	2 848	1 261
无极县	—	—	—	—	134	134
平山县	1 204	1 204	9 323	7 017	14 745	1 352
元氏县	—	—	—	—	1 272	594
赵县	3 007	2 962	13 735	13 643	63	10
辛集市	1 656	1 656	29 736	29 736	417	227
藁城市	539	539	890	890	2	—
晋州市	197	197	2 311	2 311	10	—
新乐市	1 275	1 267	—	—	778	672
鹿泉市	48	48	13 400	13 400	908	762

9—10 续表 3　　(2002 年)　　计量单位:万元

行政单位	二、林业商品产值(续)		三、牧业商品产值			
	(二)林产品	(三)村及村以下竹木采伐	总计	(一)牲畜		
				合计	1.大牲畜	2.猪
石家庄市	**15 101**	**1 764**	**1 048 110**	**529 731**	**4 558**	**446 525**
长安区	—	2	14 578	7 194	—	7 112
桥东区	—	—	6 618	2 581	56	1 085
桥西区	—	—	4 252	1 491	—	1 408
新华区	—	—	14 409	6 586	—	5 728
裕华区	—	—	18 327	9 685	—	6 620
矿区	112	3	2 795	1 485	—	938
高新区	—	—	2 592	1 700	5	1 695
井陉县	11 148	3 876	11 613	3 637	227	538
正定县	—	61	103 863	43 582	—	37 783
栾城县	—	90	116 343	42 210	1 351	34 962
行唐县	272	49	56 351	27 917	—	24 672
灵寿县	5 915	—	31 939	19 376	—	19 376
高邑县	—	—	20 459	12 105	—	11 659
深泽县	118	96	22 684	13 407	—	11 700
赞皇县	1 560	27	17 259	13 450	6 039	6 160
无极县	—	—	62 925	32 030	—	22 361
平山县	12 444	949	38 151	24 334	—	16 800
元氏县	618	60	43 696	19 410	—	16 948
赵县	—	53	41 369	18 985	—	15 168
辛集市	115	75	121 386	58 886	—	48 387
藁城市	—	2	156 976	70 321	—	57 516
晋州市	—	10	65 003	39 052	—	31 722
新乐市	—	106	82 631	49 285	1 299	41 250
鹿泉市	146	—	55 982	36 759	—	35 212

9—10 续表 4　　(2002 年)　　计量单位:万元

行政单位	三、牧业商品产值(续)					四、渔业商品产值
	(一)牲畜(续)		(二)家禽	(三)活的蓄禽产品	(四)其他动物饲养及产品	
	3.羊	4.其它				
石家庄市	**44 588**	**34 060**	**99 336**	**401 196**	**17 847**	**27 378**
长安区	82	—	835	5 688	861	532
桥东区	40	1 400	990	721	2 326	15
桥西区	43	40	350	989	1 422	23
新华区	103	755	1 268	6 528	27	1 238
裕华区	25	3 040	2 232	6 033	377	143
矿区	224	323	144	954	212	258
高新区	—	—	127	765	—	—
井陉县	15	191	—	191	840	494
正定县	385	5 414	11 781	48 059	441	1 739
栾城县	1 294	4 603	13 610	44 518	16 005	85
行唐县	1 733	1 512	4 448	23 773	213	273
灵寿县	—	—	6 758	5 570	235	1 645
高邑县	432	14	1 025	6 728	601	10
深泽县	1 692	15	1 297	7 636	334	149
赞皇县	948	303	576	2 051	1 157	170
无极县	5 110	4 559	6 490	22 101	2 304	154
平山县	5 094	2 440	1 040	8 223	4 554	11 971
元氏县	2 312	150	2 534	18 991	2 761	501
赵县	1 724	2 093	2 800	19 271	313	457
辛集市	10 103	396	11 054	48 714	2 732	395
藁城市	3 855	8 950	10 963	71 462	4 230	395
晋州市	4 106	3 224	3 255	18 434	4 262	301
新乐市	2 686	4 050	5 557	27 153	636	492
鹿泉市	981	566	5 915	13 219	89	3 147

农村非农行业总产值

9—11　　(2002年)　　计量单位:万元

行政单位	农村非农行业总产值	一、农村工业			
		合计	1. 乡办工业	2. 村办工业	3. 村以下办工业
石家庄市	**15 294 289**	**10 922 574**	**1 374 399**	**2 028 947**	**7 519 228**
长安区	769 416	475 772	227 054	116 570	132 148
桥东区	340 604	202 170	—	59 617	142 553
桥西区	621 926	197 969	2 333	135 886	59 750
新华区	455 159	245 692	7 657	28 579	209 456
裕华区	650 420	344 394	97 219	59 989	187 186
矿区	177 142	131 276	33 468	41 656	56 152
高新区	148 280	84 769	180	2 349	82 240
井陉县	832 546	608 563	53 697	134 194	420 672
正定县	792 461	604 675	134 408	158 504	311 763
栾城县	634 851	491 108	83 781	157 199	250 128
行唐县	701 646	635 291	40 945	17 185	577 161
灵寿县	442 549	343 174	16 328	15 588	311 258
高邑县	300 753	226 360	54 985	62 697	108 678
深泽县	305 842	255 931	49 498	21 109	185 324
赞皇县	178 529	116 006	18 545	19 090	78 371
无极县	554 069	463 231	46 338	130 581	286 312
平山县	496 201	387 002	74 810	80 844	231 348
元氏县	436 378	254 760	37 630	32 404	184 726
赵县	558 986	401 184	94 680	89 075	217 429
辛集市	1 585 319	871 783	27 163	23 536	821 084
藁城市	1 492 375	1 212 885	88 267	127 708	996 910
晋州市	805 662	706 984	73 201	—	633 783
新乐市	509 371	407 925	83 118	148 788	176 019
鹿泉市	1 503 804	1 253 670	29 094	365 799	858 777

9—11 续表 1　　（2002 年）　　计量单位：万元

行政单位	二、农村建筑业					
	合计	1. 建筑安装工程产值				2. 其他基本建设
		合计	(1) 兴建房屋	(2) 农田水利工程	(3) 其他	
石家庄市	**819 160**	**795 238**	**573 554**	**28 029**	**193 655**	**23 922**
长安区	36 638	36 638	16 551	54	20 033	—
桥东区	13 144	13 144	—	—	13 144	—
桥西区	45 417	45 417	12 188	—	33 229	—
新华区	19 618	19 618	12 191	2	7 425	—
裕华区	64 769	64 769	40 465	71	24 233	—
矿区	6 343	6 098	4 027	509	1 562	245
高新区	39 521	39 521	23 212	—	16 309	—
井陉县	37 522	31 477	13 631	2 298	15 548	6 045
正定县	62 682	59 402	47 327	4 084	7 991	3 280
栾城县	46 233	45 933	32 267	—	13 666	300
行唐县	24 856	24 856	22 215	—	2 641	—
灵寿县	24 006	22 761	16 759	1 115	4 887	1 245
高邑县	19 760	19 760	19 250	220	290	—
深泽县	19 399	18 461	15 062	626	2 773	938
赞皇县	10 253	7 009	4 898	2 111	—	3 244
无极县	14 207	14 207	12 413	565	1 229	—
平山县	22 826	22 826	20 560	1 129	1 137	—
元氏县	37 857	34 447	25 440	4 410	4 597	3 410
赵县	36 410	36 180	32 265	810	3 105	230
辛集市	100 114	98 254	82 629	4 692	10 933	1 860
藁城市	49 154	48 184	39 791	1 660	6 733	970
晋州市	22 677	22 677	22 677	—	—	—
新乐市	30 553	28 549	26 951	875	723	2 004
鹿泉市	35 201	35 050	30 785	2 798	1 467	151

9—11 续表 2　　（2002 年）　　计量单位：万元

行政单位	三、农村运输业				四、农村批发零售贸易业、餐饮业		
	合计	1. 乡办运输业货运产值	2. 村办运输业货运产值	3. 村以下办运输业货运产值	合计	1. 批发零售贸易业	2. 餐饮业
石家庄市	**884 598**	**18 611**	**28 056**	**837 931**	**2 667 957**	**2 144 991**	**522 966**
长安区	12 266	—	8 336	3 930	244 740	163 880	80 860
桥东区	230	—	—	230	125 060	90 035	35 025
桥西区	7 475	—	—	7 475	371 065	308 362	62 703
新华区	61 367	—	550	60 817	128 482	91 033	37 449
裕华区	31 976	—	300	31 676	209 281	146 140	63 141
矿区	18 381	565	2 070	15 746	21 142	18 493	2 649
高新区	2 400	—	—	2 400	21 590	19 250	2 340
井陉县	101 694	4 023	5 344	92 327	84 767	71 082	13 685
正定县	42 569	—	1 200	41 369	82 535	65 934	16 601
栾城县	24 702	1 100	—	23 602	72 808	60 007	12 801
行唐县	16 616	—	—	16 616	24 883	23 770	1 113
灵寿县	26 388	—	175	26 213	48 981	43 249	5 732
高邑县	15 490	—	—	15 490	39 143	27 900	11 243
深泽县	14 959	—	—	14 959	15 553	11 479	4 074
赞皇县	32 647	—	—	32 647	19 623	17 098	2 525
无极县	29 318	—	—	29 318	47 313	33 107	14 206
平山县	20 492	60	180	20 252	65 881	37 980	27 901
元氏县	87 560	7 620	8 140	71 800	56 201	41 202	14 999
赵县	35 007	—	1 350	33 657	86 385	78 043	8 342
辛集市	63 843	—	99	63 744	549 579	529 206	20 373
藁城市	97 734	5 243	312	92 179	132 602	104 405	28 197
晋州市	28 436	—	—	28 436	47 565	34 561	13 004
新乐市	25 857	—	—	25 857	45 036	29 835	15 201
鹿泉市	87 191	—	—	87 191	127 742	98 940	28 802

9—11 续表 3　　(2002 年)　　计量单位:万元

行政单位	附记:农民在城里办非农行业产值					
	合计	1. 办工业	2. 办建筑业	3. 办运输业	4. 办贸易业	5. 办餐饮业
石家庄市	**191 801**	**66 098**	**59 721**	**15 464**	**34 696**	**15 822**
长安区	—	—	—	—	—	—
桥东区	—	—	—	—	—	—
桥西区	—	—	—	—	—	—
新华区	—	—	—	—	—	—
裕华区	33 388	11 202	17 714	1 932	2 319	221
矿区	4 420	2 100	406	811	799	304
高新区	—	—	—	—	—	—
井陉县	4 331	152	1 258	232	2 018	671
正定县	19 236	90	16 156	410	2 380	200
栾城县	—	—	—	—	—	—
行唐县	682	188	221	6	198	69
灵寿县	5 389	2 300	1 626	188	871	404
高邑县	33 150	27 276	1 383	742	2 389	1 360
深泽县	15 669	1 618	3 798	2 313	5 358	2 582
赞皇县	16 502	1 206	4 912	3 533	3 310	3 541
无极县	21 364	12 410	1 918	2 186	2 940	1 910
平山县	—	—	—	—	—	—
元氏县	10 769	2 357	1 845	1 850	2 613	2 104
赵县	3 945	457	510	673	1 685	620
辛集市	5 525	2 730	233	183	2 070	309
藁城市	13 147	1 400	6 300	100	4 331	1 016
晋州市	3 074	402	1 386	290	695	301
新乐市	1 210	210	55	15	720	210
鹿泉市	—	—	—	—	—	—

农村住户调查基本情况

9—12 (2002年)

指标名称	计量单位	户均	人均
一、调查人口	人	4.19	—
整劳动力	人	1.90	0.45
半劳动力	人	0.77	0.18
二、劳动力文化程度			
文盲或半文盲	人	0.05	0.01
小学程度	人	0.48	0.11
初中程度	人	1.57	0.37
高中程度	人	0.50	0.12
中专以上	人	0.07	0.02
三、年末生产用固定资产原值	元	8 292	1 980
#农林牧渔业机械	元	2 468	589
工业机械	元	1 933	476
运输机械	元	1 848	441
四、年末拥有主要固定资产			
大中型拖拉机	台	0.06	5.78
小型和手扶拖拉机	台	0.41	41.33
机动脱粒机	台	0.09	9.17
水泵	台	0.17	16.89
五、经营耕地面积	亩	4.87	1.16
#自留地	亩	0.26	0.06
六、年内新建房屋面积	平方米	5.11	1.22
年末住房面积	平方米	128	31
年内新建房屋价值	元	1 380	329
年末住房价值	元	26 920	6 426

农村平均每百户家庭主要耐用消费品拥有量

9—13　　(2002年)

指标名称	计量单位	百户均	指标名称	计量单位	百户均
自行车	辆	204	彩色电视机	台	87
电风扇	台	185	电话机	部	56
洗衣机	台	79	录像机	台	4
电冰箱	台	29	照相机	架	5
摩托车	辆	55	抽油烟机	台	4
大型家具	件	174	空调机	台	6

农村住户粮食收支情况

9—14　　(2002年)

指标名称	户均	人均	指标名称	户均	人均
一、年初粮食结存	2 275	543	出售	985	235
二、年内粮食收入	3 672	877	饲料	514	123
#家庭经营生产	3 264	779	四、年末粮食结存	3 431	819
购入	408	97	#口粮	1 346	321
三、年内粮食支出	2 517	601	饲料	321	77
#主食用粮	981	234	种籽	116	28

农村住户总收支情况

9—15 (2002年) 计量单位:元

指标名称	人均	指标名称	人均
一、全年总收入	4 197	2.股　息	9
(一)工资性收入	1 424	3.租　金	10
#在非企业组织中劳动所得	277	4.土地征用补偿	5
在本地企业中劳动所得	599	5.其它财产收入	26
常住人口外出从业所得	242	二、全年纯收入	3 245
(二)家庭经营收入	2 632	三、全年总支出	2 583
1.农业收入	1 061	(一)家庭经营费用支出	711
#种植业收入	1 046	1.农业生产	283
2.林　业	3	2.林业生产	2
3.牧　业	509	3.牧业生产	217
4.渔　业	3	4.工业生产	62
5.工　业	260	5.建筑业生产	12
6.建筑业	62	6.运输业生产	59
7.运输业	275	7.商业支出	31
8.商　业	205	8.社会服务业	8
9.社会服务业	84	9.文教卫生业	3
10.文教卫生业	19	10.其它经营支出	33
11.其　它	151	(二)购置生产用固定资产支出	135
(三)转移性收入	69	(三)生产性固定资产折旧	132
#1.在外人口寄回和带回	8	(四)税费支出	80
2.外部亲友赠送	5	#缴纳生产税	67
3.调查补贴	7	村提留	5
4.退休金	16	乡统筹	6
5.其　它	10	(五)生活消费支出	1 571
(四)财产收入	72	(六)财产性支出	11
1.利　息	16	(七)转移性支出	76

农村住户现金收支情况

9—16　　　　(2002 年)　　　　计量单位:元

指标名称	人均	指标名称	人均
一、期内现金收入	3 538	3.调查补贴	6
(一)工资性收入	1 424	4.退休金	16
1.在非企业组织中劳动所得	277	5.其他	10
2.在本地企业中劳动所得	598	二、非收入所得	286
3.常住人口外出从业所得	242	1.从银行信用社得到的贷款	28
4.其他	307	2.借入款	25
(二)家庭经营收入	1 996	3.收回借出款	25
1.出售产品的收入	889	4.从银行信用社取回存款	188
# 出售农业产品收入	471	5.收回投资款	3
出售牧业产品收入	405	6.出售财产所得款	18
2.工业加工费	258	7.保险公司赔偿	1
3.建筑业	62	三、期内现金支出	2 279
4.交通运输业	275	(一)生产费用支出	798
5.批发和零售贸易、餐饮业	205	1.家庭经营费用支出	663
6.社会服务业	84	2.购置生产用固定资产支出	135
7.文教卫生业	19	(二)税费支出	80
8.其他家庭经营收入	149	1.缴纳生产税	67
(三)财产性收入	49	2.村提留	5
1.利息	16	3.乡统筹	6
2.股息	9	4.其他各项收费	2
3.租金	10	(三)生活消费支出	1 315
4.土地征用补偿	5	(四)财产性支出	11
5.其他	4	(五)转移性支出	75
(四)转移性收入	69	四、非消费性现金支出	873
1.家庭非常住人口寄回或带回	8	五、期末金融资产余额	4 747
2.亲友赠送	28	六、期末债务余额	26

农村住户生活消费总支出

9—17　　(2002 年)　　计量单位:元

指标名称	人均	指标名称	人均
生活消费总支出	1 571	2.电　　费	40
一、食品消费	615	3.燃　　料	84
1.主　　食	232	4.其　　它	13
2.副　　食	198	四、家庭设备、用品及服务	103
3.其它食品	136	1.耐用消费品	47
(1)烟　　草	37	2.家庭日用杂品	43
(2)酒	46	3.其　　它	2
(3)干鲜果品	18	五、医疗保健消费	91
(4)糖果糕点	10	1.医药卫生保健用品	46
(5)其　　它	13	2.医疗保健服务	40
4.在外饮食	42	六、交通和通讯消费	119
5.食品加工费	7	#交通工具	46
二、衣着消费	125	邮电费	45
1.服　　装	76	七、文教娱乐用品及服务	163
2.衣着材料	9	1.文教娱乐用品	40
3.鞋袜帽	34	2.文教娱乐服务	122
4.其　　它	4	八、其它商品及服务	73
三、居住消费	281	1.商品性支出	9
1.住　　房	143	2.服务支出	64

分县(市)区农民人均纯收入

9—18

计量单位:元

行政单位	2002年	2001年	2002年比2001年增长(%)
石家庄市	**3 245**	**3 149**	**3.05**
矿区	4 140	4 019	3.01
井陉县	2 787	2 680	3.99
正定县	3 770	3 621	4.11
栾城县	3 558	3 421	4.00
行唐县	2 619	2 542	3.03
灵寿县	2 428	2 397	1.29
高邑县	3 250	3 125	4.00
深泽县	3 408	3 308	3.02
赞皇县	1 785	1 706	4.63
无极县	3 497	3 429	1.98
平山县	2 019	1 999	1.00
元氏县	2 897	2 812	3.02
赵县	3 141	3 049	3.02
辛集县	3 470	3 365	3.12
藁城市	3 919	3 805	3.00
晋州市	3 777	3 667	3.00
新乐市	3 800	3 688	3.04
鹿泉市	4 170	4 008	4.04

全市乡镇企业主要经济指标

9—19　　(2002年)　　计量单位:万元、个、人

项目名称	企业个数	企业人数	增加值	总产值	营业收入
总计	**142 414**	**1 265 511**	**4 047 565**	**16 306 970**	**15 801 733**
一、按登记注册分组					
1.内资企业	142 379	1 257 974	3 995 260	16 119 150	15 613 261
#集体企业	3 710	246 374	501 717	2 236 381	1 973 604
股份合作企业	237	13 051	29 389	123 878	112 850
联营企业	85	4 807	32 231	117 090	119 395
有限责任公司	184	25 857	116 619	431 406	421 778
股份有限公司	39	9 089	39 435	143 503	142 901
私营企业	12 486	277 318	1 105 554	4 308 592	4 161 660
个体独资企业	113 808	624 185	1 862 479	7 477 009	7 385 165
其他企业	11 830	57 293	307 836	1 281 291	1 295 908
2.港、澳、台商投资企业	20	3 270	17 076	60 262	60 123
3.外商投资企业	15	4 267	35 229	127 558	128 349
二、按国民经济行业分组					
1.农、林、牧、渔业	1 495	21 957	38 482	145 556	142 679
2.采矿业	3 327	37 675	162 630	650 713	614 288
#规模以上	25	3 269	22 797	74 764	64 466
3.制造业	51 550	779 653	2 594 013	10 359 560	9 951 453
#规模以上	797	161 646	903 286	3 182 538	3 154 378
4.建筑业	3 486	99 548	187 287	799 575	748 425
5.交通运输仓储业	27 349	79 297	223 955	912 278	896 737
6.批发零售业	36 962	150 874	567 365	2 362 224	2 381 967
7.住宿及餐饮业	10 787	58 380	155 283	631 194	642 136
8.社会服务业	5 800	23 777	69 541	253 207	255 527
9.其他	1 658	14 350	49 009	142 673	168 521

9—19 续表　　(2002 年)　　计量单位:万元、个、人

项目名称	利润总额	上缴税金	#所得税	固定资产原值	劳动者报酬
总　　计	**1 234 201**	**225 657**	**43 702**	**4 048 745**	**676 720**
一、按登记注册分组					
1.内资企业小计	1 215 250	221 910	42 450	3 867 027	671 538
#集体企业	203 125	47 601	10 710	1 190 094	148 589
股份合作企业	5 959	1 277	356	41 793	7 576
联营企业	9 078	1 721	428	20 982	4 493
有限责任公司	33 836	8 934	1 626	140 169	18 504
股份有限公司	18 378	4 907	3 163	43 738	6 377
私营企业	326 484	57 010	11 048	975 856	150 082
个体独资企业	523 400	86 624	13 733	1 295 837	298 471
其他企业	94 990	13 836	1 386	158 558	37 446
2.港、澳、台商投资企业	6 166	2 239	573	32 823	2 756
3.外商投资企业	12 785	1 508	679	148 895	2 426
二、按国民经济行业分组					
1.农、林、牧、渔业	13 418	2 192	339	36 034	7 044
2.采　矿　业	39 390	7 248	1 278	104 394	20 962
#规模以上	6 176	1 413	187	11 592	1 631
3.制　造　业	817 282	150 078	32 963	2 748 971	406 783
#规模以上	266 636	75 093	15 084	1 247 301	95 416
4.建　筑　业	59 061	11 631	1 876	161 007	53 159
5.交通运输仓储业	71 686	11 048	1 610	298 252	47 730
6.批发零售业	159 875	25 554	3 268	409 692	83 073
7.住宿及餐饮业	47 602	11 258	1 318	175 084	34 918
8.社会服务业	17 644	3 929	830	65 219	13 252
9.其　　他	8 243	2 720	220	50 092	9 799

分县(市)区乡镇企业主要经济指标

9—20　　(2002年)　　计量单位:万元、个、人

行政单位	企业个数	企业人数	总产值	#工业产值	增加值
石家庄市	**142 414**	**1 265 511**	**16 306 970**	**11 060 263**	**4 047 565**
长安区	2 193	32 376	806 438	471 089	200 206
桥东区	732	10 612	372 950	231 390	86 456
桥西区	2 201	27 851	634 516	165 153	155 660
新华区	3 050	32 235	673 810	308 806	151 377
裕华区	4 258	39 931	733 882	288 735	171 340
矿区	2 315	12 689	179 640	131 276	43 386
高新区	450	7 500	61 991	26 961	16 186
井陉县	8 776	44 235	802 030	558 563	180 790
正定县	6 092	80 649	972 629	775 548	215 009
栾城县	3 704	38 048	473 887	297 224	112 420
行唐县	5 688	45 333	701 646	615 607	181 263
灵寿县	4 066	33 455	413 730	273 516	117 862
高邑县	2 975	38 092	361 093	262 002	95 986
深泽县	3 440	27 197	331 658	255 931	80 781
赞皇县	6 924	24 838	200 100	130 111	44 405
无极县	6 103	67 491	570 095	463 231	158 915
平山县	6 195	44 067	501 223	387 002	131 361
元氏县	6 537	60 116	445 404	255 239	120 546
赵县	8 242	55 330	746 760	495 843	186 266
辛集市	9 409	127 572	1 638 137	871 783	418 022
藁城市	21 397	151 883	1 671 009	1 395 252	422 730
晋州市	6 651	82 354	971 653	754 306	240 362
新乐市	10 972	93 138	556 389	407 834	141 236
鹿泉市	10 044	88 519	1 486 300	1 237 861	375 000

9—20 续表 1 (2002 年) 计量单位:万元、个、人

行政单位	工业增加值	营业收入	净利润	实交税金
石家庄市	**2 756 643**	**15 801 733**	**1 190 499**	**225 657**
长安区	112 484	794 839	69 366	14 201
桥东区	48 150	352 500	28 580	6 676
桥西区	31 097	594 504	18 306	8 928
新华区	74 400	593 291	44 539	10 031
裕华区	67 909	771 814	52 151	14 109
矿区	33 212	156 194	8 155	4 290
高新区	6 988	59 512	4 045	855
井陉县	115 264	725 611	46 615	9 999
正定县	167 699	944 912	83 937	13 669
栾城县	70 524	458 329	17 825	5 400
行唐县	157 131	685 870	70 826	10 074
灵寿县	79 148	460 163	25 586	6 866
高邑县	70 455	359 565	28 761	4 075
深泽县	61 423	317 563	18 607	4 540
赞皇县	27 883	189 781	12 685	1 455
无极县	128 509	546 812	47 221	8 422
平山县	101 719	495 382	37 128	8 478
元氏县	69 340	446 505	36 696	5 093
赵县	122 095	734 148	55 171	10 450
辛集市	264 227	1 588 115	116 702	21 997
藁城市	350 029	1 641 752	131 967	17 002
晋州市	174 484	885 811	59 073	13 581
新乐市	105 260	552 760	46 023	7 391
鹿泉市	317 213	1 446 000	130 534	18 075

9—20 续表 2　　(2002 年)　　计量单位:万元、个、人

行 政 单 位	劳动者报酬	本年固定资产投入	年末资产总额	出口产品交货值
石家庄市	**676 720**	**812 978**	**6 064 064**	**630 535**
长安区	20 735	28 920	294 319	44 355
桥东区	6 442	20 300	190 833	9 580
桥西区	20 920	13 302	201 190	12 510
新华区	14 806	39 120	164 375	28 181
裕华区	40 608	30 776	210 759	31 950
矿区	7 543	7 891	48 215	663
高新区	3 348	2 000	11 046	700
井陉县	22 354	31 404	165 167	1 917
正定县	56 959	31 006	324 064	18 220
栾城县	19 106	30 127	169 698	21 330
行唐县	29 069	15 588	84 240	6 405
灵寿县	14 333	11 972	90 559	9 819
高邑县	19 501	24 699	145 779	12 390
深泽县	13 645	8 148	83 426	7 500
赞皇县	7 924	5 576	58 469	590
无极县	30 233	15 089	211 138	14 694
平山县	31 312	31 364	181 049	6 800
元氏县	38 523	8 810	257 123	11 050
赵县	18 772	19 170	210 695	1 127
辛集市	55 315	105 521	573 547	190 051
藁城市	72 904	138 024	1 275 773	90 043
晋州市	35 705	70 706	309 721	47 530
新乐市	50 388	6 648	260 043	18 130
鹿泉市	46 275	116 817	542 836	45 000

十、工业　交通

全市工业企业主要产品产量

10—1

产　品　产　量	计量单位	2002年	2001年	同比±%
原　　煤	吨	1 248 465	1 094 542	14.06
炼焦烟煤	吨	506 074	314 508	60.91
洗　　煤	吨	554 810	482 823	14.91
洗 精 煤	吨	327 425	255 918	27.94
铁矿石原矿量	吨	616 422	747 812	-17.57
铁矿石成品矿	吨	867 563	980 415	-11.51
木　　材	立方米	25 061	21 467	16.74
大　　米	吨	213	181	17.68
小 麦 粉	万吨	156.7	138.7	12.98
配混合饲料	吨	1 145 303	979 700	16.9
食用植物油	吨	114 285	101 259	12.86
鲜、冻畜肉	吨	104 925	89 936	16.67
糖　　果	吨	586	1 437	-59.22
糕　　点	吨	445	464	-4.09
饼　　干	吨	18 029	11 610	55.29
方便主食品	吨	2 779	3 749	-25.87
方 便 面	吨	452	858	-47.32
乳 制 品	吨	72 399	66 154	9.44
罐　　头	吨	2 924	2 031	43.97
酱　　油	吨	38 367	38 382	-0.04
淀　　粉	吨	830 496	747 235	11.14
冷冻饮品	吨	5 886	6 543	-10.04
发酵酒精	吨	3 238	3 295	-1.73
饮 料 酒	吨	262 152	272 937	-3.95
白　　酒	吨	5 492	5 032	9.14
啤　　酒	吨	256 494	267 751	-4.2
软 饮 料	吨	114 636	81 519	40.62
果汁及果汁饮料	吨	4 800	6 512	-26.29
瓶(罐)装饮用水	吨	44 464	40 998	8.45
液 体 乳	吨	294 879	126 059	133.92
卷　　烟	箱	339 000	340 000	-0.29
一类卷烟	箱	9 438	10 618	-11.11
二类卷烟	箱	18 037	15 150	19.06
三类卷烟	箱	67 887	40 642	67.04
四类及以下卷烟	箱	243 638	273 590	-10.95
皮　　棉	吨	6 106	5 293	15.36
纱	吨	155 325	150 908	2.93

10—1 续表 1

产品产量	计量单位	2002年	2001年	同比±%
布	万米	72 599	73 090.9	-0.67
棉布	万米	50 950	51 983	-1.99
混纺交织布	万米	18 935.6	17 578	7.72
纯化纤布	万米	2 713.4	3 529.9	-23.13
印染布	万米	43 570.3	38 298.3	13.77
呢绒	万米	55	43.8	25.57
针棉织品折用纱线量	吨	652	580	12.41
服装	万件	4 142.9	3 500	18.37
梭织服装	万件	2 537.6	1 928.6	31.58
西服及西服套装	万件	46.7	39.9	17.04
衬衫	万件	306.4	305.6	0.26
儿童服装	万件	24.5	21.4	14.49
针织服装	万件	1 588.6	1 553.9	2.23
羽绒服装	万件	16.7	17.5	-4.57
缝制帽	万顶	93.4	102.4	-8.79
布鞋	万双	1 164.7	1 611.5	-27.73
轻革	平方米	37 616 245	32 876 743	14.42
皮鞋	万双	63.8	61.7	3.4
革皮服装	件	4 404 055	3 862 111	14.03
锯材	立方米	66 624	62 891	5.94
人造板	立方米	2 267 981	1 744 465	30.01
胶合板	立方米	1 409 321	1 115 774	26.31
纤维板	立方米	349 168	244 086	43.05
刨花板	立方米	331 746	271 850	22.03
生产用木制品	千元	1 926	20 799	-90.74
生活用木制品	千元	13 890	20 500	-32.24
家具	件	904 997	761 520	18.84
木制家具	件	842 654	628 151	34.15
软体家具(包括床垫、沙发)	件	38 108	36 013	5.82
纸浆	吨	162 869	224 368	-27.41
机制纸	吨	275 038	242 092	13.61
新闻纸	吨	25 327	26 475	-4.34
机制纸板	吨	181 028	125 572	44.16
纸制品	吨	114 358	118 674	-3.64
纸箱	吨	52 787	31 656	66.75
单色印刷品	万令	83.4	79.5	4.91
多色印刷品	万对	139.4	116.4	19.76

10—1 续表 2

产　品　产　量	计量单位	2002 年	2001 年	同比 ± %
本　　册	万本	376.3	339.3	10.9
原油加工量	吨	2 433 489	2 650 152	-8.18
汽　　油	吨	529 908	592 821	-10.61
溶　剂　油	吨	34 186	37 736	-9.41
煤　　油	吨	87 139	91 516	-4.78
柴　　油	吨	984 657	1 086 726	-9.39
润　滑　油	吨	37 782	41 092	-8.06
燃　料　油	吨	90 244	35 802	152.06
液化石油气	吨	112 591	121 025	-6.97
炼 厂 干 气	吨	104 530	107 160	-2.45
焦　　炭	吨	1 999 310	1 874 253	6.67
机械化焦炉生产的焦炭	吨	1 579 381	1 572 541	0.43
硫　酸（折 100%）	吨	240 347	280 200	-14.22
浓硝酸（折 100%）	吨	14 357	15 246	-5.83
盐酸（含量 31%以上）	吨	99 668	80 996	23.05
氢氧化钠（烧碱）（折 100%）	吨	46 234	39 829	16.08
碳酸钠（纯碱）	吨	185 979	155 559	19.56
轻质碳酸钙	吨	1 058 437	967 947	9.35
硫　化　碱	吨	5 032	6 193	-18.75
硅酸钠（包括偏硅酸钠）	吨	59 550	52 423	13.6
红　矾　钠	吨	9 209	8 579	7.34
碳化钙（电石）折（300 升/千克）	吨	49 139	64 970	-24.37
商 品 液 氯	吨	22 650	17 855	26.86
合　成　氨	吨	808 584	795 955	1.59
农用氮、磷、钾化学肥料	吨	463 879	493 178	-5.94
氮肥（折含 N100%）	吨	420 314	429 227	-2.08
尿　　素	吨	216 688	208 543	3.91
磷肥（折含 P205100%）	吨	43 565	63 951	-31.88
化学农药	吨	12 986	13 476	-3.64
杀　虫　剂	吨	5 645	5 840	-3.34
杀　菌　剂	吨	5 364	6 070	-11.63
除　草　剂	吨	1 977	1 566	26.25
农药乳剂（实物量）	吨	9 106	7 818	16.47
丙　　烯	吨	43 010	52 183	-17.58
纯　　苯	吨	39 336	35 445	10.98
精　甲　醇	吨	134 273	142 345	-5.67

10—1 续表 3

产品产量	计量单位	2002年	2001年	同比±%
甲醛	吨	105 340	92 518	13.86
乙醛	吨	111	82	35.37
冰醋酸	吨	20 140	19 735	2.05
苯二甲酸酐	吨	41 925	40 188	4.32
油漆	吨	23 857	23 829	0.12
建筑涂料	吨	2 268	2 583	-12.2
油墨	吨	353	382	-7.59
颜料	吨	42 016	41 294	1.75
染料	吨	1 286	1 270	1.26
塑料树脂及共聚物	吨	29 321	33 694	-12.98
聚丙烯树脂	吨	28 954	33 260	-12.95
合成纤维单体	吨	30 430	16 241	87.37
乙内酰胺	吨	30 380	16 125	88.4
合成纤维聚合物	吨	20 036	12 600	59.02
化学试剂	吨	372	453	-17.88
催化剂	吨	3 585	2 283	57.03
塑料助剂	吨	28 188	27 982	0.74
印染助剂	吨	1 438	1 267	13.5
炭黑	吨	14 478	22 164	-34.68
粘合剂	吨	4 221	2 799	50.8
炸药	吨	12 091	10 379	16.49
雷管	万支	7 631.2	6 975.7	9.4
饲料添加剂	吨	14 359	25 521	-43.74
肥皂	吨	45 537	50 463	-9.76
合成洗涤剂	吨	618	850	-27.29
香精	吨	459	472	-2.75
化学原料药	吨	100 511	90 234	11.39
中成药	吨	3 062	3 139	-2.45
涤纶纤维	吨	4 303	4 625	-6.96
轮胎外胎	条	51 800	133 200	-61.11
输送带	平方米	269 143	318 323	-15.45
胶鞋	万双	284	501	-43.31
塑料制品	吨	129 243	119 786	7.89
塑料薄膜	吨	29 019	27 937	3.87
农用薄膜	吨	1 842	3 129	-41.13
塑料板片材	吨	2 927	1 975	48.2

10—1 续表 4

产　品　产　量	计量单位	2002 年	2001 年	同比 ± %
塑料棒管材	吨	14 706	17 629	- 16.58
塑料丝及纺织制品	吨	44 930	40 854	9.98
泡沫塑料	吨	2 323	1 821	27.57
塑料包装箱及容器	吨	407	222	83.33
塑　料　鞋	吨	5 900	6 670	- 11.54
日用塑料制品	吨	19 794	14 076	40.62
其他塑料制品	吨	9 237	8 602	7.38
水　　泥	万吨	1 331.3	1 262.5	5.45
水泥排水管	吨	5 879	10 006	- 41.25
水泥压力管	吨	156	290	- 46.21
水 泥 电 杆	吨	41 136	46 858	- 12.21
水泥预制构件	立方米	1 172 262	1 144 555	2.42
石棉水泥瓦	平方米	240 000	230 000	4.35
砖(折标准砖)	万块	464 477.6	460 182.4	0.93
大理石板材	平方米	809 719	606 850	33.43
花岗石板材	平方米	377 087	298 383	26.38
加气混凝土	立方米	125 766	135 159	- 6.95
油 毡 油 纸	卷	1 141 560	1 200 614	- 4.92
日用玻璃制品	吨	93 742	95 315	- 1.65
釉　面　砖	万平方米	181.4	184.4	- 1.63
墙　地　砖	万平方米	4 540	3 994	13.67
日 有 陶 瓷	万件	2 277.4	2 785	- 18.23
石 棉 制 品	吨	52 000	48 663	6.86
耐火材料制品	吨	3 312	6 361	- 47.93
石墨及碳素制品	吨	67 030	59 853	11.99
玻璃纤维纱	吨	91	96	- 5.21
磨　　具	吨	2 045	1 869	9.42
生　　铁	吨	1 649 093	1 345 463	22.57
钢	吨	1 581 104	1 335 574	18.38
普通碳素钢	吨	156 516	148 491	5.4
普通低合金钢	吨	72 011	150 908	- 52.28
合　金　钢	吨	357 793	208 013	72.01
其它优质钢	吨	994 784	828 162	20.12
成 品 钢 材	吨	1 565 446	1 305 871	19.88
普通大型钢材	吨	10 868	13 031	- 16.6
普通中型钢材	吨	8 748	4 718	85.42
普通小型钢材	吨	249 769	309 631	- 19.33

10—1 续表 5

产品产量	计量单位	2002 年	2001 年	同比±%
优质型钢材	吨	1 293 867	975 285	32.67
线材	吨	1 640	2 650	-38.11
钢带	吨	554	556	-0.36
矿产铝	吨	12 830	12 130	5.77
黄金	千克	469	451	3.99
铜加工材	吨	8 706	12 963	-32.84
铜盘条	吨	3 670	2 466	48.82
铝材	吨	7 799	6 934	12.47
金属结构制品	吨	6 925	1 117	519.96
铸铁管	吨	53 924	36 757	46.7
金属切削工具	万件	425.5	139.2	205.68
模具	套	10 391	9 083	14.4
手工工具	万把	1 130.9	1 026.5	10.17
钢丝网	吨	233	453	-48.57
钢丝	吨	374	898	-58.35
建筑用金属品	吨	3 585	3 596	-0.31
搪瓷制品	吨	13 863	15 729	-11.86
焊条	吨	18 602	13 844	34.37
内燃机	万千瓦	23.8	19	25.26
金属切削机床	台	102	190	-46.32
锻压设备	吨	1 559	1 351	15.4
铸造机械	台	333	309	7.77
输送机械	米	197	473	-58.35
泵	台	8 516	11 002	-22.6
风机	台	8 706	9 656	-9.84
气体压缩机	台	943	1 263	-25.34
减速机	台	6 464	5 868	10.16
制冷空调设备	台(套)	2 533	3 140	-19.33
轴承	万套	2 082.4	1 689.6	23.25
阀门	吨	10 663	8 331	27.99
液压元件	件	36 035	31 606	14.01
密封件	万件	213	436	-51.15
齿轮	吨	3 351	2 010	66.72
铸件	吨	313 937	256 092	22.59
锻件	吨	2 502	3 974	-37.04
工矿配件	吨	3 250	2 592	25.39
化工设备	吨	2 982	2 431	22.67

10—1 续表 6

产品产量	计量单位	2002 年	2001 年	同比 ± %
塑料加工设备	吨	693	669	3.59
印刷机	吨	881	449	96.21
水泥设备	吨	2 438	2 595	-6.05
粮食加工机械	台	5 381	5 420	-0.72
棉纺织设备	吨	1 293	534	142.13
染整机械设备	吨	50	150	-66.67
大中型拖拉机	台	98	66	48.48
小型拖拉机	台	9 825	17 614	-44.22
收获机械	台	17 679	20 129	-12.17
农业运输机械	辆	1 300	1 768	-26.47
大气污染防治设备	吨	319	317	0.63
机车	千瓦	11 712	6 831	71.45
公路客车	辆	92	38	142.11
改装汽车	辆	1 366	1 401	-2.5
摩托车	辆	66 699	55 417	20.36
交流电动机	千瓦	2 927 390	2 457 249	19.13
变压器	千伏	317 300	290 800	9.11
电力电缆	公里	827	962	-14.03
通讯电缆	公里	759	804	-5.6
电线	公里	134 491	34 581	288.92
绝缘制品	吨	6 062	6 898	-12.12
蓄电池	千伏	138 302	109 560	26.23
灯具	万只	229.1	90.3	153.71
数字程控交换机	线	250 000	602 000	-58.47
半导体分立器件	万只	4 830	6 528.4	-26.02
电子元件	万只	33 094.4	27 067.4	22.27
钟	只	55 400	62 700	-11.64
表	只	223 226	363 074	-38.52
工艺美术制造品	千元	271 595	235 991	15.09
眼镜	付	3 209 929	2 873 029	11.73
发电量	万千瓦时	1 954 197	1 865 295.9	4.77
火电	万千瓦时	1 948 155.5	1 856 471.6	4.94
水电	万千瓦时	6 041.5	8 824.3	-31.54
供电量	万千瓦时	1 641 427.1	1 506 919	8.93
供热量	万百万千焦	3 301.4	3 013.1	9.57
煤气	万立方米	27 735	30 198.9	-8.16
自来水生产量	万吨	17 334.7	18 063	-4.03

全市工业企业主要经济指标

10—2　　(2002 年)　　计量单位:千元

项目名称	工业企业单位数(个)	工业企业总产值	工业企业销售产值	工业中间投入合计	工业增加值
总　计	**1 488**	**96 565 307**	**95 139 771**	**69 222 821**	**31 296 429**
一、按登记注册类型分组					
内资企业	1 388	89 943 459	88 604 114	64 850 717	28 634 279
国有企业	240	21 807 680	21 560 720	15 986 931	6 957 849
集体企业	440	17 131 777	16 831 769	12 376 652	5 203 404
股份合作企业	66	1 934 125	1 907 072	1 418 799	574 686
联营企业	4	76 810	76 410	61 267	18 759
有限责任公司	151	22 736 612	22 433 224	16 662 670	7 189 967
股份有限公司	89	10 378 730	10 320 244	10 320 244	639 083
私营企业	377	15 055 611	14 651 785	146 651 785	2 208 268
其他企业	21	822 114	822 890	595 328	257 555
港、澳、台商投资企业	48	2 309 049	2 284 103	1 729 140	658 934
外商投资企业	52	4 312 799	4 251 554	2 642 964	2 003 216
二、按经济组织类型分组					
独资企业	878	45 626 365	44 912 570	33 011 920	14 345 491
合作、合伙企业	160	4 884 049	4 789 952	3 480 005	1 543 747
股份有限公司	66	1 934 125	1 907 072	8 732 878	4 667 603
有限责任公司	342	33 354 283	32 802 259	23 998 018	10 739 588
三、在总计中:亏损企业	144	9 184 146	8 989 051	7 923 681	1 509 436
在总计中:国有控股企业	343	45 072 832	44 630 134	33 130 328	14 261 188
在总计中:农村工业	278	10 347 777	10 103 315	7 456 234	3 194 605
在总计中:轻工业	713	49 220 088	48 623 732	35 254 992	15 742 499
以农产品为原料	535	33 110 496	32 796 808	23 287 750	10 906 732
以非农产品为原料	178	16 109 592	15 826 924	11 967 242	4 835 767
重工业	775	47 345 219	46 516 039	33 967 829	15 553 930
采掘工业	38	1 404 445	1 390 103	1 032 413	425 072
原料工业	301	27 595 221	27 190 503	20 021 896	9 061 269
加工工业	436	18 345 553	17 935 433	12 913 520	6 067 589
在总计中:特大型企业	5	11 435 405	11 282 395	8 220 685	3 947 696
大一型企业	18	17 415 759	17 336 345	13 073 565	5 385 319
大二型企业	53	10 645 713	10 590 483	7 898 512	3 295 325
中一型企业	54	5 223 402	5 116 363	3 556 673	1 897 110
中二型企业	66	4 646 231	4 520 489	3 370 595	1 500 151
小 型 企 业	1 292	47 198 797	46 293 696	33 102 791	15 270 828

10—2 续表 1　　　　(2002 年)　　　　计量单位:千元

项目名称	资产合计	#流动资产小计	#短期投资	应收账款净额	存货
总计	**121 040 188**	**47 597 702**	**481 269**	**11 992 025**	**14 058 758**
一、按登记注册类型分组					
内资企业	110 824 035	44 050 737	384 803	10 927 916	12 885 019
国有企业	39 451 688	13 576 176	148 592	2 950 010	3 147 322
集体企业	9 658 988	4 648 563	47 888	1 174 640	1 999 801
股份合作企业	1 510 417	755 773	289	262 346	288 350
联营企业	26 486	15 569	—	2 982	7 037
有限责任公司	45 995 959	19 131 673	111 053	5 433 928	4 953 102
股份有限公司	7 438 374	3 807 816	13 620	705 251	1 550 784
私营企业	10 310 696	2 053 200	63 360	396 060	915 511
其他企业	180 121	61 967	—	2 699	23 112
港、澳、台商投资企业	2 800 700	1 619 647	88 308	401 069	574 870
外商投资企业	7 415 453	1 927 318	8 158	663 040	598 869
二、按经济组织类型分组					
独资企业	51 735 581	19 265 128	208 664	4 372 495	5 639 538
合作、合伙企业	2 953 269	1 377 301	8 402	457 475	552 518
股份有限公司	12 436 865	4 162 898	13 678	857 417	1 574 071
有限责任公司	53 914 473	22 792 375	250 525	6 304 638	6 292 631
三、在总计中:亏损企业	19 510 095	7 484 426	137 515	2 034 591	2 484 778
在总计中:国有控股企业	89 188 961	34 398 797	330 556	8 756 756	8 974 479
在总计中:农村工业	5 708 619	2 738 425	23 639	659 462	1 102 514
在总计中:轻工业	51 503 211	23 589 692	221 315	5 838 435	6 321 922
以农产品为原料	20 297 808	9 113 504	104 408	1 505 042	3 201 872
以非农产品为原料	31 205 403	14 476 188	116 907	4 333 393	3 120 050
重工业	69 536 977	24 008 010	259 954	6 153 590	7 736 836
采掘工业	1 472 520	674 241	—	254 429	259 718
原料工业	41 244 401	10 833 073	147 339	2 599 846	2 839 857
加工工业	26 820 056	12 500 696	112 615	3 299 315	4 637 261
在总计中:特大型企业	35 954 387	14 533 321	2 262	4 066 874	2 214 306
大一型企业	28 556 596	8 873 361	219 880	2 307 143	3 191 464
大二型企业	15 579 667	6 589 235	12 851	1 382 734	2 163 238
中一型企业	7 957 209	2 474 873	3 272	578 736	880 627
中二型企业	4 916 036	2 471 179	6 224	544 854	803 682
小型企业	28 076 293	12 655 733	236 780	3 111 684	4 805 441

10—2 续表 2　　(2002 年)　　计量单位:千元

项目名称	流动资产年平均余额	长期投资	固定资产小计	固定资产原价	#生产经营用
总计	**47 347 266**	**5 747 548**	**60 397 199**	**80 324 266**	**69 233 018**
一、按登记注册类型分组					
内资企业	43 360 829	5 722 109	54 533 433	71 267 650	60 867 328
国有企业	13 025 005	459 761	23 600 125	33 458 289	27 063 948
集体企业	4 766 210	281 056	3 927 358	5 536 923	4 906 669
股份合作企业	703 242	31 129	461 629	703 842	635 861
联营企业	15 645	500	8 974	22 340	20 616
有限责任公司	19 079 413	4 173 106	20 157 312	23 171 392	20 771 776
股份有限公司	3 692 420	656 553	3 769 726	5 324 556	4 758 987
私营企业	2 007 729	120 004	2 517 523	2 948 515	2 621 400
其他企业	71 165		90 786	101 793	88 071
港、澳、台商投资企业	1 600 134	13 999	968 111	1 425 833	1 070 544
外商投资企业	2 386 303	11 440	4 895 655	7 630 783	7 295 146
二、按经济组织类型分组					
独资企业	18 828 518	790 992	28 722 744	40 404 245	33 163 663
合作、合伙企业	1 368 648	50 391	1 037 352	1 471 910	1 289 113
股份有限公司	4 410 510	656 855	7 006 754	10 784 482	10 184 792
有限责任公司	22 739 590	4 249 310	23 630 349	27 663 629	24 595 450
三、在总计中:亏损企业	7 889 997	351 461	9 848 528	14 282 870	9 350 927
在总计中:国有控股企业	33 867 505	4 632 090	45 557 263	59 809 909	50 754 450
在总计中:农村工业	2 877 455	107 559	2 419 796	3 245 467	2 906 277
在总计中:轻工业	23 670 496	4 462 063	20 687 311	26 215 617	23 311 694
以农产品为原料	9 124 430	841 083	9 038 625	12 533 668	10 853 936
以非农产品为原料	14 546 066	3 620 980	11 648 686	13 681 949	12 457 758
重工业	23 676 770	1 285 485	39 709 888	54 108 649	45 921 324
采掘工业	643 341	8 098	755 896	803 843	605 527
原料工业	11 586 772	579 018	27 923 640	38 164 661	33 294 588
加工工业	11 446 657	698 369	11 030 352	15 140 145	12 021 209
在总计中:特大型企业	13 277 392	3 798 901	16 641 552	19 243 898	17 911 247
大一型企业	9 776 397	369 780	17 697 692	28 131 553	23 464 059
大二型企业	6 581 700	762 599	7 112 888	9 673 896	7 997 653
中一型企业	2 468 003	219 270	4 818 643	5 042 225	4 218 574
中二型企业	2 543 557	163 266	1 964 312	2 855 032	2 319 490
小型企业	12 700 217	433 732	12 162 112	15 377 662	13 321 995

10—2 续表 3　　(2002 年)　　计量单位:千元

项　目　名　称	累计折旧	#本年折旧	固定资产净值	固定资产净值年平均余额	无形及递延资产小计
总　计	**27 008 858**	**3 896 014**	**53 315 408**	**51 955 930**	**4 372 427**
一、按登记注册类型分组					
内资企业	23 724 471	3 367 258	47 543 179	46 130 521	4 068 162
国有企业	11 825 227	1 701 888	21 633 062	21 083 713	1 498 682
集体企业	1 785 086	210 193	3 751 837	3 804 109	170 562
股份合作企业	289 346	36 060	414 496	437 761	144 255
联营企业	13 770	1 430	8 570	10 649	398
有限责任公司	7 441 811	1 059 043	15 729 581	15 156 966	1 763 398
股份有限公司	1 872 154	247 102	3 452 402	3 064 378	377 656
私营企业	485 021	109 997	2 463 494	2 474 032	110 211
其他企业	12 056	1 545	89 737	98 913	3 000
港、澳、台商投资企业	489 064	70 919	936 769	977 279	45 911
外商投资企业	2 203 819	457 837	4 835 460	4 848 130	258 354
二、按经济组织类型分组					
独资企业	138 163 663	1 970 652	26 558 379	26 091 589	1 706 711
合作、合伙企业	487 609	68 052	984 301	1 068 565	165 854
股份有限公司	—	600 298	6 677 038	6 387 480	505 758
有限责任公司	8 567 939	1 257 012	19 095 690	18 408 296	1 994 104
三、在总计中:亏损企业	5 084 014	655 021	9 198 856	9 217 501	1 034 477
在总计中:国有控股企业	20 680 062	2 911 926	39 129 847	37 976 593	3 226 429
在总计中:农村工业	939 648	117 316	2 305 819	2 314 739	100 134
在总计中:轻工业	8 286 109	1 124 225	17 929 508	17 211 688	1 552 244
以农产品为原料	4 063 846	522 228	8 469 822	7 973 515	710 725
以非农产品为原料	4 222 263	601 997	9 459 686	9 238 173	841 519
重工业	18 722 749	2 771 789	35 385 900	34 744 242	2 820 183
采掘工业	249 507	16 515	554 336	553 897	17 848
原料工业	13 375 795	2 108 315	24 788 866	24 111 237	1 359 099
加工工业	509 447	646 959	10 042 698	10 079 108	1 443 236
在总计中:特大型企业	5 552 240	878 686	13 691 658	12 727 824	973 334
大一型企业	11 048 689	1 687 613	17 082 864	17 056 332	978 032
大二型企业	3 480 260	360 366	6 193 636	6 037 008	944 764
中一型企业	1 931 419	230 058	3 110 806	3 064 104	331 484
中二型企业	977 820	114 345	1 877 212	1 802 763	246 854
小型企业	4 018 430	624 946	11 359 232	11 267 899	897 959

10—2 续表 4　　(2002 年)　　计量单位:千元

项目名称	负债合计	#流动负债	#长期负债	所有者权益	#实收资本
总计	**75 672 268**	**524 572 277**	**22 039 936**	**45 367 920**	**25 243 262**
一、按登记注册类型分组					
内资企业	71 105 560	49 054 351	21 017 412	39 718 475	22 984 804
国有企业	26 382 455	16 796 400	9 506 304	13 069 233	9 734 895
集体企业	5 870 773	4 502 244	1 083 943	3 788 215	2 282 666
股份合作企业	970 950	763 429	166 639	539 467	315 139
联营企业	13 882	13 682	200	12 604	9 873
有限责任公司	30 693 834	21 363 716	8 944 336	15 302 125	6 802 950
股份有限公司	4 586 871	3 851 029	656 675	4 128 108	1 876 628
私营企业	2 519 810	1 720 126	647 045	2 765 587	1 890 464
其他企业	66 985	43 725	12 270	113 136	72 189
港、澳、台商投资企业	1 990 168	1 432 996	446 383	810 532	738 444
外商投资企业	2 576 540	1 969 930	576 141	4 838 913	1 520 014
二、按经济组织类型分组					
独资企业	33 664 954	22 278 377	10 933 642	18 070 627	12 928 274
合作、合伙企业	1 695 081	1 254 939	356 682	1 258 188	878 623
股份有限公司	970 950	763 429	663 618	7 499 249	1 948 484
有限责任公司	4 937 618	4 191 745	10 085 994	18 539 856	9 487 881
三、在总计中:亏损企业	14 565 670	11 595 437	2 851 033	4 944 425	5 897 133
在总计中:国有控股企业	59 420 093	39 985 658	18 959 215	29 768 868	17 515 706
在总计中:农村工业	3 110 366	2 265 132	689 061	2 598 253	1 337 345
在总计中:轻工业	30 850 378	23 657 518	6 775 630	20 652 833	10 823 151
以农产品为原料	11 356 986	9 157 891	1 994 701	8 940 822	5 422 217
以非农产品为原料	19 493 392	14 499 627	4 780 929	11 712 011	5 400 934
重工业	44 821 890	28 799 759	15 264 306	24 715 087	14 420 111
采掘工业	1 153 369	792 084	356 956	319 151	259 937
原料工业	24 807 094	13 507 400	10 876 488	16 437 307	8 702 438
加工工业	18 861 427	14 500 275	4 030 862	7 958 629	5 457 736
在总计中:特大型企业	22 808 811	14 868 145	7 940 337	13 145 576	4 148 185
大一型企业	17 526 638	12 226 441	4 993 502	11 029 958	6 796 108
大二型企业	9 676 568	6 933 711	2 724 377	5 903 099	3 329 772
中一型企业	5 568 463	3 432 719	2 080 898	2 388 746	1 982 266
中二型企业	3 635 963	2 929 438	666 847	1 280 073	842 966
小型企业	16 455 825	12 066 823	3 633 975	11 620 468	8 143 965

10—2 续表 5　　(2002 年)　　计量单位:千元

项目名称	所有者权益(续) 实收资本中:国家资本	集体资本	产品销售收入	#产品销售成本	产品销售费用
总计	**8 620 645**	**2 404 935**	**95 327 408**	**77 967 349**	**3 314 282**
一、按登记注册类型分组					
内资企业	7 946 443	2 279 034	88 510 459	72 616 389	3 125 893
国有企业	4 041 048	13 164	22 191 982	18 639 615	413 165
集体企业	29 979	1 715 212	16 247 162	13 291 996	672 069
股份合作企业	1 420	110 554	1 698 306	1 416 198	66 259
联营企业	2 457	4 268	70 127	58 147	3 042
有限责任公司	3 350 801	220 750	23 756 798	18 927 923	894 681
股份有限公司	514 138	152 811	9 674 848	7 862 501	485 902
私营企业	6 600	62 275	14 118 475	11 804 153	562 438
其他企业	—	—	752 761	615 856	28 337
港、澳、台商投资企业	270 093	70 455	2 573 422	2 162 412	68 384
外商投资企业	404 109	55 446	4 243 527	3 188 548	120 005
二、按经济组织类型分组					
独资企业	4 072 327	1 766 585	44 729 747	37 351 780	1 248 629
合作、合伙企业	89 447	133 955	4 374 001	3 688 994	147 476
股份有限公司	519 138	153 341	11 941 054	9 449 054	506 743
有限责任公司	3 939 733	351 054	34 282 606	27 477 521	1 411 434
三、在总计中:亏损企业	1 753 244	168 327	8 870 488	8 184 262	209 999
在总计中:国有控股企业	8 322 318	164 872	47 442 275	38 871 957	1 253 358
在总计中:农村工业	43 024	845 778	10 054 217	8 061 060	464 719
在总计中:轻工业	4 120 491	1 424 188	49 239 778	39 425 506	2 013 182
以农产品为原料	1 712 604	862 131	31 181 675	25 116 148	1 262 543
以非农产品为原料	2 407 887	562 057	18 058 103	14 309 358	750 639
重工业	4 500 154	980 747	46 087 630	38 541 843	1 301 100
采掘工业	212 374	40 871	1 265 035	1 016 085	82 399
原料工业	1 532 501	445 354	29 268 942	25 109 161	474 927
加工工业	2 755 279	494 522	15 553 653	12 416 597	743 774
在总计中:特大型企业	1 899 512	49 061	15 095 822	12 354 822	537 741
大一型企业	1 894 841	587	17 652 147	14 699 806	187 754
大二型企业	2 369 336	237 315	10 545 162	8 044 254	451 442
中一型企业	640 380	196 004	4 399 140	3 654 379	133 113
中二型企业	243 668	182 539	4 329 318	3 598 623	162 994
小型企业	1 572 908	1 739 429	43 305 819	35 615 465	1 841 238

10—2 续表 6 (2002 年) 计量单位:千元

项目名称	产品销售收入(续)		其他业务利润	管理费用	
	产品销售税金及附加	产品销售利润			#税金
总计	**1 479 049**	**12 566 728**	**395 459**	**4 864 311**	**170 184**
一、按登记注册类型分组					
内资企业	1 468 112	11 300 065	335 890	4 559 423	161 887
国有企业	936 822	2 202 380	138 351	1 423 087	30 198
集体企业	116 475	2 166 622	37 837	526 313	20 426
股份合作企业	18 224	197 625	3 032	63 977	2 059
联营企业	173	8 765	114	2 034	50
有限责任公司	192 936	3 741 258	78 065	1 825 391	86 777
股份有限公司	54 439	1 272 006	47 304	497 586	12 943
私营企业	124 156	1 627 728	25 959	218 235	9 175
其他企业	24 887	83 681	5 228	2 800	259
港、澳、台商投资企业	2 182	340 444	8 479	104 671	2 861
外商投资企业	8 755	926 219	51 090	200 217	5 436
二、按经济组织类型分组					
独资企业	1 112 206	5 017 132	207 676	2 018 800	54 043
合作、合伙企业	61 562	475 969	33 040	107 074	3 230
股份有限公司	63 107	1 922 150	50 522	559 694	17 350
有限责任公司	242 174	5 151 477	104 221	2 178 743	95 561
三、在总计中:亏损企业	351 889	124 338	22 321	678 620	17 821
在总计中:国有控股企业	1 129 160	6 187 800	238 700	3 452 477	122 112
在总计中:农村工业	85 652	1 442 786	17 384	331 247	9 640
在总计中:轻工业	890 293	6 910 797	112 986	2 277 829	95 444
以农产品为原料	807 075	3 995 909	59 260	1 109 966	29 212
以非农产品为原料	83 218	2 914 888	53 726	1 167 863	66 232
重工业	588 756	5 655 931	282 473	2 586 482	74 740
采掘工业	7 135	159 416	– 164	108 498	3 037
原料工业	466 966	3 217 888	120 153	1 103 709	33 254
加工工业	114 655	2 278 627	162 484	1 374 275	38 449
在总计中:特大型企业	59 239	2 144 020	71 130	933 925	60 701
大一型企业	370 807	2 393 780	68 922	1 193 515	28 905
大二型企业	595 529	1 453 937	37 609	891 742	20 942
中一型企业	61 708	549 940	34 371	314 647	9 087
中二型企业	49 260	518 441	24 124	201 638	6 942
小型企业	342 506	5 506 610	159 303	1 328 844	43 607

10—2 续表 7　　(2002 年)　　计量单位:千元

项　目　名　称	管理费用(续)			财务费用	
	财产保险费	劳动、待业保险费	养老保险和医疗保险费		# 利息支出
总　　计	**65 778**	**337 748**	**569 192**	**2 128 406**	**1 956 449**
一、按登记注册类型分组					
内资企业	56 840	321 903	539 054	1 993 645	1 839 897
国有企业	12 108	154 212	165 335	719 248	701 987
集体企业	7 649	9 818	35 708	259 276	184 944
股份合作企业	2 564	2 004	9 842	33 974	30 236
联营企业	21	6	194	702	519
有限责任公司	22 647	121 926	236 943	740 311	709 405
股份有限公司	5 139	29 099	82 729	119 328	108 460
私营企业	6 481	4 603	8 295	119 649	103 564
其他企业	231	235	8	1 157	782
港、澳、台商投资企业	1 567	1 320	5 866	46 213	39 567
外商投资企业	7 371	14 525	24 272	88 548	76 985
二、按经济组织类型分组					
独资企业	21 540	165 382	203 200	1 028 911	923 971
合作、合伙企业	3 045	2 384	13 182	48 116	40 844
股份有限公司	11 393	42 106	102 731	149 991	137 635
有限责任公司	29 800	127 876	250 079	901 388	853 999
三、在总计中:亏损企业	8 783	69 180	84 623	397 162	386 846
在总计中:国有控股企业	36 794	285 734	454 145	1 525 968	1 477 706
在总计中:农村工业	3 998	3 019	3 883	149 434	89 539
在总计中:轻工业	34 475	105 344	293 192	864 472	763 373
以农产品为原料	16 569	50 604	139 894	376 847	323 894
以非农产品为原料	17 906	54 740	153 298	487 625	439 479
重工业	31 303	232 404	276 000	1 263 934	1 193 076
采掘工业	730	21 652	14 288	29 153	28 686
原料工业	20 393	78 895	93 332	828 314	783 329
加工工业	10 180	131 857	168 380	406 467	381 061
在总计中:特大型企业	12 916	62 332	136 061	507 650	505 727
大一型企业	17 759	139 580	144 643	574 947	552 949
大二型企业	7 086	65 312	157 303	222 670	220 677
中一型企业	4 535	28 191	37 419	119 890	114 794
中二型企业	2 610	6 570	18 189	85 431	79 607
小 型 企 业	20 872	35 763	75 577	617 818	482 695

10—2 续表 8　　(2002 年)　　计量单位:千元

项目名称	营业利润	投资收益	利润总额	应交所得税	应付利润
总计	**5 969 470**	**290 561**	**6 473 307**	**992 398**	**894 608**
一、按登记注册类型分组					
内资企业	5 082 887	285 907	5 609 747	858 963	822 429
国有企业	198 396	147 505	504 541	110 776	108 821
集体企业	1 418 870	5 637	1 480 943	144 351	144 278
股份合作企业	102 706	2 323	125 006	15 158	10 224
联营企业	6 143	—	6 136	1 055	3 232
有限责任公司	1 253 621	80 756	1 376 836	298 573	231 170
股份有限公司	702 396	40 780	687 520	175 264	181 650
私营企业	1 315 803	7 913	1 346 515	90 099	142 056
其他企业	84 952	993	82 250	23 687	998
港、澳、台商投资企业	198 039	450	196 713	23 272	37 600
外商投资企业	688 544	4 204	666 847	110 163	34 579
二、按经济组织类型分组					
独资企业	2 177 097	161 970	2 555 410	288 089	305 867
合作、合伙企业	353 819	3 416	384 375	57 594	37 025
股份有限公司	1 262 987	40 780	1 252 214	266 830	186 227
有限责任公司	2 175 567	84 395	2 281 308	379 885	365 489
三、在总计中:亏损企业	－929 123	3 371	－792 078	13 427	4 991
在总计中:国有控股企业	1 448 055	242 658	1 830 744	431 368	320 814
在总计中:农村工业	979 489	2 085	998 375	101 427	79 918
在总计中:轻工业	3 881 482	103 736	3 928 558	549 199	517 232
以农产品为原料	2 568 356	40 062	2 579 308	328 932	399 531
以非农产品为原料	1 313 126	63 674	1 349 250	220 267	117 701
重工业	2 087 988	186 825	2 544 749	443 199	377 376
采掘工业	21 601	—	78 458	5 302	2 772
原料工业	1 406 018	167 617	1 642 954	327 050	232 298
加工工业	660 369	19 208	823 337	110 847	142 306
在总计中:特大型企业	773 575	159 804	942 222	141 189	81 800
大一型企业	694 240	35 999	819 380	251 119	184 627
大二型企业	377 134	33 231	450 582	131 327	107 621
中一型企业	149 774	25 833	185 245	32 558	66 470
中二型企业	255 496	15 737	335 509	53 981	54 128
小型企业	3 719 251	19 957	3 740 369	382 224	399 962

10—2 续表 9　　(2002 年)　　计量单位:千元

项目名称	利税总额	本年应付工资总额	主营业务应付工资总额	本年应付福利费总额
总计	**11 906 299**	**4 411 592**	**4 164 925**	**586 154**
一、按登记注册类型分组				
内资企业	10 619 396	4 126 842	3 902 598	554 274
国有企业	2 578 463	1 258 103	1 162 812	171 487
集体企业	2 045 697	569 979	552 213	73 763
股份合作企业	202 590	91 650	79 495	10 416
联营企业	9 525	2 672	2 543	358
有限责任公司	2 685 797	1 332 320	1 290 734	198 248
股份有限公司	1 171 831	516 144	473 068	69 484
私营企业	1 787 587	341 232	327 342	28 647
其他企业	137 906	14 742	14 391	1 871
港、澳、台商投资企业	277 920	96 416	88 851	13 626
外商投资企业	1 008 983	188 334	173 476	18 254
二、按经济组织类型分组				
独资企业	5 398 662	1 977 597	1 862 281	256 467
合作、合伙企业	585 640	161 210	145 721	19 325
股份有限公司	2 015 192	552 766	508 850	74 570
有限责任公司	3 906 805	1 720 019	1 648 073	235 792
三、在总计中:亏损企业	－191 218	518 481	451 478	82 368
在总计中:国有控股企业	5 278 588	2 834 859	2 683 028	406 896
在总计中:农村工业	1 387 089	354 427	325 598	42 652
在总计中:轻工业	6 596 254	2 053 269	1 932 603	266 253
以农产品为原料	4 470 369	1 154 069	1 048 873	142 152
以非农产品为原料	2 125 885	899 200	883 730	124 101
重工业	5 310 045	2 358 323	2 232 322	319 901
采掘工业	138 633	86 493	74 606	11 935
原料工业	3 597 864	1 031 763	980 060	140 335
加工工业	1 573 548	1 240 067	1 177 656	167 631
在总计中:特大型企业	1 734 437	734 793	734 434	99 427
大一型企业	2 233 312	978 058	893 788	149 035
大二型企业	1 594 235	754 518	707 495	105 492
中一型企业	477 334	275 285	265 524	37 109
中二型企业	609 284	207 697	197 614	28 710
小型企业	5 257 697	1 461 241	1 366 070	166 381

10—2 续表 10 (2002 年) 计量单位:千元

项 目 名 称	本年应交增值税	本年进项税额	本年销项税额	全部从业人员年平均人数(人)
总 计	**3 953 943**	**14 730 911**	**18 299 065**	**492 290**
一、按登记注册类型分组				
内资企业	3 541 537	14 355 813	17 541 912	463 063
国有企业	1 137 100	2 193 631	3 255 905	110 546
集体企业	448 279	1 193 753	1 587 523	95 019
股份合作企业	59 360	157 737	207 940	13 730
联营企业	3 216	4 060	6 437	482
有限责任公司	1 116 025	8 981 787	9 931 587	116 358
股份有限公司	429 872	904 388	1 294 607	64 738
私营企业	316 916	828 010	1 134 698	58 418
其他企业	30 769	92 447	123 215	3 772
港、澳、台商投资企业	79 025	175 317	234 991	9 671
外商投资企业	333 381	199 781	522 162	19 556
二、按经济组织类型分组				
独资企业	1 731 046	3 924 166	5 519 184	231 199
合作、合伙企业	139 703	310 785	439 154	25 516
股份有限公司	699 871	989 998	1 646 909	67 481
有限责任公司	1 383 323	9 505 962	10 693 818	168 094
三、在总计中:亏损企业	248 971	1 204 654	1 419 184	62 218
在总计中:国有控股企业	2 318 684	11 291 095	13 325 989	248 433
在总计中:农村工业	303 062	718 959	991 248	60 675
在总计中:轻工业	1 777 403	10 414 488	11 961 407	242 809
以农产品为原料	1 083 986	2 412 868	3 408 481	163 216
以非农产品为原料	693 417	8 001 620	8 552 926	79 593
重工业	2 176 540	4 316 423	6 337 658	249 481
采掘工业	53 040	79 465	127 148	8 673
原料工业	1 487 944	2 983 030	4 438 038	98 552
加工工业	635 556	1 253 928	1 772 472	142 256
在总计中:特大型企业	732 976	7 994 864	8 596 953	42 991
大一型企业	1 043 125	2 107 930	3 086 981	76 158
大二型企业	548 124	928 732	1 450 201	74 099
中一型企业	230 381	455 636	665 433	36 750
中二型企业	224 515	433 286	648 286	32 404
小 型 企 业	1 174 822	2 810 463	3 851 211	229 888

市区工业企业主要经济指标

10—3　　(2002年)　　计量单位:千元

项目名称	工业企业单位数(个)	工业企业总产值	工业企业销售产值	工业中间投入合计	工业增加值
总计	**342**	**51 034 253**	**50 432 033**	**37 224 987**	**16 676 233**
一、按登记注册类型分组					
内资企业	297	46 704 548	46 113 127	34 467 346	14 733 068
国有企业	83	15 651 843	15 401 044	11 434 028	5 198 073
集体企业	97	5 666 549	5 585 263	4 247 736	1 655 156
股份合作企业	16	722 473	730 657	558 481	200 937
联营企业	3	45 310	44 910	38 142	8 989
有限责任公司	48	16 619 398	16 402 828	12 476 126	5 055 970
股份有限公司	27	7 033 429	7 003 570	5 068 702	2 262 258
私营企业	23	965 546	944 855	644 131	351 685
港、澳、台商投资企业	26	1 487 233	1 489 715	1 136 489	414 509
外商投资企业	19	2 842 472	2 829 191	1 621 152	1 528 656
二、按经济组织类型分组					
独资企业	191	21 523 986	21 183 297	15 817 397	6 929 412
合作、合伙企业	27	1 503 002	1 473 885	1 048 848	515 642
股份有限公司	31	9 051 019	9 012 463	6 147 573	3 463 527
有限责任公司	93	18 956 246	18 762 388	14 211 169	5 767 652
三、在总计中:亏损企业	87	7 812 757	7 626 388	6 905 851	1 113 018
在总计中:国有控股企业	126	34 442 577	34 038 756	25 555 681	10 895 330
在总计中:农村工业	51	2 803 018	2 721 372	2 097 221	866 135
在总计中:轻工业	150	23 524 187	23 386 946	17 372 677	7 392 111
以农产品为原料	101	11 307 032	11 360 759	8 162 898	3 786 360
以非农产品为原料	49	12 217 155	12 026 187	9 209 779	3 605 751
重工业	192	27 510 066	27 045 087	19 852 310	9 284 122
采掘工业	10	698 700	702 880	541 159	196 915
原料工业	55	17 222 336	17 003 784	12 630 657	5 780 459
加工工业	127	9 589 030	9 338 423	6 680 494	3 306 748
在总计中:特大型企业	5	11 435 405	11 282 395	8 220 685	3 947 696
大一型企业	17	17 138 976	17 037 086	12 834 665	5 330 323
大二型企业	42	8 955 605	8 908 789	6 607 289	2 832 761
中一型企业	29	2 083 722	2 001 151	1 468 326	740 189
中二型企业	23	1 348 531	1 226 991	1 072 199	362 525
小型企业	226	10 072 014	9 975 621	7 021 823	3 462 739

10—3 续表 1 (2002 年) 计量单位:千元

项目名称	资产合计	#流动资产			
		小计	#短期投资	应收账款净额	存货
总计	**95 319 124**	**37 287 773**	**269 899**	**9 607 731**	**10 150 804**
一、按登记注册类型分组					
内资企业	88 001 932	34 958 618	262 018	8 880 571	9 386 804
国有企业	34 478 453	11 408 628	132 324	2 441 523	2 408 155
集体企业	5 093 578	2 727 577	29 337	672 022	1 223 091
股份合作企业	903 860	494 111	179	206 460	169 640
联营企业	22 236	14 514	—	2 862	6 297
有限责任公司	40 928 661	17 287 358	96 559	4 994 573	4 245 584
股份有限公司	5 771 144	2 684 399	3 503	513 368	1 190 330
私营企业	804 000	342 031	116	49 763	143 707
港、澳、台商投资企业	1 975 034	1 228 149	223	330 939	436 731
外商投资企业	5 342 158	1 101 006	7 658	396 221	327 269
二、按经济组织类型分组					
独资企业	39 757 744	14 192 871	161 661	3 123 585	3 654 975
合作、合伙企业	1 603 021	859 263	228	357 209	335 110
股份有限公司	9 350 246	2 978 495	3 561	638 777	1 193 039
有限责任公司	44 608 113	19 257 144	104 449	5 488 160	4 967 680
三、在总计中:亏损企业	17 468 155	6 724 927	137 508	1 848 194	2 158 171
在总计中:国有控股企业	78 781 299	30 580 639	225 633	7 882 436	7 596 478
在总计中:农村工业	2 792 173	1 624 066	10 044	400 178	699 034
在总计中:轻工业	39 613 094	18 671 999	32 625	4 803 603	4 554 347
以农产品为原料	12 017 966	5 603 980	19 955	886 321	1 888 870
以非农产品为原料	27 595 128	13 068 019	12 670	3 917 282	2 665 477
重工业	55 706 030	18 615 774	237 274	4 804 128	5 596 457
采掘工业	1 200 502	588 824	—	225 081	220 192
原料工业	33 410 222	8 006 566	138 044	1 830 233	1 748 968
加工工业	21 095 306	10 020 384	99 230	2 748 814	3 627 297
在总计中:特大型企业	35 954 387	14 533 321	2 262	4 066 874	2 214 306
大一型企业	28 076 258	8 627 626	219 880	2 218 188	3 076 633
大二型企业	13 826 529	6 078 448	12 851	1 267 374	1 917 535
中一型企业	5 183 258	1 482 821	3 272	282 351	563 032
中二型企业	1 441 863	772 055	551	223 685	265 296
小型企业	10 836 829	5 793 502	31 083	1 549 259	2 114 002

10—3 续表 2　　（2002 年）　　计量单位：千元

项目名称	流动资产年平均余额	长期投资	固定资产小计	固定资产原价	#生产经营用
总计	**37 025 732**	**5 286 042**	**47 989 421**	**64 826 781**	**55 826 147**
一、按登记注册类型分组					
内资企业	34 310 336	5 271 515	43 389 460	57 413 545	48 776 441
国有企业	10 790 105	408 077	21 253 192	30 397 059	24 537 781
集体企业	2 806 116	190 180	1 842 312	2 877 982	2 579 914
股份合作企业	462 559	26 104	230 436	406 842	384 747
联营企业	14 921	—	7 365	20 586	19 091
有限责任公司	17 237 473	4 065 365	17 493 553	19 824 222	17 764 823
股份有限公司	2 667 335	555 766	2 314 540	3 585 975	3 234 594
私营企业	331 827	26 023	248 062	300 879	255 491
港、澳、台商投资企业	1 212 205	12 487	644 810	996 635	826 582
外商投资企业	1 503 191	2 040	3 955 151	6 416 601	6 223 124
二、按经济组织类型分组					
独资企业	13 653 333	598 257	23 207 778	33 408 726	27 245 270
合作、合伙企业	853 111	27 043	421 359	709 438	623 656
股份有限公司	3 328 242	555 766	5 471 142	8 950 506	8 579 050
有限责任公司	19 191 046	4 104 976	18 889 142	21 758 111	19 378 171
三、在总计中：亏损企业	7 061 953	317 665	8 818 398	12 880 226	8 215 454
在总计中：国有控股企业	29 961 062	4 555 316	40 141 885	52 791 213	44 707 462
在总计中：农村工业	1 770 871	27 777	920 501	1 410 207	1 277 859
在总计中：轻工业	18 713 909	4 199 195	15 239 227	19 334 417	17 447 634
以农产品为原料	5 647 974	595 046	5 275 943	7 877 334	6 830 999
以非农产品为原料	13 065 935	3 604 149	9 963 284	11 457 083	10 616 635
重工业	18 311 823	1 086 847	32 750 194	45 492 364	38 378 513
采掘工业	568 568	7 330	587 034	606 133	433 878
原料工业	8 727 494	438 643	23 757 144	33 089 320	28 904 576
加工工业	9 015 761	640 874	8 406 016	11 796 911	9 040 059
在总计中：特大型企业	13 277 392	3 798 901	16 641 552	19 243 898	17 911 247
大一型企业	9 551 666	365 438	17 516 298	27 744 922	23 087 245
大二型企业	6 017 322	743 131	6 049 803	8 271 042	6 703 669
中一型企业	1 422 578	123 587	3 328 634	3 057 892	2 420 360
中二型企业	864 030	59 591	505 418	897 962	786 954
小型企业	5 892 744	195 394	3 947 716	5 611 065	4 916 672

10—3 续表 3　　(2002 年)　　计量单位:千元

项目名称	累计折旧	#本年折旧	固定资产净值	固定资产净值年平均余额	无形及递延资产小计
总计	**23 213 176**	**3 271 995**	**41 613 605**	**40 509 609**	**3 505 501**
一、按登记注册类型分组					
内资企业	20 345 391	2 826 929	37 068 154	35 831 425	3 239 486
国有企业	10 949 027	1 599 069	19 448 032	18 904 905	1 266 781
集体企业	1 162 340	131 849	1 715 642	1 766 116	107 360
股份合作企业	208 596	23 955	198 246	209 960	129 021
联营企业	13 625	1 315	6 961	7 584	356
有限责任公司	6 507 540	896 204	13 316 682	12 791 879	1 464 167
股份有限公司	1 429 467	161 392	2 156 508	1 874 372	199 762
私营企业	74 796	13 145	226 083	276 609	72 039
港、澳、台商投资企业	372 435	48 102	624 200	633 253	39 845
外商投资企业	2 495 350	396 964	3 921 251	4 044 931	226 170
二、按经济组织类型分组					
独资企业	12 136 531	1 733 650	21 272 195	20 765 410	1 375 867
合作、合伙企业	320 954	38 929	388 484	468 188	147 428
股份有限公司	3 646 858	508 063	5 303 648	5 129 906	327 537
有限责任公司	7 108 833	991 353	14 649 278	14 146 105	1 654 669
三、在总计中:亏损企业	4 631 780	601 871	8 248 446	8 289 145	957 353
在总计中:国有控股企业	18 624 359	2 618 039	34 166 854	33 085 834	2 704 604
在总计中:农村工业	570 554	61 934	839 653	861 059	64 264
在总计中:轻工业	6 697 350	867 630	12 637 067	12 120 168	1 176 437
以农产品为原料	3 081 289	362 295	4 796 045	4 429 963	433 706
以非农产品为原料	3 616 061	505 335	7 841 022	7 690 205	742 731
重工业	16 515 826	2 404 365	28 976 538	28 389 441	2 329 064
采掘工业	218 440	11 175	387 693	389 143	4 083
原料工业	12 107 873	1 881 795	20 981 447	20 323 215	1 107 515
加工工业	4 189 513	511 395	7 607 398	7 677 083	1 217 466
在总计中:特大型企业	5 552 240	878 686	13 691 658	12 727 824	973 334
大一型企业	10 843 452	1 667 707	16 901 470	16 873 108	929 906
大二型企业	3 033 266	307 148	5 237 776	5 130 348	882 257
中一型企业	1 325 130	142 968	1 732 762	1 743 528	191 610
中二型企业	439 901	31 662	458 061	477 448	85 594
小型企业	2 019 187	243 824	3 591 878	3 557 353	442 800

10—3 续表 4　　(2002 年)　　计量单位:千元

项目名称	负债合计	#流动负债	#长期负债	所有者权益	#实收资本
总计	**59 549 627**	**41 120 885**	**18 145 911**	**35 769 497**	**18 498 938**
一、按登记注册类型分组					
内资企业	56 823 382	38 954 645	17 624 679	31 178 550	17 162 632
国有企业	22 630 061	14 118 154	8 489 813	11 848 392	8 947 097
集体企业	3 148 880	2 623 879	450 410	1 944 698	1 056 454
股份合作企业	600 717	492 531	103 686	303 143	166 657
联营企业	12 528	12 328	200	9 708	8 426
有限责任公司	27 251 359	19 028 232	8 134 726	13 677 302	5 678 106
股份有限公司	2 761 243	2 401 655	306 588	3 009 901	1 159 109
私营企业	418 594	277 866	139 256	385 406	146 783
港、澳、台商投资企业	1 402 485	1 155 347	221 789	572 549	500 651
外商投资企业	1 323 760	1 010 893	299 443	4 018 398	835 655
二、按经济组织类型分组					
独资企业	25 851 248	16 812 879	8 941 665	13 906 496	10 075 894
合作、合伙企业	969 169	745 450	218 337	633 852	453 943
股份有限公司	3 058 498	2 698 910	306 588	6 291 748	1 176 569
有限责任公司	29 670 712	20 863 646	8 679 321	14 937 401	6 792 532
三、在总计中:亏损企业	12 993 305	10 340 202	2 554 333	4 474 850	5 469 551
在总计中:国有控股企业	51 924 411	34 904 207	16 902 202	26 856 888	15 383 271
在总计中:农村工业	1 581 198	1 255 835	268 464	1 210 975	409 727
在总计中:轻工业	23 602 807	18 206 193	5 305 577	16 010 287	7 332 813
以农产品为原料	6 485 350	5 328 062	1 091 637	5 532 616	2 924 320
以非农产品为原料	17 117 457	12 878 131	4 213 940	10 477 671	4 408 493
重工业	35 946 820	22 914 692	12 840 334	19 759 210	11 166 125
采掘工业	957 777	719 321	238 455	242 725	199 609
原料工业	19 874 973	10 352 958	9 498 520	13 535 249	6 844 197
加工工业	15 114 070	11 842 413	3 103 359	5 981 236	4 122 319
在总计中:特大型企业	22 808 811	14 868 145	7 940 337	13 145 576	4 148 185
大一型企业	17 175 915	12 200 289	4 904 631	10 900 343	6 734 189
大二型企业	8 218 708	5 870 112	2 340 133	5 607 821	3 067 822
中一型企业	3 693 497	2 079 828	1 609 654	1 489 761	1 369 399
中二型企业	1 074 667	895 811	169 327	367 196	282 401
小型企业	6 578 029	5 206 700	1 181 829	4 258 800	2 896 942

10—3 续表 5　　(2002 年)　　计量单位:千元

项目名称	所有者权益(续) 实收资本中:国家资本	集体资本	产品销售收入	#产品销售成本	产品销售费用
总计	**7 017 180**	**1 246 387**	**54 483 696**	**44 211 090**	**1 617 689**
一、按登记注册类型分组					
内资企业	6 692 875	1 159 605	50 422 557	41 199 590	1 515 383
国有企业	3 410 423	—	17 881 492	14 987 740	281 299
集体企业	9 419	895 259	5 530 163	4 485 039	148 824
股份合作企业	—	72 264	741 218	629 725	30 749
联营企业	2 457	4 268	38 627	33 237	522
有限责任公司	2 875 944	96 256	18 847 539	15 024 925	679 772
股份有限公司	389 632	91 558	6 492 982	5 283 224	335 183
私营企业	5 000	—	890 536	755 700	39 034
港、澳、台商投资企业	174 071	51 917	1 486 050	1 180 920	46 394
外商投资企业	150 234	34 865	2 575 089	1 830 580	55 912
二、按经济组织类型分组					
独资企业	3 419 842	895 259	23 604 836	19 633 203	436 374
合作、合伙企业	77 907	84 923	1 390 563	1 183 330	47 320
股份有限公司	394 632	92 088	8 458 939	6 630 020	336 512
有限责任公司	3 124 799	174 117	21 029 358	16 764 537	797 483
三、在总计中:亏损企业	1 521 254	148 087	7 779 733	7 250 644	155 527
在总计中:国有控股企业	6 828 038	116 223	38 996 899	31 946 411	953 626
在总计中:农村工业	2 457	255 540	2 863 661	2 202 097	75 610
在总计中:轻工业	3 303 487	799 379	25 505 538	19 673 202	1 090 537
以农产品为原料	1 361 959	333 751	11 431 278	8 640 936	503 509
以非农产品为原料	1 941 528	465 628	14 074 260	11 032 266	587 028
重工业	3 713 693	447 008	28 978 158	24 537 888	527 152
采掘工业	177 253	18 478	642 344	545 488	35 376
原料工业	1 092 780	127 139	19 779 922	17 202 446	134 366
加工工业	2 443 660	301 391	8 555 892	6 789 954	357 410
在总计中:特大型企业	1 899 512	49 061	15 095 822	12 354 822	537 741
大一型企业	1 894 841	587	17 341 318	14 449 883	164 145
大二型企业	2 210 013	159 160	8 905 180	6 606 494	431 442
中一型企业	337 812	148 285	2 254 127	1 897 269	68 729
中二型企业	92 046	105 275	1 610 874	1 431 503	31 517
小型企业	582 956	784 019	9 276 375	7 471 119	384 115

10—3 续表 6　　(2002 年)　　计量单位:千元

项目名称	产品销售收入(续) 产品销售税金及附加	产品销售利润	其他业务利润	管理费用	#税金
总计	**1 104 582**	**7 550 335**	**283 143**	**3 827 165**	**133 486**
一、按登记注册类型分组					
内资企业	1 104 529	6 603 055	238 709	3 633 778	126 067
国有企业	921 130	1 691 323	117 831	1 243 704	24 422
集体企业	26 638	869 662	24 539	355 704	12 817
股份合作企业	2 869	77 875	2 295	37 243	1 323
联营企业	118	4 750	114	1 854	50
有限责任公司	120 755	3 022 087	58 247	1 591 787	79 495
股份有限公司	30 825	843 750	30 790	371 814	7 028
私营企业	2 194	93 608	4 893	31 672	932
港、澳、台商投资企业	53	258 683	7 399	77 094	2 363
外商投资企业	—	688 597	37 035	116 293	5 056
二、按经济组织类型分组					
独资企业	948 440	2 586 819	142 400	1 605 834	37 347
合作、合伙企业	3 163	156 750	27 205	58 228	1 755
股份有限公司	30 825	1 461 582	33 701	424 288	11 414
有限责任公司	122 154	3 345 184	79 837	1 738 815	82 970
三、在总计中:亏损企业	310 902	62 660	19 666	579 943	15 109
在总计中:国有控股企业	1 053 632	5 043 230	188 819	3 024 145	108 099
在总计中:农村工业	10 752	575 202	7 677	218 195	5 122
在总计中:轻工业	687 340	4 054 459	76 595	1 779 670	77 763
以农产品为原料	633 215	1 653 618	32 493	765 445	16 089
以非农产品为原料	54 125	2 400 841	44 102	1 014 225	61 674
重工业	417 242	3 495 876	206 548	2 047 495	55 723
采掘工业	3 924	57 556	-415	83 118	2 838
原料工业	383 787	2 059 323	79 357	823 566	25 615
加工工业	29 531	1 378 997	127 606	1 140 811	27 270
在总计中:特大型企业	59 239	2 144 020	71 130	933 925	60 701
大一型企业	370 022	2 357 268	62 344	1 163 201	28 113
大二型企业	587 293	1 279 951	35 906	820 655	17 807
中一型企业	45 928	242 201	19 141	209 041	4 948
中二型企业	9 028	138 826	14 260	71 060	3 898
小型企业	33 072	1 388 069	80 362	629 283	18 019

10—3续表7 （2002年） 计量单位：千元

项目名称	管理费用（续）			财务费用	
	财产保险费	劳动、待业保险费	养老保险和医疗保险费		#利息支出
总计	**46 006**	**295 730**	**510 780**	**1 495 135**	**1 417 630**
一、按登记注册类型分组					
内资企业	37 977	280 563	481 518	1 414 843	1 345 689
国有企业	10 106	143 762	148 710	610 415	606 084
集体企业	3 585	7 025	27 389	85 329	43 985
股份合作企业	1 774	1 279	9 455	17 506	17 121
联营企业	21	6	194	647	464
有限责任公司	19 469	106 979	219 045	631 147	609 377
股份有限公司	2 835	20 458	75 017	62 562	61 973
私营企业	187	1 054	1 708	7 237	6 685
港、澳、台商投资企业	1 031	1 055	5 260	26 503	20 290
外商投资企业	6 998	14 112	24 002	53 789	51 651
二、按经济组织类型分组					
独资企业	13 853	150 895	176 331	699 287	653 194
合作、合伙企业	1 980	1 344	12 217	21 513	18 784
股份有限公司	8 809	33 300	94 309	88 759	88 170
有限责任公司	21 364	110 191	227 923	685 576	657 482
三、在总计中：亏损企业	7 553	60 979	79 553	363 726	355 024
在总计中：国有控股企业	31 352	255 457	419 472	1 287 610	1 257 406
在总计中：农村工业	941	1 079	1 498	61 649	25 686
在总计中：轻工业	23 759	97 067	268 657	546 201	498 062
以农产品为原料	7 199	43 516	124 697	128 508	120 476
以非农产品为原料	16 560	53 551	143 960	417 693	377 586
重工业	22 247	198 663	242 123	948 934	919 568
采掘工业	570	21 438	13 615	12 703	12 537
原料工业	16 752	60 788	78 127	655 317	635 260
加工工业	4 925	116 437	150 381	280 914	271 771
在总计中：特大型企业	12 916	62 332	136 061	507 650	505 727
大一型企业	17 759	133 106	139 402	561 479	539 481
大二型企业	6 466	56 750	152 846	178 461	176 479
中一型企业	1 937	18 399	27 274	54 399	54 341
中二型企业	529	4 486	11 207	31 991	31 804
小型企业	6 399	20 657	43 990	161 155	109 798

10—3 续表 8　　（2002 年）　　计量单位：千元

项　目　名　称	营业利润	投资收益	利润总额	应交所得税	应付利润
总　　计	**2 511 178**	**268 773**	**3 050 392**	**640 649**	**433 165**
一、按登记注册类型分组					
内资企业	1 793 143	263 779	2 303 643	521 180	408 002
国有企业	－44 965	146 977	245 452	78 417	88 204
集体企业	453 168	1 854	517 296	61 230	14 598
股份合作企业	25 421	2 242	43 906	9 167	5 413
联营企业	2 363	—	2 356	191	22
有限责任公司	857 400	79 767	1 009 203	234 551	140 357
股份有限公司	440 164	34 199	416 994	128 213	158 290
私营企业	59 592	－1 260	68 436	9 411	1 118
港、澳、台商投资企业	162 485	450	173 774	17 133	25 163
外商投资企业	555 550	4 544	572 975	102 336	—
二、按经济组织类型分组					
独资企业	424 098	148 831	778 717	141 286	107 764
合作、合伙企业	104 214	2 242	127 177	18 101	5 435
股份有限公司	982 236	34 199	963 581	218 499	158 290
有限责任公司	1 000 630	83 501	1 180 917	262 763	161 676
三、在总计中：亏损企业	－861 343	1 803	－703 564	12 959	4 897
在总计中：国有控股企业	920 294	238 273	1 377 861	369 089	294 910
在总计中：农村工业	303 035	295	350 439	35 663	13 717
在总计中：轻工业	1 805 183	91 059	1 885 216	385 904	329 762
以农产品为原料	792 158	30 099	780 926	195 726	255 450
以非农产品为原料	1 013 025	60 960	1 104 290	190 178	74 312
重工业	705 995	177 714	1 165 176	254 745	103 403
采掘工业	－38 680	—	19 433	557	1 346
原料工业	659 797	161 713	908 501	219 791	81 085
加工工业	84 878	16 001	237 242	34 397	20 972
在总计中：特大型企业	773 575	159 804	942 222	141 189	81 800
大一型企业	694 932	35 250	818 708	250 464	184 466
大二型企业	316 741	33 231	399 108	122 889	108 364
中一型企业	－2 098	22 040	23 537	6 948	8 337
中二型企业	50 035	15 539	107 435	8 076	14 713
小型企业	677 993	2 909	759 382	111 083	35 485

10—3 续表 9　　（2002 年）　　计量单位：千元

项　目　名　称	利税总额	本年应付工资总额	主营业务应付工资总额	本年应付福利费总额
总　　计	**7 021 941**	**3 163 937**	**2 982 132**	**452 493**
一、按登记注册类型分组				
内资企业	5 904 038	3 008 461	2 847 310	432 670
国有企业	2 146 840	1 086 620	1 004 525	148 647
集体企业	780 277	286 577	274 879	43 705
股份合作企业	83 720	52 495	45 404	6 693
联营企业	4 295	2 204	2 204	293
有限责任公司	2 042 656	1 140 188	1 124 364	173 797
股份有限公司	745 350	411 762	372 719	55 667
私营企业	100 900	28 615	23 215	3 868
港、澳、台商投资企业	237 592	72 851	65 915	10 486
外商投资企业	880 311	82 625	68 907	9 337
二、按经济组织类型分组				
独资企业	2 949 980	1 379 410	1 285 533	193 280
合作、合伙企业	191 828	75 080	65 802	9 430
股份有限公司	1 554 487	438 407	399 059	60 007
有限责任公司	2 325 646	1 271 040	1 231 738	189 776
三、在总计中：亏损企业	-186 550	452 253	393 450	74 132
在总计中：国有控股企业	4 439 927	2 470 141	2 336 486	358 069
在总计中：农村工业	521 529	134 294	117 781	19 875
在总计中：轻工业	3 813 157	1 468 263	1 379 237	209 394
以农产品为原料	2 056 367	739 409	661 300	104 551
以非农产品为原料	1 756 790	728 854	717 937	104 843
重工业	3 208 784	1 695 674	1 602 895	243 099
采掘工业	62 731	70 480	59 230	10 573
原料工业	2 481 068	720 273	682 461	101 294
加工工业	664 985	904 921	861 204	131 232
在总计中：特大型企业	1 734 437	734 793	734 434	99 427
大一型企业	2 214 742	952 201	867 931	145 979
大二型企业	1 470 846	681 561	636 076	96 472
中一型企业	194 258	177 990	174 806	23 939
中二型企业	202 656	84 917	78 929	14 806
小 型 企 业	1 205 002	532 475	489 956	71 870

10—3 续表 10　　(2002 年)　　计量单位:千元

项　目　名　称	本年应交增值税	本年进项税额	本年销项税额	全部从业人员年平均人数(人)
总　计	**2 866 967**	**12 049 709**	**14 616 393**	**275 059**
一、按登记注册类型分组				
内资企业	2 495 866	11 774 558	13 991 977	262 783
国有企业	980 258	1 896 554	2 819 564	76 626
集体企业	236 343	469 280	671 325	40 607
股份合作企业	36 945	89 969	119 743	6 201
联营企业	1 821	2 940	3 922	392
有限责任公司	912 698	8 544 132	9 302 077	88 622
股份有限公司	297 531	711 230	987 909	46 635
私营企业	30 270	60 453	87 437	3 700
港、澳、台商投资企业	63 765	145 795	191 269	6 806
外商投资企业	307 336	129 356	433 147	5 470
二、按经济组织类型分组				
独资企业	1 222 823	2 392 750	3 520 861	118 251
合作、合伙企业	61 488	111 526	163 874	8 085
股份有限公司	560 081	785 475	1 322 544	47 752
有限责任公司	1 022 575	8 759 958	9 609 114	100 971
三、在总计中:亏损企业	206 112	1 106 826	1 280 676	49 191
在总计中:国有控股企业	2 008 434	10 708 935	12 476 405	193 773
在总计中:农村工业	160 338	245 842	382 883	18 117
在总计中:轻工业	1 240 601	8 878 199	9 919 792	135 949
以农产品为原料	642 226	1 080 591	1 658 924	80 704
以非农产品为原料	598 375	7 797 608	8 260 868	55 245
重工业	1 626 366	3 171 510	4 696 601	139 110
采掘工业	39 374	40 162	74 502	5 487
原料工业	1 188 780	2 314 841	3 487 478	45 231
加工工业	398 212	816 507	1 134 621	88 392
在总计中:特大型企业	732 976	7 994 864	8 596 953	42 991
大一型企业	1 026 012	2 077 060	3 038 998	73 183
大二型企业	484 445	776 154	1 239 502	63 529
中一型企业	124 793	223 560	343 253	20 351
中二型企业	86 193	208 477	292 222	10 699
小 型 企 业	412 548	769 594	1 105 465	64 306

全市工业企业分行业主要经济指标

10—4 (2002年) 计量单位:千元

项目名称	工业企业单位数(个)	工业企业总产值	工业企业销售产值	工业中间投入合计	工业增加值
总计	**1 488**	**96 565 307**	**95 139 771**	**69 222 821**	**31 296 429**
采掘业					
煤炭采选业	10	595 500	597 175	488 340	145 399
黑色金属矿采选业	12	416 669	402 442	293 283	130 964
有色金属矿采选业	3	175 228	178 977	100 563	77 017
非金属矿采选业	13	217 048	211 509	150 227	71 692
制造业					
#食品加工业	134	3 240 124	3 258 339	2 414 658	859 777
食品制造业	68	6 041 809	5 972 873	4 768 101	1 469 018
饮料制造业	26	1 066 038	1 035 647	720 084	396 306
烟草加工业	1	1 310 458	1 321 659	566 201	899 218
纺织业	107	6 329 946	6 388 448	4 591 507	1 972 718
服装及其他纤维制品制造业	45	1 657 153	1 606 778	611 739	1 070 853
皮革、毛皮、羽绒及其制品业	28	7 529 044	7 306 279	5 729 280	1 938 988
木材加工及竹、藤、棕、草制品业	30	1 546 998	1 504 683	1 088 133	479 784
家具制造业	15	559 170	550 294	402 376	169 821
造纸及纸制品业	52	1 782 686	1 741 643	1 264 697	565 850
印刷业	17	1 010 157	1 029 580	631 144	454 603
文教体育用品制造业	1	22 100	20 144	15 292	6 889
石油加工及炼焦业	14	6 547 959	6 467 140	5 745 635	990 565
化学原料及化学制品制造业	191	9 075 250	8 985 121	6 754 754	2 617 232
医药制造业	52	12 733 575	12 520 714	9 512 109	3 857 033
化学纤维制造业	7	986 823	999 185	507 918	497 492
橡胶制品业	10	332 966	320 134	256 234	89 253
塑料制品业	52	1 576 014	1 568 064	1 152 083	447 913
非金属矿物制品业	208	5 486 607	5 348 023	3 877 253	1 828 155
黑色金属冶炼及压延加工业	25	4 876 072	4 850 364	3 458 283	1 667 411
有色金属冶炼及压延加工业	17	1 133 747	1 119 120	837 140	318 143
金属制品业	69	1 806 546	1 768 484	1 315 906	545 972
普通机械制造业	85	3 068 880	2 966 308	2 210 989	989 123
专用设备制造业	52	1 759 377	1 736 274	1 395 226	402 185
交通运输设备制造业	33	1 840 720	1 822 243	1 262 356	618 538
电气机械及器材制造业	34	1 349 163	1 317 153	925 027	487 468
电子及通信设备制造业	17	2 878 180	2 799 152	1 669 026	1 348 465
仪器仪表及文化、办公用机械制造业	6	94 968	89 599	60 745	36 177
其他制造业	20	501 935	490 547	342 704	168 584
电力、煤气及水的生产和供应业					
电力、蒸汽、热水的生产和供应业	20	6 120 379	6 002 642	3 450 896	3 409 677
煤气生产和供应业	2	170 390	170 382	124 049	52 771
自来水的生产和供应业	9	293 788	292 922	203 132	103 732

10—4 续表 1　　(2002 年)　　计量单位:千元

项目名称	资产合计	#流动资产 小计	#短期投资	应收账款净额	存货
总计	**121 040 188**	**47 597 702**	**481 269**	**11 992 025**	**14 058 758**
采掘业					
煤炭采选业	1 180 629	577 836	—	216 141	218 407
黑色金属矿采选业	55 018	20 308	—	4 814	9 882
有色金属矿采选业	152 565	44 466	—	22 967	21 115
非金属矿采选业	84 308	31 631	—	10 507	10 314
制造业					
#食品加工业	1 662 696	803 378	32 171	149 992	276 251
食品制造业	2 974 617	984 710	1 426	138 824	293 961
饮料制造业	895 317	290 571	120	42 012	121 903
烟草加工业	1 022 099	666 182	—	124 086	23 325
纺织业	6 159 085	2 969 160	5 814	437 872	1 381 553
服装及其他纤维制品制造业	862 207	543 812	1 406	52 589	217 424
皮革、毛皮、羽绒及其制品业	1 853 514	823 129	55 830	113 351	325 327
木材加工及竹、藤、棕、草制品业	475 883	144 211	1 598	18 919	87 539
家具制造业	283 940	104 964	1 919	16 999	35 682
造纸及纸制品业	1 308 698	510 294	1 155	165 483	189 672
印刷业	1 231 109	505 225	406	79 380	139 438
文教体育用品制造业	39 411	22 980	—	1 260	4 401
石油加工及炼焦业	8 768 084	2 482 466	38 231	710 455	650 349
化学原料及化学制品制造业	9 518 141	4 152 763	96 108	1 141 232	1 395 396
医药制造业	27 422 431	12 784 668	105 695	3 842 091	2 591 229
化学纤维制造业	820 664	213 745	4 800	27 341	79 723
橡胶制品业	220 521	127 720	3 362	42 159	48 148
塑料制品业	1 348 843	705 573	12 317	257 201	261 470
非金属矿物制品业	5 511 191	2 087 354	6 546	475 379	862 683
黑色金属冶炼及压延加工业	4 375 670	1 300 816	4 368	182 233	707 204
有色金属冶炼及压延加工业	901 290	286 316	700	83 224	118 458
金属制品业	1 213 827	537 612	4 488	127 731	216 700
普通机械制造业	4 959 356	2 773 647	3 246	753 371	1 419 735
专用设备制造业	3 704 269	1 899 307	1 712	646 628	613 367
交通运输设备制造业	2 388 634	1 136 524	2 299	252 980	469 816
电气机械及器材制造业	1 456 130	1 002 728	1 931	369 612	357 833
电子及通信设备制造业	5 754 703	2 261 867	316	566 368	501 253
仪器仪表及文化、办公用机械制造业	202 461	112 647	116	45 184	35 011
其他制造业	194 078	120 772	1 496	27 949	51 208
电力、煤气及水的生产和供应业					
电力、蒸汽、热水的生产和供应业	19 325 469	3 430 106	91 313	729 246	184 945
煤气生产和供应业	528 431	298 659	—	36 471	1 305
自来水的生产和供应业	1 533 990	563 640	322	60 411	4 033

10—4 续表 2　　(2002 年)　　计量单位:千元

项　目　名　称	流动资产年平均余额	长期投资	固定资产小计	固定资产原价	
					#生产经营用
总　　计	**47 347 266**	**5 747 548**	**60 397 199**	**80 324 266**	**69 233 018**
采　掘　业					
煤炭采选业	547 578	7 330	578 819	568 302	394 878
黑色金属矿采选业	18 467	—	34 660	39 982	37 351
有色金属矿采选业	48 566	10	98 153	142 339	123 563
非金属矿采选业	28 730	758	44 264	53 220	49 735
制　造　业					
#食品加工业	720 400	29 935	716 025	930 302	790 148
食品制造业	922 716	439 871	1 385 276	1 561 194	1 236 535
饮料制造业	340 366	30 766	491 211	748 090	653 250
烟草加工业	751 126	3 039	352 453	539 977	468 606
纺　织　业	3 080 484	97 343	2 612 143	4 084 783	3 555 124
服装及其他纤维制品制造业	515 239	16 819	266 278	510 228	466 164
皮革、毛皮、羽绒及其制品业	837 908	53 870	899 326	1 074 255	909 116
木材加工及竹、藤、棕、草制品业	151 767	1 549	221 664	278 600	263 373
家具制造业	102 866	4 060	134 356	162 742	127 011
造纸及纸制品业	525 868	46 268	628 882	806 563	749 829
印　刷　业	503 032	16 841	681 625	1 048 495	916 941
文教体育用品制造业	24 111	—	8 299	7 828	7 260
石油加工及炼焦业	2 689 900	79 870	5 370 919	8 338 210	4 831 210
化学原料及化学制品制造业	4 161 211	315 345	3 596 397	5 230 291	4 726 311
医药制造业	12 741 063	3 650 082	9 750 963	11 201 185	10 283 034
化学纤维制造业	221 322	2 030	555 131	687 110	628 253
橡胶制品业	129 126	142	91 719	122 506	101 479
塑料制品业	688 076	19 055	541 332	756 841	586 178
非金属矿物制品业	1 993 931	62 058	2 869 776	3 592 439	2 988 779
黑色金属冶炼及压延加工业	1 415 951	4 699	2 955 590	4 042 418	3 890 819
有色金属冶炼及压延加工业	304 138	1 545	568 532	639 546	613 123
金属制品业	543 944	17 254	487 854	578 110	524 027
普通机械制造业	2 754 485	94 397	1 769 300	2 427 461	1 757 351
专用设备制造业	1 957 253	192 936	1 458 958	1 968 920	1 378 278
交通运输设备制造业	1 197 432	66 896	1 036 516	1 286 009	902 480
电气机械及器材制造业	893 468	40 466	306 412	500 045	411 378
电子及通信设备制造业	1 244 500	83 921	3 105 980	4 349 010	3 641 258
仪器仪表及文化、办公用机械制造业	104 301	10 361	48 629	114 253	91 341
其他制造业	127 474	1 480	53 487	81 954	55 038
电力、煤气及水的生产和供应业					
电力、蒸汽、热水的生产和供应业	3 974 370	324 365	15 264 354	20 083 945	19 544 234
煤气生产和供应业	298 659	2 705	226 998	300 177	299 589
自来水的生产和供应业	555 536	—	933 648	1 153 409	1 096 085

10—4 续表 3　　(2002 年)　　计量单位：千元

项目名称	累计折旧	#本年折旧	固定资产净值	固定资产净值年平均余额	无形及递延资产小计
总计	**27 008 858**	**3 896 014**	**53 315 408**	**51 955 930**	**4 372 427**
采掘业					
煤炭采选业	190 624	10 875	377 678	377 472	4 083
黑色金属矿采选业	5 322	968	34 660	33 703	40
有色金属矿采选业	44 600	3 567	97 739	99 021	9 264
非金属矿采选业	8 961	1 105	44 259	43 701	4 461
制造业					
#食品加工业	233 258	26 169	697 044	697 392	24 875
食品制造业	326 885	63 985	1 234 309	1 008 054	92 552
饮料制造业	302 383	43 805	445 707	449 676	54 265
烟草加工业	193 569	34 975	346 408	343 568	425
纺织业	1 644 905	147 207	2 439 878	2 377 529	277 507
服装及其他纤维制品制造业	252 632	17 793	257 596	254 652	6 944
皮革、毛皮、羽绒及其制品业	190 995	36 382	883 260	829 327	17 682
木材加工及竹、藤、棕、草制品业	60 782	17 433	217 818	231 793	21 744
家具制造业	40 307	4 000	122 435	126 596	29 577
造纸及纸制品业	205 918	20 308	600 645	595 259	59 475
印刷业	454 324	77 979	594 171	576 056	22 842
文教体育用品制造业	2 695	—	5 133	8 299	8 123
石油加工及炼焦业	3 158 752	483 088	5 179 458	5 264 454	760 962
化学原料及化学制品制造业	1 835 640	248 355	3 394 651	3 358 187	735 779
医药制造业	3 355 141	511 537	7 846 044	7 537 445	773 261
化学纤维制造业	223 353	18 760	463 757	431 800	48 071
橡胶制品业	31 839	3 184	90 667	92 909	40
塑料制品业	226 322	22 367	530 519	500 422	13 027
非金属矿物制品业	971 728	150 731	2 620 711	2 651 111	245 970
黑色金属冶炼及压延加工业	1 226 543	236 087	2 815 875	2 613 284	85 472
有色金属冶炼及压延加工业	150 045	21 324	489 501	470 921	20 941
金属制品业	125 370	22 983	452 740	437 364	53 489
普通机械制造业	920 392	86 016	1 507 069	1 509 752	169 149
专用设备制造业	694 887	52 385	1 274 033	1 244 848	51 935
交通运输设备制造业	393 951	48 888	892 058	960 287	32 612
电气机械及器材制造业	194 142	21 778	305 903	309 886	42 541
电子及通信设备制造业	1 457 436	255 206	2 891 574	2 903 847	287 337
仪器仪表及文化、办公用机械制造业	66 340	1 712	47 913	48 106	30 824
其他制造业	31 059	8 048	50 895	48 880	2 869
电力、煤气及水的生产和供应业					
电力、蒸汽、热水的生产和供应业	7 177 215	1 120 299	12 906 730	12 335 333	259 527
煤气生产和供应业	175 687	11 523	124 490	124 490	69
自来水的生产和供应业	341 698	51 020	811 711	818 198	30 811

10—4 续表 4 （2002 年） 计量单位：千元

项目名称	负债合计	#流动负债	#长期负债	所有者权益	#实收资本
总计	**75 672 268**	**524 572 277**	**22 039 936**	**45 367 920**	**25 243 262**
采掘业					
煤炭采选业	943 377	704 861	238 455	237 252	195 766
黑色金属矿采选业	41 487	21 894	19 325	13 531	11 238
有色金属矿采选业	112 076	28 046	84 030	40 489	30 327
非金属矿采选业	56 429	37 283	15 146	27 879	22 606
制造业					
#食品加工业	1 240 872	961 111	243 517	421 824	474 573
食品制造业	1 158 113	883 941	247 335	1 816 504	724 822
饮料制造业	705 300	662 103	29 197	190 017	207 973
烟草加工业	595 447	496 347	99 100	426 652	197 402
纺织业	3 571 424	2 862 639	637 428	2 587 661	1 330 269
服装及其他纤维制品制造业	488 913	420 976	49 549	373 294	230 921
皮革、毛皮、羽绒及其制品业	830 247	694 596	118 268	1 023 267	822 966
木材加工及竹、藤、棕、草制品业	293 503	186 267	22 940	182 380	136 968
家具制造业	169 463	115 906	53 427	114 477	98 783
造纸及纸制品业	787 199	589 365	185 759	521 499	395 770
印刷业	523 014	393 683	127 383	708 095	432 733
文教体育用品制造业	—	2 695	3 324	36 087	36 087
石油加工及炼焦业	5 949 172	4 520 381	1 428 790	2 818 912	3 072 483
化学原料及化学制品制造业	6 302 457	4 537 712	1 450 248	3 215 684	1 613 895
医药制造业	17 477 171	13 151 050	4 298 915	9 945 260	3 919 266
化学纤维制造业	507 882	338 799	157 802	312 782	246 198
橡胶制品业	154 375	152 055	40	66 146	54 633
塑料制品业	997 593	770 222	158 676	351 250	288 997
非金属矿物制品业	3 824 936	2 473 826	1 142 939	1 686 255	1 221 141
黑色金属冶炼及压延加工业	2 521 142	1 567 968	951 098	1 854 528	681 207
有色金属冶炼及压延加工业	652 834	445 623	206 633	248 456	163 137
金属制品业	732 185	555 473	89 300	481 642	360 638
普通机械制造业	3 462 466	2 857 173	559 453	1 496 890	1 055 443
专用设备制造业	3 132 280	2 452 251	602 099	572 349	903 247
交通运输设备制造业	1 419 413	1 217 449	190 313	969 221	660 875
电气机械及器材制造业	923 231	783 222	132 261	532 899	388 544
电子及通信设备制造业	4 176 699	3 089 327	1 080 822	1 578 004	772 389
仪器仪表及文化、办公用机械制造业	154 140	118 738	35 383	48 321	53 839
其他制造业	112 968	103 664	9 207	81 110	44 807
电力、煤气及水的生产和供应业					
电力、蒸汽、热水的生产和供应业	10 312 358	3 423 845	6 873 107	9 013 111	2 969 802
煤气生产和供应业	306 541	185 161	121 380	221 890	205 000
自来水的生产和供应业	578 931	317 708	261 223	955 059	862 817

10—4 续表 5　　(2002 年)　　计量单位:千元

项目名称	所有者权益(续) 实收资本中: 国家资本	集体资本	产品销售收入	#产品销售成本	产品销售费用
总　计	**8 620 645**	**2 404 935**	**95 327 408**	**77 967 349**	**3 314 282**
采掘业					
煤炭采选业	177 253	14 805	531 271	446 821	32 930
黑色金属矿采选业	200	8 894	341 387	270 820	23 243
有色金属矿采选业	23 267	6 890	182 562	144 079	3 851
非金属矿采选业	11 654	10 282	209 815	154 365	22 375
制造业					
#食品加工业	104 215	69 480	2 983 331	2 616 847	91 749
食品制造业	101 356	125 032	5 984 552	4 830 822	380 905
饮料制造业	79 823	10 875	934 835	674 259	51 007
烟草加工业	197 402	—	1 342 349	495 965	30 775
纺织业	519 098	204 709	6 035 365	5 214 676	119 671
服装及其他纤维制品制造业	94 159	84 266	1 510 688	1 283 923	43 606
皮革、毛皮、羽绒及其制品业	74 194	69 384	7 213 133	6 003 798	265 923
木材加工及竹、藤、棕、草制品业	507	15 927	1 415 435	1 222 102	42 663
家具制造业	4 356	22 451	564 176	453 029	41 282
造纸及纸制品业	57 575	221 950	1 566 858	1 318 584	44 787
印刷业	375 409	23 416	1 033 059	729 308	13 802
文教体育用品制造业	—	7 024	20 144	15 979	281
石油加工及炼焦业	147 949	4 972	6 520 996	6 107 301	73 066
化学原料及化学制品制造业	530 844	279 144	8 182 391	6 784 459	270 902
医药制造业	1 478 372	271 598	15 370 587	12 030 912	697 002
化学纤维制造业	83 888	5 043	445 976	341 859	11 476
橡胶制品业	429	23 714	341 775	279 225	25 606
塑料制品业	61 512	81 859	1 309 145	1 143 792	39 263
非金属矿物制品业	398 943	246 207	4 769 448	3 782 798	281 990
黑色金属冶炼及压延加工业	348 247	31 509	4 893 167	3 997 000	62 154
有色金属冶炼及压延加工业	49 714	85 400	1 017 593	820 737	60 559
金属制品业	11 956	114 323	1 609 444	1 362 995	67 586
普通机械制造业	522 980	186 285	2 777 487	2 144 613	136 340
专用设备制造业	755 627	55 123	1 353 059	1 109 465	65 540
交通运输设备制造业	148 945	22 870	1 874 150	1 544 841	31 161
电气机械及器材制造业	58 338	38 337	1 073 548	836 313	68 621
电子及通信设备制造业	696 759	—	1 956 816	1 470 494	104 049
仪器仪表及文化、办公用机械制造业	13 202	17 484	90 991	67 450	9 619
其他制造业	2 134	25 865	462 970	348 319	58 861
电力、煤气及水的生产和供应业					
电力、蒸汽、热水的生产和供应业	427 521	19 817	8 502 520	7 200 371	9 123
煤气生产和供应业	200 000	—	235 585	218 766	7 689
自来水的生产和供应业	862 817	—	282 418	200 839	11 499

10—4 续表 6　　(2002 年)　　计量单位:千元

项 目 名 称	产品销售收入(续)		其他业务利润	管理费用	
	产品销售税金及附加	产品销售利润			#税金
总计	**1 479 049**	**12 566 728**	**395 459**	**4 864 311**	**170 184**
采掘业					
煤炭采选业	4 398	47 122	-415	83 335	2 838
黑色金属矿采选业	617	46 707	18	9 022	144
有色金属矿采选业	840	33 792	76	7 936	—
非金属矿采选业	1 280	31 795	157	8 205	55
制造业					
#食品加工业	20 722	254 013	5 529	74 483	3 481
食品制造业	29 016	743 809	7 488	127 201	3 033
饮料制造业	80 670	128 899	-3 386	61 891	1 470
烟草加工业	548 172	267 437	1 159	138 580	1 089
纺织业	47 107	653 911	15 673	260 868	9 443
服装及其他纤维制品制造业	8 486	174 673	1 867	70 301	1 915
皮革、毛皮、羽绒及其制品业	34 347	909 065	1 709	111 470	2 915
木材加工及竹、藤、棕、草制品业	8 602	142 068	1 582	9 788	232
家具制造业	3 990	65 875	4 382	10 977	444
造纸及纸制品业	13 100	190 387	5 322	36 759	1 258
印刷业	8 266	281 683	8 616	126 422	1 654
文教体育用品制造业	—	3 884	—	2 417	6
石油加工及炼焦业	307 254	33 375	-4 073	220 338	6 392
化学原料及化学制品制造业	55 498	1 071 532	43 164	458 940	15 091
医药制造业	63 296	2 579 377	36 084	1 013 770	60 296
化学纤维制造业	3 013	89 628	9 616	37 138	1 937
橡胶制品业	3 942	33 002	375	11 669	416
塑料制品业	3 461	122 629	3 572	49 608	1 369
非金属矿物制品业	61 514	643 146	14 530	195 562	7 596
黑色金属冶炼及压延加工业	28 544	805 469	21 946	372 491	5 392
有色金属冶炼及压延加工业	10 126	126 171	1 690	33 748	1 107
金属制品业	17 591	161 272	9 399	44 768	1 646
普通机械制造业	18 043	478 491	22 587	294 929	13 631
专用设备制造业	6 976	171 078	2 139	171 755	5 231
交通运输设备制造业	13 474	284 674	28 944	206 582	2 673
电气机械及器材制造业	7 374	161 240	40 848	91 263	1 869
电子及通信设备制造业	6 916	375 357	38 019	240 878	4 219
仪器仪表及文化、办公用机械制造业	892	13 030	1 164	6 931	298
其他制造业	4 146	51 644	1 829	8 774	239
电力、煤气及水的生产和供应业					
电力、蒸汽、热水的生产和供应业	53 377	1 239 649	67 018	129 708	8 389
煤气生产和供应业	1 730	7 400	2 052	23 221	1 019
自来水的生产和供应业	1 721	68 359	4 367	48 330	1 097

10—4 续表 7　　(2002 年)　　计量单位:千元

项目名称	管理费用(续)			财务费用	
	财产保险费	劳动、待业保险费	养老保险和医疗保险费		# 利息支出
总　计	**65 778**	**337 748**	**569 192**	**2 128 406**	**1 956 449**
采　掘　业					
煤炭采选业	570	21 438	13 615	12 927	12 628
黑色金属矿采选业	55	2	158	9 955	9 899
有色金属矿采选业	—	—	260	3 227	3 147
非金属矿采选业	105	212	255	3 044	3 012
制　造　业					
# 食品加工业	1 734	3 082	5 129	32 501	28 172
食品制造业	1 485	2 710	8 502	64 604	51 949
饮料制造业	1 138	3 694	2 887		
烟草加工业	992	1 011	17 192	15 569	15 569
纺　织　业	2 214	9 064	72 468	91 710	81 969
服装及其他纤维制品制造业	646	4 654	7 939	5 941	3 301
皮革、毛皮、羽绒及其制品业	3 627	3 800	4 806	71 200	57 857
木材加工及竹、藤、棕、草制品业	408	77	307	10 264	7 421
家具制造业	350	639	1 731	6 652	5 616
造纸及纸制品业	852	1 830	1 805	22 228	18 327
印　刷　业	1 529	15 326	12 039	11 101	11 087
文教体育用品制造业		14	167	–118	–245
石油加工及炼焦业	6 483	20 552	12 716	223 251	219 649
化学原料及化学制品制造业	7 347	44 552	50 260	193 387	178 090
医药制造业	15 049	45 489	126 556	427 968	389 210
化学纤维制造业	1 472	6 258	1 405	15 875	15 827
橡胶制品业	307	336	969	4 747	3 657
塑料制品业	376	506	1 677	25 368	23 440
非金属矿物制品业	2 169	6 548	19 981	107 260	97 979
黑色金属冶炼及压延加工业	1 555	6 846	29 289	107 983	92 085
有色金属冶炼及压延加工业	264	6 705	150	23 864	23 632
金属制品业	1 193	2 002	3 758	17 118	13 161
普通机械制造业	3 417	13 443	43 334	90 654	82 109
专用设备制造业	527	17 071	36 765	54 116	53 085
交通运输设备制造业	594	36 869	15 164	22 473	20 328
电气机械及器材制造业	735	9 680	12 315	19 793	18 911
电子及通信设备制造业	467	22 468	22 099	71 077	69 724
仪器仪表及文化、办公用机械制造业	110	112	1 958	2 392	2 212
其他制造业	248	673	551	6 024	5 209
电力、煤气及水的生产和供应业					
电力、蒸汽、热水的生产和供应业	6 868	15 335	27 097	315 231	302 049
煤气生产和供应业	104	6 768	—	1 291	1 191
自来水的生产和供应业	63	1 738	11 045	4 463	4 462

10—4 续表 8 (2002 年) 计量单位:千元

项目名称	营业利润	投资收益	利润总额	应交所得税	应付利润
总计	**5 969 470**	**290 561**	**6 473 307**	**992 398**	**894 608**
采掘业					
煤炭采选业	-49 555	—	9 356	557	1 346
黑色金属矿采选业	27 748	—	27 923	1 840	101
有色金属矿采选业	22 705	—	22 040	2 453	—
非金属矿采选业	20 703	—	19 139	452	1 325
制造业					
#食品加工业	152 558	1 755	170 296	27 733	54 847
食品制造业	559 492	29 565	526 774	95 952	126 373
饮料制造业	—	—	46 950	6 834	10 609
烟草加工业	114 447	—	100 077	29 765	—
纺织业	317 006	7 711	351 032	71 506	89 818
服装及其他纤维制品制造业	100 298	-1	98 230	7 195	7 420
皮革、毛皮、羽绒及其制品业	728 104	1 000	716 843	9 421	16 069
木材加工及竹、藤、棕、草制品业	123 598	3 512	126 182	19 293	33 359
家具制造业	52 628	—	49 131	3 135	3 617
造纸及纸制品业	136 722	307	—	—	—
印刷业	152 776	-72	150 941	38 286	73 843
文教体育用品制造业	1 585	—	1 189	—	—
石油加工及炼焦业	-414 287	2 404	-337 414	20 476	2 041
化学原料及化学制品制造业	462 369	8 704	509 023	91 668	118 033
医药制造业	1 173 723	57 214	1 184 537	182 166	80 050
化学纤维制造业	46 231	5	45 880	455	641
橡胶制品业	16 961	565	21 951	5 012	5 024
塑料制品业	51 225	837	57 894	6 777	9 426
非金属矿物制品业	354 854	7 121	380 462	70 439	51 929
黑色金属冶炼及压延加工业	346 941	454	345 313	83 979	70 677
有色金属冶炼及压延加工业	70 249	562	44 926	1 861	—
金属制品业	108 785	828	129 142	21 236	17 735
普通机械制造业	115 495	-785	156 233	29 108	37 954
专用设备制造业	-52 654	-1 847	5 107	7 274	9 307
交通运输设备制造业	84 563	16 218	92 518	9 723	14 305
电气机械及器材制造业	91 032	1 371	96 510	11 892	5 564
电子及通信设备制造业	101 421	30	112 585	-13 706	—
仪器仪表及文化、办公用机械制造业	4 871	—	5 142	822	59
其他制造业	38 675	1	40 226	7 869	13 849
电力、煤气及水的生产和供应业					
电力、蒸汽、热水的生产和供应业	861 728	153 321	1 011 263	128 323	24 148
煤气生产和供应业	-15 060	—	-10 403	—	—
自来水的生产和供应业	19 933	—	17 663	4 839	—

10—4 续表 9　　　　(2002 年)　　　　计量单位:千元

项　目　名　称	利税总额	本年应付工资总额	主营业务应付工资总额	本年应付福利费总额
总　　计	**11 906 299**	**4 411 592**	**4 164 925**	**586 154**
采　掘　业				
煤炭采选业	51 993	69 610	58 360	10 573
黑色金属矿采选业	36 118	6 667	6 593	767
有色金属矿采选业	25 232	3 550	3 550	—
非金属矿采选业	25 290	6 666	6 103	595
制　造　业				
# 食品加工业	225 329	55 110	49 672	7 836
食品制造业	751 100	120 730	108 501	15 729
饮料制造业	177 972	30 281	30 133	5 611
烟草加工业	803 210	45 270	45 270	6 836
纺　织　业	632 418	441 744	392 824	60 258
服装及其他纤维制品制造业	132 155	102 670	98 574	11 221
皮革、毛皮、羽绒及其制品业	890 414	107 008	97 391	5 104
木材加工及竹、藤、棕、草制品业	155 703	28 097	27 183	6 967
家具制造业	66 148	18 715	17 775	3 963
造纸及纸制品业	201 458	74 750	72 836	5 973
印　刷　业	234 797	93 842	75 332	11 997
文教体育用品制造业	1 270	7 836	—	108
石油加工及炼焦业	158 081	159 013	128 303	22 093
化学原料及化学制品制造业	861 257	414 859	406 643	50 523
医药制造业	1 883 400	676 646	672 232	97 711
化学纤维制造业	67 480	37 489	36 289	5 378
橡胶制品业	38 414	15 740	15 450	1 464
塑料制品业	85 337	62 666	58 226	6 546
非金属矿物制品业	660 777	247 265	222 242	27 602
黑色金属冶炼及压延加工业	623 479	208 588	202 395	31 123
有色金属冶炼及压延加工业	76 588	26 572	26 147	3 419
金属制品业	202 065	72 287	70 219	7 874
普通机械制造业	305 508	277 754	266 514	39 374
专用设备制造业	50 117	155 414	139 170	30 839
交通运输设备制造业	146 166	210 958	203 016	28 221
电气机械及器材制造业	167 216	86 830	84 414	10 031
电子及通信设备制造业	258 812	137 887	136 025	15 063
仪器仪表及文化、办公用机械制造业	7 988	7 599	7 085	1 180
其他制造业	53 725	16 054	15 885	2 184
电力、煤气及水的生产和供应业				
电力、蒸汽、热水的生产和供应业	1 804 834	270 873	270 274	35 291
煤气生产和供应业	－2 243	28 005	28 005	4 597
自来水的生产和供应业	32 460	47 156	47 107	6 589

10—4 续表 10 (2002年) 计量单位:千元

项目名称	本年应交增值税	本年进项税额	本年销项税额	全部从业人员年平均人数(人)
总计	**3 953 943**	**14 730 911**	**18 299 065**	**492 290**
采掘业				
煤炭采选业	38 239	34 742	70 502	5 310
黑色金属矿采选业	7 578	26 656	34 204	1 418
有色金属矿采选业	2 352	6 220	5 724	738
非金属矿采选业	4 871	11 847	16 718	1 207
制造业				
#食品加工业	34 311	117 008	144 394	10 250
食品制造业	195 310	606 229	792 064	14 648
饮料制造业	50 352	66 962	116 854	5 014
烟草加工业	154 961	85 886	240 739	1 928
纺织业	234 279	591 225	787 143	63 173
服装及其他纤维制品制造业	25 439	77 333	89 950	14 407
皮革、毛皮、羽绒及其制品业	139 224	452 164	587 811	22 447
木材加工及竹、藤、棕、草制品业	20 919	49 323	63 031	7 516
家具制造业	13 027	13 716	18 983	2 587
造纸及纸制品业	47 861	145 576	191 678	12 774
印刷业	75 590	104 512	179 079	6 537
文教体育用品制造业	81	1 095	1 176	1 000
石油加工及炼焦业	188 241	914 079	1 094 946	8 739
化学原料及化学制品制造业	296 736	696 134	973 192	53 712
医药制造业	635 567	7 783 890	8 286 868	48 350
化学纤维制造业	18 587	57 340	75 532	4 415
橡胶制品业	12 521	17 376	28 111	3 160
塑料制品业	23 982	69 729	86 772	10 586
非金属矿物制品业	218 801	346 429	538 710	44 976
黑色金属冶炼及压延加工业	249 622	639 997	889 411	14 356
有色金属冶炼及压延加工业	21 536	112 840	134 297	3 213
金属制品业	55 332	141 079	194 742	9 559
普通机械制造业	131 232	248 416	348 497	35 270
专用设备制造业	38 034	99 335	126 135	20 791
交通运输设备制造业	40 174	109 447	117 268	17 642
电气机械及器材制造业	63 332	134 534	191 701	6 932
电子及通信设备制造业	139 311	186 343	325 126	8 439
仪器仪表及文化、办公用机械制造业	1 954	8 229	7 791	1 124
其他制造业	9 353	39 286	48 627	3 897
电力、煤气及水的生产和供应业				
电力、蒸汽、热水的生产和供应业	740 194	696 745	1 429 043	16 391
煤气生产和供应业	6 430	16 418	22 178	2 122
自来水的生产和供应业	13 076	1 696	14 692	3 695

市区工业企业分行业主要经济指标

10—5　　（2002 年）　　计量单位:千元

项　目　名　称	工业企业单位数（个）	工业企业总产值	工业企业销售产值	工业中间投入合计	工业增加值
总　　计	**342**	**51 034 253**	**50 432 033**	**37 224 987**	**16 676 233**
采　掘　业					
煤炭采选业	9	584 200	585 875	480 501	141 653
有色金属矿采选业	1	114 500	117 005	60 658	55 262
制　造　业					
# 食品加工业	11	141 119	145 213	117 081	25 332
食品制造业	8	3 226 759	3 190 893	2 704 484	642 508
饮料制造业	2	196 172	196 390	114 356	102 849
烟草加工业	1	1 310 458	1 321 659	566 201	899 218
纺　织　业	27	3 571 414	3 651 285	2 681 728	1 064 618
服装及其他纤维制品制造业	13	853 094	821 507	588 777	274 554
皮革、毛皮、羽绒及其制品业	3	128 762	142 433	128 031	13 329
木材加工及竹、藤、棕、草制品业	2	12 380	11 857	7 727	5 109
家具制造业	7	278 221	273 771	220 027	69 644
造纸及纸制品业	9	200 214	197 688	150 436	68 702
印　刷　业	12	935 339	955 338	581 757	427 722
文教体育用品制造业	1	22 100	20 144	15 292	6 889
石油加工及炼焦业	3	6 114 875	6 037 962	5 438 257	859 901
化学原料及化学制品制造业	39	3 168 278	3 107 476	2 497 595	792 809
医药制造业	17	11 053 143	10 880 433	8 356 196	3 256 675
化学纤维制造业	2	124 870	123 306	84 366	48 803
橡胶制品业	3	172 987	168 928	134 852	44 816
塑料制品业	15	362 033	344 590	279 379	90 783
非金属矿物制品业	28	929 228	905 220	669 619	309 039
黑色金属冶炼及压延加工业	4	3 134 391	3 147 475	2 230 435	1 101 692
有色金属冶炼及压延加工业	1	30 392	32 049	23 427	8 577
金属制品业	17	536 430	529 119	413 338	146 572
普通机械制造业	28	1 749 979	1 684 601	1 293 572	547 368
专用设备制造业	18	702 577	708 646	590 505	134 905
交通运输设备制造业	16	1 390 560	1 407 094	953 139	463 568
电气机械及器材制造业	12	911 915	882 136	622 651	340 786
电子及通信设备制造业	12	2 567 799	2 501 837	1 452 591	1 254 165
仪器仪表及文化、办公用机械制造业	4	69 988	64 769	44 913	26 735
其他制造业	2	15 361	14 439	12 254	3 337
电力、煤气及水的生产和供应业					
电力、蒸汽、热水的生产和供应业	10	5 626 376	5 514 666	3 140 521	3 195 955
煤气生产和供应业	1	156 920	156 920	114 620	48 729
自来水的生产和供应业	1	209 579	209 579	129 970	91 986

10—5 续表 1 (2002 年) 计量单位:千元

项 目 名 称	资产合计	#流动资产 小 计	#短期投资	应收账款净额	存 货
总 计	**95 319 124**	**37 287 773**	**269 899**	**9 607 731**	**10 150 804**
采 掘 业					
煤炭采选业	1 172 772	575 304	—	215 181	216 902
有色金属矿采选业	27 730	13 520	—	9 900	3 290
制 造 业					
#食品加工业	359 756	173 007	13 194	35 446	36 051
食品制造业	2 073 442	558 500	180	65 723	139 544
饮料制造业	295 012	87 103	120	6 189	36 481
烟草加工业	1 022 099	666 182	—	124 086	23 325
纺 织 业	4 921 747	2 499 540	3 432	351 482	1 115 083
服装及其他纤维制品制造业	620 708	412 808	290	26 266	155 610
皮革、毛皮、羽绒及其制品业	505 372	211 897	—	41 674	110 906
木材加工及竹、藤、棕、草制品业	17 412	15 193	58	982	7 798
家具制造业	228 593	80 546	1 919	10 965	25 040
造纸及纸制品业	221 689	130 583	236	44 051	45 114
印 刷 业	1 172 214	477 224	406	71 839	124 059
文教体育用品制造业	39 411	22 980	—	1 260	4 401
石油加工及炼焦业	8 546 967	2 394 388	38 226	680 189	598 855
化学原料及化学制品制造业	5 008 992	2 160 565	95 491	620 843	629 247
医药制造业	24 842 228	11 795 599	2 554	3 669 110	2 383 304
化学纤维制造业	338 383	105 650	4 800	5 704	34 825
橡胶制品业	103 938	63 435	62	24 148	22 129
塑料制品业	682 498	346 322	12 057	96 655	143 866
非金属矿物制品业	1 735 661	805 709	1 116	205 919	352 641
黑色金属冶炼及压延加工业	3 324 185	932 040	—	56 884	584 203
有色金属冶炼及压延加工业	75 026	26 772	—	9 611	7 620
金属制品业	528 316	251 341	138	70 244	94 782
普通机械制造业	4 230 962	2 362 812	2 584	620 585	1 231 876
专用设备制造业	3 107 677	1 613 040	469	598 441	470 847
交通运输设备制造业	1 970 517	961 399	232	211 291	406 209
电气机械及器材制造业	1 182 458	889 125	416	338 604	332 798
电子及通信设备制造业	5 677 835	2 223 063	316	560 671	484 057
仪器仪表及文化、办公用机械制造业	191 036	106 042	116	42 772	33 276
其他制造业	31 424	23 607	116	4 945	8 249
电力、煤气及水的生产和供应业					
电力、蒸汽、热水的生产和供应业	18 502 279	3 214 337	91 313	678 010	150 761
煤气生产和供应业	522 431	295 659	—	36 271	1 195
自来水的生产和供应业	1 387 805	516 566	—	52 227	3 762

10—5 续表 2 (2002 年) 计量单位:千元

项目名称	流动资产年平均余额	长期投资	固定资产小计	固定资产原价	
					# 生产经营用
总计	**37 025 732**	**5 286 042**	**47 989 421**	**64 826 781**	**55 826 147**
采掘业					
煤炭采选业	545 048	7 330	573 494	564 133	391 878
有色金属矿采选业	23 520	—	13 540	42 000	42 000
制造业					
# 食品加工业	151 933	773	167 923	244 375	215 148
食品制造业	503 048	438 519	1 014 140	1 115 807	887 779
饮料制造业	93 150	17 721	190 188	331 166	309 764
烟草加工业	751 126	3 039	352 453	539 977	468 606
纺织业	2 555 233	70 479	2 022 510	3 336 730	2 896 359
服装及其他纤维制品制造业	379 962	13 650	184 798	402 270	364 584
皮革、毛皮、羽绒及其制品业	235 311	600	279 016	365 283	332 022
木材加工及竹、藤、棕、草制品业	15 330	—	1 055	3 653	3 627
家具制造业	80 390	4 060	108 218	123 882	91 271
造纸及纸制品业	130 918	831	89 324	163 233	137 623
印刷业	474 712	16 633	653 585	1 000 737	884 874
文教体育用品制造业	24 111	—	8 299	7 828	7 260
石油加工及炼焦业	2 563 921	66 361	5 322 642	8 267 128	4 765 584
化学原料及化学制品制造业	2 186 674	208 925	1 578 991	2 350 468	2 119 392
医药制造业	11 776 964	3 570 488	8 567 837	9 612 706	8 967 689
化学纤维制造业	117 216	2 030	230 403	289 136	242 468
橡胶制品业	64 514	142	40 302	63 525	44 478
塑料制品业	343 083	15 579	290 007	451 031	353 557
非金属矿物制品业	785 224	34 698	710 698	1 027 479	836 445
黑色金属冶炼及压延加工业	1 026 714	3 717	2 314 968	3 341 749	3 246 835
有色金属冶炼及压延加工业	26 096	45	36 129	36 209	24 399
金属制品业	236 247	10 263	228 299	268 104	252 296
普通机械制造业	2 328 104	87 058	1 508 471	2 076 888	1 464 297
专用设备制造业	1 661 519	189 900	1 224 825	1 639 204	1 092 182
交通运输设备制造业	1 029 334	55 781	838 219	1 157 171	783 169
电气机械及器材制造业	821 414	30 243	221 327	402 606	324 127
电子及通信设备制造业	1 206 387	83 763	3 083 554	4 318 539	3 612 421
仪器仪表及文化、办公用机械制造业	95 690	8 111	46 059	110 256	87 664
其他制造业	27 439	—	7 817	7 100	4 835
电力、煤气及水的生产和供应业					
电力、蒸汽、热水的生产和供应业	3 728 177	313 116	14 764 634	19 509 760	19 144 719
煤气生产和供应业	295 659	2 705	223 998	297 077	296 491
自来水的生产和供应业	509 662	—	840 428	1 046 044	996 415

10—5 续表 3　　(2002 年)　　计量单位:千元

项目名称	累计折旧	#本年折旧	固定资产净值	固定资产净值年平均余额	无形及递延资产小计
总计	**23 213 176**	**3 271 995**	**41 613 605**	**40 509 609**	**3 505 501**
采掘业					
煤炭采选业	189 980	10 875	374 153	375 603	4 083
有色金属矿采选业	28 460	300	13 540	13 540	—
制造业					
#食品加工业	80 160	5 603	164 215	165 546	15 167
食品制造业	223 202	49 010	892 605	666 524	55 753
饮料制造业	185 207	23 564	145 959	158 401	—
烟草加工业	193 569	34 975	346 408	343 568	425
纺织业	1 476 016	127 248	1 860 714	1 772 654	244 199
服装及其他纤维制品制造业	225 665	13 741	176 605	176 960	6 768
皮革、毛皮、羽绒及其制品业	101 363	15 583	263 920	268 060	12 939
木材加工及竹、藤、棕、草制品业	2 784	79	869	896	—
家具制造业	27 585	1 933	96 297	96 308	29 540
造纸及纸制品业	81 415	6 103	81 818	79 665	742
印刷业	432 882	75 206	567 855	548 843	21 134
文教体育用品制造业	2 695	—	5 133	8 299	8 123
石油加工及炼焦业	3 134 855	479 211	5 132 273	5 214 882	757 664
化学原料及化学制品制造业	894 627	113 155	1 455 841	1 460 691	521 126
医药制造业	2 898 338	431 680	6 714 368	6 493 577	712 270
化学纤维制造业	147 744	8 380	141 392	138 934	24
橡胶制品业	24 223	2 829	39 302	41 138	40
塑料制品业	165 439	10 061	285 592	279 806	6 787
非金属矿物制品业	400 609	40 701	626 870	647 429	124 386
黑色金属冶炼及压延加工业	1 076 182	216 185	2 265 567	2 057 749	73 351
有色金属冶炼及压延加工业	7 408	1 341	28 801	19 655	11 479
金属制品业	65 674	11 093	202 430	186 520	33 386
普通机械制造业	818 857	66 989	1 258 031	1 263 369	151 436
专用设备制造业	594 751	41 450	1 044 453	1 022 459	25 872
交通运输设备制造业	363 335	45 216	793 836	858 662	17 596
电气机械及器材制造业	181 338	19 283	221 268	228 369	25 331
电子及通信设备制造业	1 449 307	254 079	2 869 232	2 880 130	287 305
仪器仪表及文化、办公用机械制造业	64 913	1 462	45 343	45 523	30 824
其他制造业	1 440	315	5 660	5 613	—
电力、煤气及水的生产和供应业					
电力、蒸汽、热水的生产和供应业	7 079 495	1 093 507	12 430 265	11 896 280	202 989
煤气生产和供应业	175 587	11 503	121 490	121 490	69
自来水的生产和供应业	324 913	45 163	721 131	730 158	30 811

10—5 续表 4 (2002 年) 计量单位:千元

项目名称	负债合计	#流动负债	#长期负债	所有者权益	#实收资本
总计	**59 549 627**	**41 120 885**	**18 145 911**	**35 769 497**	**18 498 938**
采掘业					
煤炭采选业	938 777	700 321	238 455	233 995	193 109
有色金属矿采选业	19 000	19 000	—	8 730	6 500
制造业					
#食品加工业	328 020	250 380	77 640	31 736	135 260
食品制造业	707 831	540 316	167 515	1 365 611	467 050
饮料制造业	269 361	269 331	30	25 651	15 642
烟草加工业	595 447	496 347	99 100	426 652	197 402
纺织业	2 786 841	2 295 834	451 260	2 134 906	1 009 491
服装及其他纤维制品制造业	342 368	290 676	37 684	278 340	166 484
皮革、毛皮、羽绒及其制品业	306 509	286 383	10 126	198 863	212 887
木材加工及竹、藤、棕、草制品业	11 161	11 161	—	6 251	3 023
家具制造业	146 733	106 806	39 927	81 860	83 033
造纸及纸制品业	154 306	129 877	24 094	67 383	42 621
印刷业	497 028	370 167	126 861	675 186	422 007
文教体育用品制造业	3 324	2 695	—	36 087	36 087
石油加工及炼焦业	5 788 620	4 376 340	1 412 279	2 758 347	3 224 829
化学原料及化学制品制造业	3 283 809	2 591 711	669 665	1 725 183	768 874
医药制造业	15 778 213	11 926 888	3 836 337	9 064 015	3 191 839
化学纤维制造业	156 311	70 990	80 000	182 072	159 473
橡胶制品业	74 907	74 907	—	29 031	21 528
塑料制品业	547 889	416 518	124 763	134 609	121 945
非金属矿物制品业	1 458 779	977 631	427 849	276 882	339 273
黑色金属冶炼及压延加工业	1 957 358	1 195 613	761 744	1 366 827	311 166
有色金属冶炼及压延加工业	34 036	34 036	—	40 990	5 036
金属制品业	281 454	255 175	23 154	246 862	168 880
普通机械制造业	2 977 423	2 441 090	523 271	1 253 539	910 753
专用设备制造业	2 708 702	2 103 180	538 443	398 975	764 114
交通运输设备制造业	1 163 410	1 029 760	123 799	807 107	506 757
电气机械及器材制造业	794 309	693 709	99 729	388 149	326 546
电子及通信设备制造业	4 115 747	3 049 888	1 059 812	1 562 088	758 773
仪器仪表及文化、办公用机械制造业	149 107	113 748	35 340	41 929	53 785
其他制造业	24 710	24 710	—	6 714	984
电力、煤气及水的生产和供应业					
电力、蒸汽、热水的生产和供应业	9 868 778	3 188 687	6 664 686	8 633 501	2 718 538
煤气生产和供应业	305 541	184 161	121 380	216 890	200 000
自来水的生产和供应业	520 512	268 932	251 580	867 293	797 549

10—5 续表 5　　　　　　　　　　　　　　　　(2002 年)　　　　　　　　　　　　　　　　计量单位:千元

项目名称	所有者权益(续) 实收资本中:国家资本	集体资本	产品销售收入	#产品销售成本	产品销售费用
总计	**7 017 180**	**1 246 387**	**54 483 696**	**44 211 090**	**1 617 689**
采掘业					
煤炭采选业	177 253	12 148	521 791	439 319	32 805
有色金属矿采选业	—	6 330	120 553	106 169	2 571
制造业					
#食品加工业	49 391	3 030	146 689	138 132	4 962
食品制造业	73 031	36 986	3 304 024	2 639 539	264 379
饮料制造业	9 642	—	200 693	109 949	14 028
烟草加工业	197 402	—	1 342 349	495 965	30 775
纺织业	472 002	160 702	3 485 212	2 999 033	47 454
服装及其他纤维制品制造业	89 674	63 251	837 094	712 253	20 147
皮革、毛皮、羽绒及其制品业	73 394	1 727	136 750	122 399	4 152
木材加工及竹、藤、棕、草制品业	427	1 817	6 200	5 318	214
家具制造业	—	22 101	307 284	247 865	16 765
造纸及纸制品业	5 948	23 104	229 810	193 779	4 463
印刷业	369 126	20 561	955 055	667 276	7 221
文教体育用品制造业	—	7 024	20 144	15 979	281
石油加工及炼焦业	140 959	2 162	6 292 491	5 916 489	58 421
化学原料及化学制品制造业	335 286	189 409	3 080 226	2 523 147	113 608
医药制造业	1 129 064	263 703	12 981 456	10 162 889	584 856
化学纤维制造业	—	5 043	124 985	99 949	732
橡胶制品业	—	17 028	161 718	125 717	20 168
塑料制品业	22 462	36 724	297 427	249 961	12 582
非金属矿物制品业	86 595	69 146	770 619	658 654	23 550
黑色金属冶炼及压延加工业	272 155	15 350	3 192 920	2 533 721	9 961
有色金属冶炼及压延加工业	5 036	—	32 199	28 647	1 464
金属制品业	10 360	72 285	511 973	421 400	29 941
普通机械制造业	505 121	131 511	1 655 646	1 226 066	79 429
专用设备制造业	728 528	9 402	639 442	545 843	19 565
交通运输设备制造业	144 557	13 759	1 467 814	1 215 506	18 883
电气机械及器材制造业	52 616	29 337	799 279	624 543	53 903
电子及通信设备制造业	696 059	—	1 896 842	1 432 343	101 975
仪器仪表及文化、办公用机械制造业	13 202	17 430	66 161	50 979	5 556
其他制造业	684	—	14 218	11 255	839
电力、煤气及水的生产和供应业					
电力、蒸汽、热水的生产和供应业	359 657	15 317	8 062 536	6 838 387	4 469
煤气生产和供应业	200 000	—	227 968	211 549	7 489
自来水的生产和供应业	797 549	—	205 746	141 647	6 755

10—5 续表 6　　(2002 年)　　计量单位:千元

项目名称	产品销售收入(续)		其他业务利润	管理费用	
	产品销售税金及附加	产品销售利润			#税金
总计	**1 104 582**	**7 550 335**	**283 143**	**3 827 165**	**133 486**
采掘业					
煤炭采选业	3 775	45 892	-415	82 595	2 838
有色金属矿采选业	149	11 664	—	523	—
制造业					
#食品加工业	348	3 247	617	19 570	605
食品制造业	10 576	389 530	7 898	93 166	1 361
饮料制造业	38 573	38 143	-3 616	23 355	840
烟草加工业	548 172	267 437	1 159	138 580	1 089
纺织业	19 338	419 387	10 478	219 917	7 359
服装及其他纤维制品制造业	1 091	103 603	661	60 295	1 497
皮革、毛皮、羽绒及其制品业	217	9 982	371	25 544	480
木材加工及竹、藤、棕、草制品业	8	660	30	787	2
家具制造业	2 831	39 823	2 632	9 496	415
造纸及纸制品业	861	30 707	3 523	15 431	342
印刷业	7 637	272 921	8 040	123 039	1 547
文教体育用品制造业	—	3 884	—	2 417	6
石油加工及炼焦业	306 333	11 248	-4 203	213 394	6 208
化学原料及化学制品制造业	12 062	431 409	18 144	251 097	8 016
医药制造业	47 779	2 185 932	33 819	896 565	56 963
化学纤维制造业	708	23 596	45	21 945	845
橡胶制品业	100	15 733	375	6 050	112
塑料制品业	543	34 341	2 185	23 769	643
非金属矿物制品业	3 491	84 924	7 792	61 782	2 868
黑色金属冶炼及压延加工业	19 664	629 574	20 666	345 746	4 563
有色金属冶炼及压延加工业	53	2 035	749	1 689	20
金属制品业	3 490	57 142	979	28 545	1 015
普通机械制造业	7 670	342 481	22 500	259 798	12 310
专用设备制造业	3 051	70 983	-289	141 429	4 218
交通运输设备制造业	7 272	226 153	28 944	195 055	1 558
电气机械及器材制造业	2 056	118 777	29 293	82 920	1 068
电子及通信设备制造业	3 751	358 773	37 506	239 619	4 219
仪器仪表及文化、办公用机械制造业	436	9 190	1 154	6 599	298
其他制造业	23	2 101	29	1 083	44
电力、煤气及水的生产和供应业					
电力、蒸汽、热水的生产和供应业	48 950	1 170 730	45 831	104 052	7 834
煤气生产和供应业	1 730	7 200	2 052	23 121	1 019
自来水的生产和供应业	1 296	56 048	3 782	43 939	984

10—5 续表 7　　(2002 年)　　计量单位:千元

项目名称	管理费用(续)			财务费用	
	财产保险费	劳动、待业保险费	养老保险和医疗保险费		#利息支出
总　计	**46 006**	**295 730**	**510 780**	**1 495 135**	**1 417 630**
采掘业					
煤炭采选业	570	21 438	13 615	12 623	12 537
有色金属矿采选业	—	—	—	80	—
制造业					
#食品加工业	130	1 328	2 289	6 115	5 229
食品制造业	1 003	1 524	7 989	9 415	9 438
饮料制造业	491	3 390	1 244	3 739	3 739
烟草加工业	992	1 011	17 192	15 569	15 569
纺织业	1 859	7 715	68 275	53 817	48 758
服装及其他纤维制品制造业	333	4 550	7 248	2 214	1 425
皮革、毛皮、羽绒及其制品业	162	2 680	3 556	10 415	10 415
木材加工及竹、藤、棕、草制品业	12	1	307	201	201
家具制造业	246	578	1 542	5 331	4 458
造纸及纸制品业	189	1 709	1 287	4 707	3 919
印刷业	1 499	15 238	10 912	10 906	10 892
文教体育用品制造业	—	14	167	-118	-245
石油加工及炼焦业	6 352	20 547	12 622	221 018	217 618
化学原料及化学制品制造业	4 025	26 539	32 249	75 220	72 129
医药制造业	13 918	44 786	121 664	389 158	352 474
化学纤维制造业	422	5 921	—	1 612	1 612
橡胶制品业	307	332	969	2 514	2 294
塑料制品业	203	369	1 347	14 115	12 879
非金属矿物制品业	403	3 025	9 072	28 234	26 411
黑色金属冶炼及压延加工业	1 457	5 427	27 339	90 525	74 932
有色金属冶炼及压延加工业	27	1 097	—	776	776
金属制品业	1 121	1 745	3 056	7 606	5 896
普通机械制造业	1 234	12 260	41 794	71 695	69 762
专用设备制造业	237	15 519	34 098	40 659	40 462
交通运输设备制造业	458	36 347	15 003	17 452	16 309
电气机械及器材制造业	567	8 758	11 520	14 838	14 757
电子及通信设备制造业	463	22 461	22 059	70 472	69 139
仪器仪表及文化、办公用机械制造业	66	77	1 913	2 339	2 159
其他制造业	—	323	214	769	768
电力、煤气及水的生产和供应业					
电力、蒸汽、热水的生产和供应业	6 388	14 340	26 880	293 038	292 855
煤气生产和供应业	104	6 768	—	1 191	1 191
自来水的生产和供应业	43	1 669	10 515	3 799	3 798

10—5 续表 8　　(2002 年)　　计量单位:千元

项目名称	营业利润	投资收益	利润总额	应交所得税	应付利润
总计	**2 511 178**	**268 773**	**3 050 392**	**640 649**	**433 165**
采掘业					
煤炭采选业	-49 741	—	8 372	557	1 346
有色金属矿采选业	11 061	—	11 061	—	—
制造业					
#食品加工业	-21 821	132	-14 237	222	431
食品制造业	294 847	29 095	258 615	71 131	101 431
饮料制造业	7 433	521	6 940	177	2 779
烟草加工业	114 447	—	100 077	29 765	—
纺织业	156 131	2 313	186 540	51 845	65 938
服装及其他纤维制品制造业	41 755	-51	38 653	89	3 919
皮革、毛皮、羽绒及其制品业	-25 606	—	-22 158	—	—
木材加工及竹、藤、棕、草制品业	-298	—	318	92	56
家具制造业	27 628	—	25 497	483	1 517
造纸及纸制品业	14 092	8	12 758	296	9 088
印刷业	147 016	-72	145 092	36 394	70 193
文教体育用品制造业	1 585	—	1 189	—	—
石油加工及炼焦业	-427 367	2 404	-351 004	18 930	300
化学原料及化学制品制造业	123 236	3 608	140 637	40 171	14 750
医药制造业	934 028	57 481	1 005 194	150 822	71 525
化学纤维制造业	84	5	39	140	—
橡胶制品业	7 544	—	12 444	3 760	—
塑料制品业	-1 358	931	-3 975	1 225	—
非金属矿物制品业	2 700	5 203	22 237	7 463	5 882
黑色金属冶炼及压延加工业	213 969	424	212 738	65 231	57 816
有色金属冶炼及压延加工业	319	—	41	23	—
金属制品业	21 970	421	38 524	11 610	-116
普通机械制造业	33 488	-516	75 315	21 446	6 304
专用设备制造业	-111 394	-1 537	-59 439	713	223
交通运输设备制造业	42 590	15 720	54 056	2 126	2 008
电气机械及器材制造业	50 312	72	66 053	10 074	2 200
电子及通信设备制造业	86 188	30	97 433	-13 706	—
仪器仪表及文化、办公用机械制造业	1 406	—	1 467	58	59
其他制造业	278	—	277	136	—
电力、煤气及水的生产和供应业					
电力、蒸汽、热水的生产和供应业	819 471	153 321	970 091	124 100	15 516
煤气生产和供应业	-15 060	—	-10 403	—	—
自来水的生产和供应业	12 092	—	11 801	4 833	—

10—5 续表 9　　　　　　　　（2002 年）　　　　　　　　计量单位：千元

项　目　名　称	利税总额	本年应付工资总额	主营业务应付工资总额	本年应付福利费总额
总　　计	**7 021 941**	**3 163 937**	**2 982 132**	**452 493**
采　掘　业				
煤炭采选业	50 101	68 700	57 450	10 573
有色金属矿采选业	12 630	1 780	1 780	—
制　造　业				
# 食品加工业	－12 595	13 494	9 842	1 425
食品制造业	389 424	86 875	84 559	11 726
饮料制造业	66 546	10 541	10 541	2 812
烟草加工业	803 210	45 270	45 270	6 836
纺　织　业	380 810	346 223	300 994	51 762
服装及其他纤维制品制造业	49 981	71 879	69 106	8 778
皮革、毛皮、羽绒及其制品业	－9 343	12 596	9 960	1 960
木材加工及竹、藤、棕、草制品业	782	858	655	234
家具制造业	39 778	11 657	10 747	3 035
造纸及纸制品业	32 543	20 614	20 582	1 864
印　刷　业	226 869	88 259	69 749	11 235
文教体育用品制造业	1 270	7 836	—	108
石油加工及炼焦业	138 612	154 290	123 580	21 729
化学原料及化学制品制造业	274 825	193 602	192 507	25 474
医药制造业	1 612 701	609 664	607 776	88 982
化学纤维制造业	9 046	21 270	20 400	3 152
橡胶制品业	19 225	9 366	9 186	1 127
塑料制品业	4 697	23 319	22 013	3 687
非金属矿物制品业	75 158	63 408	55 593	9 172
黑色金属冶炼及压延加工业	430 138	175 659	170 362	26 304
有色金属冶炼及压延加工业	1 706	5 363	5 084	751
金属制品业	65 494	28 723	27 653	3 849
普通机械制造业	173 946	201 046	191 486	29 341
专用设备制造业	－33 555	122 422	107 755	26 502
交通运输设备制造业	87 475	197 001	190 339	26 660
电气机械及器材制造业	119 631	69 486	67 329	9 082
电子及通信设备制造业	240 141	136 463	134 647	14 906
仪器仪表及文化、办公用机械制造业	3 563	5 944	5 445	855
其他制造业	530	387	363	44
电力、煤气及水的生产和供应业				
电力、蒸汽、热水的生产和供应业	1 729 141	250 632	250 273	32 661
煤气生产和供应业	－2 244	27 705	27 705	4 597
自来水的生产和供应业	25 474	42 214	42 214	5 756

10—5 续表 10　　(2002 年)　　计量单位:千元

项　目　名　称	本年应交增值税	本年进项税　额	本年销项税　额	全部从业人员年平均人数(人)
总　　计	**2 866 967**	**12 049 709**	**14 616 393**	**275 059**
采　掘　业				
煤炭采选业	37 954	34 742	70 502	5 190
有色金属矿采选业	1 420	5 420	4 000	297
制　造　业				
#食品加工业	1 294	15 545	12 792	1 791
食品制造业	120 233	347 140	467 373	7 760
饮料制造业	21 033	13 755	34 331	1 535
烟草加工业	154 961	85 886	240 739	1 928
纺　织　业	174 932	386 375	525 613	45 061
服装及其他纤维制品制造业	10 237	46 214	44 281	8 208
皮革、毛皮、羽绒及其制品业	12 598	15 709	28 307	1 613
木材加工及竹、藤、棕、草制品业	456	514	894	96
家具制造业	11 450	11 044	14 734	1 404
造纸及纸制品业	18 924	28 101	45 307	2 488
印　刷　业	74 140	94 265	167 496	5 635
文教体育用品制造业	81	1 095	1 176	1 000
石油加工及炼焦业	183 283	892 654	1 068 563	7 450
化学原料及化学制品制造业	122 126	335 035	454 934	21 813
医药制造业	559 728	7 674 665	8 105 222	41 968
化学纤维制造业	8 299	14 221	22 158	2 111
橡胶制品业	6 681	13 133	19 310	1 376
塑料制品业	8 129	26 217	32 194	3 322
非金属矿物制品业	49 430	77 121	120 038	9 824
黑色金属冶炼及压延加工业	197 736	521 888	719 416	8 296
有色金属冶炼及压延加工业	1 612	6 000	7 533	573
金属制品业	23 480	83 401	105 786	3 685
普通机械制造业	90 961	175 751	236 099	24 198
专用设备制造业	22 833	49 985	67 035	13 844
交通运输设备制造业	26 147	85 871	79 665	15 717
电气机械及器材制造业	51 522	107 594	155 365	4 421
电子及通信设备制造业	138 957	184 570	323 000	8 128
仪器仪表及文化、办公用机械制造业	1 660	7 013	6 281	904
其他制造业	230	2 166	2 384	112
电力、煤气及水的生产和供应业				
电力、蒸汽、热水的生产和供应业	710 100	669 126	1 373 934	14 128
煤气生产和供应业	6 429	16 418	22 178	2 072
自来水的生产和供应业	12 377	—	12 377	3 144

分县(市)区工业企业主要经济指标

10—6

(2002 年)

计量单位:千元

行政单位	企业单位数(个)	工业总产值	工业销售产值	工业中间投入合计	工业增加值	资产合计
全市总计	**1 488**	**96 565 307**	**95 139 771**	**69 222 821**	**31 296 429**	**121 040 188**
市区合计	342	51 034 253	50 432 033	37 224 987	16 676 233	95 319 124
#长安区	28	2 813 314	2 760 342	2 135 721	802 870	2 106 413
桥东区	15	1 506 001	1 475 448	1 060 591	493 268	1 690 937
桥西区	22	805 485	792 865	614 803	237 125	737 336
新华区	20	3 597 093	3 552 234	2 953 079	776 864	2 269 915
裕华区	33	1 779 484	1 751 882	1 366 128	459 850	1 022 441
矿区	30	766 941	753 709	565 417	242 070	758 979
高新区	26	1 947 288	1 951 256	840 607	1 190 852	2 400 508
井陉县	59	1 170 513	1 157 382	819 668	388 153	944 335
正定县	90	4 404 483	4 385 359	3 102 341	1 387 520	2 376 428
栾城县	61	1 573 651	1 547 946	1 156 179	496 346	1 642 879
行唐县	70	1 927 460	1 895 457	1 376 338	623 662	526 541
灵寿县	36	1 056 377	1 035 521	724 963	355 008	637 761
高邑县	50	1 467 751	1 447 964	1 081 479	457 589	712 485
深泽县	37	933 650	918 361	581 465	368 258	455 927
赞皇县	43	661 164	641 448	479 258	206 886	558 990
无极县	44	2 539 143	2 485 491	1 768 259	806 291	1 215 027
平山县	60	2 413 146	2 364 784	1 638 336	834 306	1 358 590
元氏县	39	1 779 304	1 736 861	1 272 221	534 676	715 737
赵县	57	2 751 948	2 686 906	2 015 963	798 468	1 429 114
辛集市	49	7 293 171	7 171 928	5 128 482	2 309 883	2 533 149
藁城市	150	6 547 638	6 348 401	4 466 410	2 155 249	4 040 348
晋州市	126	2 832 840	2 807 240	2 040 879	905 775	2 032 785
新乐市	55	2 463 573	2 421 486	1 604 848	900 038	1 483 657
鹿泉市	120	3 715 242	3 655 203	2 740 745	1 092 088	3 057 311

10—6 续表 1　　(2002 年)　　计量单位：千元

行政单位	流动资产小计	#短期投资	应收账款净额	存货	流动资产年平均余额
全市总计	**47 597 702**	**481 269**	**11 992 025**	**14 058 758**	**47 347 266**
市区合计	37 287 773	269 899	9 607 731	10 150 804	37 025 732
#长安区	912 115	1 715	221 457	398 093	871 502
桥东区	951 248	10 829	228 087	450 632	1 101 681
桥西区	523 232	—	135 615	224 377	513 025
新华区	872 783	14 953	146 793	282 413	797 617
裕华区	458 992	—	164 060	189 334	451 664
矿区	332 823	680	59 115	165 725	327 254
高新区	1 385 091	—	506 647	377 089	1 386 446
井陉县	348 814	1 286	108 984	141 717	304 294
正定县	741 485	2 605	142 128	351 918	843 008
栾城县	851 463	14 192	124 024	239 390	752 487
行唐县	235 368	1 416	57 806	97 531	241 113
灵寿县	250 356	76	69 648	118 023	237 206
高邑县	269 051	7 818	50 680	78 846	308 145
深泽县	201 151	536	51 658	97 884	195 314
赞皇县	207 300	1	77 293	81 450	202 530
无极县	533 097	27 292	74 554	178 092	481 388
平山县	687 646	4 623	213 834	254 385	692 408
元氏县	343 598	811	76 851	128 566	372 004
赵县	688 359	1 246	151 134	228 818	726 988
辛集市	1 125 552	40 700	240 236	485 659	1 119 561
藁城市	1 305 945	93 050	304 957	469 497	1 342 833
晋州市	909 326	67	263 265	449 744	993 115
新乐市	490 233	13 886	112 527	163 069	467 234
鹿泉市	1 121 185	1 765	264 715	343 365	1 041 906

10—6 续表 2　　(2002 年)　　计量单位:千元

行政单位	长期投资	固定资产小计	固定资产原价	# 生产经营用	累计折旧	# 本年折旧
全市总计	**5 747 548**	**60 397 199**	**80 324 266**	**69 233 018**	**27 008 858**	**3 896 014**
市区合计	5 286 042	47 989 421	64 826 781	55 826 174	23 213 176	3 271 995
#长安区	104 944	924 336	1 376 216	1 256 040	452 880	76 642
桥东区	10 652	562 378	965 160	925 626	435 099	39 136
桥西区	13 205	192 014	308 293	244 585	137 681	13 992
新华区	443 306	883 259	979 641	803 239	220 047	46 078
裕华区	30 060	366 498	422 057	360 895	102 206	15 770
矿区	23 661	342 230	492 898	396 107	172 333	15 074
高新区	47 278	731 774	983 510	820 119	271 996	53 801
井陉县	11 448	425 836	565 402	384 558	151 690	22 144
正定县	17 874	1 223 633	1 463 322	1 328 860	339 001	75 165
栾城县	88 670	637 756	869 550	709 091	267 026	49 507
行唐县	38	252 827	329 206	279 132	78 526	9 656
灵寿县	3 962	360 544	433 332	369 630	78 375	18 284
高邑县	45	351 127	386 549	340 860	52 502	9 221
深泽县	4 055	229 040	262 898	236 021	52 137	7 860
赞皇县	3 294	219 616	315 128	291 462	100 040	17 368
无极县	43 478	577 638	760 995	605 340	184 431	24 362
平山县	5 681	635 030	860 960	759 062	230 007	26 936
元氏县	54 559	302 305	349 284	336 708	60 464	15 233
赵县	4 034	613 362	781 539	537 955	207 423	23 204
辛集市	62 392	1 157 191	1 616 010	1 429 624	460 643	67 725
藁城市	15 324	1 996 302	2 530 489	2 251 280	627 341	115 339
晋州市	23 421	776 682	979 718	908 708	219 008	30 164
新乐市	48 218	887 696	1 003 773	902 245	238 824	41 158
鹿泉市	75 013	1 761 193	1 989 330	1 736 335	448 244	70 693

10—6 续表 3　　　　(2002 年)　　　　计量单位:千元

行政单位	固定资产净值	固定资产净值年平均余额	无形及递延资产小计	负债合计	流动负债合计	长期负债合计
全市总计	**53 315 408**	**51 955 930**	**4 372 427**	**75 672 268**	**52 457 277**	**22 039 936**
市区合计	41 613 605	40 509 609	3 505 501	59 549 627	41 120 885	18 145 911
#长安区	923 336	906 985	88 242	1 228 364	1 055 975	168 698
桥东区	530 061	556 848	25 151	773 867	533 533	186 496
桥西区	170 612	174 703	1 413	501 986	422 472	31 984
新华区	759 594	578 380	48 556	858 562	751 926	82 641
裕华区	319 851	385 829	29 295	540 706	464 965	49 782
矿区	320 565	302 049	39 377	615 428	523 956	72 299
高新区	711 514	663 496	156 615	1 388 069	972 338	409 113
井陉县	413 712	394 319	92 532	547 810	425 999	91 325
正定县	1 124 321	1 123 230	93 608	1 580 592	812 083	457 537
栾城县	602 524	545 194	62 911	1 224 133	1 057 875	164 526
行唐县	250 680	245 110	4 364	341 380	207 325	102 458
灵寿县	354 957	354 509	13 604	339 391	191 333	148 057
高邑县	334 047	335 003	13 523	397 633	200 693	68 645
深泽县	210 761	210 727	21 381	372 702	257 393	114 709
赞皇县	215 088	220 231	83 958	455 732	362 472	93 252
无极县	576 564	567 011	5 578	617 803	423 535	182 785
平山县	630 953	605 540	29 841	960 530	638 504	320 225
元氏县	288 820	265 247	6 220	381 559	318 713	61 846
赵县	574 116	579 190	68 529	921 478	643 843	265 642
辛集市	1 155 367	1 095 974	70 249	1 470 314	985 924	242 604
藁城市	1 903 148	1 842 129	167 063	2 473 370	1 634 340	835 695
晋州市	760 710	814 782	15 674	1 295 211	1 026 662	210 820
新乐市	764 949	712 216	57 465	928 864	830 948	90 114
鹿泉市	1 541 086	1 535 909	60 426	1 814 139	1 318 750	443 785

10—6 续表 4　　(2002 年)　　计量单位:千元

行政单位	所有者权益合计	#实收资本	#国家资本	集体资本	产品销售收入	#产品销售成本
全市总计	**45 367 920**	**25 243 262**	**8 620 645**	**2 404 935**	**95 327 408**	**77 967 349**
市区合计	35 769 497	18 498 938	7 017 180	1 246 387	54 483 696	44 211 090
#长安区	878 049	503 445	29 255	318 511	2 557 099	2 166 882
桥东区	917 070	275 943	6 034	131 794	1 504 524	1 115 437
桥西区	235 350	195 215	—	166 674	718 236	599 848
新华区	1 411 353	490 183	8 930	136 305	3 660 033	2 881 241
裕华区	481 735	289 859	—	140 642	1 892 331	1 606 905
矿区	143 551	94 012	12 821	30 635	623 438	537 319
高新区	1 012 439	935 642	172 047	17 430	1 153 843	833 811
井陉县	396 525	181 240	37 548	49 226	812 756	650 013
正定县	795 836	573 784	66 199	110 006	4 207 173	3 701 174
栾城县	418 746	260 901	29 525	5 675	1 613 762	1 268 541
行唐县	185 161	153 189	20 397	26 644	1 742 749	1 461 332
灵寿县	298 370	208 227	130 186	10 156	687 832	488 839
高邑县	314 852	204 717	24 817	51 762	1 348 322	1 117 656
深泽县	83 225	36 613	800	10 986	600 739	514 711
赞皇县	103 258	52 217	22 922	8 246	550 775	414 983
无极县	597 224	419 326	84 973	76 608	2 365 726	2 009 918
平山县	398 060	330 436	22 846	38 626	1 992 049	1 582 229
元氏县	334 178	183 695	7 404	24 600	1 057 473	852 334
赵县	507 636	225 844	80 450	36 779	2 386 692	2 046 112
辛集市	1 062 835	789 784	41 578	56 172	6 802 578	5 689 617
藁城市	1 566 978	1 257 839	554 625	138 782	5 753 165	4 658 120
晋州市	737 574	566 362	46 120	67 239	2 880 975	2 435 864
新乐市	554 793	354 397	82 263	85 356	2 409 788	1 833 127
鹿泉市	1 243 172	945 753	350 812	361 685	3 631 158	3 031 689

10—6 续表 5　　(2002 年)　　计量单位:千元

行政单位	产品销售收入(续)			其他业务利润	管理费用	
	产品销售费用	产品销售税金及附加	产品销售利润			#税金
全市总计	**3 314 282**	**1 479 049**	**12 566 728**	**395 459**	**4 864 311**	**170 184**
市区合计	1 617 689	1 104 582	7 550 335	283 143	3 827 165	133 486
#长安区	74 989	8 118	307 110	12 969	92 733	5 595
桥东区	34 415	2 956	351 716	4 597	170 275	686
桥西区	24 451	4 164	89 773	4 219	32 272	987
新华区	260 508	13 925	504 359	459	104 454	6 236
裕华区	68 237	6 227	210 962	6 107	63 718	1 306
矿区	12 662	5 003	68 454	496	27 430	1 772
高新区	135 492	4 264	180 276	41 107	99 199	1 648
井陉县	50 746	12 998	98 999	10 391	51 425	1 860
正定县	102 044	13 263	390 692	16 753	86 687	3 363
栾城县	89 249	9 389	246 583	758	81 380	2 817
行唐县	72 903	11 718	196 796	1 021	36 502	1 473
灵寿县	44 209	8 767	146 017	213	38 873	1 711
高邑县	57 820	30 020	142 826	6 406	15 288	1 018
深泽县	29 203	10 531	46 294	147	13 326	94
赞皇县	16 338	255	119 199	1 427	33 909	860
无极县	85 000	17 313	253 495	1 071	39 149	1 450
平山县	134 720	11 885	263 215	1 479	57 765	1 819
元氏县	23 013	20 940	161 186	10 385	27 654	677
赵县	60 965	6 428	273 187	3 590	37 648	3 108
辛集市	276 584	21 489	814 888	6 775	157 397	3 729
藁城市	234 590	59 502	800 953	16 084	141 353	2 953
晋州市	83 052	54 405	307 654	27 794	46 030	4 212
新乐市	211 050	60 589	305 022	5 941	57 148	2 791
鹿泉市	125 107	24 975	449 387	2 081	115 612	2 763

10—6 续表 6 (2002 年) 计量单位:千元

行政单位	管理费用(续)			财务费用		营业利润	投资收益
	财产保险费	劳动、待业保险费	养老保险和医疗保险费		# 利息支出		
全市总计	**65 778**	**337 748**	**569 192**	**2 128 406**	**1 956 449**	**5 969 470**	**290 561**
市区合计	46 006	295 730	510 780	1 495 135	1 417 630	2 511 178	268 773
#长安区	3 035	2 156	9 911	30 422	27 859	196 924	138
桥东区	388	783	7 442	39 442	6 560	146 596	—
桥西区	221	780	3 930	8 045	5 888	53 675	541
新华区	1 170	1 833	9 541	8 655	3 282	391 709	29 132
裕华区	815	362	1 010	22 122	20 076	131 229	1 020
矿区	87	759	3 321	12 958	12 768	28 562	—
高新区	848	1 579	7 638	18 631	14 795	103 553	1 706
井陉县	858	2 947	7 104	15 658	12 228	42 307	-295
正定县	1 138	9 028	3 111	58 105	51 530	262 653	—
栾城县	1 607	1 523	5 163	23 141	19 648	142 820	843
行唐县	1 327	1 010	1 563	19 015	16 348	142 300	117
灵寿县	511	322	1 368	13 503	11 211	93 854	—
高邑县	315	1 335	110	11 010	10 630	122 934	1 095
深泽县	143	99	269	8 968	8 062	24 147	—
赞皇县	603	490	1 035	23 594	18 206	63 123	300
无极县	528	1 280	1 022	33 764	17 120	181 653	-66
平山县	1 049	955	3 807	43 751	43 583	163 178	—
元氏县	638	776	202	9 633	3 057	134 284	—
赵县	210	841	1 217	72 342	52 247	166 787	52
辛集市	3 913	8 507	10 504	75 559	72 763	588 707	849
藁城市	2 346	2 367	8 711	95 912	91 280	579 772	3 512
晋州市	462	1 813	1 660	42 894	36 929	246 524	15 460
新乐市	2 115	6 097	6 018	29 657	26 372	224 158	—
鹿泉市	2 009	2 628	5 548	56 765	47 605	279 091	-79

10—6 续表 7　　(2002 年)　　计量单位:千元

行政单位	利润总额	应交所得税	应付利润	利税总额	本年应付工资总额	# 主营业务应付工资总额
全市总计	**6 473 307**	**992 398**	**894 608**	**11 906 299**	**4 411 592**	**4 164 925**
市区合计	3 050 392	640 649	433 165	7 021 941	3 163 937	2 982 132
#长安区	244 970	32 840	15 378	378 365	131 754	131 008
桥东区	156 669	4 722	507	207 483	68 132	55 607
桥西区	72 459	5 890	3 992	123 066	41 891	41 603
新华区	350 490	99 417	101 247	497 265	101 185	94 515
裕华区	132 188	7 156	7 651	184 909	46 363	44 582
矿区	34 869	2 554	6 142	80 418	38 893	33 596
高新区	126 210	23 009	582	214 645	86 518	80 672
井陉县	44 946	5 524	4 516	95 252	78 678	71 014
正定县	248 335	22 266	98 747	346 976	103 554	101 103
栾城县	139 639	36 039	11 279	227 902	48 673	46 416
行唐县	148 937	23 896	37 687	233 195	38 184	35 366
灵寿县	99 284	16 580	29 863	131 645	25 656	23 926
高邑县	119 849	39 341	3 025	221 186	42 413	40 254
深泽县	24 032	2 511	566	50 636	24 543	24 498
赞皇县	60 407	10 035	7 680	85 642	23 163	18 930
无极县	169 000	5 328	15 504	221 720	57 087	49 048
平山县	162 387	27 837	18 654	233 768	68 918	67 939
元氏县	131 583	19 980	50 870	180 116	32 953	32 953
赵县	185 863	7 550	967	254 774	32 504	30 993
辛集市	598 779	15 596	2 407	765 462	141 910	139 753
藁城市	529 269	5 974	9 859	662 792	152 217	148 446
晋州市	253 764	3 415	3 700	421 983	162 646	160 715
新乐市	224 835	71 100	126 599	326 737	69 950	67 814
鹿泉市	282 006	38 777	39 520	424 572	144 606	123 625

10—6 续表 8　　　　(2002 年)　　　　计量单位:千元

行政单位	本年应付福利费总额	本年应交增值税	本年进项税额	本年销项税额	全部从业人员年平均人数(人)
全市总计	**586 154**	**3 953 943**	**14 730 911**	**18 299 065**	**492 290**
市区合计	452 493	2 866 967	12 049 709	14 616 393	275 059
#长安区	16 764	125 277	219 222	343 623	16 843
桥东区	7 725	47 858	105 088	149 729	8 033
桥西区	6 622	46 443	100 012	141 521	5 526
新华区	13 198	132 850	372 902	497 669	10 077
裕华区	7 826	46 494	128 147	147 060	7 353
矿区	5 557	40 546	54 649	88 448	7 634
高新区	11 540	84 171	122 725	201 393	5 057
井陉县	6 044	37 308	45 348	63 822	13 478
正定县	12 890	85 378	230 539	305 698	12 883
栾城县	5 976	78 874	134 427	210 831	9 305
行唐县	5 017	72 540	74 631	142 935	6 877
灵寿县	1 641	23 594	51 216	64 769	4 113
高邑县	5 212	71 317	157 071	228 388	9 762
深泽县	3 639	16 073	33 507	48 574	3 979
赞皇县	2 257	24 980	45 238	69 616	6 626
无极县	8 439	35 407	75 732	110 874	14 376
平山县	8 189	59 496	162 440	221 873	13 473
元氏县	1 171	27 593	77 720	103 786	6 259
赵县	5 323	62 483	214 612	258 800	8 859
辛集市	9 057	145 194	494 351	636 717	24 876
藁城市	22 337	74 021	219 278	284 859	22 407
晋州市	11 169	113 814	229 900	341 657	22 156
新乐市	9 423	41 313	96 767	138 080	14 542
鹿泉市	15 877	117 591	338 425	451 393	23 260

分县(市)区国有控股工业企业主要经济指标

10—7　　(2002年)　　计量单位:千元

行政单位	企业单位数(个)	工业总产值	工业销售产值	工业中间投入合计	工业增加值	资产合计
全市总计	**343**	**45 072 832**	**44 630 134**	**33 130 328**	**14 261 188**	**89 188 961**
市区合计	126	34 442 577	34 038 756	25 555 681	10 895 330	78 781 299
#新华区	1	92 514	105 052	68 857	25 290	120 834
矿区	6	68 212	67 653	52 982	19 605	77 757
高新区	5	214 747	212 769	133 271	92 982	667 779
井陉县	14	388 987	386 276	268 555	133 654	376 299
正定县	6	493 140	494 593	416 211	93 946	798 484
栾城县	10	358 502	348 608	286 275	85 803	393 641
行唐县	16	381 698	374 737	280 507	116 944	179 388
灵寿县	11	294 764	295 127	202 588	98 881	355 846
高邑县	8	271 271	264 439	206 745	79 708	264 257
深泽县	3	35 305	34 125	3 855	31 551	14 338
赞皇县	23	354 318	341 517	251 099	114 571	344 291
无极县	12	489 977	484 135	330 899	170 277	438 438
平山县	16	485 640	505 267	323 274	176 646	514 211
元氏县	11	448 519	435 430	343 075	111 969	252 761
赵县	15	854 232	845 293	652 227	230 432	876 829
辛集市	10	742 603	841 447	618 924	144 415	840 517
藁城市	32	3 583 223	3 496 873	2 331 778	1 294 156	2 698 786
晋州市	11	377 412	379 086	258 375	138 726	372 138
新乐市	4	411 576	408 650	282 093	157 247	627 982
鹿泉市	15	659 088	655 775	518 167	186 932	1 059 456

10—7 续表 1　　(2002 年)　　计量单位:千元

行政单位	流动资产小计	#短期投资	应收账款净额	存货	流动资产年平均余额
全市总计	**34 398 797**	**330 556**	**8 756 756**	**8 974 479**	**4 246 008**
市区合计	30 580 639	225 633	7 882 436	7 596 478	3 623 651
#新华区	57 580	—	5 028	44 637	44 860
矿区	24 894	—	3 111	7 312	7 825
高新区	434 031	—	186 400	104 647	19 029
井陉县	96 122	—	17 376	42 298	27 215
正定县	230 335	—	54 793	103 588	100 031
栾城县	143 714	2	35 646	61 636	34 359
行唐县	93 189	1 000	17 158	38 171	8 735
灵寿县	120 948	2	33 215	56 895	19 446
高邑县	116 704	4 503	27 689	28 423	19 181
深泽县	7 414	—	1 631	891	790
赞皇县	119 481	1	40 905	39 358	18 399
无极县	175 898	5 727	27 430	83 238	55 821
平山县	288 274	4 623	82 457	67 535	49 047
元氏县	123 558	90	8 697	60 114	52 086
赵县	409 146	—	81 140	115 779	76 645
辛集市	376 617	—	120 840	172 930	90 728
藁城市	835 067	88 975	180 117	262 811	69 401
晋州市	193 604	—	62 976	80 921	69 092
新乐市	168 739	—	33 589	79 635	39 346
鹿泉市	319 348	—	48 661	83 778	46 597

10—7 续表 2 （2002 年） 计量单位:千元

行政单位	长期投资	固定资产小计	固定资产原价	# 生产经营用	累计折旧	# 本年折旧
全市总计	**4 413 176**	**47 772 691**	**61 614 970**	**54 317 341**	**35 486 785**	**3 236 353**
市区合计	4 555 316	40 141 885	52 791 213	44 707 462	18 624 359	2 618 039
#新华区	—	22 687	24 355	21 188	4 167	3 167
矿区	964	54 894	64 241	44 368	23 275	2 568
高新区	3 538	117 062	168 059	139 081	51 069	8 019
井陉县	206	263 746	311 923	248 635	61 769	5 287
正定县	4 792	636 818	786 237	702 627	228 994	35 621
栾城县	986	299 376	398 189	366 947	120 759	18 634
行唐县	38	73 729	81 484	63 651	12 577	2 188
灵寿县	1 361	192 148	222 353	180 968	38 669	7 880
高邑县	32	135 888	143 467	125 397	22 019	3 827
深泽县	—	18 032	20 670	18 815	4 733	668
赞皇县	12 890	121 388	165 074	136 560	49 373	9 667
无极县	668	264 952	375 762	308 184	123 691	7 893
平山县	199	221 050	334 585	259 211	118 576	15 175
元氏县	12 139	223 773	278 055	267 681	78 992	9 946
赵县	55	394 249	448 635	295 165	106 814	9 198
辛集市	38 187	448 896	686 190	527 104	243 755	31 362
藁城市	16 567	1 186 847	1 381 759	1 214 163	287 088	95 005
晋州市	257	154 822	208 489	195 743	54 263	2 315
新乐市	18 911	397 894	521 586	461 705	131 240	22 429
鹿泉市	16 325	547 096	383 819	302 499	125 105	28 465

10—7 续表3　　　　（2002年）　　　　计量单位：千元

行政单位	固定资产净值	固定资产净值年平均余额	无形及递延资产小计	负债合计	流动负债合计	长期负债合计
全市总计	**26 128 185**	**40 451 006**	**3 296 662**	**58 090 941**	**39 756 713**	**17 724 064**
市区合计	34 166 854	33 085 834	2 704 604	51 924 411	34 904 207	16 902 202
#新华区	20 188	22 687	16 800	56 035	10 159	8 342
矿区	40 966	44 834	4 147	71 738	55 489	16 249
高新区	116 990	115 546	8 699	328 850	182 004	146 846
井陉县	250 154	248 830	78 212	211 278	133 493	70 898
正定县	557 243	490 706	46 474	875 962	282 351	324 248
栾城县	277 430	281 027	26 842	482 041	388 664	93 376
行唐县	68 907	57 222	2 080	121 489	74 281	15 507
灵寿县	183 684	180 530	8 840	176 879	118 771	57 908
高邑县	121 448	112 580	5 541	213 046	100 088	64 342
深泽县	15 937	15 937	1 372	20 290	19 150	1 140
赞皇县	115 701	109 293	37 571	279 917	180 105	67 754
无极县	252 071	255 031	646	364 102	221 641	134 693
平山县	216 009	220 513	12 032	410 286	283 346	126 940
元氏县	199 063	199 933	1 979	348 508	228 250	77 103
赵县	341 821	332 638	65 310	751 557	471 793	190 842
辛集市	442 435	435 194	56 895	627 683	494 524	132 419
藁城市	1 094 671	1 114 334	150 789	1 522 151	897 725	618 147
晋州市	154 226	153 414	7 309	290 606	240 082	28 809
新乐市	390 346	361 819	99 118	482 355	408 583	73 772
鹿泉市	258 714	496 976	14 647	533 943	386 323	147 590

10—7 续表 4 (2002 年) 计量单位:千元

行政单位	所有者权益合计	#实收资本	#国家资本	集体资本	产品销售收入	#产品销售成本
全市总计	**32 052 196**	**20 415 363**	**10 384 546**	**185 168**	**46 660 400**	**37 867 885**
市区合计	26 856 888	15 383 271	6 828 038	116 223	38 996 899	31 946 411
#新华区	34 817	34 817	—	34 817	86 672	69 636
矿区	25 923	18 481	15 559	2 922	38 412	31 370
高新区	116 453	88 500	5 400	41 126	180 598	140 195
井陉县	254 241	75 435	61 004	69	178 560	139 629
正定县	221 889	177 804	95 549	3 225	454 094	409 211
栾城县	37 188	50 106	31 590	1 168	421 717	377 516
行唐县	39 617	24 366	21 210	—	256 666	210 589
灵寿县	145 974	106 320	86 430	—	166 557	104 283
高邑县	68 313	52 638	31 987	7 589	257 846	220 372
深泽县	6 400	4 020	4 020	—	3 027	2 380
赞皇县	57 927	47 287	41 507	2 850	275 149	199 377
无极县	117 871	110 843	77 181	—	227 805	182 017
平山县	131 968	67 489	41 833	—	321 835	255 403
元氏县	126 282	58 941	19 312	1 449	361 546	331 408
赵县	187 845	95 748	82 943	5 273	396 499	328 377
辛集市	382 317	310 857	50 897	—	3 104 863	2 561 975
藁城市	554 354	335 589	269 140	15 363	1 918 257	1 627 358
晋州市	76 713	45 741	44 103	7	213 320	180 384
新乐市	253 764	185 569	67 864	—	396 100	290 914
鹿泉市	296 534	242 252	232 072	9 430	532 934	457 375

10—7 续表 5　　　　(2002 年)　　　　计量单位:千元

行政单位	产品销售收入(续)			其他业务利润	管理费用	
	产品销售费用	产品销售税金及附加	产品销售利润			# 税金
全市总计	**1 334 915**	**1 047 451**	**6 410 869**	**196 943**	**3 191 644**	**129 119**
市区合计	953 626	1 053 632	5 043 230	188 819	3 024 145	108 099
# 新华区	6 092	2 026	8 918	—	972	286
矿区	540	452	6 050	- 117	3 980	118
高新区	14 708	296	25 399	3 833	20 104	235
井陉县	12 169	1 380	25 382	806	24 631	322
正定县	9 297	1 767	33 819	4 790	33 624	1 369
栾城县	7 807	1 408	34 986	1 372	25 471	1 461
行唐县	14 561	1 602	29 914	1 836	7 002	257
灵寿县	22 243	2 492	37 539	533	15 456	247
高邑县	9 745	1 824	25 905	668	6 037	269
深泽县	51	27	569	—	514	131
赞皇县	14 752	386	60 634	556	15 214	295
无极县	11 642	934	33 212	4 137	12 594	682
平山县	9 488	753	56 191	807	12 208	660
元氏县	2 382	534	27 222	8 407	15 381	296
赵县	8 566	1 598	57 958	1 244	21 160	356
辛集市	85 037	22 459	435 392	5 349	55 713	6 474
藁城市	54 227	13 191	223 481	13 896	73 706	1 480
晋州市	3 700	1 661	27 575	52	9 125	402
新乐市	19 197	32 514	53 475	394	30 551	898
鹿泉市	12 983	3 208	59 368	1 378	32 502	3 862

10—7 续表 6　　　　(2002 年)　　　　计量单位:千元

行政单位	管理费用(续)			财务费用		营业利润	投资收益
	财产保险费	劳动、待业保险费	养老保险和医疗保险费		# 利息支出		
全市总计	**114 930**	**266 641**	**464 084**	**1 567 275**	**1 501 189**	**1 847 514**	**185 068**
市区合计	31 352	255 457	419 472	1 287 610	1 257 406	920 294	238 273
#新华区	—	—	516	1 732	—	6 214	—
矿区	—	—	924	313	313	1 640	—
高新区	—	4 945	763	7 419	7 418	1 709	—
井陉县	711	4 326	3 485	3 311	3 303	－1 754	—
正定县	320	5 678	2 766	24 465	24 378	－19 480	353
栾城县	306	2 656	1 895	11 182	11 102	－295	—
行唐县	71	22	513	2 300	2 269	22 448	—
灵寿县	138	60	1 012	3 532	125	19 084	—
高邑县	5	493	230	6 919	6 863	13 617	30
深泽县	5	—	164	336	335	－281	—
赞皇县	495	1 610	489	9 970	4 768	36 006	101
无极县	176	807	602	14 201	11 124	10 554	68
平山县	387	261	1 853	14 275	14 253	30 515	—
元氏县	413	2 044	412	8 092	7 677	12 156	199
赵县	64	1 066	867	22 174	12 533	15 868	30
辛集市	130	8 753	7 864	24 490	24 418	360 538	2 668
藁城市	285	490	6 093	57 183	56 596	106 488	－11
晋州市	292	520	1 948	8 107	8 092	10 395	—
新乐市	665	5 002	4 802	11 307	11 307	12 011	—
鹿泉市	94	3 315	1 618	11 203	10 918	17 041	514

10—7 续表 7 （2002 年） 计量单位：千元

行政单位	利润总额	应交所得税	应付利润	利税总额	本年应付工资总额	# 主营业务应付工资总额
全市总计	**2 208 477**	**512 241**	**519 908**	**5 797 252**	**2 943 008**	**2 761 771**
市区合计	1 377 861	369 089	294 910	—	2 470 141	2 336 486
# 新华区	3 119	—	—	5 838	4 024	2 644
矿区	1 662	323	224	4 884	6 883	6 797
高新区	1 356	817	—	6 148	12 288	10 011
井陉县	7 652	2 331	3 400	21 256	21 886	21 773
正定县	-30 815	1 508	3 133	-10 577	35 485	35 385
栾城县	-197	504	818	16 591	17 844	17 498
行唐县	17 707	4 260	280	31 879	6 051	5 839
灵寿县	23 130	7 444	1 353	31 810	5 781	5 137
高邑县	13 496	4 334	1 064	33 299	11 968	11 022
深泽县	156	—	—	246	715	715
赞皇县	31 921	8 432	1 805	44 514	12 125	12 100
无极县	5 643	962	670	20 044	14 951	13 813
平山县	30 847	6 725	5 534	44 780	16 608	16 608
元氏县	19 139	3 960	7 303	25 354	17 972	17 873
赵县	19 387	4 802	—	39 622	19 048	18 328
辛集市	344 511	32 584	210 162	414 248	97 380	85 919
藁城市	168 374	1 719	3 736	218 471	69 409	69 311
晋州市	10 443	2 083	1 893	31 220	16 186	16 181
新乐市	14 812	6 384	-1 167	74 305	24 539	24 539
鹿泉市	5 938	7 929	143	37 884	24 457	24 278

10—7 续表 8　　　　(2002 年)　　　　计量单位:千元

行政单位	本年应付福利费总额	本年应交增值税	本年进项税额	本年销项税额	全部从业人员年平均人数(人)
全市总计	**447 692**	**2 541 324**	**10 486 147**	**12 900 049**	**274 503**
市区合计	358 069	2 008 434	107 089 835	12 476 405	193 773
#新华区	946	693	1 244	1 897	586
矿区	3 065	2 770	1 376	4 089	1 194
高新区	1 915	4 496	16 702	21 198	1 036
井陉县	2 797	12 224	10 584	22 808	3 599
正定县	4 971	18 471	49 638	62 503	4 717
栾城县	2 119	15 380	41 559	56 412	2 878
行唐县	621	12 570	15 462	27 990	1 754
灵寿县	744	6 188	9 237	12 007	1 164
高邑县	1 568	17 979	24 653	42 632	2 253
深泽县	102	63	124	187	123
赞皇县	1 822	12 207	24 778	34 696	4 335
无极县	1 501	13 467	19 637	27 954	3 316
平山县	2 300	13 180	24 142	37 322	3 213
元氏县	38 509	5 681	19 250	24 642	3 363
赵县	3 395	18 637	23 524	41 664	5 038
辛集市	4 503	47 278	127 781	175 059	11 402
藁城市	10 785	36 906	102 655	139 561	9 653
晋州市	2 459	19 116	17 962	21 809	3 418
新乐市	2 886	26 979	29 315	56 294	3 197
鹿泉市	3 328	28 738	58 732	87 470	4 077

分县(市)区集体工业企业主要经济指标

10—8　　(2002年)　　计量单位:千元

行政单位	企业单位数(个)	工业总产值	工业销售产值	工业中间投入合计	工业增加值	资产合计
全市总计	**440**	**17 131 777**	**16 831 769**	**12 376 652**	**5 203 404**	**9 658 988**
市区合计	97	5 666 549	5 585 263	4 247 736	1 655 156	5 093 578
#长安区	10	2 256 253	2 209 733	1 718 152	641 256	1 476 317
桥东区	9	1 104 262	1 065 702	786 947	346 746	1 162 127
桥西区	12	390 019	384 788	299 078	108 960	427 952
新华区	10	440 359	454 323	277 157	185 011	429 503
裕华区	22	1 045 192	1 041 936	859 778	224 798	598 195
矿区	7	102 980	100 023	75 112	33 760	141 252
井陉县	16	225 153	219 579	166 968	65 657	96 237
正定县	28	1 295 495	1 326 320	922 072	396 023	458 770
栾城县	7	115 023	109 435	82 397	35 895	81 130
行唐县	25	574 969	561 713	410 130	188 464	131 332
灵寿县	5	154 744	151 012	111 245	46 429	48 088
高邑县	6	132 856	130 307	95 373	44 980	53 230
深泽县	13	398 417	389 597	241 630	164 815	199 910
赞皇县	14	169 210	168 450	126 384	49 532	112 361
无极县	9	774 632	751 834	546 481	236 105	229 136
平山县	31	1 017 854	979 670	715 027	322 130	288 258
元氏县	6	248 796	227 898	173 598	76 345	66 707
赵县	23	1 603 839	1 564 807	1 202 985	425 390	421 476
辛集市	8	218 329	218 054	157 353	63 691	157 559
藁城市	47	1 350 269	1 314 854	987 842	377 141	558 054
晋州市	40	711 877	706 525	502 835	238 839	454 847
新乐市	20	1 050 549	1 040 512	682 330	370 563	185 920
鹿泉市	45	1 423 216	1 385 939	1 004 266	446 249	1 022 395

10—8 续表 1　　(2002 年)　　计量单位:千元

行政单位	流动资产小计	# 短期投资	应收账款净额	存货	流动资产年平均余额
全市总计	**4 648 563**	**47 888**	**1 174 640**	**1 999 801**	**4 610 116**
市区合计	2 727 577	29 337	672 022	1 223 091	2 806 116
# 长安区	666 029	1 715	121 600	300 247	628 194
桥东区	628 155	3 229	165 248	353 786	247 966
桥西区	290 284	—	69 765	141 127	371 419
新华区	299 333	8 885	67 316	114 840	258 900
裕华区	310 606	—	141 748	92 413	243 897
矿区	73 642	650	18 572	30 064	67 363
井陉县	40 622	1 200	12 708	15 782	46 970
正定县	137 417	—	32 090	80 852	164 450
栾城县	58 540	30	17 783	24 111	39 634
行唐县	53 908	—	11 590	22 384	52 077
灵寿县	17 095	—	6 164	9 977	19 377
高邑县	20 214	—	218	7 631	33 067
深泽县	79 908	—	30 970	38 848	108 456
赞皇县	37 562	—	13 604	21 295	38 130
无极县	99 119	5 990	10 929	28 253	119 148
平山县	153 375	—	56 138	80 582	153 255
元氏县	27 151	721	3 697	10 966	31 178
赵县	215 574	—	53 103	83 274	224 941
辛集市	86 632	—	15 437	25 887	121 014
藁城市	203 428	850	51 325	91 163	192 332
晋州市	200 664	—	65 338	98 490	519 878
新乐市	116 358	9 276	23 020	22 467	74 665
鹿泉市	373 419	484	98 504	114 748	408 532

10—8 续表 2　　　　(2002 年)　　　　计量单位：千元

行政单位	长期投资	固定资产小计	固定资产原价	# 生产经营用	累计折旧	# 本年折旧
全市总计	**207 187**	**4 426 844**	**5 663 557**	**4 770 721**	**1 695 070**	**214 599**
市区合计	190 180	1 842 312	2 877 982	2 579 914	1 162 340	131 849
#长安区	96 812	646 700	922 195	896 065	315 340	56 465
桥东区	711	260 255	409 203	361 620	174 536	7 981
桥西区	6 471	164 851	228 822	169 809	94 305	8 617
新华区	1 384	74 270	96 421	78 186	33 826	8 391
裕华区	30 051	214 353	259 397	129 644	75 677	9 504
矿区	120	65 683	49 801	27 360	10 820	1 551
井陉县	1 500	67 540	96 167	88 540	32 099	3 914
正定县	5 308	186 138	215 528	129 848	34 500	5 852
栾城县	—	18 159	28 476	15 914	12 809	2 526
行唐县	602	71 806	92 193	80 880	23 373	5 031
灵寿县	—	23 682	28 430	26 926	4 748	1 423
高邑县	—	35 994	35 235	29 365	6 062	946
深泽县	—	135 975	151 907	87 040	33 167	3 931
赞皇县	750	42 385	61 481	59 999	19 810	952
无极县	21 750	142 762	155 822	118 470	28 931	4 953
平山县	1 577	139 964	173 925	157 045	39 982	6 029
元氏县	—	75 593	84 583	84 299	9 160	1 244
赵县	1 461	179 082	208 477	157 950	55 155	5 947
辛集市	6 801	101 160	121 869	81 815	20 809	3 465
藁城市	1 995	255 497	321 405	264 164	74 141	11 576
晋州市	2 712	395 812	461 758	424 444	90 196	21 390
新乐市	1 769	87 544	105 841	88 160	19 892	5 011
鹿泉市	1 444	578 897	629 013	579 842	120 706	13 976

10—8 续表 3　　（2002 年）　　计量单位:千元

行政单位	固定资产净值	固定资产净值年平均余额	无形及递延资产小计	负债合计	流动负债合计	长期负债合计
全市总计	**3 968 487**	**3 982 418**	**207 412**	**6 193 510**	**4 897 044**	**1 165 339**
市区合计	1 715 642	1 766 116	107 360	3 148 880	2 623 879	450 410
#长安区	606 855	595 661	6 706	941 198	827 045	114 153
桥东区	234 667	189 142	37 647	432 607	404 603	27 090
桥西区	134 517	140 784	3 309	337 518	307 661	29 856
新华区	62 595	63 466	20 015	259 559	195 379	25 646
裕华区	183 720	175 856	5 775	298 816	291 886	6 585
矿区	38 981	42 260	740	125 988	94 088	17 878
井陉县	64 068	64 591	750	58 086	35 598	17 379
正定县	181 028	178 502	22 694	263 680	233 862	18 132
栾城县	15 667	15 326	501	37 221	37 221	—
行唐县	68 820	61 616	272	96 949	56 477	27 938
灵寿县	23 682	26 580	1 050	23 731	22 731	1 000
高邑县	29 173	32 786	689	43 724	31 272	12 422
深泽县	118 740	117 176	8 235	213 798	129 757	84 041
赞皇县	41 671	41 760	—	65 030	35 200	28 100
无极县	126 891	130 106	1 229	159 155	112 433	46 722
平山县	133 943	136 955	11 647	229 279	146 403	82 876
元氏县	75 423	75 563	—	36 516	5 948	7 377
赵县	153 322	171 011	2 596	219 288	186 206	31 234
辛集市	101 060	93 829	1 655	158 750	146 785	9 036
藁城市	247 264	240 605	10 193	293 802	162 126	131 303
晋州市	371 562	426 267	165	519 576	390 527	121 763
新乐市	85 949	77 108	1 904	75 715	73 157	2 558
鹿泉市	508 307	524 404	39 102	583 648	427 592	145 663

10—8 续表 4　　(2002 年)　　计量单位:千元

行政单位	所有者权益合计	#实收资本	#国家资本	集体资本	产品销售收入	#产品销售成本
全市总计	**3 907 442**	**2 792 269**	**31 364**	**1 984 848**	**15 896 076**	**12 895 720**
市区合计	1 944 698	1 056 454	9 419	895 259	5 530 163	4 485 039
#长安区	453 925	321 825	—	321 825	1 764 097	1 511 371
桥东区	292 414	232 492	2 300	148 049	1 014 089	568 643
桥西区	213 406	174 571	—	170 981	372 658	306 637
新华区	123 149	75 204	5	75 199	373 868	253 275
裕华区	238 271	190 750	—	108 644	863 919	748 138
矿区	20 902	18 413	—	18 413	87 586	77 323
井陉县	65 416	51 705	2 174	31 398	173 382	127 589
正定县	180 214	112 747	—	81 607	896 386	791 223
栾城县	22 106	7 802	—	2 518	86 835	71 393
行唐县	33 513	40 732	900	25 402	559 240	464 948
灵寿县	22 797	11 270	—	10 290	96 725	66 202
高邑县	37 110	21 385	—	16 685	225 815	189 361
深泽县	40 354	18 921	—	12 033	285 042	246 125
赞皇县	15 459	6 430	2 300	1 330	94 414	69 045
无极县	133 281	107 101	1 166	13 895	774 020	678 489
平山县	88 316	71 399	2 505	41 970	781 743	608 284
元氏县	72 819	62 588	—	59 288	245 997	188 210
赵县	202 158	119 848	3 278	36 797	1 298 156	1 101 582
辛集市	92 131	50 573	636	17 610	273 836	228 781
藁城市	203 036	167 116	6 780	122 125	1 342 840	1 094 576
晋州市	545 685	302 301	—	220 335	1 625 693	1 358 674
新乐市	90 122	44 149	2 550	14 772	912 210	652 369
鹿泉市	447 127	338 039	—	247 275	1 137 509	948 563

10—8 续表 5 (2002 年) 计量单位:千元

行政单位	产品销售收入(续)			其他业务利润	管理费用	
	产品销售费用	产品销售税金及附加	产品销售利润			# 税金
全市总计	**824 003**	**137 846**	**2 038 506**	**45 378**	**421 569**	**16 616**
市区合计	148 824	26 638	869 662	24 539	355 704	12 817
# 长安区	48 832	10 282	193 612	7 868	63 275	2 238
桥东区	170 682	3 538	271 226	1 114	38 728	956
桥西区	13 597	3 085	49 339	1 052	23 331	837
新华区	11 769	3 937	104 887	1 506	29 044	654
裕华区	34 539	3 847	77 395	6 105	30 380	925
矿区	697	1 018	8 548	1 714	2 393	61
井陉县	19 571	4 823	21 399	1 049	6 441	198
正定县	11 284	1 686	92 193	132	14 984	346
栾城县	259	339	14 844	—	1 785	167
行唐县	29 154	2 991	62 147	884	9 922	296
灵寿县	2 679	1 045	26 799	160	2 116	435
高邑县	13 001	3 529	19 924	4	2 934	236
深泽县	10 160	1 898	26 859	222	9 239	12
赞皇县	5 075	107	20 187	842	5 562	—
无极县	12 425	6 859	76 247	—	8 032	—
平山县	65 464	5 697	102 298	96	29 248	2 577
元氏县	18 331	11 870	27 586	720	2 717	—
赵县	29 125	5 982	161 467	1 067	9 336	1 315
辛集市	22 393	1 093	21 569	608	16 825	506
藁城市	69 825	16 216	162 223	—	14 137	79
晋州市	63 902	25 685	177 432	11 923	22 231	498
新乐市	130 268	10 642	118 931	—	8 854	670
鹿泉市	31 439	8 153	149 354	48	27 251	2 258

10—8 续表 6　　（2002 年）　　计量单位：千元

行政单位	管理费用(续)			财务费用		营业利润	投资收益
	财产保险费	劳动、待业保险费	养老保险和医疗保险费		# 利息支出		
全市总计	**5 750**	**10 102**	**32 001**	**246 383**	**201 522**	**1 415 932**	**27 056**
市区合计	3 585	7 025	27 389	85 329	43 985	453 168	1 854
#长安区	1 428	1 409	5 904	19 249	18 086	118 956	50
桥东区	274	75	4 346	6 215	5 762	227 397	—
桥西区	279	586	4 019	3 783	2 341	23 277	2 950
新华区	175	232	3 366	3 521	2 090	73 828	32
裕华区	480	183	679	16 614	14 957	36 506	1 020
矿区	10	—	—	1 911	1 762	5 958	—
井陉县	61	37	27	4 429	2 987	11 578	548
正定县	160	719	339	12 584	12 424	64 757	—
栾城县	—	75	12	2 820	2 756	10 239	—
行唐县	40	48	60	5 651	4 948	47 458	3 411
灵寿县	25	—	64	1 151	200	23 692	—
高邑县	181	312	340	1 922	1 869	15 072	83
深泽县	23	—	79	6 767	5 388	11 075	—
赞皇县	—	—	—	3 906	2 100	11 561	—
无极县	—	—	—	7 542	4 425	60 673	—
平山县	137	110	1 487	14 501	14 419	58 645	—
元氏县	—	—	—	1 510	962	24 079	—
赵县	22	225	42	38 185	27 915	115 013	22
辛集市	148	350	532	8 299	2 669	-2 947	—
藁城市	187	—	613	12 602	11 831	135 484	—
晋州市	230	32	545	26 460	24 739	140 664	8 673
新乐市	300	617	1 656	5 734	2 803	104 343	—
鹿泉市	718	346	498	23 375	16 487	98 776	285

10—8 续表 7　　（2002 年）　　计量单位：千元

行政单位	利润总额	应交所得税	应付利润	利税总额	本年应付工资总额	# 主营业务应付工资总额
全市总计	**1 358 182**	**181 992**	**142 779**	**1 919 061**	**583 713**	**565 149**
市区合计	517 296	61 230	14 598	—	286 577	274 879
#长安区	145 058	40 617	—	229 036	69 349	67 454
桥东区	79 844	10 393	46 866	99 757	29 120	29 120
桥西区	38 478	8 382	1 086	62 079	33 756	32 668
新华区	67 929	21 304	39 251	95 546	23 706	21 753
裕华区	43 894	4 681	3 305	69 933	37 854	36 044
矿区	6 387	473	829	11 871	5 499	5 488
井陉县	10 675	688	1 686	21 487	15 804	15 626
正定县	64 885	603	3 222	85 716	20 234	19 956
栾城县	5 187	989	772	8 184	3 985	3 382
行唐县	41 922	7 755	7 241	67 568	11 028	10 602
灵寿县	23 796	1 867	70	27 995	2 992	2 992
高邑县	14 807	4 884	417	28 197	6 005	5 541
深泽县	15 308	2 855	850	28 531	12 336	12 336
赞皇县	11 619	2 660	—	15 935	2 013	2 007
无极县	58 240	230	4 227	71 807	18 141	17 445
平山县	58 731	15 656	2 635	81 378	38 394	38 394
元氏县	24 079	—	—	37 251	6 145	6 145
赵县	115 161	2 704	479	144 791	10 089	9 995
辛集市	- 2 780	317	333	2 528	9 831	9 699
藁城市	143 739	494	99	174 361	28 426	28 258
晋州市	184 371	11 161	13 340	270 429	61 206	61 118
新乐市	104 322	34 237	5 380	116 343	17 062	17 062
鹿泉市	98 991	5 373	9 188	133 856	46 576	45 931

10—8 续表 8　　（2002 年）　　计量单位：千元

行政单位	本年应付福利费总额	本年应交增值税	本年进项税额	本年销项税额	全部从业人员年平均人数（人）
全市总计	**83 097**	**423 033**	**1 516 785**	**1 918 202**	**109 957**
市区合计	43 705	236 343	469 280	671 325	40 607
#长安区	12 752	73 696	169 485	243 181	12 407
桥东区	4 008	16 375	52 768	69 143	5 984
桥西区	5 937	20 516	74 929	95 445	4 341
新华区	3 256	23 680	21 271	42 922	2 586
裕华区	5 183	22 192	98 147	115 300	5 945
矿区	949	4 466	4 843	9 078	2 045
井陉县	2 038	5 989	17 058	23 047	3 329
正定县	8 579	19 145	50 054	65 946	3 460
栾城县	344	2 658	11 867	14 525	580
行唐县	1 317	22 655	19 910	42 565	2 514
灵寿县	417	3 154	5 798	8 952	326
高邑县	696	9 861	28 525	38 386	1 582
深泽县	2 222	11 325	17 686	29 011	2 400
赞皇县	985	4 209	9 282	13 219	761
无极县	1 340	6 708	13 622	20 324	5 097
平山县	4 886	16 950	80 289	97 239	6 736
元氏县	330	1 302	27	8	1 883
赵县	650	23 648	135 237	154 072	3 032
辛集市	1 095	4 215	28 293	32 508	2 625
藁城市	5 383	14 406	46 424	60 830	5 626
晋州市	2 693	60 373	438 308	497 171	12 348
新乐市	2 184	1 379	8 255	9 634	4 456
鹿泉市	3 915	26 712	116 814	143 526	9 352

全市行业用电分类情况

10—9　　(2002年)　　计量单位:万千瓦时

指标名称	全市	#市区
用电总计	**1 808 143**	**855 646**
一、农、林、牧、渔、水利业	154 437	15 016
#排灌	120 900	14 215
1.农业	127 739	14 215
2.林业	960	—
3.畜牧业	1 061	128
4.渔业	642	30
5.水利业	1 317	46
6.其它	22 718	597
二、工业	1 282 804	630 356
1.轻工业	405 647	200 548
2.重工业	877 157	429 808
(一)采掘业	47 043	15 164
1.矿业	35 492	8 718
2.自来水生产和供应业	11 551	6 446
(二)制造业	1 235 761	615 192
1.食品、饮料和烟草制造业	39 599	7 941
2.纺织业	81 590	51 088
3.造纸及纸制品业	23 772	4 915
4.电力、蒸汽、热水生产和供应业	242 108	180 943
#电厂生产全部耗用电量	147 529	129 008
5.石油加工业	18 042	17 997
6.炼焦、煤气及煤制品业	13 184	9 997
7.化学工业	242 991	63 007
8.医学工业	148 003	114 254

10—9 续表　　（2002 年）　　计量单位：万千瓦时

指　标　名　称	全　市	#市　区
9.化学纤维工业	21 574	6 426
10.橡胶及塑料制品业	15 730	2 707
11.建筑材料及其它非金属矿制品业	78 487	2 574
12.黑色金属冶炼及压延加工业	99 562	61 111
13.有色金属冶炼及压延加工业	48 424	825
14.金属制品业	22 907	3 183
15.机械工业	33 580	20 899
16.交通运输、电气、电子设备制造业	26 010	21 962
17.其它工业	80 168	45 363
三、地质普查和勘探业	1 130	672
四、建　筑　业	12 850	7 306
五、交通运输、邮电通讯业	40 592	34 381
#电气化铁路	28 495	28 455
邮电通讯业	5 688	2 315
六、商业、公共饮食业、物资供销和仓储业	47 501	30 586
七、其它事业	75 775	58 801
1.房地产公共事业居民服务和咨询业	12 868	9 155
2.卫生、体育和社会福利业	9 591	6 423
3.教育、文化艺术和广播电视业	18 419	13 973
4.科学研究和综合技术服务业	3 216	3 053
5.国家政党机关和社会团体	17 177	13 510
6.其　　它	14 504	12 687
八、城乡居民生活用电合计	193 054	78 527
1.乡　　村	88 261	1 894
2.城　　市	104 793	76 633

分县（市）用电情况

10—10 计量单位：万千瓦时

行政单位	2002年	2001年	2002年比2001年±%
全市总计	**1 808 143**	**1 669 008**	**8.34**
市区合计	855 646	849 217	0.76
井陉县	52 101	50 385	3.41
正定县	97 014	83 604	16.04
栾城县	46 520	38 841	19.77
行唐县	18 211	16 972	7.30
灵寿县	39 140	33 021	18.53
高邑县	26 131	22 368	16.82
深泽县	21 269	19 970	6.50
赞皇县	14 676	12 218	20.12
无极县	35 870	31 085	15.39
平山县	48 475	38 338	26.44
元氏县	49 078	39 448	24.41
赵县	43 421	39 193	10.79
辛集市	68 933	61 733	11.66
藁城市	110 361	95 589	15.45
晋州市	72 120	61 034	18.16
新乐市	44 688	40 109	11.42
鹿泉市	164 489	135 883	21.05

铁 路 运 输 情 况

10—11 (2002年) 计量单位:人次、吨

行政单位	旅客发送量	货物发送量	行政单位	旅客发送量	货物发送量
全市合计	**11 819 257**	**10 726 924**	栾城县	90	55 076
市区	10 265 600	4 814 445	窦妪站	90	55 076
石家庄站	9 561 021	3 491 839	高邑站	35 955	175 314
土贤庄站	4 778	59 207	高邑站	35 955	175 314
石家庄北站	690 121	—	元氏县	69 670	143 048
石家庄西站	8 020	383 179	元氏站	69 506	143 048
新井站	—	579 182	大陈庄站	164	—
凤山站	—	300 694	辛集市	667 336	249 554
柳辛庄站	1 660	—	束新站	18 336	38 363
地方铁路	—	344	辛集站	649 000	211 191
井陉县	214 842	1 785 434	晋州市	187 813	270 974
头泉站	5	3 677	马于站	12 080	102 755
下安站	2 204	—	晋州站	175 733	168 219
上安站	8 656	2 089	藁城市	62 993	2 289 219
岩峰站	3 957	29 096	贾村站	1 011	85 348
井陉站	115 188	289 600	藁城站	54 287	176 437
翟家庄站	9 128	—	良村站	7 695	2 027 434
南张村站	12 701	848 418	新乐市	254 086	271 557
井南站	37 516	543 358	承安铺站	36 466	46 152
南峪站	25 487	69 196	新乐站	217 620	225 405
正定县	55 048	386 756	鹿泉市	5 824	285 547
正定站	49 474	336 981	平南站	155	39 423
新安村站	5 574	49 775	获鹿站	5 669	246 124

十一、贸易　外经

限额以上餐饮业销售情况

11—1

(2002年)

计量单位:万元

行政单位	法人企业数(个)	产业活动单位数(个)	从业人数(人)	营业总收入	# 商品零售额
石家庄市	**21**	**21**	**3 863**	**20 683**	**20 446**
#市区	20	20	3 808	19 831	19 831

限额以下餐饮业销售情况

11—2

(2002年)

计量单位:万元

行政单位	法人企业数(个)	产业活动单位数(个)	从业人数(人)	营业总收入	# 商品零售额
石家庄市	**235**	**24 154**	**82 090**	**278 790**	**263 106**
#市区	170	5 704	22 566	83 888	77 062

商品交易市场基本情况

11—3

(2002年)

计量单位:个、万元

项目名称	年末商品市场个数	当年成交额	当年投资额
石家庄市	**649**	**8 343 550**	**95 763**
一、消费品市场	579	7 095 849	87 877
综合市场	371	3 252 614	17 741
农副产品市场	135	1 261 854	5 934
工业消费品市场	60	2 440 152	60 102
二、生产资料市场	70	1 247 701	7 886
市区	152	5 465 929	81 353
一、消费品市场	140	4 910 517	74 257
综合市场	33	2 084 922	6 603
农副产品市场	47	482 738	3 454
工业消费品市场	53	2 306 220	60 100
二、生产资料市场	12	555 412	7 096

全市限额以上批发贸易业商品购销存总额

11—4　　(2002 年)　　计量单位:万元

项目名称	法人企业数(个)	购进总额	销售总额	#批发	零售	年末库存总额
总计	**131**	**2 462 615**	**2 614 695**	**2 238 047**	**376 648**	**194 263**
(一)按登记注册类型分组						
国有企业	74	1 361 931	1 463 010	1 423 394	39 617	92 893
集体企业	31	287 697	288 663	275 737	12 925	28 815
有限责任公司	15	466 190	488 694	339 957	148 737	36 005
股份有限公司	8	297 927	324 191	149 869	174 322	33 375
私营企业	3	48 871	50 137	49 090	1 047	3 176
(二)按国民经济行业分组						
食品、饮料、烟草批发业	34	381 995	428 688	418 129	10 559	44 332
棉、麻、土畜产品批发业	6	48 078	56 217	56 217	—	7 215
纺织品、服装和鞋帽批发业	6	242 780	244 605	244 605	—	10 983
日用百货批发业	3	33 832	34 464	32 437	2 027	1 424
日用杂品批发业	2	74 737	85 480	85 480	—	7 237
药品及医疗器械批发业	11	202 025	220 694	144 509	76 185	26 741
能源批发业	12	261 074	287 485	155 188	132 297	14 019
化工材料批发业	5	62 850	69 752	69 752	—	4 370
木材批发业	1	178	234	234	—	16
建筑材料批发业	1	1 162	1 162	1 162	—	—
矿产品批发业	1	109 690	109 690	109 690	—	3 113
金属材料批发业	13	356 276	357 458	355 862	1 595	18 778
机械、电子设备批发业	9	102 833	114 866	110 749	4 118	8 602
汽车、摩托车及零配件批发业	5	255 525	261 992	115 753	146 239	19 110
再生物资回收批发业	2	9 399	9 824	9 126	699	375
图书报刊批发业	1	141 087	148 348	145 419	2 930	12 321
农业生产资料批发业	19	179 095	183 735	183 735	—	15 627

全市限额以上零售贸易业商品购销存总额

11—5　（2002年）　计量单位：万元

项目名称	法人企业数（个）	购进总额	销售总额	#批发	零售	年末库存总额
总计	**64**	**416 551**	**469 205**	**57 631**	**411 574**	**43 228**
#国有及国有控股	29	193 004	224 975	45 038	179 937	23 850
（一）按登记注册类型分组						
内资企业	63	358 826	412 748	57 631	355 117	41 959
国有企业	24	129 379	148 887	44 914	103 973	19 240
集体企业	20	37 495	41 266	3 939	37 327	5 835
股份合作企业	2	14 746	16 820	1 667	15 153	659
有限责任公司	7	37 157	37 562	3 954	33 608	7 984
股份有限公司	6	72 682	92 775	—	92 775	3 435
私营企业	4	67 368	75 438	3 158	72 280	4 806
港、澳、台商投资企业	1	57 725	56 457	—	56 457	1 269
（二）按国民经济行业分组						
食品、饮料和烟草零售业	12	97 452	107 340	530	106 810	12 046
日用百货零售业	30	261 293	295 211	40 437	254 774	18 129
纺织品、服装和鞋帽零售业	4	14 310	16 806	—	16 806	2 800
日用杂品零售业	1	204	237	—	237	6
五金、交电、化工零售业	9	24 650	30 082	12 856	17 227	7 374
药品及医疗器械零售业	3	5 088	5 551	3 565	1 986	795
图书报刊零售业	2	9 628	9 611	41	9 570	1 483
其他零售业	3	3 927	4 368	203	4 165	596

市区限额以上批发贸易业商品购销存总额

11—6　(2002 年)　计量单位:万元

项目名称	法人企业数(个)	购进总额	销售总额	# 批发	零售	年末库存总额
总　　计	**83**	**2 259 799**	**2 388 368**	**2 044 246**	**344 122**	**178 280**
(一)按登记注册类型分组						
国有企业	47	1 245 071	1 330 966	1 305 463	25 503	83 124
集体企业	18	253 871	250 911	238 257	12 654	25 145
有限责任公司	13	461 927	483 026	334 289	148 737	35 055
股份有限公司	3	261 791	285 862	128 633	157 228	32 583
私营企业	2	37 141	37 604	37 604	—	2 374
(二)按国民经济行业分组						
食品、饮料、烟草批发业	16	312 362	346 114	335 684	10 430	34 797
棉、麻、土畜产品批发业	4	45 120	51 712	51 712	—	5 367
纺织品、服装和鞋帽批发业	6	242 780	244 605	244 605	—	10 983
日用百货批发业	2	33 288	33 851	31 981	1 870	1 405
日用杂品批发业	2	74 737	85 480	85 480	—	7 237
药品及医疗器械批发业	10	199 548	218 058	143 066	74 992	26 704
能源批发业	4	184 403	205 751	103 410	102 341	13 930
化工材料批发业	4	55 726	62 220	62 220	—	3 587
木材批发业	1	178	234	234	—	16
矿产品批发业	1	109 690	109 690	109 690	—	3 113
金属材料批发业	11	340 340	340 127	339 578	549	17 344
机械、电子设备批发业	9	102 833	114 866	110 749	4 118	8 602
汽车、摩托车及零配件批发业	5	255 525	261 992	115 753	146 239	19 110
再生物资回收批发业	1	8 948	9 346	8 691	655	360
图书报刊批发业	1	141 087	148 348	145 419	2 930	12 321
农业生产资料批发业	6	153 235	155 974	155 974	—	13 404

市区限额以上零售贸易业商品购销存总额

11—7　　　　(2002年)　　　　计量单位:万元

项目名称	法人企业数(个)	购进总额	销售总额	#批发	零售	年末库存总额
总计	**42**	**373 786**	**422 650**	**51 814**	**370 836**	**36 246**
#国有及国有控股	19	180 441	211 636	41 133	170 503	21 961
(一)按登记注册类型分组						
内资企业	41	316 060	366 194	51 814	314 380	34 977
国有企业	14	116 816	135 548	41 009	94 539	17 350
集体企业	11	13 766	15 197	2 026	13 171	1 968
股份合作企业	1	13 203	15 220	1 667	13 553	429
有限责任公司	6	35 154	35 362	3 954	31 408	7 433
股份有限公司	5	69 754	89 428	—	89 428	2 991
私营企业	4	67 368	75 438	3 158	72 280	4 806
港、澳、台商投资企业	1	57 725	56 457	—	56 457	1 269
(二)按国民经济行业分组						
食品、饮料和烟草零售业	12	97 452	107 340	530	106 810	12 046
日用百货零售业	17	238 382	270 007	38 523	231 484	15 474
纺织品、服装和鞋帽零售业	2	6 305	8 094	—	8 094	—
日用杂品零售业	1	204	237	—	237	6
五金、交电、化工零售业	8	22 543	27 967	12 543	15 425	7 329
图书报刊零售业	1	8 690	8 797	14	8 782	1 264
其他零售业	1	211	209	203	6	129

分县(市)区限额以上批发零售贸易业商品购销存总额

11—8　　(2002 年)　　计量单位:万元

行政单位	购进总额	销售总额	#批发	零售	年末库存总额
全市总计	**2 879 166**	**3 083 900**	**2 295 678**	**788 222**	**237 491**
市区合计	2 633 585	2 811 019	2 096 060	714 959	214 526
#长安区	16 088	18 482	4 077	14 405	1 435
桥东区	5 068	5 211	5 205	6	385
桥西区	30 030	32 196	28 819	3 376	10 123
新华区	84 558	83 995	23 640	60 355	6 446
井陉县	26 313	27 902	21 367	6 535	1 298
正定县	23 919	27 041	15 070	11 972	945
栾城县	14 858	15 682	7 676	8 006	3 107
行唐县	10 704	11 038	9 184	1 854	538
灵寿县	8 333	10 073	6 838	3 235	1 689
高邑县	22 296	22 936	16 410	6 526	171
深泽县	4 862	5 496	5 452	44	242
赞皇县	3 770	4 214	3 399	815	260
无极县	8 366	9 234	7 722	1 512	561
平山县	6 831	7 398	6 611	788	595
元氏县	15 746	16 274	11 304	4 970	870
赵县	5 131	9 073	9 073	—	1 839
辛集市	33 309	36 028	25 064	10 964	5 048
藁城市	20 774	24 207	18 142	6 065	4 063
晋州市	12 058	15 447	15 397	49	366
新乐市	7 366	8 395	8 385	10	603
鹿泉市	20 946	22 445	12 526	9 919	772

全市限额以上批发贸易企业财务状况

11—9　　(2002年)　　计量单位:万元

项目名称	企业数(个)	年末资产负债		
		流动资产小计	#存货	长期投资
总计	131	1 038 397	193 988	96 961
(一)按登记注册类型分组				
国有企业	74	630 188	100 116	75 877
集体企业	31	182 710	29 144	9 786
有限责任公司	15	168 548	31 966	10 771
股份有限公司	8	43 785	29 178	476
私营企业	3	13 166	3 583	51
(二)按国民经济行业分组				
食品、饮料、烟草批发业	34	196 629	48 875	19 553
棉、麻、土畜产品批发业	6	84 517	6 310	7 150
纺织品、服装和鞋帽批发业	6	157 230	13 372	20 133
日用百货批发业	3	2 515	524	137
日用杂品批发业	2	37 520	2 422	2 173
药品及医疗器械批发业	11	74 513	26 584	1 028
能源批发业	12	48 857	13 677	3 239
化工材料批发业	5	52 341	5 528	8 570
木材批发业	1	1 812	455	—
建筑材料批发业	1	225	5	99
矿产品批发业	1	42 710	2 389	1 389
金属材料批发业	13	89 810	21 788	6 561
机械、电子设备批发业	9	60 652	9 659	4 180
汽车、摩托车及零配件批发业	5	78 490	16 923	4 664
再生物资回收批发业	2	4 314	446	—
图书报刊批发业	1	23 719	7 627	16 992
农业生产资料批发业	19	82 545	17 406	1 094

11—9 续表 1 (2002 年) 计量单位:万元

项目名称	年末资产负债(续)				
	固定资产小计	固定资产原价	# 生产经营用	累计折旧	# 本年折旧
总计	**320 722**	**327 998**	**307 625**	**74 398**	**11 729**
(一)按登记注册类型分组					
国有企业	192 197	205 974	192 482	47 519	7 109
集体企业	31 863	37 051	33 045	10 303	970
有限责任公司	39 949	22 057	19 185	5 112	1 303
股份有限公司	55 772	61 617	61 613	11 069	2 284
私营企业	942	1 300	1 300	396	63
(二)按国民经济行业分组					
食品、饮料、烟草批发业	89 437	76 002	70 748	18 767	2 466
棉、麻、土畜产品批发业	13 879	16 711	14 373	4 661	234
纺织品、服装和鞋帽批发业	53 846	63 731	57 987	13 475	2 036
日用百货批发业	1 085	1 551	1 327	506	138
日用杂品批发业	3 453	5 171	5 171	1 906	259
药品及医疗器械批发业	12 675	13 986	13 329	4 153	510
能源批发业	63 208	65 154	65 154	12 002	2 185
化工材料批发业	16 456	10 177	10 177	1 530	369
木材批发业	1 195	1 018	1 010	389	34
建筑材料批发业	1 448	1 624	1 624	186	16
矿产品批发业	2 412	4 042	4 042	1 648	224
金属材料批发业	6 595	8 213	5 996	2 273	285
机械、电子设备批发业	6 139	8 664	8 658	2 793	590
汽车、摩托车及零配件批发业	12 311	13 042	12 741	2 805	735
再生物资回收批发业	2 056	2 293	2 280	830	19
图书报刊批发业	14 962	15 457	13 214	2 368	1 008
农业生产资料批发业	19 565	21 164	19 796	4 106	624

11—9 续表 2　　　　(2002 年)　　　　计量单位:万元

项 目 名 称	年末资产负债(续)			
	无形及递延资产	# 无形资产	资产总计	流动负债小计
总　　计	**24 736**	**15 557**	**1 499 416**	**1 158 521**
(一)按登记注册类型分组				
国有企业	13 032	9 417	920 007	781 672
集体企业	4 675	873	238 869	193 439
有限责任公司	3 108	1 435	222 411	157 410
股份有限公司	3 496	3 407	103 544	15 250
私营企业	425	425	14 586	10 749
(二)按国民经济行业分组				
食品、饮料、烟草批发业	9 205	7 087	322 629	237 309
棉、麻、土畜产品批发业	2 574	738	117 721	150 005
纺织品、服装和鞋帽批发业	1 442	1 110	232 768	177 327
日用百货批发业	915	883	4 653	4 465
日用杂品批发业	223	52	43 368	37 007
药品及医疗器械批发业	1 634	1 471	89 856	66 599
能源批发业	1 815	172	117 480	26 494
化工材料批发业	208	—	77 575	52 367
木材批发业	—	—	3 007	2 236
建筑材料批发业	—	—	1 772	288
矿产品批发业	783	583	47 293	48 665
金属材料批发业	454	437	103 526	89 579
机械、电子设备批发业	116	112	71 223	55 864
汽车、摩托车及零配件批发业	540	489	96 467	82 395
再生物资回收批发业	79	—	6 448	5 184
图书报刊批发业	2 691	2 339	58 364	31 258
农业生产资料批发业	2 059	85	105 268	91 477

11—9 续表 3　　(2002 年)　　计量单位:万元

项 目 名 称	年末资产负债(续)			
	长期负债小计	负债合计	所有者权益合计	#实收资本
总 计	**158 835**	**1 323 435**	**175 982**	**204 457**
(一)按登记注册类型分组				
国有企业	58 856	846 189	73 818	118 061
集体企业	21 866	215 665	23 204	18 906
有限责任公司	16 577	174 048	48 364	39 238
股份有限公司	61 535	76 785	26 759	25 792
私营企业	—	10 749	3 837	2 460
(二)按国民经济行业分组				
食品、饮料、烟草批发业	29 470	266 779	55 850	39 703
棉、麻、土畜产品批发业	20 993	170 998	-53 278	12 157
纺织品、服装和鞋帽批发业	13 685	191 012	41 756	43 662
日用百货批发业	2	4 467	186	587
日用杂品批发业	3 519	40 526	2 842	2 869
药品及医疗器械批发业	12 209	84 468	5 388	7 677
能源批发业	52 652	79 207	38 273	34 063
化工材料批发业	12 567	64 934	12 641	10 747
木材批发业	—	2 236	771	576
建筑材料批发业	—	288	1 484	315
矿产品批发业	-93	48 572	-1 279	1 495
金属材料批发业	7 840	97 419	6 107	9 944
机械、电子设备批发业	2 757	58 621	12 602	8 397
汽车、摩托车及零配件批发业	1 214	83 968	12 499	15 580
再生物资回收批发业	161	5 345	1 103	1 115
图书报刊批发业	—	31 258	27 105	6 742
农业生产资料批发业	1 858	93 335	11 932	8 827

11—9 续表 4　　　　(2002 年)　　　　计量单位:万元

项目名称	损益及分配				
	商品销售收入	商品销售收入净额	商品销售成本	经营费用	# 运杂装卸费
总计	**2 329 581**	**2 291 637**	**2 136 950**	**76 222**	**25 011**
(一)按登记注册类型分组					
国有企业	1 298 657	1 260 714	1 163 421	43 509	15 472
集体企业	280 550	280 550	266 835	7 207	1 511
有限责任公司	427 656	427 656	408 997	12 444	5 118
股份有限公司	286 178	286 178	262 787	12 021	2 143
私营企业	36 540	36 540	34 910	1 043	767
(二)按国民经济行业分组					
食品、饮料、烟草批发业	382 983	382 932	349 011	16 024	5 261
棉、麻、土畜产品批发业	49 998	49 998	46 522	2 388	960
纺织品、服装和鞋帽批发业	260 339	260 339	240 130	10 152	5 339
日用百货批发业	29 359	29 359	27 236	1 585	102
日用杂品批发业	55 613	55 613	49 666	4 006	1 106
药品及医疗器械批发业	184 441	184 432	173 183	4 332	661
能源批发业	254 407	254 406	234 593	10 846	2 751
化工材料批发业	59 336	59 336	54 753	2 766	1 177
木材批发业	133	133	135	2	—
建筑材料批发业	237	237	199	36	—
矿产品批发业	87 713	87 713	77 287	3 778	1 247
金属材料批发业	297 650	297 648	290 438	4 171	2 994
机械、电子设备批发业	117 611	117 611	108 914	4 033	1 404
汽车、摩托车及零配件批发业	214 886	214 886	208 902	1 993	667
再生物资回收批发业	4 302	4 302	4 228	327	56
图书报刊批发业	135 619	97 738	86 612	5 116	847
农业生产资料批发业	194 955	194 955	185 142	4 667	441

11—9 续表 5 (2002 年) 计量单位:万元

项目名称	损益及分配(续)				
	商品销售税金及附加	商品销售利润	主营利润	其他业务利润	管理费用
总计	**1 877**	**76 588**	**79 963**	**8 436**	**73 031**
(一)按登记注册类型分组					
国有企业	1 058	52 727	54 800	4 066	48 114
集体企业	241	6 267	6 419	2 406	7 796
有限责任公司	303	5 912	7 062	1 626	8 874
股份有限公司	250	11 120	11 120	65	7 630
私营企业	26	562	562	273	618
(二)按国民经济行业分组					
食品、饮料、烟草批发业	582	17 315	17 793	712	13 638
棉、麻、土畜产品批发业	12	1 077	1 141	1 601	3 518
纺织品、服装和鞋帽批发业	382	9 675	10 316	825	12 784
日用百货批发业	41	497	497	147	1 056
日用杂品批发业	10	1 931	2 009	509	1 719
药品及医疗器械批发业	132	6 784	7 103	8	6 048
能源批发业	239	8 729	8 729	940	6 130
化工材料批发业	5	1 812	2 309	233	2 589
木材批发业	—	-4	-4	312	313
建筑材料批发业	2	—	—	18	15
矿产品批发业	18	6 630	6 754	179	5 906
金属材料批发业	69	2 970	2 970	482	2 831
机械、电子设备批发业	51	4 613	5 786	277	4 346
汽车、摩托车及零配件批发业	144	3 847	3 847	1 602	3 413
再生物资回收批发业	1	-254	-254	403	387
图书报刊批发业	61	5 949	5 949	6	3 675
农业生产资料批发业	128	5 018	5 018	184	4 663

11—9 续表 6　　　　　　　　　　(2002 年)　　　　　　　　　　计量单位:万元

项 目 名 称	损 益 及 分 配(续)				
	管理费用中:税 金	财务费用	# 利息支出	营业利润	利润总额
总 计	**1 424**	**17 986**	**17 832**	**-2 444**	**12 060**
(一)按登记注册类型分组					
国有企业	945	12 750	12 515	-1 814	4 591
集体企业	155	789	724	435	1 139
有限责任公司	184	3 929	4 083	-4 023	3 183
股份有限公司	117	374	366	2 884	3 008
私营企业	23	145	145	73	139
(二)按国民经济行业分组					
食品、饮料、烟草批发业	382	3 136	2 695	2 299	11 250
棉、麻、土畜产品批发业	81	126	125	-955	-699
纺织品、服装和鞋帽批发业	202	5 596	5 369	-7 677	-6 146
日用百货批发业	23	111	109	-649	-641
日用杂品批发业	54	803	771	-2	468
药品及医疗器械批发业	74	1 837	1 869	-536	-406
能源批发业	129	-183	-162	3 288	3 947
化工材料批发业	41	411	411	-506	19
木材批发业	12	-1	-1	-4	1
建筑材料批发业	—	12	12	-10	-1
矿产品批发业	22	1 305	1 305	-222	67
金属材料批发业	62	728	735	-8	285
机械、电子设备批发业	71	1 318	1 109	483	822
汽车、摩托车及零配件批发业	68	1 687	2 357	376	393
再生物资回收批发业	16	99	39	-337	12
图书报刊批发业	123	125	214	2 155	2 277
农业生产资料批发业	68	877	875	-140	410

11—9 续表 7　　(2002 年)　　计量单位:万元

项目名称	工资福利及增值税			
	本年应付工资总额	# 主业付工资	本年应付福利费总额	# 主业福利费
总　　计	**31 834**	**29 978**	**4 980**	**4 719**
(一)按登记注册类型分组				
国有企业	22 343	21 096	3 600	3 419
集体企业	3 009	2 931	567	558
有限责任公司	3 211	2 953	416	378
股份有限公司	2 860	2 588	353	320
私营企业	411	411	44	44
(二)按国民经济行业分组				
食品、饮料、烟草批发业	5 474	5 138	784	743
棉、麻、土畜产品批发业	1 426	952	294	228
纺织品、服装和鞋帽批发业	4 888	4 857	726	722
日用百货批发业	523	523	72	72
日用杂品批发业	1 165	1 165	175	175
药品及医疗器械批发业	2 556	2 341	328	300
能源批发业	2 924	2 924	346	346
化工材料批发业	1 496	1 458	217	211
木材批发业	167	167	12	12
建筑材料批发业	26	26	3	3
矿产品批发业	1 167	1 167	815	815
金属材料批发业	1 461	1 411	187	179
机械、电子设备批发业	2 098	1 563	286	203
汽车、摩托车及零配件批发业	634	522	81	66
再生物资回收批发业	312	294	41	39
图书报刊批发业	3 151	3 141	325	322
农业生产资料批发业	2 366	2 329	289	285

11—9 续表 8 (2002 年) 计量单位:万元

项目名称	工资福利及增值税(续)		
	本年应交增值税总额	本年进项税额	本年销项税额
总计	**14 104**	**328 979**	**280 303**
(一)按登记注册类型分组			
国有企业	5 392	184 107	135 813
集体企业	904	19 102	19 846
有限责任公司	2 126	55 548	50 665
股份有限公司	5 591	62 423	67 736
私营企业	92	7 799	6 244
(二)按国民经济行业分组			
食品、饮料、烟草批发业	5 117	49 425	46 281
棉、麻、土畜产品批发业	89	10 443	7 376
纺织品、服装和鞋帽批发业	178	41 016	21 928
日用百货批发业	286	4 827	5 113
日用杂品批发业	—	8 371	2 206
药品及医疗器械批发业	1 023	25 539	26 011
能源批发业	5 409	55 991	61 122
化工材料批发业	13	8 867	3 016
木材批发业	—	16	19
建筑材料批发业	5	7	12
矿产品批发业	—	12 349	909
金属材料批发业	576	50 719	49 566
机械、电子设备批发业	356	10 949	5 389
汽车、摩托车及零配件批发业	857	35 554	36 411
再生物资回收批发业	4	79	75
图书报刊批发业	178	12 707	12 773
农业生产资料批发业	14	2 122	2 098

全市限额以上零售贸易企业财务状况

11—10　　(2002年)　　计量单位:万元

项目名称	企业数(个)	年末资产负债		
		流动资产小计	#存货	长期投资
总计	**64**	**173 752**	**40 261**	**19 843**
#国有及国有控股	29	118 174	26 908	13 616
(一)按登记注册类型分组				
内资企业	63	167 355	38 992	19 763
国有企业	24	83 358	17 238	5 396
集体企业	20	15 719	4 239	214
股份合作企业	2	1 396	476	
有限责任公司	7	25 594	5 170	7 468
股份有限公司	6	21 510	6 985	1 262
私营企业	4	19 779	4 884	5 423
港、澳、台商投资企业	1	6 397	1 269	80
(二)按国民经济行业分组				
食品、饮料和烟草零售业	12	35 258	7 912	6 233
日用百货零售业	30	84 518	20 812	3 826
纺织品、服装和鞋帽零售业	4	2 108	56	1
日用杂品零售业	1	70	5	—
五金、交电、化工零售业	9	46 039	9 200	9 195
药品及医疗器械零售业	3	1 546	725	—
图书报刊零售业	2	2 879	978	455
其他零售业	3	1 334	573	134
(三)按经营方式分组				
独立商店	56	138 146	33 126	13 717
连锁总店	7	35 094	6 884	5 627
其他	1	512	250	500
(四)按业态分组				
百货商店	32	85 487	18 995	3 903
超级市场	8	33 367	8 187	6 107
专业(专卖)商店	23	51 823	11 854	9 824
其他	1	3 075	1 225	10

11—10 续表 1　　(2002 年)　　计量单位:万元

项 目 名 称	年末资产负债(续)				
	固定资产小计	固定资产原价	# 生产经营用	累计折旧	# 本年折旧
总计	**197 835**	**217 841**	**212 121**	**37 441**	**6 173**
# 国有及国有控股	104 576	113 392	108 042	18 127	2 258
(一)按登记注册类型分组					
内资企业	148 046	160 941	155 223	30 329	4 279
国有企业	63 287	72 495	69 373	12 729	989
集体企业	17 405	15 714	15 458	3 711	184
股份合作企业	8 264	7 440	7 331	1 629	287
有限责任公司	18 820	17 995	15 768	2 056	768
股份有限公司	28 614	30 724	30 724	5 290	875
私营企业	11 657	16 571	16 570	4 915	1 176
港、澳、台商投资企业	49 788	56 900	56 898	7 112	1 894
(二)按国民经济行业分组					
食品、饮料和烟草零售业	24 408	31 183	28 880	7 306	1 649
日用百货零售业	139 185	151 843	149 254	24 711	3 720
纺织品、服装和鞋帽零售业	1 659	1 751	1 731	92	63
日用杂品零售业	5	17	17	12	—
五金、交电、化工零售业	19 996	21 504	21 439	4 298	373
药品及医疗器械零售业	1 029	1 107	365	94	17
图书报刊零售业	10 492	9 274	9 274	636	305
其他零售业	1 060	1 161	1 161	292	45
(三)按经营方式分组					
独立商店	180 657	195 509	191 536	31 908	4 846
连锁总店	16 675	21 406	19 659	5 109	1 232
其他	502	926	926	424	96
(四)按业态分组					
百货商店	130 955	144 370	143 981	24 439	3 284
超级市场	27 480	33 288	29 808	6 068	1 933
专业(专卖)商店	37 523	37 902	36 546	6 439	945
其他	1 877	2 281	1 786	495	10

11—10 续表 2　　(2002 年)　　计量单位:万元

项目名称	年末资产负债(续)			
	无形及递延资产	# 无形资产	资产总计	流动负债小计
总计	**22 260**	**16 609**	**422 082**	**259 197**
# 国有及国有控股	12 886	9 682	250 356	154 484
(一)按登记注册类型分组				
内资企业	22 258	16 607	365 768	231 294
国有企业	8 974	6 519	161 910	95 801
集体企业	862	7	36 637	25 613
股份合作企业	2 182	2 139	11 841	7 685
有限责任公司	493	90	52 609	38 066
股份有限公司	6 131	5 422	62 297	37 376
私营企业	3 617	2 430	40 475	26 754
港、澳、台商投资企业	2	2	56 314	27 903
(二)按国民经济行业分组				
食品、饮料和烟草零售业	5 474	2 390	76 154	56 401
日用百货零售业	16 031	14 149	243 704	124 080
纺织品、服装和鞋帽零售业	258	—	4 234	3 366
日用杂品零售业	—	—	74	43
五金、交电、化工零售业	426	70	76 476	63 478
药品及医疗器械零售业	—	—	2 576	2 076
图书报刊零售业	73	—	13 899	6 255
其他零售业	—	—	4 966	3 499
(三)按经营方式分组				
独立商店	17 080	14 244	353 189	205 340
连锁总店	5 180	2 365	62 599	48 601
其他	—	—	6 295	5 256
(四)按业态分组				
百货商店	16 407	14 089	237 105	124 556
超级市场	5 247	2 449	76 982	51 198
专业(专卖)商店	254	72	102 681	75 109
其他	352	—	5 314	8 334

11—10 续表 3 （2002 年） 计量单位:万元

项 目 名 称	年末资产负债(续) 长期负债小计	负债合计	所有者权益合计	# 实收资本
总 计	**57 836**	**317 033**	**105 050**	**69 117**
# 国有及国有控股	46 327	200 811	49 545	28 718
(一)按登记注册类型分组				
内资企业	57 824	289 118	76 650	54 617
国有企业	38 853	134 653	27 256	19 836
集体企业	5 344	30 957	5 679	6 746
股份合作企业	63	7 747	4 094	1 482
有限责任公司	33	38 099	14 510	5 823
股份有限公司	13 522	50 898	11 400	7 812
私营企业	10	26 764	13 712	12 920
港、澳、台商投资企业	12	27 915	28 399	14 500
(二)按国民经济行业分组				
食品、饮料和烟草零售业	4 384	60 785	15 368	15 104
日用百货零售业	49 434	173 514	70 190	41 142
纺织品、服装和鞋帽零售业	1	3 367	868	1 048
日用杂品零售业	3	46	29	29
五金、交电、化工零售业	1 125	64 603	11 873	8 994
药品及医疗器械零售业	—	2 076	500	224
图书报刊零售业	2 888	9 143	4 756	1 250
其他零售业	—	3 499	1 467	1 327
(三)按经营方式分组				
独立商店	55 543	260 883	92 306	55 699
连锁总店	1 694	50 294	12 304	12 418
其他	600	5 855	439	1 000
(四)按业态分组				
百货商店	48 464	173 020	64 085	41 405
超级市场	2 307	53 505	23 477	13 376
专业(专卖)商店	6 982	82 091	20 590	13 336
其他	83	8 417	－3 103	1 000

11—10续表4　　(2002年)　　计量单位:万元

项目名称	损益及分配				
	商品销售收入	商品销售收入净额	商品销售成本	经营费用	# 运杂装卸费
总计	**373 516**	**372 032**	**328 005**	**18 271**	**758**
#国有及国有控股	194 244	193 564	171 472	8 656	392
(一)按登记注册类型分组					
内资企业	334 357	332 873	296 663	17 786	710
国有企业	129 252	128 572	114 191	5 686	347
集体企业	22 206	22 206	20 010	1 500	97
股份合作企业	13 448	13 448	12 572	153	8
有限责任公司	32 211	32 211	28 806	2 087	57
股份有限公司	74 395	74 372	65 952	2 997	78
私营企业	62 845	62 063	55 132	5 362	123
港、澳、台商投资企业	39 159	39 159	31 342	485	48
(二)按国民经济行业分组					
食品、饮料和烟草零售业	91 699	91 676	80 486	7 338	63
日用百货零售业	228 435	227 986	202 147	7 154	393
纺织品、服装和鞋帽零售业	7 288	7 288	5 760	963	5
日用杂品零售业	203	203	175	31	3
五金、交电、化工零售业	27 728	26 946	24 717	1 790	243
药品及医疗器械零售业	5 406	5 406	5 008	231	16
图书报刊零售业	8 508	8 277	6 030	286	13
其他零售业	4 250	4 250	3 682	478	22
(三)按经营方式分组					
独立商店	279 087	277 625	244 816	11 518	694
连锁总店	80 713	80 713	70 879	6 418	52
其他	13 717	13 694	12 309	335	13
(四)按业态分组					
百货商店	224 545	224 096	198 312	7 656	400
超级市场	98 025	98 002	87 330	6 845	49
专业(专卖)商店	46 035	45 022	39 282	3 160	298
其他	4 911	4 911	3 082	610	10

11—10 续表 5　　(2002 年)　　计量单位:万元

项目名称	损益及分配(续)				
	商品销售税金及附加	商品销售利润	主营利润	其他业务利润	管理费用
总　　计	**794**	**24 962**	**24 978**	**13 890**	**27 414**
#国有及国有控股	400	13 036	13 036	8 257	14 923
(　)按登记注册类型分组					
内资企业	746	17 678	17 694	10 623	22 019
国有企业	234	8 461	8 461	6 402	10 360
集体企业	61	635	651	410	1 458
股份合作企业	41	681	681	332	781
有限责任公司	53	1 266	1 266	572	1 706
股份有限公司	201	5 222	5 222	2 652	5 941
私营企业	157	1 413	1 413	255	1 772
港、澳、台商投资企业	48	7 284	7 284	3 267	5 395
(二)按国民经济行业分组					
食品、饮料和烟草零售业	134	3 718	3 718	1 979	5 394
日用百货零售业	403	18 283	18 298	11 062	18 175
纺织品、服装和鞋帽零售业	67	499	499	18	396
日用杂品零售业	1	－3	－3	—	19
五金、交电、化工零售业	117	323	323	380	1 107
药品及医疗器械零售业	7	160	160	31	250
图书报刊零售业	49	1 913	1 913	421	2 041
其他零售业	19	70	70	—	31
(三)按经营方式分组					
独立商店	662	20 629	20 644	12 497	22 934
连锁总店	98	3 318	3 318	652	2 941
其　　他	35	1 015	1 015	741	1 539
(四)按业态分组					
百货商店	450	17 679	17 695	10 791	17 783
超级市场	128	3 700	3 700	1 833	5 133
专业(专卖)商店	192	2 389	2 389	1 266	4 078
其　　他	25	1 194	1 194	—	419

11—10 续表 6

(2002 年)

计量单位:万元

项目名称	损益及分配(续)				
	管理费用中:税金	财务费用	# 利息支出	营业利润	利润总额
总计	**1 077**	**5 674**	**5 473**	**5 063**	**5 558**
# 国有及国有控股	609	3 306	3 205	1 992	2 029
(一)按登记注册类型分组					
内资企业	892	4 464	4 280	1 118	2 040
国有企业	397	2 186	2 118	1 245	1 372
集体企业	114	198	192	－211	－133
股份合作企业	117	206	204	50	59
有限责任公司	22	195	216	－534	－527
股份有限公司	213	1 126	1 036	807	692
私营企业	30	554	515	－240	576
港、澳、台商投资企业	185	1 210	1 193	3 946	3 519
(二)按国民经济行业分组					
食品、饮料和烟草零售业	65	803	732	－1 573	－809
日用百货零售业	875	4 070	3 951	7 526	6 963
纺织品、服装和鞋帽零售业	9	74	74	47	43
日用杂品零售业	1	—	—	－23	－23
五金、交电、化工零售业	43	431	422	－888	－586
药品及医疗器械零售业	6	58	58	－118	－120
图书报刊零售业	76	195	195	97	95
其他零售业	4	42	42	－6	－6
(三)按经营方式分组					
独立商店	1 025	4 990	4 865	6 041	5 784
连锁总店	50	647	604	－1 158	－383
其他	3	37	4	180	158
(四)按业态分组					
百货商店	888	4 116	3 966	6 979	6 422
超级市场	45	705	657	－305	505
专业(专卖)商店	136	843	839	－1 300	－1 059
其他	10	11	11	－311	－310

11—10 续表 7　　(2002 年)　　计量单位:万元

项目名称	工资福利及增值税			
	本年应付工资总额	# 主业付工资	本年应付福利费总额	# 主业福利费
总　　计	**13 729**	**12 248**	**1 700**	**1 490**
#国有及国有控股	7 676	6 212	1 090	884
(一)按登记注册类型分组				
内资企业	12 155	10 673	1 608	1 398
国有企业	5 768	5 118	822	730
集体企业	1 214	1 197	105	101
股份合作企业	247	247	34	33
有限责任公司	889	848	102	96
股份有限公司	2 471	1 697	356	248
私营企业	1 566	1 566	190	190
港、澳、台商投资企业	1 575	1 575	92	92
(二)按国民经济行业分组				
食品、饮料和烟草零售业	4 037	4 004	455	449
日用百货零售业	7 543	6 155	866	670
纺织品、服装和鞋帽零售业	214	214	32	32
日用杂品零售业	23	23	3	3
五金、交电、化工零售业	706	665	96	90
药品及医疗器械零售业	180	160	23	20
图书报刊零售业	909	909	210	210
其他零售业	118	118	16	16
(三)按经营方式分组				
独立商店	10 278	8 814	1 335	1 127
连锁总店	3 073	3 055	303	300
其　　他	378	378	62	62
(四)按业态分组				
百货商店	7 512	6 124	856	660
超级市场	3 268	3 268	395	395
专业(专卖)商店	2 490	2 396	435	421
其　　他	460	460	14	14

11—10 续表 8　　(2002 年)　　计量单位:万元

项目名称	工资福利及增值税(续)		
	本年应交增值税总额	本年进项税额	本年销项税额
总计	**4 932**	**61 548**	**66 499**
#国有及国有控股	2 588	30 177	32 697
(一)按登记注册类型分组			
内资企业	4 015	55 815	59 849
国有企业	1 664	20 072	21 740
集体企业	218	2 866	3 169
股份合作企业	68	2 518	2 586
有限责任公司	299	5 062	5 371
股份有限公司	1 134	11 574	12 623
私营企业	634	13 723	14 360
港、澳、台商投资企业	917	5 733	6 650
(二)按国民经济行业分组			
食品、饮料和烟草零售业	1 256	18 742	19 998
日用百货零售业	2 890	35 472	38 383
纺织品、服装和鞋帽零售业	188	1 072	1 257
日用杂品零售业	5	29	35
五金、交电、化工零售业	168	4 361	4 539
药品及医疗器械零售业	73	507	580
图书报刊零售业	306	813	1 110
其他零售业	45	553	598
(三)按经营方式分组			
独立商店	3 692	42 252	45 962
连锁总店	911	17 243	18 158
其他	329	2 053	2 379
(四)按业态分组			
百货商店	2 910	34 960	37 886
超级市场	1 257	19 726	20 981
专业(专卖)商店	603	6 200	6 808
其他	162	662	824

市区限额以上批发贸易企业财务状况

11—11　　(2002年)　　计量单位:万元

项目名称	企业数(个)	年末资产负债		
		流动资产小计	#存货	长期投资
总计	**83**	**992 560**	**180 698**	**96 104**
(一)按登记注册类型分组				
国有企业	47	609 908	93 392	75 148
集体企业	18	169 579	26 135	9 710
有限责任公司	13	166 115	31 083	10 771
股份有限公司	3	40 847	28 214	476
私营企业	2	6 112	1 875	—
(二)按国民经济行业分组				
食品、饮料、烟草批发业	16	183 351	42 413	19 402
棉、麻、土畜产品批发业	4	78 752	4 755	7 125
纺织品、服装和鞋帽批发业	6	157 230	13 372	20 133
日用百货批发业	2	1 998	524	137
日用杂品批发业	2	37 520	2 422	2 173
药品及医疗器械批发业	10	74 279	26 534	1 028
能源批发业	4	47 210	13 527	3 239
化工材料批发业	4	50 182	4 745	8 570
木材批发业	1	1 812	455	—
矿产品批发业	1	42 710	2 389	1 389
金属材料批发业	11	76 223	19 448	6 047
机械、电子设备批发业	9	60 652	9 659	4 180
汽车、摩托车及零配件批发业	5	78 490	16 923	4 664
再生物资回收批发业	1	4 240	431	—
图书报刊批发业	1	23 719	7 627	16 992
农业生产资料批发业	6	74 193	15 475	1 026

11—11 续表 1　　(2002 年)　　计量单位:万元

项目名称	年末资产负债(续)				
	固定资产小计	固定资产原价	# 生产经营用	累计折旧	# 本年折旧
总　　计	**299 241**	**303 378**	**284 471**	**70 793**	**11 073**
(一)按登记注册类型分组					
国有企业	181 418	193 417	180 439	45 434	6 575
集体企业	22 386	26 720	23 603	9 310	918
有限责任公司	39 173	21 109	18 298	4 940	1 286
股份有限公司	55 678	61 534	61 534	11 059	2 279
私营企业	585	597	597	50	15
(二)按国民经济行业分组					
食品、饮料、烟草批发业	83 025	68 202	63 376	17 243	2 003
棉、麻、土畜产品批发业	9 318	11 815	9 494	4 325	232
纺织品、服装和鞋帽批发业	53 846	63 731	57 987	13 475	2 036
日用百货批发业	734	1 234	1 009	500	137
日用杂品批发业	3 453	5 171	5 171	1 906	259
药品及医疗器械批发业	12 216	13 465	12 809	4 092	499
能源批发业	62 935	64 717	64 717	11 839	2 153
化工材料批发业	16 389	10 124	10 124	1 524	364
木材批发业	1 195	1 018	1 010	389	34
矿产品批发业	2 412	4 042	4 042	1 648	224
金属材料批发业	4 920	6 019	3 943	1 639	225
机械、电子设备批发业	6 139	8 664	8 658	2 793	590
汽车、摩托车及零配件批发业	12 311	13 042	12 741	2 805	735
再生物资回收批发业	2 036	2 267	2 260	824	19
图书报刊批发业	14 962	15 457	13 214	2 368	1 008
农业生产资料批发业	13 350	14 410	13 917	3 422	558

11—11 续表 2　　(2002 年)　　计量单位:万元

项目名称	年末资产负债(续)			
	无形及递延资产	# 无形资产	资产总计	流动负债小计
总计	**20 084**	**14 592**	**1 426 534**	**1 110 074**
(一)按登记注册类型分组				
国有企业	12 471	8 877	887 616	760 114
集体企业	1 009	873	212 519	176 035
有限责任公司	3 108	1 435	219 191	154 693
股份有限公司	3 496	3 407	100 509	14 158
私营企业	—	—	6 699	5 074
(二)按国民经济行业分组				
食品、饮料、烟草批发业	8 679	6 572	302 210	226 325
棉、麻、土畜产品批发业	791	738	105 587	141 768
纺织品、服装和鞋帽批发业	1 442	1 110	232 768	177 327
日用百货批发业	915	883	3 784	3 397
日用杂品批发业	223	52	43 368	37 007
药品及医疗器械批发业	1 634	1 471	89 163	66 029
能源批发业	1 786	147	115 530	27 533
化工材料批发业	208	—	75 350	50 289
木材批发业	—	—	3 007	2 236
矿产品批发业	783	583	47 293	48 665
金属材料批发业	23	13	87 319	75 131
机械、电子设备批发业	116	112	71 223	55 864
汽车、摩托车及零配件批发业	540	489	96 467	82 395
再生物资回收批发业	79	—	6 355	5 096
图书报刊批发业	2 691	2 339	58 364	31 258
农业生产资料批发业	176	85	88 746	79 754

11—11 续表 3　　(2002 年)　　计量单位:万元

项　目　名　称	年末资产负债(续)			
	长期负债小计	负债合计	所有者权益合计	# 实收资本
总　　计	**156 985**	**1 273 138**	**153 396**	**193 140**
(一)按登记注册类型分组				
国有企业	57 804	823 579	64 037	114 367
集体企业	21 268	197 662	14 857	12 830
有限责任公司	16 577	171 330	47 860	38 892
股份有限公司	61 335	75 493	25 016	25 451
私营企业	—	5 074	1 626	1 600
(二)按国民经济行业分组				
食品、饮料、烟草批发业	28 585	254 910	47 301	38 009
棉、麻、土畜产品批发业	20 485	162 254	-56 666	10 463
纺织品、服装和鞋帽批发业	13 685	191 012	41 756	43 662
日用百货批发业	2	3 399	386	496
日用杂品批发业	3 519	40 526	2 842	2 869
药品及医疗器械批发业	11 943	83 632	5 530	7 479
能源批发业	52 852	80 445	35 085	32 870
化工材料批发业	12 567	62 856	12 493	10 601
木材批发业	—	2 236	771	576
矿产品批发业	-93	48 572	-1 279	1 495
金属材料批发业	7 840	82 971	4 349	8 506
机械、电子设备批发业	2 757	58 621	12 602	8 397
汽车、摩托车及零配件批发业	1 214	83 968	12 499	15 580
再生物资回收批发业	161	5 257	1 098	1 095
图书报刊批发业	—	31 258	27 105	6 742
农业生产资料批发业	1 468	81 222	7 524	4 301

11—11 续表 4 (2002 年) 计量单位:万元

项目名称	损益及分配				
	商品销售收入	商品销售收入净额	商品销售成本	经营费用	# 运杂装卸费
总计	**2 133 893**	**2 095 949**	**1 957 286**	**70 429**	**23 690**
(一)按登记注册类型分组					
国有企业	1 181 440	1 143 497	1 057 030	40 018	15 146
集体企业	251 459	251 459	239 209	6 409	1 169
有限责任公司	422 811	422 811	404 762	12 247	5 088
股份有限公司	252 355	252 355	231 465	11 003	1 801
私营企业	25 828	25 828	24 821	752	487
(二)按国民经济行业分组					
食品、饮料、烟草批发业	312 366	312 315	287 034	13 856	5 031
棉、麻、土畜产品批发业	46 009	46 009	42 931	2 247	928
纺织品、服装和鞋帽批发业	260 339	260 339	240 130	10 152	5 339
日用百货批发业	28 933	28 933	26 858	1 539	79
日用杂品批发业	55 613	55 613	49 666	4 006	1 106
药品及医疗器械批发业	182 179	182 170	171 033	4 292	656
能源批发业	180 155	180 155	164 920	8 719	2 226
化工材料批发业	51 805	51 805	47 629	2 661	1 177
木材批发业	133	133	135	2	—
矿产品批发业	87 713	87 713	77 287	3 778	1 247
金属材料批发业	282 140	282 138	275 665	3 839	2 710
机械、电子设备批发业	117 611	117 611	108 914	4 033	1 404
汽车、摩托车及零配件批发业	214 886	214 886	208 902	1 993	667
再生物资回收批发业	3 894	3 894	3 837	320	53
图书报刊批发业	135 619	97 738	86 612	5 116	847
农业生产资料批发业	174 500	174 500	165 734	3 877	221

11—11 续表 5　　(2002 年)　　计量单位:万元

项目名称	损益及分配(续)				
	商品销售税金及附加	商品销售利润	主营利润	其他业务利润	管理费用
总　计	**1 641**	**66 594**	**69 969**	**8 161**	**69 360**
(一)按登记注册类型分组					
国有企业	899	45 550	47 623	3 946	45 445
集体企业	216	5 626	5 778	2 321	7 318
有限责任公司	294	5 509	6 659	1 626	8 691
股份有限公司	224	9 663	9 663	74	7 437
私营企业	8	247	247	194	468
(二)按国民经济行业分组					
食品、饮料、烟草批发业	457	10 968	11 446	678	11 204
棉、麻、土畜产品批发业	7	824	889	1 599	3 295
纺织品、服装和鞋帽批发业	382	9 675	10 316	825	12 784
日用百货批发业	41	495	495	147	1 018
日用杂品批发业	10	1 931	2 009	509	1 719
药品及医疗器械批发业	130	6 715	7 034	8	5 963
能源批发业	171	6 344	6 344	907	6 070
化工材料批发业	3	1 512	2 009	232	2 484
木材批发业	—	-4	-4	312	313
矿产品批发业	18	6 630	6 754	179	5 906
金属材料批发业	50	2 584	2 584	333	2 627
机械、电子设备批发业	51	4 613	5 786	277	4 346
汽车、摩托车及零配件批发业	144	3 847	3 847	1 602	3 413
再生物资回收批发业	—	-263	-263	403	381
图书报刊批发业	61	5 949	5 949	6	3 675
农业生产资料批发业	115	4 775	4 775	146	4 162

11—11 续表 6　　(2002 年)　　计量单位:万元

项 目 名 称	损益及分配(续)				
	管理费用中:税金	财务费用	# 利息支出	营业利润	利润总额
总 计	**1 288**	**17 283**	**17 122**	**-7 898**	**6 205**
(一)按登记注册类型分组					
国有企业	852	12 532	12 290	-6 106	6
集体企业	135	678	614	323	1 040
有限责任公司	178	3 827	3 981	-4 142	3 057
股份有限公司	107	232	224	2 068	2 144
私营企业	15	14	14	-41	-42
(二)按国民经济行业分组					
食品、饮料、烟草批发业	321	2 889	2 442	-1 517	7 100
棉、麻、土畜产品批发业	74	100	100	-961	-704
纺织品、服装和鞋帽批发业	202	5 596	5 369	-7 677	-6 146
日用百货批发业	18	95	93	-596	-588
日用杂品批发业	54	803	771	-2	468
药品及医疗器械批发业	68	1 827	1 858	-510	-377
能源批发业	100	-175	-154	1 412	2 135
化工材料批发业	41	262	263	-506	-29
木材批发业	12	-1	-1	-4	1
矿产品批发业	22	1 305	1 305	-222	67
金属材料批发业	54	569	577	-181	47
机械、电子设备批发业	71	1 318	1 109	483	822
汽车、摩托车及零配件批发业	68	1 687	2 357	376	393
再生物资回收批发业	16	93	33	-334	15
图书报刊批发业	123	125	214	2 155	2 277
农业生产资料批发业	46	791	789	185	724

11—11 续表 7　　(2002 年)　　计量单位:万元

项目名称	工资福利及增值税			
	本年应付工资总额	# 主业付工资	本年应付福利费总额	# 主业福利费
总　　计	**29 734**	**27 894**	**4 631**	**4 372**
(一)按登记注册类型分组				
国有企业	20 728	19 488	3 318	3 137
集体企业	2 802	2 732	533	525
有限责任公司	3 184	2 925	412	373
股份有限公司	2 719	2 447	339	307
私营企业	303	303	29	29
(二)按国民经济行业分组				
食品、饮料、烟草批发业	4 244	3 915	554	513
棉、麻、土畜产品批发业	1 361	890	285	219
纺织品、服装和鞋帽批发业	4 888	4 857	726	722
日用百货批发业	509	509	70	70
日用杂品批发业	1 165	1 165	175	175
药品及医疗器械批发业	2 526	2 311	325	297
能源批发业	2 604	2 604	308	308
化工材料批发业	1 482	1 444	214	208
木材批发业	167	167	12	12
矿产品批发业	1 167	1 167	815	815
金属材料批发业	1 319	1 268	167	159
机械、电子设备批发业	2 098	1 563	286	203
汽车、摩托车及零配件批发业	634	522	81	66
再生物资回收批发业	308	290	40	38
图书报刊批发业	3 151	3 141	325	322
农业生产资料批发业	2 111	2 081	249	246

11—11 续表 8　　(2002 年)　　计量单位:万元

项目名称	工资福利及增值税(续)		
	本年应交增值税总额	本年进项税额	本年销项税额
总计	**12 089**	**302 399**	**253 592**
(一)按登记注册类型分组			
国有企业	3 788	168 649	118 762
集体企业	809	17 373	18 114
有限责任公司	2 034	54 989	50 014
股份有限公司	5 367	57 069	62 336
私营企业	92	4 319	4 366
(二)按国民经济行业分组			
食品、饮料、烟草批发业	3 790	39 545	35 074
棉、麻、土畜产品批发业	73	10 136	7 146
纺织品、服装和鞋帽批发业	178	41 016	21 928
日用百货批发业	286	4 767	5 052
日用杂品批发业		8 371	2 206
药品及医疗器械批发业	1 003	25 174	25 626
能源批发业	4 780	45 171	49 851
化工材料批发业	12	7 655	1 803
木材批发业	—	16	19
矿产品批发业	—	12 349	909
金属材料批发业	565	47 164	47 603
机械、电子设备批发业	356	10 949	5 389
汽车、摩托车及零配件批发业	857	35 554	36 411
再生物资回收批发业	4	3	6
图书报刊批发业	178	12 707	12 773
农业生产资料批发业	9	1 823	1 798

市区限额以上零售贸易企业财务状况

11—12　　(2002年)　　计量单位:万元

项目名称	企业数(个)	年末资产负债		
		流动资产小计	#存货	长期投资
总　计	**42**	**162 256**	**36 612**	**19 841**
#国有及国有控股	19	115 009	25 533	13 614
(一)按登记注册类型分组				
内资企业	41	155 860	35 343	19 761
国有企业	14	80 193	15 863	5 394
集体企业	11	8 416	2 418	214
股份合作企业	1	1 373	470	—
有限责任公司	6	25 585	5 167	7 467
股份有限公司	5	20 515	6 541	1 262
私营企业	4	19 779	4 884	5 423
港、澳、台商投资企业	1	6 397	1 269	80
(二)按国民经济行业分组				
食品、饮料和烟草零售业	12	35 258	7 912	6 233
日用百货零售业	17	77 423	18 580	3 825
纺织品、服装和鞋帽零售业	2	788	53	—
日用杂品零售业	1	70	5	—
五金、交电、化工零售业	8	45 970	9 171	9 195
图书报刊零售业	1	2 612	763	455
其他零售业	1	136	129	134
(三)按经营方式分组				
独立商店	34	126 651	29 477	13 714
连锁总店	7	35 094	6 884	5 627
其　他	1	512	250	500
(四)按业态分组				
百货商店	16	77 003	16 730	3 901
超级市场	8	33 367	8 187	6 107
专业(专卖)商店	17	48 811	10 470	9 823
其　他	1	3 075	1 225	10

11—12 续表 1　　(2002 年)　　计量单位:万元

项 目 名 称	年末资产负债(续)				
	固定资产小计	固定资产原价	# 生产经营用	累计折旧	# 本年折旧
总　　计	**184 689**	**206 939**	**201 994**	**35 146**	**5 988**
#国有及国有控股	101 796	110 534	105 934	17 726	2 200
(一)按登记注册类型分组					
内资企业	134 901	150 039	145 096	28 034	4 094
国有企业	60 506	69 637	67 265	12 328	931
集体企业	9 113	10 016	9 783	2 215	105
股份合作企业	7 548	6 505	6 395	1 410	269
有限责任公司	18 266	17 431	15 203	2 046	763
股份有限公司	27 811	29 879	29 879	5 122	850
私营企业	11 657	16 571	16 570	4 915	1 176
港、澳、台商投资企业	49 788	56 900	56 898	7 112	1 894
(二)按国民经济行业分组					
食品、饮料和烟草零售业	24 408	31 183	28 880	7 306	1 649
日用百货零售业	129 989	145 085	142 501	22 825	3 613
纺织品、服装和鞋帽零售业	136	186	186	50	33
日用杂品零售业	5	17	17	12	—
五金、交电、化工零售业	19 595	21 061	21 003	4 255	373
图书报刊零售业	10 396	9 130	9 130	580	299
其他零售业	160	278	278	118	20
(三)按经营方式分组					
独立商店	167 512	184 607	181 409	29 613	4 661
连锁总店	16 675	21 406	19 659	5 109	1 232
其　　他	502	926	926	424	96
(四)按业态分组					
百货商店	119 835	135 604	135 247	22 468	3 147
超级市场	27 480	33 288	29 808	6 068	1 933
专业(专卖)商店	35 496	35 767	35 153	6 115	897
其　　他	1 877	2 281	1 786	495	10

11—12 续表 2　　(2002 年)　　计量单位:万元

项　目　名　称	年末资产负债(续)			
	无形及递延资产	# 无形资产	资产总计	流动负债小计
总　　计	**22 154**	**16 603**	**397 333**	**242 264**
#国有及国有控股	12 786	9 682	244 309	149 644
(一)按登记注册类型分组				
内资企业	22 152	16 601	341 019	214 361
国有企业	8 874	6 519	155 862	90 961
集体企业	856	1	21 036	15 194
股份合作企业	2 182	2 139	11 103	7 449
有限责任公司	493	90	52 044	37 638
股份有限公司	6 131	5 422	60 499	36 366
私营企业	3 617	2 430	40 475	26 754
港、澳、台商投资企业	2	2	56 314	27 903
(二)按国民经济行业分组				
食品、饮料和烟草零售业	5 474	2 390	76 154	56 401
日用百货零售业	15 925	14 143	227 306	113 225
纺织品、服装和鞋帽零售业	258	—	1 390	1 091
日用杂品零售业	—	—	74	43
五金、交电、化工零售业	426	70	76 007	63 212
图书报刊零售业	73	—	13 535	6 102
其他零售业	—	—	2 867	2 190
(三)按经营方式分组				
独立商店	16 974	14 238	328 440	188 408
连锁总店	5 180	2 365	62 599	48 601
其　他	—	—	6 295	5 256
(四)按业态分组				
百货商店	16 301	14 083	217 394	111 161
超级市场	5 247	2 449	76 982	51 198
专业(专卖)商店	254	72	97 643	71 572
其　他	352	—	5 314	8 334

11—12 续表 3　　(2002 年)　　计量单位：万元

项目名称	年末资产负债(续)			
	长期负债小计	负债合计	所有者权益合计	# 实收资本
总　计	**55 404**	**297 668**	**99 665**	**64 123**
# 国有及国有控股	46 206	195 850	48 459	28 229
(一)按登记注册类型分组				
内资企业	55 392	269 753	71 266	49 623
国有企业	38 731	129 692	26 170	19 347
集体企业	3 054	18 248	2 788	3 202
股份合作企业	43	7 492	3 611	1 380
有限责任公司	33	37 671	14 373	5 751
股份有限公司	13 522	49 887	10 612	7 024
私营企业	10	26 764	13 712	12 920
港、澳、台商投资企业	12	27 915	28 399	14 500
(二)按国民经济行业分组				
食品、饮料和烟草零售业	4 384	60 785	15 368	15 104
日用百货零售业	47 124	160 350	66 956	37 728
纺织品、服装和鞋帽零售业	—	1 091	299	553
日用杂品零售业	3	46	29	29
五金、交电、化工零售业	1 063	64 275	11 732	8 935
图书报刊零售业	2 829	8 931	4 605	1 240
其他零售业	—	2 190	677	534
(三)按经营方式分组				
独立商店	53 111	241 518	86 922	50 705
连锁总店	1 694	50 294	12 304	12 418
其　他	600	5 855	439	1 000
(四)按业态分组				
百货商店	46 091	157 252	60 142	37 438
超级市场	2 307	53 505	23 477	13 376
专业(专卖)商店	6 922	78 494	19 149	12 309
其　他	83	8 417	－3 103	1 000

11—12 续表 4　　(2002 年)　　计量单位:万元

项目名称	损益及分配				
	商品销售收入	商品销售收入净额	商品销售成本	经营费用	# 运杂装卸费
总计	**340 768**	**339 757**	**298 698**	**16 561**	**638**
# 国有及国有控股	180 944	180 739	159 583	8 279	373
(一)按登记注册类型分组					
内资企业	301 609	300 598	267 356	16 076	590
国有企业	115 953	115 747	102 302	5 309	328
集体企业	6 632	6 632	5 851	654	25
股份合作企业	13 009	13 009	12 173	108	1
有限责任公司	32 123	32 123	28 772	2 086	57
股份有限公司	71 048	71 025	63 126	2 556	56
私营企业	62 845	62 063	55 132	5 362	123
港、澳、台商投资企业	39 159	39 159	31 342	485	48
(二)按国民经济行业分组					
食品、饮料和烟草零售业	91 699	91 676	80 486	7 338	63
日用百货零售业	207 448	207 448	183 214	6 160	313
纺织品、服装和鞋帽零售业	6 927	6 927	5 626	961	5
日用杂品零售业	203	203	175	31	3
五金、交电、化工零售业	26 495	25 713	23 535	1 764	243
图书报刊零售业	7 787	7 581	5 487	272	12
其他零售业	209	209	176	35	—
(三)按经营方式分组					
独立商店	246 338	245 351	215 509	9 808	574
连锁总店	80 713	80 713	70 879	6 418	52
其他	13 717	13 694	12 309	335	13
(四)按业态分组					
百货商店	201 965	201 965	178 063	6 635	320
超级市场	98 025	98 002	87 330	6 845	49
专业(专卖)商店	35 867	34 880	30 224	2 471	259
其他	4 911	4 911	3 082	610	10

11—12 续表 5　　(2002 年)　　计量单位:万元

项目名称	损益及分配(续)				
	商品销售税金及附加	商品销售利润	主营利润	其他业务利润	管理费用
总　　计	**724**	**23 774**	**23 790**	**13 759**	**26 180**
#国有及国有控股	390	12 487	12 487	8 227	14 327
(一)按登记注册类型分组					
内资企业	676	16 490	16 506	10 492	20 785
国有企业	224	7 912	7 912	6 371	9 764
集体企业	20	106	122	310	893
股份合作企业	40	688	688	332	763
有限责任公司	52	1 212	1 212	572	1 674
股份有限公司	184	5 159	5 159	2 652	5 918
私营企业	157	1 413	1 413	255	1 772
港、澳、台商投资企业	48	7 284	7 284	3 267	5 395
(二)按国民经济行业分组					
食品、饮料和烟草零售业	134	3 718	3 718	1 979	5 394
日用百货零售业	371	17 703	17 719	10 961	17 496
纺织品、服装和鞋帽零售业	55	285	285	18	244
日用杂品零售业	1	-3	-3	—	19
五金、交电、化工零售业	116	299	299	380	1 086
图书报刊零售业	47	1 776	1 776	421	1 941
其他零售业	2	-4	-4	—	—
(三)按经营方式分组					
独立商店	592	19 441	19 456	12 366	21 700
连锁总店	98	3 318	3 318	652	2 941
其　　他	35	1 015	1 015	741	1 539
(四)按业态分组					
百货商店	405	16 862	16 878	10 691	16 931
超级市场	128	3 700	3 700	1 833	5 133
专业(专卖)商店	166	2 018	2 018	1 235	3 697
其　　他	25	1 194	1 194	—	419

11—12 续表 6　　　　(2002 年)　　　　计量单位:万元

项目名称	损益及分配(续)				
	管理费用中:税金	财务费用	# 利息支出	营业利润	利润总额
总计	**991**	**5 390**	**5 189**	**5 102**	**5 595**
# 国有及国有控股	586	3 225	3 124	2 089	2 135
(一)按登记注册类型分组					
内资企业	806	4 180	3 996	1 156	2 076
国有企业	374	2 105	2 037	1 341	1 478
集体企业	58	65	60	- 279	- 201
股份合作企业	112	194	192	63	59
有限责任公司	21	175	196	- 536	- 527
股份有限公司	211	1 087	997	806	691
私营企业	30	554	515	- 240	576
港、澳、台商投资企业	185	1 210	1 193	3 946	3 519
(二)按国民经济行业分组					
食品、饮料和烟草零售业	65	803	732	- 1 573	- 809
日用百货零售业	807	3 947	3 827	7 488	6 917
纺织品、服装和鞋帽零售业	3	16	16	44	42
日用杂品零售业	1	—	—	- 23	- 23
五金、交电、化工零售业	41	429	419	- 888	- 586
图书报刊零售业	75	196	195	60	60
其他零售业				- 7	- 7
(三)按经营方式分组					
独立商店	939	4 706	4 581	6 080	5 820
连锁总店	50	647	604	- 1 158	- 383
其他	3	37	4	180	158
(四)按业态分组					
百货商店	812	3 931	3 782	6 938	6 375
超级市场	45	705	657	- 305	505
专业(专卖)商店	125	744	740	- 1 221	- 975
其他	10	11	11	- 311	- 310

11—12 续表 7 (2002 年) 计量单位:万元

项目名称	工资福利及增值税			
	本年应付工资总额	# 主业付工资	本年应付福利费总额	# 主业福利费
总计	**12 700**	**11 245**	**1 614**	**1 408**
#国有及国有控股	7 326	5 888	1 039	837
(一)按登记注册类型分组				
内资企业	11 125	9 671	1 522	1 316
国有企业	5 417	4 795	771	683
集体企业	658	641	86	83
股份合作企业	231	231	32	32
有限责任公司	887	846	101	95
股份有限公司	2 367	1 593	342	234
私营企业	1 566	1 566	190	190
港、澳、台商投资企业	1 575	1 575	92	92
(二)按国民经济行业分组				
食品、饮料和烟草零售业	4 037	4 004	455	449
日用百货零售业	6 884	5 503	833	638
纺织品、服装和鞋帽零售业	194	194	28	28
日用杂品零售业	23	23	3	3
五金、交电、化工零售业	696	656	92	86
图书报刊零售业	860	860	203	203
其他零售业	6	6	—	—
(三)按经营方式分组				
独立商店	9 249	7 812	1 249	1 045
连锁总店	3 073	3 055	303	300
其他	378	378	62	62
(四)按业态分组				
百货商店	6 824	5 443	815	620
超级市场	3 268	3 268	395	395
专业(专卖)商店	2 149	2 075	389	378
其他	460	460	14	14

11—12 续表 8 (2002 年) 计量单位:万元

项目名称	工资福利及增值税(续)		
	本年应交增值税总额	本年进项税额	本年销项税额
总计	**4 626**	**57 446**	**62 003**
#国有及国有控股	2 468	28 506	30 901
(一)按登记注册类型分组			
内资企业	3 709	51 712	55 353
国有企业	1 543	18 401	19 943
集体企业	90	979	1 072
股份合作企业	53	2 459	2 512
有限责任公司	295	5 057	5 362
股份有限公司	1 095	11 094	12 105
私营企业	634	13 723	14 360
港、澳、台商投资企业	917	5 733	6 650
(二)按国民经济行业分组			
食品、饮料和烟草零售业	1 256	18 742	19 998
日用百货零售业	2 736	32 728	35 398
纺织品、服装和鞋帽零售业	173	1 053	1 223
日用杂品零售业	5	29	35
五金、交电、化工零售业	164	4 155	4 329
图书报刊零售业	291	734	1 016
其他零售业	—	5	5
(三)按经营方式分组			
独立商店	3 386	38 149	41 466
连锁总店	911	17 243	18 158
其他	329	2 053	2 379
(四)按业态分组			
百货商店	2 737	31 992	34 656
超级市场	1 257	19 726	20 981
专业(专卖)商店	470	5 066	5 541
其他	162	662	824

分县(市)区限额以上批发零售贸易企业财务状况

11—13　　　　(2002 年)　　　　计量单位:万元

行政单位	资产合计	负债合计	所有者权益	商品销售收入	商品销售利润
全市总计	**1 921 499**	**1 640 467**	**281 032**	**2 703 098**	**101 550**
市区合计	1 823 866	1 570 806	253 061	2 474 661	90 368
#长安区	16 313	13 126	3 188	15 797	749
桥东区	3 545	2 802	743	5 211	17
桥西区	20 045	14 689	5 355	27 608	1 225
新华区	77 555	44 528	33 027	66 699	7 758
井陉县	8 460	4 590	3 870	23 562	769
正定县	7 461	2 848	4 613	21 196	1 254
栾城县	5 216	4 324	893	15 051	636
行唐县	2 380	1 835	545	5 884	308
灵寿县	4 318	3 583	736	8 954	758
高邑县	754	-285	1 039	23 302	549
深泽县	810	299	511	4 945	367
赞皇县	816	570	246	4 239	270
无极县	2 813	2 118	695	8 350	609
平山县	1 483	334	1 150	6 348	639
元氏县	3 723	3 406	317	15 186	479
赵县	12 005	7 843	4 162	7 471	134
辛集市	18 820	12 876	5 944	25 529	1 405
藁城市	11 430	11 642	-213	21 088	1 276
晋州市	3 280	2 076	1 204	13 550	602
新乐市	3 361	2 827	535	7 434	400
鹿泉市	10 503	8 778	1 725	16 348	726

11—13 续表　　(2002 年)　　计量单位:万元

行政单位	管理费用	财务费用	利润总额	本年应付工资	本年应交增值额
全市总计	**100 445**	**23 661**	**17 618**	**45 563**	**19 036**
市区合计	95 540	22 673	11 800	42 434	16 715
#长安区	1 150	262	－51	418	128
桥东区	38	1	－25	25	50
桥西区	1 141	32	228	650	492
新华区	6 211	1 440	3 678	1 781	995
井陉县	367	88	355	398	220
正定县	395	22	831	478	194
栾城县	186	109	551	153	177
行唐县	159	9	146	136	79
灵寿县	314	152	292	269	166
高邑县	147	－2	394	37	96
深泽县	204	4	165	71	56
赞皇县	183	7	81	151	85
无极县	225	27	354	63	110
平山县	261	－3	380	133	105
元氏县	213	162	105	111	110
赵县	129	8	10	59	20
辛集市	827	320	399	366	137
藁城市	472	31	719	279	306
晋州市	175	2	507	81	152
新乐市	226	21	196	156	139
鹿泉市	422	31	334	190	168

社会消费品零售总额

11—14

（2002年）

计量单位：万元

行政单位	社会消费品零售总额	按销售单位所在地分组		
		市	县	县以下
全市总计	**4 115 390**	**2 435 501**	**643 762**	**1 036 127**
市区合计	1 725 318	1 725 318	—	—
#长安区	28 271	28 271	—	—
桥东区	18 860	18 860	—	—
桥西区	42 311	42 311	—	—
新华区	91 787	91 787	—	—
裕华区	33 634	33 634	—	—
矿区	11 689	11 689	—	—
井陉县	57 238	—	25 451	31 787
正定县	170 222	—	113 418	56 803
栾城县	110 557	—	75 863	34 694
行唐县	88 675	—	60 346	28 329
灵寿县	60 756	—	35 312	25 444
高邑县	51 443	—	31 736	19 707
深泽县	62 755	—	30 640	32 115
赞皇县	58 037	—	45 371	12 666
无极县	176 392	—	77 065	99 327
平山县	73 582	—	35 315	38 267
元氏县	83 379	—	46 793	36 586
赵县	178 934	—	68 639	110 295
辛集市	434 897	304 227	—	130 670
藁城市	271 334	114 219	—	157 115
晋州市	167 911	100 923	—	66 988
新乐市	159 937	81 598	—	78 339
鹿泉市	184 025	86 079	—	97 946

11—14 续表 1　　(2002 年)　　计量单位:万元

行政单位	按行业分组				
	批发零售贸易业	餐饮业	制造业	农业生产者	其它
全市总计	**2 845 773**	**276 443**	**431 157**	**481 433**	**80 585**
市区合计	1 187 319	79 223	44 545	382 021	32 210
#长安区	25 447	2 824	—	—	—
桥东区	15 098	3 051	711	—	—
桥西区	39 643	2 668	—	—	—
新华区	81 327	1 750	8 710	—	—
裕华区	21 462	7 068	4 579	—	525
矿区	5 529	143	3 672	322	2 023
井陉县	35 250	8 316	10 039	3 246	387
正定县	129 653	7 639	21 023	6 445	5 462
栾城县	74 984	16 126	10 514	8 700	234
行唐县	63 083	5 475	7 284	7 256	5 576
灵寿县	36 371	5 560	14 970	3 787	68
高邑县	19 297	1 892	22 338	6 540	1 376
深泽县	55 460	2 200	3 146	1 520	429
赞皇县	48 332	3 154	617	3 333	2 601
无极县	119 559	13 247	23 905	1 728	17 953
平山县	48 584	9 709	9 900	5 113	276
元氏县	49 828	5 737	19 713	3 741	4 360
赵县	130 243	20 225	23 196	3 768	1 502
辛集市	317 366	15 992	83 383	14 553	3 603
藁城市	165 639	38 132	55 645	7 100	4 818
晋州市	121 977	10 411	30 004	4 560	960
新乐市	127 836	10 960	15 136	2 665	3 340
鹿泉市	112 693	11 885	43 000	14 157	2 291

11—14 续表 2　　(2002 年)　　计量单位:万元

行政单位	在总计中:						
	国有	集体	股份合作	股份制	外商和港澳台投资	其它	# 个体
全市总计	**605 504**	**472 379**	**36 258**	**502 589**	**70 363**	**2 428 297**	**1 824 985**
市区合计	251 837	130 860	24 765	488 795	70 363	758 697	358 838
#长安区	483	11 117	16 217	408	46	—	—
桥东区	214	6 760	825	—	—	11 062	—
桥西区		19 938	1 041	14 489	3 379	3 464	—
新华区	1 589	22 200	688	10 824	56 457	30	—
裕华区	236	26 113	174	—	—	7 111	—
矿区	6 717	2 937	—	2 036	—	—	—
井陉县	7 687	9 122	1 869	4 499	—	34 061	24 785
正定县	13 436	16 267	—	4 559	—	135 959	111 244
栾城县	24 959	8 224	—	650	—	76 724	63 298
行唐县	23 536	18 605	7 124	2 844	—	36 567	21 735
灵寿县	7 706	13 468	—	—	—	39 582	29 193
高邑县	6 469	7 838	—	—	—	37 137	20 422
深泽县	8 688	4 365	—	—	—	49 702	43 862
赞皇县	3 498	928	—	—	—	53 612	48 514
无极县	8 764	7 754	—	—	—	159 874	152 465
平山县	15 076	16 731	—	—	—	41 774	36 873
元氏县	43 698	26 416	—	500	—	12 765	8 550
赵县	21 822	15 418	—	741	—	140 953	137 186
辛集市	56 349	73 242	—	—	—	305 305	276 743
藁城市	32 528	62 185	—	—	—	176 621	159 731
晋州市	15 573	6 824	—	—	—	145 515	134 117
新乐市	21 084	27 934	—	—	—	110 919	101 775
鹿泉市	14 394	44 701	1 600	—	—	123 330	105 656

分县(市)区实际利用外资情况

11—15 (2002年) 计量单位:万美元

行政单位	实际利用外资	比上年增长(%)	实际利用外资中:直接利用外资	实际利用外资中:比上年增长(%)
全市总计	**20 444**	**3.23**	**17 990**	**18.32**
市区	14 473	-6.27	12 019	10.87
#长安区	840	-74.09	840	-74.09
桥东区	528	1.93	528	1.93
桥西区	514	-7.22	514	-7.22
新华区	616	2.16	616	2.16
裕华区	686	161.83	686	161.83
矿区	53	960.00	53	960.00
高新区	2 775	-14.96	2 775	-14.96
井陉县	39	-82.43	39	-82.43
正定县	511	131.22	511	131.22
栾城县	371	34.42	371	34.42
行唐县	182	-46.31	182	-46.31
灵寿县	189	-7.80	189	-7.80
高邑县	135	575.00	135	575.00
深泽县	8	—.00	8	—.00
赞皇县	5	—.00	5	—.00
无极县	326	12.41	326	12.41
平山县	279	973.08	279	973.08
元氏县	7	-97.79	7	-97.79
赵县	14	-96.78	14	-96.78
辛集市	573	30.23	573	30.23
藁城市	1 316	313.84	1 316	313.84
晋州市	506	33.86	506	33.86
新乐市	500	28.21	500	28.21
鹿泉市	1 010	107.82	1 010	107.82

外国和港澳台地区在石投资情况

11—16　　　　(2002年)　　　　计量单位:万美元

指标名称	新批合同			新注册三资企业	
	项目个数(个)	项目投资总额	合同外资额	注册户数(户)	项目投资总额
合　　计	**68**	**24 047**	**15 752**	**68**	**23 535**
#国有企业与客商兴办的合资、合作企业	3	136	85	2	682
#投资总额500万美元以上项目	13	20 861	13 483	11	18 634
一、按投资方式分组					
(一)港、澳、台投资经济	27	10 895	9 753	27	10 304
1.港澳台合资经营企业	11	1 690	1 338	12	2 249
2.港澳台合作经营企业	2	2 500	1 884	1	1 025
3.港澳台独资经营企业	14	6 705	6 531	14	7 030
(二)外商投资经济	41	13 152	5 999	41	13 231
1.中外合资经营企业	28	10 270	4 190	26	10 553
2.中外合作经营企业	3	2 439	1 374	3	2 439
3.外资企业	10	443	435	12	239
二、按投资国别、地区分组					
1.亚洲	40	15 940	11 183	42	15 109
#香港	21	10 763	9 680	21	10 115
台湾	6	132	73	6	189
日本	5	1 025	491	5	975
新加坡	1	6	4	3	24
韩国	4	1 384	351	3	742
2.非洲	1	24	6	1	24
3.欧洲	6	78	52	7	271
4.拉丁美洲	5	3 474	2 052	4	3 222
5.北美洲	14	4 514	2 452	13	4 901
#加拿大	3	427	338	2	407
美国	11	4 087	2 114	11	4 494
6.大洋洲	2	17	7	1	8

11—16 续表 1 (2002 年) 计量单位:万美元

指标名称	新注册三资企业(续) 注册资本	外方注册资本	期末有三资企业(个)	# 开工在建	投产企业
合计	**13 749**	**10 213**	**557**	**69**	**447**
# 国有企业与客商兴办的合资、合作企业	91	58	186	17	168
# 投资总额 500 万美元以上项目	10 715	8 152	121	17	96
一、按投资方式分组					
(一)港、澳、台投资经济	6 728	6 142	293	38	236
1.港澳台合资经营企业	935	633	232	24	196
2.港澳台合作经营企业	393	109	22	2	21
3.港澳台独资经营企业	5 400	5 400	39	12	19
(二)外商投资经济	7 021	4 071	264	31	211
1.中外合资经营企业	5 540	3 090	202	25	165
2.中外合作经营企业	1 288	788	24	3	18
3.外资企业	193	193	38	3	28
二、按投资国别、地区分组					
1.亚洲	9 111	7 568	373	43	303
# 香港	6 633	6 086	228	32	182
台湾	95	56	61	6	50
日本	557	470	32	1	28
新加坡	18	16	20	—	19
韩国	440	231	19	4	14
2.非洲	24	6	4	1	2
3.欧洲	263	148	56	8	46
4.拉丁美洲	1 811	1 076	23	5	14
5.北美洲	2 534	1 412	90	10	73
# 加拿大	407	326	14	—	12
美国	2 127	1 086	76	10	61
6.大洋洲	6	3	11	2	9

11—16 续表 2　　(2002 年)　　计量单位:万美元

指　标　名　称	客商直接投　资	#现　金	中方投资	#现　金	实　物
合　　计	**17 990**	**15 898**	**4 324**	**3 695**	**613**
#国有企业与客商兴办的合资、合作企业	5 976	4 696	1 550	1 550	—
#投资总额 500 万美元以上项目	15 206	13 370	3 648	3 064	568
一、按投资方式分组					
(一)港、澳、台投资经济	9 927	9 647	2 196	2 047	149
1.港澳台合资经营企业	6 415	6 215	766	617	149
2.港澳台合作经营企业	2 532	2 532	1 430	1 430	—
3.港澳台独资经营企业	980	900	—	—	—
(二)外商投资经济	8 063	6 251	2 128	1 648	464
1.中外合资经营企业	6 683	5 080	1 504	1 040	464
2.中外合作经营企业	897	691	624	608	—
3.外 资 企 业	483	480	—	—	—
二、按投资国别、地区分组					
1.亚　　洲	13 382	11 661	2 858	2 709	149
#香　　港	9 655	9 375	1 765	1 626	139
台　　湾	194	194	63	53	10
日　　本	2 204	954	210	210	—
新 加 坡	486	486	38	38	—
韩　　国	629	438	299	299	—
2.非　　洲	—	—	—	—	—
3.欧　　洲	678	666	6	6	—
4.拉 丁 美 洲	1 072	1 072	10	10	—
5.北 美 洲	2 470	2 317	829	365	464
#加 拿 大	1 000	1 000	534	75	459
美　　国	1 470	1 317	295	290	5
6.大 洋 洲	388	182	621	605	—

外国和港澳台地区在石投资企业主要经济指标

11—17　　（2002年）

行业名称	期末投产企业个数（个）	期末从业人员（人）	#外方及港澳台	期末从业人员劳动报酬（千元）	#外方及港澳台
合　计	**316**	**59 015**	**110**	**583 885**	**3 932**
#国有企业与客商兴办的合资、合作企业	119	23 815	49	308 560	2 651
#以原有企业为依托的合资、合作企业	129	23 876	39	229 307	1 924
一、按投资方式分组					
（一）港、澳、台投资经济	168	32 133	51	328 830	2 171
1.港澳台合资经营企业	146	25 438	40	241 361	2 021
2.港澳台合作经营企业	11	4 643	8	63 697	126
3.港澳台独资经营企业	11	2 052	3	23 772	24
（二）外商投资经济	148	26 882	59	255 055	1 761
1.中外合资经营企业	123	21 097	51	195 902	1 313
2.中外合作经营企业	7	1 667	1	36 471	13
3.外资企业	18	4 118	7	22 682	435
二、按国民经济行业分组					
农、林、牧、渔业	1	51	—	1 836	—
制造业	257	50 956	81	483 012	3 033
#食品加工业	10	725	2	4 660	—
食品制造业	7	609	3	5 922	—
饮料制造业	6	102	—	844	—
纺织业	16	3 480	5	24 306	84
服装及其他纤维制品制造业	19	1 659	8	10 798	74
化学原料及化学制品制造业	27	2 959	5	23 631	10
医药制造业	31	11 669	2	179 755	196
塑料制品业	21	6 513	6	38 457	276
非金属矿物制品业	13	2 111	11	23 023	144
黑色金属冶炼及压延加工业	1	25	—	211	—
普通机械制造业	11	3 419	4	35 876	1 327
交通运输设备制造业	6	1 092	3	10 383	236
电气机械及器材制造业	5	1 102	—	21 777	—
电子及通信设备制造业	14	1 729	2	17 483	150
电力、煤气及水的生产和供应业	2	1 142	—	28 221	—
建筑业	9	1 166	2	8 854	13
交通运输、仓储及邮电通信业	4	1 312	4	24 398	126
批发和零售贸易、餐饮业	3	1 731	—	10 982	—
房地产业	25	1 970	14	21 189	480
社会服务业	12	453	6	2 813	160
卫生、体育和社会福利业	1	150	—	1 110	—
教育、文化艺术及广播电影电视业	1	34	—	469	—
科学研究和综合技术服务业	1	50	3	1 001	120

11—17 续表 1　　　　　　　　　　　　(2002 年)

行　业　名　称	资产总额（千元）	# 流动资产	固定资产原　值	无形资产	负债总额（千元）
合　　　计	**28 293 282**	**11 536 391**	**21 843 980**	**675 873**	**14 985 552**
# 国有企业与客商兴办的合资、合作企业	21 469 271	7 411 608	18 706 995	476 112	10 686 398
# 以原有企业为依托的合资、合作企业	8 254 490	3 901 369	5 450 670	255 371	4 514 768
一、按投资方式分组					
(一)港、澳、台投资经济	14 743 421	7 667 505	8 725 747	256 768	9 017 576
1.港澳台合资经营企业	8 363 158	5 000 343	3 922 076	185 340	5 253 310
2.港澳台合作经营企业	5 522 211	2 334 916	4 238 531	6 000	3 390 348
3.港澳台独资经营企业	858 052	332 246	565 140	65 428	373 918
(二)外商投资经济	13 549 861	3 868 886	13 118 233	419 105	5 967 976
1.中外合资经营企业	11 236 159	3 272 960	10 906 824	319 198	4 796 095
2.中外合作经营企业	1 935 484	357 319	2 066 612	97 421	936 035
3.外 资 企 业	378 218	238 607	144 797	2 486	235 846
二、按国民经济行业分组					
农、林、牧、渔业	87 835	58 106	36 872	3 859	52 877
制　造　业	16 948 764	8 068 836	10 596 327	455 148	10 086 016
# 食品加工业	124 928	65 061	86 079	2 117	87 313
食品制造业	127 086	50 100	92 606	7 040	61 307
饮料制造业	104 926	32 753	68 594	928	53 061
纺　织　业	733 592	323 169	441 342	37 187	492 336
服装及其他纤维制品制造业	111 011	83 645	43 153	36	71 384
化学原料及化学制品制造业	694 541	336 050	355 861	40 320	380 454
医药制造业	6 993 706	3 228 378	4 406 054	162 327	4 098 641
塑料制品业	982 289	540 479	482 019	43 088	725 413
非金属矿物制品业	3 367 086	988 282	3 040 853	86 177	1 646 736
黑色金属冶炼及压延加工业	4 345	3 671	718	—	3 793
普通机械制造业	420 556	289 409	117 041	1 155	265 052
交通运输设备制造业	354 139	248 907	131 327	6 483	147 153
电气机械及器材制造业	479 808	400 272	91 922	18 184	296 309
电子及通信设备制造业	638 868	281 970	503 784	1 865	593 491
电力、煤气及水的生产和供应业	3 554 990	289 892	5 408 965	117 943	271 698
建　筑　业	347 015	60 056	293 289	59 099	164 887
交通运输、仓储及邮电通信业	4 866 476	1 508 856	4 661 426	5 810	2 545 368
批发和零售贸易、餐饮业	587 372	65 276	586 268	4 955	292 178
房 地 产 业	1 755 978	1 448 488	149 755	21 182	1 458 567
社会服务业	109 692	33 299	71 932	220	92 330
卫生、体育和社会福利业	18 509	2 198	22 408	2 041	12 175
教育、文化艺术及广播电影电视业	15 280	472	15 465	5 616	7 207
科学研究和综合技术服务业	1 371	912	1 273	—	2 249

11—17 续表 2　　　　　　　　　　（2002 年）

行业名称	主营业务收入净额（千元）	# 出口销售收入（千美元）	主营业务成本（千元）	营业利润（千元）	利润总额（千元）
合　　计	**14 533 197**	**384 037**	**11 110 021**	**1 237 530**	**1 747 476**
# 国有企业与客商兴办的合资、合作企业	9 370 298	142 770	6 786 503	944 877	1 474 897
# 以原有企业为依托的合资、合作企业	5 111 003	134 577	4 055 696	400 108	370 263
一、按投资方式分组					
（一）港、澳、台投资经济	7 719 231	211 820	6 035 963	899 222	891 885
1.港澳台合资经营企业	5 253 044	121 360	4 170 979	493 189	501 240
2.港澳台合作经营企业	2 010 887	54 519	1 537 946	339 678	326 602
3.港澳台独资经营企业	455 300	35 941	327 038	66 355	64 043
（二）外商投资经济	6 813 966	172 217	5 074 058	338 308	855 591
1.中外合资经营企业	5 924 719	129 901	4 424 701	217 075	734 258
2.中外合作经营企业	435 287	12 163	270 213	88 806	89 204
3.外资企业	453 960	30 153	379 144	32 427	32 129
二、按国民经济行业分组					
农、林、牧、渔业	35 458	—	26 202	－1 583	－1 583
制造业	11 048 130	384 037	8 820 927	872 986	848 160
# 食品加工业	165 914	3 303	154 622	－1 507	－2 071
食品制造业	76 961	611	55 186	8 769	7 763
饮料制造业	5 378	—	4 604	－13 824	－13 669
纺织业	579 612	38 483	513 053	2 026	15 548
服装及其他纤维制品制造业	159 220	14 630	137 524	2 650	3 032
化学原料及化学制品制造业	533 455	5 765	434 492	27 820	35 663
医药制造业	4 177 346	144 992	3 086 333	588 275	575 326
塑料制品业	723 985	46 874	624 910	36 049	30 438
非金属矿物制品业	1 389 981	3 474	1 025 718	91 932	68 931
黑色金属冶炼及压延加工业	5 704	—	5 280	91	87
普通机械制造业	331 818	5 482	242 803	46 940	46 093
交通运输设备制造业	230 846	56	182 426	12 445	12 592
电气机械及器材制造业	234 464	1 150	168 067	4 469	7 029
电子及通信设备制造业	188 374	7 237	156 113	4 010	3 247
电力、煤气及水的生产和供应业	1 992 713	—	1 367 604	4 854	547 652
建筑业	115 006	—	92 743	3 400	2 888
交通运输、仓储及邮电通信业	707 796	—	327 900	337 625	336 087
批发和零售贸易、餐饮业	393 130	—	319 159	34 035	33 727
房地产业	219 136	—	143 381	－8 614	－10 416
社会服务业	13 017	—	6 863	－3 901	－7 610
卫生、体育和社会福利业	3 356	—	2 513	－67	－67
教育、文化艺术及广播电影电视业	2 518	—	—	－905	－1 062
科学研究和综合技术服务业	2 937	—	2 729	－300	－300

11—17 续表 3　　　　(2002 年)

行　业　名　称	应交税金（千元）	# 增值税消费税营业税	所得税	净利润（千元）
合　　计	**1 024 024**	**718 746**	**259 790**	**1 487 686**
# 国有企业与客商兴办的合资、合作企业	882 676	617 913	222 175	1 252 722
# 以原有企业为依托的合资、合作企业	311 485	219 513	60 044	310 219
一、按投资方式分组				
(一)港、澳、台投资经济	369 730	238 011	129 036	762 849
1.港澳台合资经营企业	269 192	189 537	76 972	424 268
2.港澳台合作经营企业	89 672	45 408	44 264	282 338
3.港澳台独资经营企业	10 866	3 066	7 800	56 243
(二)外商投资经济	654 294	480 735	130 754	724 837
1.中外合资经营企业	624 174	468 326	114 514	619 744
2.中外合作经营企业	24 595	10 473	14 122	75 082
3.外资企业	5 525	1 936	2 118	30 011
二、按国民经济行业分组				
农、林、牧、渔业	1 359	1 232	127	-1 710
制造业	545 422	376 160	125 466	722 694
# 食品加工业	878	384	83	-2 154
食品制造业	8 940	7 233	1 486	6 277
饮料制造业	386	345	—	-13 669
纺织业	3 054	2 281	773	14 775
服装及其他纤维制品制造业	1 160	723	437	2 595
化学原料及化学制品制造业	27 800	22 264	5 536	30 127
医药制造业	241 161	151 541	88 389	486 937
塑料制品业	12 888	11 516	1 372	29 066
非金属矿物制品业	148 168	110 130	7 731	61 200
黑色金属冶炼及压延加工业	101	101	—	87
普通机械制造业	30 632	18 764	11 795	34 298
交通运输设备制造业	14 391	11 676	—	12 592
电气机械及器材制造业	13 627	12 137	1 383	5 646
电子及通信设备制造业	6 684	5 945	—	3 247
电力、煤气及水的生产和供应业	350 810	261 033	89 777	457 875
建筑业	3 118	2 138	980	1 908
交通运输、仓储及邮电通信业	78 394	35 089	43 305	292 782
批发和零售贸易、餐饮业	10 987	10 987	—	33 727
房地产业	32 503	31 011	135	-10 551
社会服务业	1 131	861	—	-7 610
卫生、体育和社会福利业	110	110	—	-67
教育、文化艺术及广播电影电视业	125	125	—	-1 062
科学研究和综合技术服务业	65	—	—	-300

石家庄市经济技术开发区主要经济指标

11—18

指　标　名　称	计量单位	2002年	2001年
一、全部实有企业数	个	1 427	1 393
全部投产(开业)企业数	个	1 098	1 079
#工业企业	个	201	200
全部投产企业期末人数	人	40 721	39 653
二、期末实有三资企业数	个	79	109
#投产(开业)	个	61	62
外方注册资本	万美元	1 187	621
本期外商实际投资	万美元	3 769	4 740
三、工业企业销售收入	万元	413 932	395 088
#三资企业销售收入	万元	156 585	135 700
盈亏相抵的利润总额	万元	44 939	31 345
#三资企业利润总额	万元	11 830	13 264
工业企业交纳各项税金总额	万元	25 213	22 865
#三资企业交纳税金总额	万元	16 562	9 920
四、外贸出口总值	万美元	16 324	14 096
#三资企业出口总值	万美元	5 289	4 236
五、固定资产投资总额	万元	198 545	174 336
#土地出让金收入	万元	2 993	2 720

全市涉外旅游情况

11—19

指　标　名　称	2002年	2001年	2002年比2001年增长(%)
一、海外旅游者人数合计(人次)	48 500	35 363	37.2
1.外　国　人	43 149	26 875	60.6
2.香港同胞	4 053	5 185	-21.8
3.澳门同胞	498	1 867	-73.3
4.台湾同胞	800	1 436	-44.3
二、海外旅游者人天数合计(人天)	74 243	55 211	34.5
1.外　国　人	63 737	41 925	52.0
2.香港同胞	7 295	8 296	-12.1
3.澳门同胞	1 045	2 987	-65.0
4.台湾同胞	2 166	2 003	8.1
三、创汇金额(万美元)	980	762	28.6

十二、教育　科技　文化

普通高等学校基本情况

12—1　　(2002年)　　计量单位:人

行政单位	毕业生数	招生人数	在校学生数	教职工数	#专任教师
全市总计	**20 475**	**51 568**	**145 917**	**16 306**	**9 434**
河北科技大学	3 027	6 565	19 442	1 889	1 151
石家庄铁道学院	1 333	3 570	10 894	979	569
河北医科大学	1 615	4 246	13 722	1 688	751
河北师范大学	3 274	6 078	23 568	3 144	1 641
石家庄师范专科学校	523	3 430	9 342	681	380
石家庄经济学院	1 020	3 973	12 671	1 258	792
河北经贸大学	3 010	5 360	18 009	1 678	1 027
河北体育学院	296	968	3 000	235	121
河北广播电视大学	2 492	3 441	6 883	1 749	848
河北经贸管理干部学院	322	561	1 343	194	108
河北青年管理干部学院	409	636	1 383	163	71
河北艺术职业学院	—	125	207	135	44
河北管理干部学院	—	694	1 380	195	110
河北工业职业技术学院	409	2 163	5 229	712	364
石家庄职业技术学院	1 093	2 943	6 849	451	353
石家庄铁路工程职业技术学院	294	2 193	4 000	401	281
石家庄计算机职业学院	—	198	336	126	73
石家庄影视艺术职业学院	97	186	425	74	50
石家庄法商职业学院	—	659	952	213	129
河北政法职业学院	1 261	2 138	4 841	341	168
石家庄外经贸职业学院	—	150	150	—	61
石家庄信息工程职业学院	—	1 094	1 094	—	257
石家庄东方美术职业学院	—	4	4	—	85
石家庄职工大学	—	193	193	—	—

中等专业学校基本情况

12—2　　(2002年)　　计量单位:人

行政单位	毕业生数	招生人数	在校学生数	教职工数	# 专任教师
全市总计	**13 427**	**15 504**	**48 085**	**5 621**	**3 070**
石家庄铁路运输学校	407	964	2 425	265	115
河北工业职业中专	898	—	—	346	167
河北城乡建设学校	512	606	2 391	185	124
石家庄电力学校	28	—	—	254	133
河北邮电学校	167	—	296	126	76
河北化工学校	573	498	2 851	249	116
石家庄工程技术学校	1 352	1 650	5 121	311	173
河北纺织工业学校	773	—	1 884	231	117
石家庄铁路工程学校	556	422	1 825	245	143
石家庄农业学校	732	213	437	157	83
灵寿农业技术中专	10	251	509	45	20
河北林业学校	351	333	1 074	177	83
石家庄卫生学校	427	2 108	4 950	168	86
河北经济贸易学校	254	—	323	124	56
河北商贸学校	990	1 200	3 052	178	83
石家庄市职业财会学校	150	104	189	105	92
石家庄财经学校	23	751	3 300	507	257
河北外贸学校	310	124	438	75	43
河北银行学校	307	816	1 846	131	65
河北经济管理学校	598	1 524	2 304	125	71
河北司法学校	862	465	2 091	172	68
石家庄市人民警察学校	202	—	344	57	30
石家庄市体育运动学校	181	150	430	42	24
河北体院中专部	110	144	531	138	81
石家庄市艺术学校	84	231	1 042	122	107
河北艺术学校	219	422	1 323	282	194
晋州市职业中专学校	90	—	120	28	18
河北师大民族师专	322	321	790	120	68
石家庄师专正定分校	289	530	1 158	156	99
河北无极师范学校	318	98	526	55	26
石家庄市外国语师范学校	477	420	1 441	164	94
石家庄师专元氏分校	428	501	1 298	171	100
石家庄艺术师范学校	427	658	1 776	110	58

技工学校基本情况

12—3　　(2002年)　　计量单位:人

行政单位	招生人数	毕业生数	在校学生数	教职工数	#专任教师
全市合计	**7 106**	**4 917**	**13 159**	**2 016**	**968**
河北省劳动厅技工学校	111	315	227	101	44
石家庄市高级技工学校	981	531	1 668	184	82
石家庄市职业技术培训学校	—	105	—	25	17
辛集市劳动技工学校	56	16	56	43	35
无极县劳动技工学校	—	—	—	12	10
晋州市劳动技工学校	14	13	14	37	22
藁城市劳动技工学校	—	38	215	31	19
正定县劳动技工学校	342	147	513	43	24
行唐县劳动技工学校		15		14	14
平山县劳动技工学校	61	23	84	26	14
鹿泉市劳动技工学校	79	21	93	60	44
元氏县劳动技工学校	—	—	16	27	24
赞皇县劳动技工学校	—	—	—	9	6
高邑县劳动技工学校	—	—	—	3	2
赵县劳动技工学校	—	16	—	20	15
栾城县劳动技工学校	96	100	172	25	20
井陉矿区劳动技工学校	82	94	152	35	19
河北省接待服务技工学校	63	63	106	12	8
河北省交通技工学校	425	215	545	113	35
石家庄机电技工学校	158	178	256	26	18
河北旅游饭店管理中专技工班	200	—	341	22	16
石家庄市机械技工学校	628	356	1 252	105	35
石家庄市纺织技工学校	634	805	1 520	80	25

12—3 续表　　(2002 年)　　计量单位:人

行政单位	招生人数	毕业生数	在校学生数	教职工数	# 专任教师
石家庄市轻工技工学校	274	145	452	69	18
石家庄市交通技工学校	173	206	280	82	27
石家庄市粮食劳动技术学校	108	79	249	24	11
石家庄市建材技工学校	—	67	105	15	6
石家庄市供销技工班	276	81	441	31	25
石家庄市电子技工学校	126	80	244	54	27
石家庄市第一职业中专技工班	25	12	37	20	11
石家庄市饮食集团公司技工班	145	140	255	20	11
石家庄市国际大厦技工学校	101	114	230	11	6
石家庄市新燕春集团技工班	339	74	506	21	3
华药技工学校	253	103	615	69	45
石家庄煤机公司技工学校	—	22	22	16	10
石家庄钢铁有限现任公司技工学校	—	90	—	33	14
石家庄飞机制造公司技工学校	40	51	114	21	12
石家庄天同拖拉机技工学校	134	97	195	17	10
石家庄金刚内燃机技工学校	57	46	119	13	11
石家庄水泵厂技工学校	50	—	90	8	7
石家庄市阀门二厂技工班	93	97	292	15	7
石家庄铁路司机学校	134	35	175	224	60
石家庄铁路运输技工学校	158	54	247	30	10
河北省地勘局技工学校	561	192	896	100	52
装甲兵技工学校	129	81	365	70	37

普通中学基本情况

12—4 (2002年) 计量单位:人

行政单位	招生人数	毕业生数	在校学生数	教职工数	#专任教师
全市总计	**230 688**	**285 224**	**826 141**	**50 479**	**42 196**
市区合计	38 343	48 239	139 485	10 378	7 813
#长安区	6 908	8 327	23 767	1 859	1 463
桥东区	4 326	5 495	15 072	1 375	994
桥西区	6 838	8 283	23 869	1 893	1 331
新华区	9 304	12 192	35 896	2 153	1 653
裕华区	8 027	10 756	31 074	2 385	1 773
矿区	1 983	1 985	6 328	509	427
高新区	957	1 201	3 479	204	172
井陉县	7 232	9 882	28 036	1 642	1 458
正定县	13 341	17 827	57 292	3 102	2 716
栾城县	9 487	11 201	33 411	2 031	1 748
行唐县	9 777	13 147	36 135	2 171	1 815
灵寿县	9 348	11 922	33 875	1 996	1 662
高邑县	6 184	7 144	20 879	1 271	1 040
深泽县	5 898	7 400	21 025	1 125	945
赞皇县	7 480	7 748	24 273	1 097	967
无极县	11 384	15 026	43 167	2 478	2 058
平山县	10 543	13 216	38 813	2 292	1 987
元氏县	9 083	12 395	33 580	2 021	1 765
赵县	16 440	19 219	55 883	2 957	2 517
辛集市	18 804	22 220	64 091	4 159	3 630
藁城市	20 500	26 282	72 482	4 148	3 450
晋州市	13 135	14 844	43 097	2 409	2 106
新乐市	11 867	15 078	42 017	2 619	2 376
鹿泉市	11 842	12 434	38 600	2 583	2 143

职业中学基本情况

（2002年）

12—5

计量单位：人

行政单位	招生人数	毕业生数	在校学生数	教职工数	# 专任教师
全市总计	**24 306**	**25 648**	**64 255**	**5 386**	**3 805**
市区合计	6 763	8 526	20 840	1 779	1 191
#长安区	1 803	2 496	5 924	494	354
桥东区	920	1 341	3 125	324	192
桥西区	2 349	2 219	5 612	429	303
新华区	800	1 408	3 618	312	188
裕华区	418	592	1 312	110	74
矿区	473	470	1 249	110	80
井陉县	1 405	620	2 355	129	102
正定县	744	1 233	2 171	215	170
栾城县	630	810	2 270	248	214
行唐县	204	900	1 658	239	184
灵寿县	1 920	120	320	22	22
高邑县	411	380	665	74	52
深泽县	34	391	997	70	46
赞皇县	200	396	1 046	50	44
无极县	920	564	1 011	163	112
平山县	727	770	2 420	215	182
元氏县	680	1 104	2 664	260	227
赵县	650	1 232	2 832	202	184
辛集市	3 250	438	3 472	300	257
藁城市	815	1 751	3 386	334	254
晋州市	2 645	3 505	8 687	323	265
新乐市	1 095	1 497	3 812	183	133
鹿泉市	1 213	1 411	3 649	580	166

小　学　基　本　情　况

12—6　　　　(2002 年)　　　　计量单位:人

行政单位	招生人数	毕业生数	在校学生数	教职工数	#专任教师
全市总计	**219 557**	**117 610**	**958 046**	**45 805**	**43 698**
市区合计	32 011	24 026	158 624	8 712	7 981
#长安区	6 857	4 729	31 057	1 591	1 477
桥东区	4 154	3 153	21 637	1 267	1 168
桥西区	5 267	4 204	27 468	1 415	1 309
新华区	7 349	6 001	37 851	2 104	1 910
裕华区	6 076	4 632	30 944	1 535	1 376
矿区	1 604	1 041	7 005	625	568
高新区	704	266	2 662	175	173
井陉县	7 849	5 248	34 792	1 807	1 743
正定县	12 306	5 571	43 326	2 389	2 306
栾城县	9 425	5 650	42 643	1 769	1 713
行唐县	10 673	5 033	45 551	2 240	2 127
灵寿县	9 437	4 208	40 440	1 970	1 847
高邑县	5 595	1 677	18 768	1 207	1 173
深泽县	5 769	3 182	25 304	1 390	1 364
赞皇县	6 595	2 641	26 606	1 467	1 447
无极县	11 851	6 160	50 278	2 610	2 532
平山县	11 241	6 453	48 124	2 405	2 323
元氏县	10 915	5 559	50 904	2 243	2 158
赵县	15 194	9 018	74 360	3 090	3 009
辛集市	14 569	6 525	59 243	2 679	2 608
藁城市	22 866	9 914	93 707	3 616	3 472
晋州市	12 476	5 924	58 461	2 291	2 193
新乐市	11 015	6 525	51 940	2 011	1 982
鹿泉市	9 770	4 296	34 975	1 909	1 720

全市人才资源调查情况

12—7

(2002年)

计量单位:人

行业名称	中专以上学历人员	无学历有职称人员
总计	**451 959**	**30 215**
Ⅰ、国有经济单位合计	395 718	20 211
一、按隶属关系分组		
1.中央	81 867	3 006
2.地方	313 851	17 505
二、按企业、事业、机关分组		
(一)企业	146 430	11 354
1.中央	70 930	2 553
2.地方	75 500	8 801
(二)事业	174 494	7 300
1.中央	5 913	237
2.地方	168 581	7 063
(三)机关	74 794	1 557
1.中央	5 024	216
2.地方	69 770	1 341
三、按国民经济行业分组		
(一)农、林、牧、渔业	3 393	357
(二)采掘业	1 753	21
(三)制造业	44 091	3 790
(四)电力、煤气及水的生产和供应业	7 814	600
(五)建筑业	10 027	1 361
(六)地质勘查业、水利管理业	4 053	481
(七)交通运输、仓储及邮电通信业	35 796	606
(八)批发和零售贸易、餐饮业	23 915	4 028
(九)金融、保险业	14 717	528
(十)房地产业	1 959	143
(十一)社会服务业	9 133	809
(十二)卫生、体育和社会福利业	24 589	2 409
(十三)教育、文化艺术及广播电影电视业	120 555	2 886
(十四)科学研究和综合技术服务业	12 607	447
(十五)国家机关、政党机关和社会团体	78 352	1 611
(十六)其他行业	2 964	134
Ⅱ、城镇及集体经济单位合计	21 402	4 872
一、按企业、事业、机关分组		
1.企业	18 843	4 370
2.事业	2 429	495
3.机关	130	7
二、按国民经济行业分组		
(一)农、林、牧、渔业	92	24
(二)制造业	6 963	1 376
(三)电力、煤气及水的生产和供应业	79	215
(四)建筑业	1 452	819
(五)地质勘查业、水利管理业	128	—
(六)交通运输、仓储及邮电通信业	1 055	327
(七)批发和零售贸易、餐饮业	4 408	790
(八)金融、保险业	3 186	612
(九)房地产业	122	6
(十)社会服务业	892	57
(十一)卫生、体育和社会福利业	1 359	275
(十二)教育、文化艺术及广播电影电视业	592	179
(十三)科学研究和综合技术服务业	33	1
(十四)国家机关、政党机关和社会团体	140	15
(十五)其他行业	901	176
Ⅲ、其他经济单位合计	34 839	5 132
一、按登记注册类型分组		
(一)内资	27 153	4 208
#股份合作	4 539	219
有限责任公司	11 497	2 604
股份有限公司	10 827	1 382
(二)港、澳、台商投资	4 789	863
(三)外商投资	2 897	61
二、按国民经济行业分组		
(一)制造业	21 170	3 179
(二)电力、煤气及水的生产和供应业	1 051	966
(三)建筑业	2 923	822
(四)交通运输、仓储及邮电通信业	1 860	41
(五)批发和零售贸易、餐饮业	3 070	115
(六)金融、保险业	3 497	3
(七)房地产业	202	3
(八)社会服务业	972	—
(九)教育、文化艺术及广播电影电视业	33	—
(十)科学研究和综合技术服务业	61	3

分县(市)区人才资源调查情况

12—8　　(2001 年)　　计量单位:人

行政单位	人才总数	中专及以上学历人员	无学历有职称人员	乡村科技人才
全市总计	**499 296**	**445 459**	**30 704**	**23 133**
市区合计	263 141	211 784	14 982	36 375
#长安区	6 390	4 867	167	1 356
桥东区	5 255	4 441	93	721
桥西区	6 154	5 750	404	—
新华区	8 878	6 967	236	1 675
裕华区	6 870	5 152	213	1 505
矿区	3 944	2 527	348	1 069
高新区	4 092	3 729	126	237
井陉县	12 405	9 743	842	1 820
正定县	19 511	14 112	1 739	3 660
栾城县	11 616	9 669	547	1 400
行唐县	12 176	9 610	1 479	1 087
灵寿县	9 924	8 375	801	748
高邑县	5 685	4 841	259	585
深泽县	5 332	5 064	112	156
赞皇县	7 725	6 797	346	582
无极县	11 674	10 680	347	647
平山县	13 687	11 921	461	1 305
元氏县	10 632	8 820	142	1 670
赵县	15 596	11 811	1 135	2 650
辛集市	19 152	15 663	1 584	1 905
藁城市	23 115	16 909	1 334	4 872
晋州市	13 761	11 422	315	2 024
新乐市	14 961	10 555	1 060	3 346
鹿泉市	14 606	12 359	892	1 355

分县(市)区科技经费支出情况

12—9

(2002年)

计量单位:万元

行政单位	科学事业费	科技三项费	科技三项费占财政支出比重(%)
全市总计	**2 865**	**7 730**	**1.12**
市区合计	2 423	4 689	3.65
#长安区	2	304	1.68
桥东区	57	180	1.08
桥西区	26	35	0.19
新华区	24	350	1.50
裕华区	167	4	0.01
矿区	6	63	1.15
高新区	—	626	3.01
井陉县	—	16	0.09
正定县	56	356	1.43
栾城县	18	193	1.13
行唐县	3	129	0.83
灵寿县	21	132	0.93
高邑县	26	135	1.46
深泽县	40	11	0.12
赞皇县	32	50	0.47
无极县	3	138	0.92
平山县	30	52	0.19
元氏县	33	166	1.01
赵县	36	94	0.56
辛集市	10	344	1.26
藁城市	26	605	1.62
晋州市	49	265	1.26
新乐市	20	263	1.41
鹿泉市	39	92	0.33

大中型工业企业科技活动人员情况

12—10　　　　(2002年)　　　　计量单位:人

行政单位	有科技活动的企业(个)	工程技术人员	科技活动人员	# 全时人员	# 高中级技术职称人员	# 研究与试验发展人员
全市合计	**85**	**27 079**	**8 646**	**6 458**	**4 597**	**4 159**
市区合计	57	21 340	7 675	5 815	4 219	3 758
#长安区	13	9 872	3 734	2 994	2 277	1 430
桥东区	13	1 469	646	526	421	66
桥西区	13	5 096	1 627	776	860	881
新华区	9	3 304	1 382	1 316	493	1 182
矿区	2	616	58	35	47	13
裕华区	7	983	228	168	121	186
井陉县	2	830	84	43	15	18
正定县	3	575	44	25	29	6
栾城县	3	563	63	43	23	40
行唐县	—	92	—	—	—	—
灵寿县	1	223	18	18	6	—
高邑县	1	50	3	3	1	—
深泽县	—	45	—	—	—	—
赞皇县	—	79	—	—	—	—
无极县	1	29	9	9	2	9
平山县	1	354	75	3	38	—
元氏县	—	83	—	—	—	—
赵县	3	329	74	10	12	50
辛集市	2	246	40	40	18	22
藁城市	3	882	219	144	101	30
晋州市	1	412	12	8	11	—
新乐市	3	167	93	80	34	30
鹿泉市	4	780	237	217	88	196

大中型工业企业科技活动经费筹集情况

12—11　（2002年）　计量单位:万元

行政单位	科技活动经费筹集总额	# 企业资金	金融机构贷款	来自政府部门资金
全市合计	**64 494**	**59 098**	**1 842**	**3 016**
市区合计	58 262	52 870	1 842	3 016
#长安区	32 715	30 082	900	1 733
桥东区	2 931	1 870	650	8
桥西区	10 109	9 274	292	413
新华区	9 733	9 357	—	376
矿区	378	348	—	30
裕华区	2 395	1 938	—	457
井陉县	140	140	—	—
正定县	209	205	—	—
栾城县	2 638	2 638	—	—
行唐县	—	—	—	—
灵寿县	13	13	—	—
高邑县	4	4	—	—
深泽县	—	—	—	—
赞皇县	—	—	—	—
无极县	65	65	—	—
平山县	137	137	—	—
元氏县	—	—	—	—
赵县	37	37	—	—
辛集市	101	101	—	—
藁城市	431	431	—	—
晋州市	37	37	—	—
新乐市	536	536	—	—
鹿泉市	1 885	1 885	—	—

大中型工业企业科技活动经费支出情况

12—12　　(2002年)　　计量单位:万元

行政单位	科技活动经费支出总额	内部支出	#劳务费支出	原材料支出	新产品开发支出
全市合计	**64 068**	**57 833**	**11 947**	**17 656**	**26 854**
市区合计	57 841	54 083	10 990	16 368	23 808
#长安区	32 828	31 140	6 094	9 400	12 198
桥东区	2 811	2 770	647	1 734	2 352
桥西区	9 780	8 350	2 153	2 420	4 991
新华区	9 723	9 238	1 623	1 503	2 936
矿区	378	378	51	170	51
裕华区	2 320	2 207	423	1 142	1 281
井陉县	140	140	50	79	7
正定县	209	209	69	63	200
栾城县	2 643	390	173	186	302
行唐县	—	—	—	—	—
灵寿县	13	13	13	—	—
高邑县	4	4	2	—	—
深泽县	—	—	—	—	—
赞皇县	—	—	—	—	—
无极县	65	65	15	40	—
平山县	137	45	37	8	—
元氏县	—	—	—	—	—
赵县	36	36	19	6	28
辛集市	91	91	71	14	91
藁城市	431	394	212	6	177
晋州市	37	37	7	30	37
新乐市	536	454	84	340	378
鹿泉市	1 885	1 873	205	518	1 827

12—12 续表 (2002 年) 计量单位:万元

行政单位	新产品工程准备及试生产费用支出	新产品试销费用	新产品产值	新产品销售收入	# 出口
全市合计	**22 449**	**2 414**	**475 871**	**483 519**	**15 828**
市区合计	20 294	2 359	453 002	463 887	15 523
#长安区	17 787	773	238 849	239 196	10 734
桥东区	79	75	11 545	7 959	769
桥西区	2 011	214	36 495	47 611	2 220
新华区	310	1 278	155 690	159 618	431
矿区	46	—	207	207	—
裕华区	61	19	10 217	9 296	1 369
井陉县	21	11	2 872	2 121	100
正定县	10	0	4 671	4 105	—
栾城县	30	—	5 260	5 200	—
行唐县	—	—	—	—	—
灵寿县	—	—	550	550	—
高邑县	—	—	—	—	—
深泽县	—	—	—	—	—
赞皇县	—	—	—	—	—
无极县	—	—	—	—	—
平山县	—	—	—	—	—
元氏县	—	—	—	—	—
赵县	—	—	2 294	1 980	—
辛集市	12	—	2 335	2 150	—
藁城市	1 596	38	2 127	1 276	—
晋州市	—	—	367	339	205
新乐市	485	6	1 927	1 735	—
鹿泉市	1	—	466	176	—

大中型工业企业科技项目和专利情况

12—13

（2002年）

行政单位	全部科技项目数（项）	#新产品开发项目	全部科技项目参加人数（人）	#高中级技术职称	拥有发明专利数（件）
全市合计	**893**	**609**	**5 860**	**3 012**	**67**
市区合计	795	535	5 119	2 696	63
#长安区	331	193	2 281	1 436	14
桥东区	127	77	382	208	38
桥西区	120	95	840	413	7
新华区	111	97	1 349	475	2
矿区	17	6	58	47	—
裕华区	89	67	209	117	2
井陉县	14	14	18	5	—
正定县	12	9	44	29	2
栾城县	19	13	40	16	—
行唐县	—	—	—	—	—
灵寿县	—	—	—	—	1
高邑县	—	—	—	—	—
深泽县	—	—	—	—	—
赞皇县	—	—	—	—	—
无极县	2	—	9	2	—
平山县	2	—	40	20	—
元氏县	—	—	—	—	—
赵县	3	2	74	12	—
辛集市	3	3	40	18	—
藁城市	26	24	180	92	1
晋州市	2	2	12	11	—
新乐市	7	2	47	23	—
鹿泉市	8	5	237	88	—

12—13 续表 （2002 年）

行政单位	机构数（个）	参加项目人员（人）	#高中级技术职称人员	本科毕业人员	研究与实验发展人员
全市合计	**93**	**3 939**	**1 930**	**1 723**	**1 610**
市区合计	68	3 316	1 709	1 526	1 287
#长安区	15	1 740	760	673	577
桥东区	13	435	300	296	40
桥西区	21	689	412	348	317
新华区	13	317	173	165	232
矿区	—	—	—	—	—
裕华区	6	135	64	44	121
井陉县	2	73	10	4	18
正定县	3	25	10	9	4
栾城县	2	48	11	24	25
行唐县	—	—	—	—	—
灵寿县	1	18	6	2	—
高邑县	1	3	1	1	—
深泽县	—	—	—	—	—
赞皇县	—	—	—	—	—
无极县	1	9	2	4	9
平山县	—	—	—	—	—
元氏县	—	—	—	—	—
赵县	2	34	6	5	4
辛集市	2	40	18	5	22
藁城市	2	50	29	25	30
晋州市	1	12	11	7	—
新乐市	3	86	34	47	23
鹿泉市	5	225	83	64	188

科研院所、高等院校科技活动人员情况

12—14

（2002 年）

项　目　名　称	单位数（个）	# 有科技活动的单位数	科技活动人员（人）	# 科学家和工程师
总　　计	**62**	**62**	**18 900**	**15 374**
一、按单位类型分				
1.科学研究与技术开发机构	48	48	6 624	4 362
2.科技情报与文献机构	2	2	81	67
3.全日制普通高等学校	12	12	12 195	10 945
二、按学科分组				
1.自然科学	19	19	3 167	2 624
2.农业科学	13	13	737	623
3.医药科学	8	8	5 823	5 021
4.工程与技术科学	18	18	5 209	3 305
5.人文与社会科学	4	4	3 964	3 801
三、按隶属关系分组				
1.中　央　属	11	11	4 525	2 796
2.省　　属	45	45	13 611	11 898
3.市　　属	6	6	764	680

科研院所、高等院校科技活动经费筹集情况

12—15

（2002 年）

计量单位：万元

项　目　名　称	合计	# 政府资金	企业资金	事业单位资金	金融机构贷款	国外资金	其他资金
总　　计	**89 664**	**75 132**	**5 667**	**6 591**	**519**	**99**	**1 656**
一、按单位类型分							
1. 科学研究与技术开发机构	74 595	68 636	2 030	1 748	519	88	1 574
2. 科技情报与文献机构	982	395	—	577	—	—	10
3. 全日制普通高等学校	14 087	6 101	3 637	4 266	—	11	72
二、按隶属关系分组							
1. 中　央　属	61 725	60 712	171	479	1	88	274
2. 省　　属	25 993	13 208	5 466	6 040	—	11	1 268
3. 市　　属	1 946	1 212	30	72	518	—	114

科研院所、高等院校科技活动经费支出情况

12—16

（2002 年）

计量单位：万元

项　目　名　称	合　计	内部支出	# 1. 经常费支出	# 人员劳务费	2. 科研基建支出	# 固定资产购建	# 设备购置	外部支出
总　　计	**104 522**	**103 979**	**99 376**	**25 947**	**4 358**	**4 554**	**3 497**	**543**
一、按单位类型分								
1. 科学研究与技术开发机构	91 044	90 691	88 542	18 934	2 109	2 751	2 155	353
2. 科技情报与文献机构	996	892	793	537	99	104	58	104
3. 全日制普通高等学校	12 482	12 396	10 041	6 476	2 150	1 699	1 284	86
二、按隶属关系分组								
1. 中　央　属	79 075	78 782	78 091	14 777	690	585	582	288
2. 省　　属	24 070	23 818	20 044	10 459	3 540	3 936	2 883	252
3. 市　　属	1 377	1 374	1 241	711	128	33	32	3

科研院所、高等院校研究与实验发展(R&D)情况

12—17

(2002年)

项目名称	R&D人员(人)	#科学家和工程师	R&D经费内部支出(万元)	#基础研究	应用研究	试验发展
总　　计	**4 698**	**4 069**	**52 923**	**1 724**	**11 676**	**33 333**
一、按单位类型分						
1.科学研究与技术开发机构	2 546	2 100	42 652	162	7 054	32 013
2.科技情报与文献机构	48	40	237	—	120	98
3.全日制普通高等学校	2 104	1 929	10 034	1 562	4 502	1 222
二、按隶属关系分组						
1.中　央　属	1 918	1 549	39 409	125	5 611	30 854
2.省　　　属	2 635	2 394	12 906	1 555	6 060	1 996
3.市　　　属	145	126	608	44	5	483

科研院所、高等院校科技成果情况

12—18

(2002年)

项目名称	专利申请数(件)	#发明专利申请数	拥有发明专利数(件)	发表科技论文(篇)	出版科技著作(种)
总　　计	**81**	**29**	**129**	**8 071**	**398**
一、按单位类型分					
1.科学研究与技术开发机构	57	16	91	1 498	23
2.科技情报与文献机构	1	—	—	423	23
3.全日制普通高等学校	23	13	38	6 150	352
二、按学科分组					
1.自然科学	8	2	12	1 174	26
2.农业科学	10	3	61	252	13
3.医药科学	8	3	0	1 872	33
4.工程与技术科学	55	21	56	1 982	36
5.人文与社会科学	—	—	—	2 791	290

文化、广播、电视事业基本情况

12—19

（2002年）

指标名称	计量单位	全市	指标名称	计量单位	全市
一、艺术表演团体	个	19	中央电视台第一套节目	%	98.69
艺术表演团体人数	人	945	省级台第一套节目	%	99.00
艺术表演场所	所	21	地市级台节目	%	95.14
公共图书馆	个	21	县级台节目	%	75.01
藏书量	万册	191.01	三、电视播出节目套数	套	18
群艺馆、文化馆(站)	个	24	平均每周播出时间	时:分	1010:16:00
举办展览次数	次	260	#转播中央台节目	时:分	60:00:00
组织文艺活动次数	次	1 242	转播省级台节目	时:分	37:55:00
举办训练班	次	298	自办节目	时:分	912:21:00
二、广播节目套数	套	19	#新闻	时:分	39:46:00
平均每日播音时间	时:分	131:05:00	专题	时:分	179:20:00
#转播中央台节目	时:分	23:25:00	文艺	时:分	581:32:00
转播省级台节目	时:分	24:50:00	广告	时:分	64:18:00
自办节目	时:分	82:20:00	服务信息	时:分	64:30:00
#新闻	时:分	10:50	本年制作广播节目	小时	6 237
专题	时:分	13:40	#本年自制广播节目	小时	3 903
文艺	时:分	30:16:00	#新闻	小时	761
广告	时:分	5:35	专题	小时	1 033
服务信息	时:分	21:59	文艺	小时	83
本年制作广播节目	小时	17 928	广告	小时	879
#本年自制广播节目	小时	16 818	服务信息	小时	1 147
#新闻	小时	1 640	电视综合覆盖率	%	98.86
专题	小时	3 666	中央电视台第一套节目	%	98.53
文艺	小时	3 811	省级台第一套节目	%	97.42
广告	小时	1 326	地市级台节目	%	91.07
服务信息	小时	6 375	县级台节目	%	63.5
广播综合覆盖率	%	99.11	四、卫星收转站	座	800

十三、体育　卫生　民政

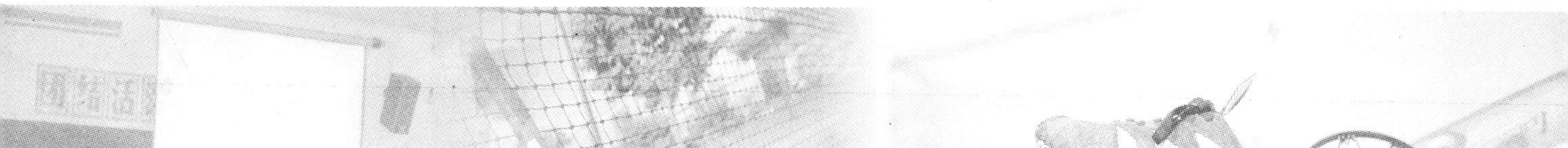

裁判员、运动员发展情况

13—1　　(2002年)　　计量单位:人

指标名称	合计	#二级	指标名称	合计	#二级
一、裁判员	838	838	柔道	5	5
田径	226	226	射击	10	10
游泳	120	120	足球	56	56
足球	38	38	篮球	47	47
篮球	194	194	排球	34	34
排球	189	189	乒乓球	32	32
乒乓球	56	56	羽毛球	2	2
武术	15	15	网球	6	6
跆拳道	5	5	棒球	8	8
二、运动员	676	676	武术	38	38
田径	221	221	围棋	8	8
游泳	163	163	跆拳道	5	5
拳击	5	5	健美操	36	36

举办运动会情况

13—2　　(2002年)　　计量单位:人、次

行政单位	举办运动会或比赛		举办全民健身活动情况		
	举办综合运动会次数	举办单项比赛次数	举办全民健身活动次数	#1000人以上的活动	参加活动人数
总计	**26**	**218**	**252**	**76**	**4 641 688**
直属小计	—	14	14	14	4 500 000
地方小计	26	204	238	62	141 688

全市卫生机构、床位和技术人员

13—3　(2002年)　计量单位:个、张、人

行业名称	机构数	床位数			机构人员	#卫生技术人员
		编制数	实有数	标准数		
总　　计	**571**	**24 115**	**23 443**	**10 639**	**33 440**	**27 174**
一、医　　院	98	16 463	16 253	8 170	23 739	18 914
综合医院	70	11 864	11 835	6 585	17 813	14 127
县医院	14	2 849	2 892	1 276	4 055	3 107
其他医院	56	9 015	8 943	5 309	13 758	11 020
中医医院	17	2 728	2 607	1 215	3 435	2 705
中西医结合医院	2	295	235	200	390	289
专科医院	9	1 576	1 576	170	2 101	1 793
口腔医院	2	50	50	—	181	168
心血管病医院	1	60	60	40	65	53
胸科医院	1	350	350	—	509	509
妇产(科)医院	1	305	305	—	388	350
儿童医院	1	300	300	—	536	410
精神病医院	1	120	120	60	42	37
传染病医院	1	311	311	—	319	216
其他专科医院	1	80	80	70	61	50
二、疗　养　院	2	555	555	455	173	87
三、卫　生　院	402	6 065	5 613	1 598	5 579	5 086
街道卫生院	6	62	62	—	78	62
乡镇卫生院	396	6 003	5 551	1 598	5 501	5 024
中心卫生院	69	2 193	1 990	691	2 030	1 787
乡卫生院	327	3 810	3 561	907	3 471	3 237
四、门　诊　部	11	164	188	—	287	237
五、采供血机构	1	—	—	—	202	101
六、妇幼保健院(所、站)	24	683	649	320	1 624	1 396
妇幼保健院	10	573	543	320	1 036	854
妇幼保健所	2	50	40	—	79	69
妇幼保健站	12	60	66	—	509	473
七、专科疾病防治院(所、站)	2	54	54	—	162	113
结核病防治所(站、中心)	1	24	24	—	63	42
职业病防治所(站、中心)	1	30	30	—	99	71
八、疾病预防控制中心(防疫站)	24	3	3	3	1 459	1 094
九、卫生监督所	1	—	—	—	5	5
十、医学科学研究机构	2	35	35	—	108	46
十一、其他卫生机构	4	93	93	93	102	95

13—3 续表　　(2002 年)　　计量单位:个、张、人

行 业 名 称	卫 生 技 术 人 员 中:					
	执业医师	执业助理医师	注册护士	药剂人员	检验人员	其 他
总　　计	**11 188**	**2 153**	**6 936**	**1 877**	**1 399**	**3 621**
一、医　院	7 916	966	6 098	1 334	827	1 773
综合医院	5 797	542	4 990	966	615	1 217
县医院	1 154	190	1 068	225	142	328
其他医院	4 643	352	3 922	741	473	889
中医医院	1 039	238	659	298	156	315
中西医结合医院	149	7	97	12	12	12
专科医院	931	179	352	58	44	229
口腔医院	67	62	12	14	2	11
心血管病医院	14	3	3	—	3	30
胸科医院	509	—	—	—	—	—
妇产(科)医院	105	100	—	—	—	145
儿童医院	147	—	194	20	18	31
精神病医院	11	6	9	4	2	5
传染病医院	66	—	118	17	15	—
其他专科医院	12	8	16	3	4	7
二、疗 养 院	14	10	36	9	3	15
三、卫 生 院	1 695	859	429	393	263	1 447
街道卫生院	25	8	2	3	3	21
乡镇卫生院	1 670	851	427	390	260	1 426
中心卫生院	520	376	237	150	97	407
乡卫生院	1 150	475	190	240	163	1 019
四、门 诊 部	105	16	45	31	16	24
五、采供血机构	20	2	37	6	32	4
六、妇幼保健院(所、站)	753	108	239	75	74	147
妇幼保健院	373	52	207	60	51	111
妇幼保健所	36	4	17	3	1	8
妇幼保健站	344	52	15	12	22	28
七、专科疾病防治院(所、站)	61	7	17	5	14	9
结核病防治所(站、中心)	27	3	6	1	2	3
职业病防治所(站、中心)	34	4	11	4	12	6
八、疾病预防控制中心(防疫站)	577	167	20	16	161	153
九、卫生监督所	2	—	—	—	—	3
十、医学科学研究机构	11	6	8	4	7	10
十一、其他卫生机构	34	12	7	4	2	36

分县(市)区卫生事业基本情况

13—4　　(2002年)　　计量单位:个、张、人

行政单位	机构数	床位数			机构人员	#卫生技术人员
		编制数	实有数	标准数		
石家庄市	**571**	**24 115**	**23 443**	**10 639**	**33 440**	**27 174**
市区	79	9 543	9 470	4 633	15 949	12 694
#长安区	22	2 987	2 896	862	4 952	4 332
桥东区	10	1 284	1 234	1 231	1 970	1 513
桥西区	15	1 605	1 575	1 120	2 577	1 955
新华区	14	2 492	2 544	1 153	4 742	3 582
裕华区	12	985	1 057	150	1 496	1 136
矿区	6	190	164	117	212	176
井陉县	48	742	744	464	841	729
正定县	30	1 358	1 344	—	1 742	1 382
栾城县	25	725	718	353	776	662
行唐县	33	821	821	—	1 227	910
灵寿县	19	414	414	—	847	649
高邑县	12	307	318	160	360	323
深泽县	13	474	474	200	559	466
赞皇县	26	541	539	284	612	510
无极县	15	550	550	380	669	594
平山县	60	1 397	1 374	515	1 365	1 121
元氏县	28	619	630	253	939	766
赵县	32	771	771	—	1 046	908
辛集市	42	1 464	1 364	1 105	1 922	1 593
藁城市	28	1 221	1 161	500	1 391	1 114
晋州市	26	1 333	936	622	1 154	986
新乐市	24	966	955	600	1 062	923
鹿泉市	31	869	860	570	979	844

13—4 续表 1　　(2002 年)　　计量单位:个、张、人

行政单位	卫生技术人员中:					
	执业医师	执业助理医师	注册护士	药剂人员	检验人员	其他
石家庄市	**11 188**	**2 153**	**6 936**	**1 877**	**1 399**	**3 621**
市区	5 845	511	3 949	824	616	949
#长安区	2 383	329	891	243	142	344
桥东区	688	19	491	87	107	121
桥西区	842	59	629	171	101	153
新华区	1 453	31	1 472	230	182	214
裕华区	426	46	413	76	70	105
矿区	53	27	53	17	14	12
井陉县	265	77	131	54	41	161
正定县	509	138	274	90	85	286
栾城县	234	105	146	52	35	90
行唐县	335	103	152	48	29	243
灵寿县	226	155	74	67	27	100
高邑县	123	45	55	34	22	44
深泽县	198	47	100	45	33	43
赞皇县	172	64	93	48	29	104
无极县	224	31	132	51	39	117
平山县	472	133	201	64	56	195
元氏县	299	81	189	53	34	110
赵县	337	133	216	67	39	116
辛集市	510	190	361	118	92	322
藁城市	369	94	241	70	72	268
晋州市	403	39	220	75	42	207
新乐市	324	121	201	60	60	157
鹿泉市	343	86	201	57	48	109

13—4 续表 2　　(2002 年)　　计量单位:个、张、人

行政单位	诊疗人次数：诊疗人次	#门诊	急诊	入院人数	出院人数	#治愈
石家庄市	**13 793 584**	**12 638 581**	**501 633**	**487 390**	**481 908**	**276 412**
市区	5 089 709	4 563 436	314 179	173 491	172 105	77 649
#长安区	1 642 853	1 483 777	92 465	48 395	48 281	24 279
桥东区	627 436	584 201	33 825	25 555	25 206	8 439
桥西区	747 411	572 887	52 046	31 399	30 672	14 329
新华区	1 563 263	1 472 409	78 489	49 081	49 047	21 739
裕华区	420 958	364 412	56 330	17 591	17 462	7 601
矿区	87 788	85 750	1 024	1 470	1 437	1 262
井陉县	515 950	494 281	9 703	12 679	12 530	4 451
正定县	570 525	551 990	16 802	35 214	34 981	20 293
栾城县	441 318	428 621	9 548	15 510	15 494	9 090
行唐县	449 767	414 722	17 122	15 439	15 506	7 362
灵寿县	1 191 603	1 189 327	2 276	5 094	4 910	3 308
高邑县	172 304	148 607	6 453	6 926	6 924	6 112
深泽县	266 241	240 699	9 707	11 747	11 691	7 050
赞皇县	233 329	203 338	4 809	10 745	10 721	6 558
无极县	216 381	200 521	6 505	16 072	15 997	9 710
平山县	612 836	440 672	9 281	22 615	22 821	16 588
元氏县	344 983	321 824	9 996	22 114	22 060	16 564
赵县	496 986	455 303	15 449	16 575	16 528	11 521
辛集市	994 770	921 663	29 355	30 585	29 454	17 943
藁城市	454 744	439 104	8 846	22 266	22 307	13 183
晋州市	538 804	491 685	15 602	24 946	23 375	20 534
新乐市	583 561	552 099	13 005	42 897	42 035	26 360
鹿泉市	619 773	580 689	2 995	2 475	2 469	2 136

13—4 续表 3　　(2002 年)　　计量单位:个、张、人

行政单位	出院人数(续):好转	出院人数(续):未愈	出院人数(续):死亡	出院人数(续):其他	住院病人手术人次	治愈率(%)
石家庄市	**149 475**	**11 843**	**3 293**	**40 885**	**91 304**	**65.84**
市区	78 382	4 749	1 757	9 568	46 358	66.51
#长安区	17 947	1 159	524	4 372	8 767	59.34
桥东区	15 016	782	242	727	7 630	36.36
桥西区	14 591	911	213	628	11 719	48.76
新华区	22 417	1 598	689	2 604	15 483	49.63
裕华区	8 250	291	83	1 237	2 456	50.61
矿区	161	8	6	—	303	87.82
井陉县	5 558	199	38	2 284	2 017	53.75
正定县	10 891	519	202	3 076	4 392	66.80
栾城县	4 221	254	117	1 812	2 380	70.36
行唐县	5 108	372	74	2 590	1 758	64.18
灵寿县	842	726	34	—	1 340	67.37
高邑县	702	63	47	—	764	88.27
深泽县	2 268	148	81	2 144	1 521	78.64
赞皇县	1 543	122	30	2 468	1 657	84.19
无极县	3 359	213	92	2 623	1 846	77.10
平山县	4 826	1 323	64	20	3 201	72.78
元氏县	2 716	201	75	2 504	2 937	86.44
赵县	4 090	266	95	556	2 383	73.07
辛集市	6 056	965	182	4 308	6 026	75.54
藁城市	5 370	469	143	3 142	4 128	73.18
晋州市	2 352	347	90	52	4 064	88.07
新乐市	10 931	893	167	3 684	4 249	71.47
鹿泉市	260	14	5	54	283	88.70

13—4 续表 4　　(2002 年)　　计量单位:个、张、人

行政单位	好转率(%)	死亡率(%)	住院危重病人抢救成功率(%)	病床周转次数(次)	病床工作日(日)	病床使用率(%)
石家庄市	**31.02**	**0.68**	**92.59**	**28.59**	**230.86**	**63.25**
市区	41.41	0.84	96.52	25.77	263.07	78.63
#长安区	37.17	1.09	86.61	27.13	244.36	66.95
桥东区	59.57	0.96	90.42	25.07	316.60	86.74
桥西区	47.57	0.69	83.40	27.81	356.02	97.54
新华区	45.71	1.40	96.53	20.45	294.59	80.71
裕华区	47.25	0.48	92.06	19.55	241.32	66.11
矿区	11.20	0.42	81.82	8.86	125.54	34.39
井陉县	44.36	0.30	91.88	22.64	217.21	59.51
正定县	31.13	0.58	91.21	26.90	181.52	49.73
栾城县	27.24	0.76	86.98	22.38	139.39	38.19
行唐县	32.94	0.48	91.39	58.43	250.58	68.65
灵寿县	17.15	0.69	72.00	42.38	299.75	82.12
高邑县	10.14	0.68	80.50	43.28	218.50	59.86
深泽县	19.40	0.69	86.51	32.07	238.87	65.44
赞皇县	14.39	0.28	89.81	26.65	175.68	48.13
无极县	21.00	0.58	89.18	29.19	182.87	50.10
平山县	21.15	0.28	84.17	50.32	153.01	41.92
元氏县	12.31	0.34	95.05	50.78	231.73	63.49
赵县	24.75	0.57	91.98	23.91	170.00	46.58
辛集市	20.56	0.62	79.66	30.44	253.25	69.38
藁城市	24.07	0.64	93.23	21.59	147.68	40.46
晋州市	10.06	0.39	93.57	27.53	136.23	37.32
新乐市	26.00	0.40	94.88	74.04	227.12	62.23
鹿泉市	10.53	0.20	96.50	21.47	229.19	62.79

优抚对象情况

13—5

(2002年)

计量单位:人

行政单位	享受定期抚恤金人数	#城镇享受人数	烈属	享受定期补助人数	#在乡复员军人
石家庄市	**7 945**	**2 212**	**6 416**	**23 578**	**22 339**
市区	347	278	230	533	522
#长安区	57	57	32	125	125
桥东区	39	39	29	30	30
桥西区	59	59	40	67	67
新华区	79	79	44	95	95
裕华区	53	22	34	139	129
矿区	49	22	42	42	41
高新区	11	—	9	35	35
井陉县	553	113	489	1 222	1 214
正定县	300	79	220	935	850
栾城县	252	73	188	1 176	1 151
行唐县	516	79	454	1 232	1 203
灵寿县	604	96	493	1 546	1 515
高邑县	321	76	210	985	889
深泽县	381	107	299	1 235	1 136
赞皇县	363	115	331	806	735
无极县	506	143	434	1 841	1 634
平山县	766	281	669	2 182	2 034
元氏县	342	75	259	1 580	1 538
赵县	254	82	209	1 315	1 297
辛集市	612	106	477	2 306	2 241
藁城市	638	244	469	1 339	1 274
晋州市	354	18	279	1 380	1 322
新乐市	449	101	371	1 021	844
鹿泉市	387	146	335	944	940

城乡居民最低生活保障情况

13—6　　(2002年)　　计量单位:人、万元

行政单位	城镇最低生活保障人数	# 在职人员	下岗人员	农村最低生活保障人数	# 困难户
石家庄市	**80 784**	**4 304**	**7 422**	**21 538**	**16 077**
市区	45 259	2 986	5 297	895	672
#长安区	8 213	595	1 056	860	672
桥东区	8 666	559	1 398	—	—
桥西区	8 491	605	1 036	—	—
新华区	8 692	894	1 385	—	—
裕华区	8 085	216	186	35	—
矿区	3 112	117	236	—	—
井陉县	1 615	111	23	1 172	884
正定县	2 276	86	16	3 044	2 900
栾城县	1 297	65	—	1 909	1 000
行唐县	2 126	78	36	224	—
灵寿县	2 513	7	3	1 136	557
高邑县	1 305	11	3	1 560	1 474
深泽县	1 366	71	89	2 867	2 763
赞皇县	2 395	38	9	1 500	1 000
无极县	2 270	101	11	100	40
平山县	2 343	386	663	1 321	1 106
元氏县	1 470	8	2	521	243
赵县	2 465	19	221	567	292
辛集市	3 653	102	159	1 873	1 506
藁城市	2 131	46	382	1 114	586
晋州市	2 178	25	252	463	210
新乐市	2 166	63	121	146	—
鹿泉市	1 956	101	135	1 126	844

婚 姻 登 记 情 况

13—7

(2002 年)

计量单位:人、对、件

行政单位	居民登记结婚	#初婚人数	再婚人数	#男性	居民登记离婚
石家庄市	**58 582**	**109 411**	**7 753**	**3 942**	**2 935**
市区	14 819	26 169	3 479	1 925	1 767
#长安区	3 426	5 987	865	465	329
桥东区	1 970	3 660	280	139	296
桥西区	3 063	5 612	524	281	376
新华区	3 326	5 870	782	401	510
裕华区	2 233	3 626	840	560	230
矿区	545	931	159	66	19
高新区	256	483	29	13	7
井陉县	1 662	3 204	120	50	45
正定县	3 082	5 563	601	279	103
栾城县	1 653	3 200	106	8	8
行唐县	3 050	6 004	96	40	54
灵寿县	1 880	3 509	251	151	13
高邑县	1 000	1 867	133	70	11
深泽县	1 631	3 118	144	61	71
赞皇县	1 591	3 049	133	51	37
无极县	3 352	6 401	303	155	37
平山县	2 519	4 616	422	167	111
元氏县	2 018	3 716	320	189	42
赵县	3 890	7 400	380	198	190
辛集市	3 745	6 810	680	318	156
藁城市	3 860	7 548	172	154	84
晋州市	3 325	6 450	200	39	72
新乐市	3 155	6 100	210	78	65
鹿泉市	2 350	4 687	13	9	69

收养性社会福利单位情况

13—8

（2002 年）

行政单位	单位数（个）	年末职工人数（人）	# 医护人员	年末床位数（张）	年末在院人总天数（天）	年末在院人数（人）
石家庄市	**269**	**1 049**	**302**	**6 958**	**1 761 444**	**5 577**
市区	8	167	75	1 080	346 140	938
井陉县	18	31	1	370	97 340	331
正定县	9	31	9	230	53 095	131
栾城县	9	45	1	290	105 670	194
行唐县	16	39	16	230	46 768	193
灵寿县	16	41	1	266	48 910	233
高邑县	6	22	6	196	47 670	116
深泽县	8	35	7	156	31 680	121
赞皇县	12	56	1	630	84 960	611
无极县	15	58	13	325	90 630	217
平山县	24	67	9	430	23 476	371
元氏县	16	61	1	260	45 990	221
赵县	12	26	11	310	109 200	207
辛集市	19	78	20	352	121 545	333
藁城市	35	61	53	540	158 075	381
晋州市	17	59	13	333	109 500	329
新乐市	15	124	54	550	131 475	330
鹿泉市	13	44	—	370	104 575	290

优抚类收养性单位情况

13—9

（2002年）

行政单位	单位数（个）	年末职工人数（人）	#医护人员	年末床位数（张）	年末在院人总天数（天）	年末在院人数（人）
石家庄市	**19**	**258**	**62**	**1 062**	**284 001**	**680**
市区	1	47	—	60	20 440	56
井陉县	1	6	1	40	10 220	28
正定县	1	7	1	30	5 475	15
栾城县	1	5	2	15	5 300	15
行唐县	1	15	1	30	10 176	25
灵寿县	1	11	1	16	5 840	16
高邑县	1	7	1	46	10 950	30
深泽县	1	7	1	40	11 680	32
赞皇县	1	8	1	30	7 200	20
无极县	1	9	1	70	7 560	21
平山县	1	15	1	50	13 080	37
元氏县	1	9	1	60	7 665	21
赵县	1	4	—	40	40 300	13
辛集市	1	13	2	48	12 045	33
藁城市	1	10	5	40	12 775	35
晋州市	1	6	1	33	12 045	33
新乐市	2	71	42	330	78 475	215
鹿泉市	1	8	—	84	12 775	35

福利类收养性单位情况

(2002 年)

13—10

行政单位	单位数（个）	年末职工人数（人）	# 医护人员	年末床位数（张）	年末在院人总天数（天）	年末在院人数（人）
石家庄市	**250**	**791**	**240**	**5 896**	**1 477 443**	**4 897**
市区	8	124	77	1 060	330 445	912
井陉县	17	25	—	330	87 120	303
正定县	8	24	8	200	47 620	116
栾城县	8	40	8	275	100 370	179
行唐县	15	24	15	200	36 592	168
灵寿县	15	30	—	250	43 070	217
高邑县	5	15	5	150	36 720	86
深泽县	7	28	6	116	20 000	89
赞皇县	11	48	—	600	77 760	591
无极县	14	49	12	255	83 070	196
平山县	23	52	8	380	10 396	334
元氏县	15	52	—	200	38 325	200
赵县	11	22	11	270	68 900	194
辛集市	18	65	18	304	109 500	300
藁城市	34	51	48	500	145 300	346
晋州市	16	53	12	300	97 455	296
新乐市	13	53	12	220	53 000	115
鹿泉市	12	36	—	286	91 800	255

光荣院基本情况

13—11

（2002 年）

行政单位	单位数（个）	年末职工人数（人）	#医护人员	年末床位数（张）	年末在院人总天数（天）	年末在院人数（人）
石家庄市	**17**	**151**	**22**	**702**	**190 561**	**424**
井陉县	1	6	1	40	10 220	28
正定县	1	7	1	30	5 475	15
栾城县	1	5	2	15	5 300	15
行唐县	1	15	1	30	10 176	25
灵寿县	1	11	1	16	5 840	16
高邑县	1	7	1	46	10 950	30
深泽县	1	7	1	40	11 680	32
赞皇县	1	8	1	30	7 200	20
无极县	1	9	1	70	7 560	21
平山县	1	15	1	50	13 080	37
元氏县	1	9	1	60	7 665	21
赵县	1	4	—	40	40 300	13
辛集市	1	13	2	48	12 045	33
藁城市	1	10	5	40	12 775	35
晋州市	1	6	1	33	12 045	33
新乐市	1	11	2	30	5 475	15
鹿泉市	1	8	—	84	12 775	35

农村收养性老年福利机构情况

13—12

(2002 年)

行政单位	单位数(个)	年末职工人数(人)	# 医护人员	年末床位数(张)	年末在院人总天数(天)	年末在院人数(人)
石家庄市	**243**	**671**	**165**	**4 876**	**1 151 743**	**4 015**
市区	1	4	2	40	4 745	30
井陉县	17	25	—	330	87 120	303
正定县	8	24	8	200	47 620	116
栾城县	8	40	8	275	100 370	179
行唐县	15	24	15	200	36 592	168
灵寿县	15	30	—	250	43 070	217
高邑县	5	15	5	150	36 720	86
深泽县	7	28	6	116	20 000	89
赞皇县	11	48	—	600	77 760	591
无极县	14	49	12	255	83 070	196
平山县	23	52	8	380	10 396	334
元氏县	15	52	—	200	38 325	200
赵县	11	22	11	270	68 900	194
辛集市	18	65	18	304	109 500	300
藁城市	34	51	48	500	145 300	346
晋州市	16	53	12	300	97 455	296
新乐市	13	53	12	220	53 000	115
鹿泉市	12	36	—	286	91 800	255

中国统计出版社最新资料书简目

中国统计年鉴 - 2003
中国统计摘要 - 2003
2003 中国发展报告
中国城市统计年鉴 - 2003
中国农村统计年鉴 - 2003
中国劳动统计年鉴 - 2003
中国人口统计年鉴 - 2003
中国工业经济统计年鉴 - 2003
中国市场统计年鉴 - 2003
2002 中国城市发展报告
中国建筑业统计年鉴 - 2002
中国价格及城镇居民家庭收支调查统计年鉴 - 2003
国际统计年鉴 - 2003
中国对外经济贸易统计年鉴 - 2002
中国基本单位统计年鉴 - 2002
中国民政统计年鉴 - 2003
中国高技术产业统计年鉴 - 2003
中国第二次全国基本单位普查资料汇编
中国房地产行业名录
2000 人口普查分县资料

北京统计年鉴 - 2003
天津统计年鉴 - 2003
河北经济年鉴 - 2003
山西统计年鉴 - 2003
内蒙古统计年鉴 - 2003
辽宁统计年鉴 - 2003
吉林统计年鉴 - 2003
黑龙江统计年鉴 - 2003
上海统计年鉴 - 2003
江苏统计年鉴 - 2003
浙江统计年鉴 - 2003
安徽统计年鉴 - 2003
福建统计年鉴 - 2003
江西统计年鉴 - 2003
山东统计年鉴 - 2003
河南统计年鉴 - 2003
湖北统计年鉴 - 2003
湖南统计年鉴 - 2003
广东统计年鉴 - 2003
广西统计年鉴 - 2003
海南统计年鉴 - 2003
重庆统计年鉴 - 2003
四川统计年鉴 - 2003
贵州统计年鉴 - 2003
云南统计年鉴 - 2003
西藏统计年鉴 - 2003
陕西统计年鉴 - 2003
甘肃年鉴 - 2003

青海统计年鉴 - 2003
宁夏统计年鉴 - 2003
新疆统计年鉴 - 2003
新疆生产建设兵团统计年鉴 - 2003
石家庄统计年鉴 - 2003
唐山统计年鉴 - 2003
邯郸统计年鉴 - 2003
太原统计年鉴 - 2003
运城统计年鉴 - 2003
大同统计年鉴 - 2003
呼和浩特经济统计年鉴 - 2003
鄂尔多斯市统计年鉴 - 2003
包头统计年鉴 - 2003
赤峰统计年鉴 - 2003
沈阳年鉴 - 2003
大连统计年鉴 - 2003
鞍山统计年鉴 - 2003
长春统计年鉴 - 2003
吉林市社会经济统计年鉴 - 2003
四平统计年鉴 - 2003
延吉统计年鉴 - 2003
哈尔滨统计年鉴 - 2003
齐齐哈尔经济统计年鉴 - 2003
牡丹江统计年鉴 - 2003
大庆统计年鉴 - 2003
黑龙江垦区统计年鉴 - 2003
上海浦东新区统计年鉴 - 2003
南京统计年鉴 - 2003
连云港统计年鉴 - 2003
苏州统计年鉴 - 2003
无锡统计年鉴 - 2003
常州统计年鉴 - 2003
徐州统计年鉴 - 2003
南通统计年鉴 - 2003
盐城统计年鉴 - 2003
镇江统计年鉴 - 2003
杭州统计年鉴 - 2003
宁波统计年鉴 - 2003
绍兴统计年鉴 - 2003
台州统计年鉴 - 2003
舟山统计年鉴 - 2003
温州统计年鉴 - 2003
金华统计年鉴 - 2003
嘉兴统计年鉴 - 2003
湖州统计年鉴 - 2003
丽水统计年鉴 - 2003
合肥统计年鉴 - 2003
福州年鉴 - 2003
厦门经济特区年鉴 - 2003

福州经济技术开发区年鉴 - 2003
南昌经济社会统计年鉴 - 2003
九江经济统计年鉴 - 2003
济南统计年鉴 - 2003
青岛统计年鉴 - 2003
泰安统计年鉴 - 2003
淄博统计年鉴 - 2003
潍坊统计年鉴 - 2003
郑州统计年鉴 - 2003
洛阳统计年鉴 - 2003
三门峡统计年鉴 - 2003
平顶山统计年鉴 - 2003
南阳经济统计年鉴 - 2003
武汉统计年鉴 - 2003
宜昌统计年鉴 - 2003
十堰统计年鉴 - 2003
荆州统计年鉴 - 2003
广州统计年鉴 - 2003
东莞统计年鉴 - 2003
惠州统计年鉴 - 2003
深圳统计年鉴 - 2003
南宁统计年鉴 - 2003
桂林经济社会统计年鉴 - 2003
柳州经济统计年鉴 - 2003
柳州地区统计年鉴 - 2003
河池地区经济社会年鉴 - 2003
海口统计年鉴 - 2003
成都统计年鉴 - 2003
攀枝花统计年鉴 - 2003
广安统计年鉴 - 2003
贵阳统计年鉴 - 2003
昆明统计年鉴 - 2003
西安统计年鉴 - 2003
兰州年鉴 - 2003
西宁统计年鉴 - 2003
银川统计年鉴 - 2003
乌鲁木齐统计年鉴 - 2003
巴音郭楞统计年鉴 - 2003
吐鲁番统计年鉴 - 2003